国学修养基本常识

林语涵◎编著

陕西师范大学出版总社有限公司

图书在版编目（CIP）数据

国学修养基本常识 / 林语涵编著. -- 西安 : 陕西师范大学出版总社有限公司，2012.5

ISBN 978-7-5613-6144-3

Ⅰ. ①国… Ⅱ. ①林… Ⅲ. ①国学－基本知识 Ⅳ. ①Z126

中国版本图书馆CIP数据核字(2012)第079283号

图书代号：SK12N0227

国学修养基本常识

责任编辑：周宏

装帧设计：开言神韵

出版发行：陕西师范大学出版总社有限公司

（西安市长安南路199号　邮编 710062）

印　　刷：北京飞达印刷有限责任公司

开　　本：787mm×1092mm　1/16

字　　数：400千字

印　　张：27.75

版　　次：2012年9月第1版

印　　次：2012年9月第1次印刷

ISBN 978-7-5613-6144-3

定　　价：49.80元

前言

一般来说，国学是指以儒学为主体的中华传统文化与学术。

狭义的国学是指以儒学为主的中华传统思想文化与学术，包括古代诸子百家。

广义的国学主要是中国一切过去的历史文化，指的是以先秦经典及诸子学为根基，涵盖两汉经学、魏晋玄学、隋唐佛学、宋明理学和汉赋、六朝骈文、唐宋诗词、元曲、明清小说及历代史学等一套特有而完整的文化、学术体系，构成了恢弘的经、史、子、集四部，这些构成了国学的内涵。

国学既然是中国传统文化与学术，那么无疑也包括了医学、戏剧、书画、星相、数术、建筑、地理、音乐、经济等，这些当然是属于国学范畴，但也可以说是国学的外延了。

国宝级学术泰斗、国学大师季羡林先生曾高瞻远瞩地提出“大国学”的概念。

他说：国学应该是大国学的范围，不是狭义的国学。国内各地域文化和56个民族的文化，都包括在国学的范围之内。地域文化和民族文化有各种不同的表现形式，但又共同构成中国文化这一文化共同体。

国学以学科分，应分为哲学、史学、宗教学、文学、礼俗学、考据学、伦理学、版本学等，其中以儒家哲学为主流；国学以思想分，应分为先秦诸子学、儒道释三家学说等，儒学贯穿并主导中国思想史，其它的则列为从属地位；国学以《四库全书》分，应分为经、史、子、集四部，但以经、子部为重，尤其倾向于经部。

青少年长大以后，都会在学业和事业上有所成就，但每个人的成就是有差距的。

造成这种差距的主要原因并不是智力因素，而是每个人人生观、价值观的差异。每个人在人文素养的提升上所付出不同程度的努力，是导致最终不同成长结果的主要原因。

几千年来，中国的国学文化一直影响着中华民族的道德观、价值观。通过学习《国学修养基本常识》，看点历史故事，读点国学经典，背点精华警句，记点先贤名言家训，不仅可以使青少年朋友长知识长智慧，还可以帮他们塑造正确的道德观和价值观。

通过学习传统文化，能够滋养自己的心灵和大脑，提升自己的人文素养。

事实上，深厚的人文素养可以使青年朋友们在人生的道路上走得更远。

国学的核心是训诂学，要学好的话需要首先掌握基本概念。目前一些人对待国学存在着一些认识上的偏差，有的人言国学而色变，谈诸子而心忧，认为国学驳杂难学。

比较明显的一点，就是认为国学是很深的学问，把它作为一门深奥的理论来研究，似乎用一种功利的态度出发，去理解国学的实用价值。

依笔者之见，如果能从精于一家之言开始，循序渐进，进而旁通其余诸家，自可明理。假如泛览经、史、子、集，涉猎诸子百家，样样都学而样样疏松，势必左顾右盼，不得要领。

因此，本书挑选千百年来经过时间考验、培养了一代又一代先贤，支撑起中国人传统知识世界和精神世界的国学经典，从基本概念入手，发幽阐微，向青少年揭示和传扬其精髓，让朋友们濡润其中，享受古典文化的营养。

《国学修养基本常识》充分考虑到青少年学习方法上的特点，从修身、齐家、治国、平天下，到宗礼典章、宗教信仰、艺术技艺、易理术数、养生保健，凡举极为精纯者，结合后人的阐释，将经、史、子、集、名物、训诂、考据、文学和风俗习惯，乃至礼、乐、射、御、书、数六艺及医、卜、命、相等都囊括进来。

把儒、释、道、兵、法、墨等百家之说统统收进其中，历代著名人物、国学大家、诗词字画、名言典故也毫无遗漏，以点带面、由浅入深、从精至博，贯通中国传统文化中文、史、哲最精要的部分，在轻松愉悦的氛围中，帮助青少年朋友们走进国学的殿堂。

有如此一本《国学修养基本常识》在手，说不上对国学全知道，但是能够让青少年朋友知道是毫无问题的。

这里的《国学修养基本常识》，仅是国学的主要内容而已。要深入学习，那还得下点苦工夫，这是自不必说的。

目录

第一部分 修身养性

修身，就是使自己的心灵得到净化、纯洁；养性，就是使自己的本性不受损害。

修身养性就是通过自我反省体察，使身心达到完美的境界。

个人修身不仅包含了为人处世的智慧，还包含着始终要有一颗平常心曲应对日常的烦恼和不幸。

中国古代的个人修养，主要是儒家道家的修身思想，如本章介绍的“厚德载物”、“格物致知”、“天人合一”、“守静存养”，等，这些都是个人修身的核心内容。

什么叫上善若水

“上善若水”语出《老子》:“上善若水，水善利万物而不争。”意思是说，最高境界的善行就像水的品性一样，泽被万物而不争名利。

老子认为，上善的人，就应该像水一样。他说：“上善若水，水善利万物而不争，此乃谦下之德也；故江海所以能为百谷王者，以其善下之，则能为百谷王。天下莫柔弱于水，而攻坚强者莫之能胜，此乃柔德；故柔之胜刚，弱之胜强坚。因其无有，故能入于无之间，由此可知不言之教、无为之益也。”

老子像

在这里，水造福万物，滋养万物，却不与万物争高下，这才是最为谦虚的美德。江海之所以能够成为一切河流的归宿，是因为它善于处在下游的位置上，所以成为百谷王。

世界上最柔的东西莫过于水，然而它却能穿透最为坚硬的东西，没有什么能超过它，例如滴水穿石，这就是“柔德”所在。所以说弱能胜强，柔可克刚。

最善的人好像水一样。水善于滋润万物而不与万物相争，停留在众人都不愿停留的地方，所以最接近于道。最善的人，居处最善于选择地方，心胸善于保持沉静而深不可测，待人善于真诚、友爱和无私，说话善于恪守信用，为政善于精简处理，能把国家治理好，处事能够善于发挥所长，行动善于把握时机。最善的人所作所为正因为有不争的美德，所以没有过失，也就没有怨咎。

如何理解上善若水

老子在自然界万事万物中最赞美水，认为水德是近于道的。而理想中的“圣人”是道的体现者，因为他的言行有类似于水的品性。

为什么说水德近于道呢？王夫之解释说：“五行之体，水为最微。善居道者，为其微，不为其著；处众之后，而常德众之先。”以不争争，以无私私，这就是水的最显著特性。

水滋润万物而无取于万物，而且甘心停留在最低洼、最潮湿的地方。老子列举出七个“善”字，都是受到水的启发。最后的结论是：为人处世的要旨，即为“不争”。也就是说，宁处别人之所恶也不去与人争利。

上善若水，是老子对生命的一种诠释，也是对生命的一种态度，更是一种与世无争的人生心态。

水，无色无味，无影无形，无语无声，无欲无争。这是水的柔静的真意。上善若水，是说水具有滋养万物生命的德性。它能使万物得到它的利益，而不与万物争高下，故天下最大的善性莫如水。

善，缘于水的无欲、无求，不期回报。用最低的姿态穿行在自然与万物之间，用平常之心，于低处娴静随性，于险处独添一种风景，于污浊处自留一脉清白。争则不争，水遇物而分流，不与物争，却能汇聚江海，有容乃大。

水的流动，给了山林，水便是清澈的涓涓溪流；给了大海，水便是浩瀚无边，涛走云飞；给了江河，水便是浪涛滚滚，悠悠荡荡，深沉不渝，东流而逝；给了湖泊，水便是平静如镜，照出山水、日月恒久的美丽；水遇洼地成湖泊海洋；水遇沟壑成溪流河江；水遇潮汐，就会逆转直上，惊涛骇浪！

怎样做到上善若水

“上善若水”是道家所指的一种境界，显然这是一种极高的境界。做到这一点其实很简单，那就是无为、无欲、无知、不争。

人生在世，如要效仿上善若水的无私善行，便要做到如水一样至柔、至刚、至净，应怀平常之心，做平常之事。

平和心态静如水，正直为人明如水，轻看名利淡如水，面对坎坷韧如水。于淡泊以明志，宁静以致远的淡然中，陶醉于“宠辱不惊，闲看庭前花开花落；去留无意，漫随天外云卷云舒”的人生境界里，漫步于上善若水的悠然里，那便是人生的最高境界。

什么叫厚德载物

“厚德载物”出自《周易》中的卦辞：“地势坤，君子以厚德载物。”意即大地的气势厚实和顺，君子应当增厚美德，容载万物。

古代，中国人认为天地最大，它包容万物。对天地的理解是：天在上，地在下；天为阳，地为阴；天为金，地为土；天性刚，地性柔。认为天地合而万物生焉，四时行焉。

没有天地便没有一切。天地就是宇宙，宇宙就是天地。这就是中国人对宇宙的朴素唯物主义看法，也是中国人的宇宙观。所以八卦中乾卦为首，坤卦次之；乾在上，坤在下；乾在北，坤在南。天高行健，地厚载物。然后从对乾坤两卦物象的解释属性中进一步引申出人生哲理，即人生要像天那样高大刚毅而自强不息，要像地那样厚重广阔而厚德载物。

厚德载物和上善若水两个词语所蕴含的意义是一样的，故大家常把这两个词语放在一块使用。

如何理解厚德载物

“厚德载物”意思是说，以深厚的德泽育人利物，今多用来指以崇高的道德、博大精深的学识培育学子成才。

祖先用“上善若水，厚德载物”之美德作为自己立身处世的准则。像水一样，以自己宽广深厚的胸怀，美好的品行来承载万物、包容万物、滋养万物、造福万物，思想境界非常崇高。

正是因为有“上善若水，厚德载物”如此美德，才赋予了中华民族柔中带刚，坚不可摧的强大生命力，由源远流长的文化根基潜移默化而形成的中国魂，使得中华民族得以雄踞世界的东方。

怎样做到厚德载物

人有聪明和愚笨，就如同地形有高低不平，土壤有肥沃贫瘠之分。农夫不会为了土壤贫瘠而不耕作，君子也不能为了愚笨而放弃教育。

天地间有形的东西，没有比大地更厚道的了，也没有不是承载在大地上的。所以君子处世要效法“坤”的意义，以厚德对待他人，无论是聪明、愚笨还是卑劣都给予一定的包容和宽忍。

厚德载物，这是团队精神的必要内涵，要宽容他人，要取人之长，要有虚心求教的宽广胸怀。在自己的工作中团结一切可以团结的人共同战斗，只有这样，才不会求全责备和尖酸刻薄，才不会斤斤计较和自私自利。

目光如豆、高傲自大、心胸狭窄、蝇营狗苟等卑下品格都是同“厚德载物”

的要求相去甚远的。自古就有德才兼备、德能勤绩的用人及量人的标准，人才德为先，厚德方能载物，成就伟业。

什么叫迁善改过

“迁善改过”语出《易·益》：“君子以见善则迁，有过则改。”三国时魏国王弼注：“迁善改过，益莫大焉。”

宋代朱熹《白鹿洞书院揭示》：“言忠信，行笃敬，惩忿窒欲，迁善改过，右修身之要。”

忏是忏悔过去，悔是悔改未来。每个人难免会有过失，有了过失就会妨碍自己，所以要立即悔过，如实忏悔，心才能清净安乐。儒家也说：“人非圣贤，孰能无过。过而能改，善莫大焉。”知道惭愧、忏悔，迁善改过是很重要的。

如何理解迁善改过

迁善改过所展示的吉凶，是指人们在自己的生命历程中必然要遇到的、轻重不同的、并带有普遍性的几种可能形式，即吝、厉、悔、咎、凶、利、吉。

透过对它们的反思，人们便可以自警自勉，既提高辨别是非的认知能力，又提升迁善改过的修养功夫，并在一种和睦的活动中享受生命的乐趣。

《大学》所说：“苟日新，日日新，又日新。”时时刻刻检讨反省，使这念心安住在善法、慈悲心、恭敬心、精进心上。所谓“放下屠刀，立地成佛”，对于过去的错误，要能改正并且看破、放下，从今以后绝不再犯同样的过错。

过去的已经过去，以前是在迷惑当中，那个我已经死了，从现在开始是一个崭新的生命。知惭、知愧这念心才是真正的我，这个我应时时刻刻保持觉醒，就是今日生。

真正发自内心的忏悔，就能够灭罪，得清净安乐，达到忏悔的目的。所以忏悔在佛法当中是很重要的法门。

怎样做到迁善改过

有益于人是善，有益于己是恶。有利于别人，尽管方法欠缺都是善。

如果是为了自己升官发财，敬人礼人，这也是恶，所以从这个角度来看，作为一个善人，就会大公无私。

孔子教导我们应该“见贤思齐，见不贤而内自省也。”看到别人做得比我们好，我们应该想向他学习，向他看齐，做得不好不去指责他，嘲笑他瞧不起他，而是马上反过头来反省自己：是不是犯了和他同样的过失。

古人教导我们应该怎么样对待别人的成功，《论语》告诉我们："不患无位，患所以立，不患莫己知，求为可知也。"

就是说：不担心自己没有一个好的位子，发挥自己的才能，应该担心什么呢？应该担心的是别人给了一个好位置，自己怎么样把责任尽到。用什么样的德行，什么样的能力来立功立德，立言于世，不怕别人都不知道自己，不担心自己的名声不够显扬，应该追求的是使名声可以显扬的德行和能力。

什么叫谨言慎行

"谨言慎行"语出自《礼记·缁衣》："君子道人以言，而禁人以行，故言必虑其所终，而行必稽其所敝，则民谨于言而慎于行。"谨、慎：小心，慎重；言语行动小心谨慎。

谨言慎行是我们为人处世的又一重要准则。从孔子起就反复倡导并身体力行："多闻阙疑，慎言其余则寡忧；多见阙殆，慎行其余则寡悔，言寡忧行寡悔，禄在其中矣"；"无多言，多言多败，无多事，多事多患"；"孔子于乡党，恂恂如也，似不能言者；其在宗庙朝廷，便便言，唯谨尔"。

如何理解谨言慎行

谨言慎行的人第一感觉是稳重可靠，不抢话说，不爱出风头，不喜欢表现自己，不多嘴多舌。这相对那些相信事以密成，语以泄败的人来说，都有不可多得的优势。

谨言慎行能够抛开可能引起误解的话，不快的话，与没有把握的事，对人不利的事不谈不管，把十拿九稳的事细细地讲，稳稳地做，这才是孔圣人的本意。

谨言慎行可以有效地保护自己。"病从口入，祸从口出"；"是非只为多开口，烦恼皆因强出头"。

怎样做到谨言慎行

对于模棱两可的事，都要做到"事到万难须放胆，宜于两可莫粗心。"如果能这样处世，就会少后悔，行为上就不会有差错。

只有多闻慎言，凡事心中有数，才能更好地做人做事。"沉默是金"表达了一种行为处事方式。

通常在职场中，高层管理者更应管好自己的嘴，做到沉默是金，否则你会被轻视，或让下属笑话，在下属面前失去尊严和威望。

做人做事，都要实事求是，没有确认的事情不要乱讲，不要在公共场合质问别人，最好保持沉默，或以询问的方式打探对方。否则会被训斥或自己给自己难看，本身是自己工作没做到位，反倒说别人工作不负责任。这样会让自己下不了台，自取其辱。

做人，要多听取别人的意见和建议，谨言慎行，不要随便发表议论。听不进别人意见的人不会成为职场的胜利者。

什么叫天人合一

“天人合一”是中国古典哲学的基本观念之一。所谓“天”，包含着如下内容：天是可以与人发生感应关系的存在；天是赋予人以吉凶祸福的存在；天是人们敬畏、供奉的对象；天是主宰人、特别是主宰王朝命运的存在，即天命之天；天是赋予人仁、义、礼、智、本性的存在。另一种观点认为“天”就是自然的代表。

天人合一有两层意思：一是天人一致。宇宙自然是大天地，人则是一个小天地。二是天人相应，或天人相通。是说人和自然在本质上是相通的，故一切人事均应顺乎自然规律，达到人与自然和谐。

老子说:“人法地,地法天,天法道,道法自然。”即表明人与自然的一致与相通。先秦儒家亦主张天人合一,《礼记·中庸》说：“诚者天之道也，诚之者，人之道也”。认为人只要发扬“诚”的德性,即可与天一致。汉儒董仲舒则明确提出:“天人之际，合而为一。”这成为两千年来儒家思想的一个重要观点。

天人合一的内涵是什么

天人合一思想，是中华民族五千年来的思想核心与精神实质。它首先指出了人与自然的辩证统一关系；其次，表明人类生生不息、则天、希天、求天、同天的完美主义和进取精神；第三，体现了中华民族的世界观、价值观的思维模式的全面性和自新性。

在天人合一价值成就系统中，天人合一是描述了事物的矛盾变化以及反应进程与指向的观察工具、思维模式。天与人各代表了万物矛盾间的两个方面，即内与外、大与小、静与动、进与退、动力与阻力、被动与主动、思想与物质等对立统一要素。

天与人是世间万物矛盾中最核心最本质的一对矛盾，天代表物质环境，人代表调适物质资源的思想主体，合是矛盾间的形式转化，一是矛盾相生相依的根本属性。

如无人，一切矛盾运动均无法觉察；如无天，一切矛盾运动均失去产生的载体。唯有人可以运用万物的矛盾；唯有天可以给人运用矛盾的资源。总之，以天与人作为宇宙万物矛盾运动的代表，才能最透彻的表现天地变迁的原貌和功用。

天人合一构成了人类社会中最根本矛盾对立统一体，人类活动的一切起点、指向与归宿，全在这矛盾运动之中。

怎样理解天地之性，人为贵

《孝经·圣治章》说："天地之性，人为贵。人之行，莫大于孝。"从春秋以来，宣扬人的价值逐渐成为中国文化的主流。其具体表现是：在人与神的关系上，许多思想家倡导先人后神。在人与自然的关系上，许多思想家认为万物之中，以人为贵。在人与社会的关系上，思想家们普遍以人性论为基础推演人际互动原则和为君治国之道。

天地之性人最贵这一观念，源自人的思想是造物的精华，是天地灵气的汇聚。

做人需要心胸宽广；要有正气，所谓顶天立地就是正气的一种显现；要有奉献的精神；要有合作的精神；要有自强不息的精神；要有一颗坦荡的忠心。

孝经图卷

相比之下，做人更需要知道感恩。所谓"人之行，莫大于孝。"《易传》中记载人类起源的时候写到"天地感而万物化生，圣人感人心而天下和平，观其所感，而天地万物之情可见矣。"从中可以看出天地回报给大地的是让万物重现生机，圣人回报给大地的是人间的和平。就是说父母养育了我们，我们长大了要赡养孝敬父母。这就是“孝”的涵义。

什么叫作守静

“守静”即保持清静，无所企求，收住烦乱的心，寻找一个恬静的环境来看守它。语见老子《道德经》第十六章：“致虚极，守静笃”，就是说诚心诚意地守静，一定会达到心灵空明的境界。这位古代哲人，十分重视清静在社会政治生活和人生修养中的作用，劝说世人要“致虚”、“守静”。

《老子》一书写道：“我好静，而民自正；我无欲，而民自朴”。“不欲以静，天下将自正”。意思是说，统治者若能保持空明、清静的心态，不被贪欲和诈智所激扰，人民就会自然淳朴，社会才能走向安定。

老子的这个主张，是针对春秋战国时期统治者尔虞我诈、争权夺利，致使战事频繁、民不聊生的状况而发的。这些话，在当时究竟能对热衷于征战杀伐的统治者们起到多大的警策作用，已无从考究，但对今天人们加强思想道德修养，却有着不可磨灭的意义。

如何正面理解守静

万物的生长蓬勃而复杂，其实生命都是由无到有，由有再到无，最后总会回复到根源。根源都是最虚静的，虚静是生命的本质，这种生命的本质也是自然的常道。合乎这种自然常道的，是为明智；不能合乎这种自然常道的，会带来祸端。

知道常道的人，对万物无所不容，无所不包。一切都能包容的，才能大公无私，能够大公无私的，才能做到不偏颇，不偏颇才能得天命，得天命才能合乎大道，合乎大道才能永垂不朽。祸福无所，唯人自己决定取舍。

人类原本只是生存着，没有什么权力和野心。但生存的人便有行动，为了行动更方便，便需要权力。

权力原本是为了让自己有更大的自由，却很少去珍惜行使这个权力的自由，而希望用权力来影响或指挥别人。为达到此目的，便有了欲求，有了欲求，便很难满足，难以满足，便有了不安，有不安便想拥有更多的权力，拥有更多的权力便很容易和人冲突，和人冲突便会带来生命的危机。

对于人的各种欲望，我们应当有清醒的认识，既要肯定和支持其积极、正常、合理的内容，又要否定和节制那些消极、反常、不合理的部分。

换言之，对于欲望，要有度。过度的欲望，就是贪欲。为了实现贪欲的那些想法、点子，就是诈智。老子提出的致虚、守静，其主旨的积极意义就在于要求人们戒除贪欲和诈智，清心寡欲。这是人生修养中必须解决的一个重要课题。

因此，只有守静，方能使修身从内在开始并逐步升华。

怎样才能做到守静

戒贪戒诈，保持内心世界的宁静，是一种很高的精神境界和人生修养。

历史上许多仁人志士尚且深谙“静以修身”、“淡泊明志”、“宁静致远”的道理，并且身体力行；那么，作为一个现代人，就更应该在这方面作出表率。

面对灯红酒绿、物欲横流，如何保持平静的心态，耿介拔俗，甘于淡泊，出淤泥而不染?

面对一部分人先富起来，如何保持平衡的心态，神安气定，心无旁骛，坚持默默无闻的奉献?

面对人生的各种遭遇，如何保持平常人的心态，做到宠辱不惊、去留无意?

回答了这些考题，并且重在身体力行去实践，人生答卷所得的分数，也就一目了然了。

守静，就是要老实做人，坚守内心清静，把心灵中的垃圾和毒素及时清除。诸葛亮教育他儿子的最重要一句话就是“非淡泊无以明志，非宁静无以致远”，他抓住了人生的要害，体现了他的心灵深度。

在双休日与家人、朋友来到郊外，在寂静的山沟里、树林里、草地上、流水前，听听大自然的风声、水声、鸟声，闻闻花香、草香、泥土的芬芳，看看鸟儿自由的飞翔，鱼的自由的游动，蜜蜂自由的采蜜，一派生机盎然的景象。你会觉得自己那颗疲惫的心，顿时平静了。那些杂乱的各种欲望，全部清除出去。达到此境界，你就会享受到老子所说的虚静了。

古人有句话说“大隐隐于市”，其实在喧嚣的城市里，在残酷的职场上，也可以做到，不是要像木偶一样寂静不动，也不是心如灰槁，了无生气，是通过心灵的修养来守静，从而达到一种有序的、和谐的身心自由状态，让生命不再盲动、被动、骚动，而是主动、能动、灵动!

洗涤心灵上的喧嚣和尘埃，恢复了心灵的清脱和空明，从而拓展了心灵的新空间，储存了生命的能量，在深蓄厚养中实现灵魂的升华，人生的升华！这才是美妙的人生、智慧的人生！

程颢

什么是存养

存善，语出朱熹《答何叔京书》："二先生拈出敬之一字，真圣学之纲领，存养之要法。"存养是存心养性的省略。保存本心，培养善性，是儒家的一种修养方法。

宋明以来儒家修身思想的一个重要方面，是强调将"养"渗透到日常生活的每一个细节中去。宋代程颐说："动静节宣，以养生也；饮食衣服，以养行也；威仪行义，以养德也；推己及物，以养人也。慎言语以养其德，节饮食以养其体。"

程颢提出，我们生活的各个领域，都会涉及饮食起居的方方面面，都应精心讲究。从所听之乐、所习之礼到所用之具，从饮食起居到盘盂几杖，动息皆有所养。这一思想在中国古代文化中影响极为深远。

古人将下棋、舞剑、练拳、喝茶、饮酒、养花甚至房事等，都当作充满情调的生活艺术和韵味无穷的养生过程，这与程颢的上述思想也完全一致。

如何准确理解存养

程颢"动息皆有所养"的思想，用现在流行的话讲，有点"小资情调"，这种情调离我们越来越近了。例如，现在人买房子要装修，装修完了还要装饰，都非常注重空间的利用，家具的组合，颜色的搭配等。我们都希望把自己的家装扮得非常温馨。

为什么人们如此注重家的环境呢？因为这样可以使我们心情更放松，精神更安逸。按照程颢的观点，现代人对自己生活环境的精心构造，就是一种典型的养生。

事实上，现代人的养生不仅体现在自己家里，还体现在对居住小区、工作场所甚至城市环境等的日益重视。为什么我们非常在意自己生活小区的环境？为什么世界上有那么多国家和地区十分重视城市的布局和改造？为什么现代人越来越重视生态自然呢?

因为人们认识到：生活环境好并不仅仅是延年益寿这么简单的问题，还可以使我们赏心悦目，使我们心境更安逸，心情更舒畅；好的生活环境可以陶冶我们的情操，静化我们的心灵。在这方面，古人做得比我们好多了，中国古代园林艺术那么发达，就是他们重视养生的明证。

怎样做到存养

在日常生活中，如能努力做到闹中取静、忙里偷闲、淡泊名利，对健康长寿是十分有利的。

恬淡虚无，与世无争，精神内守，则气血调和，邪无所容，百病不生，所以能健康长寿。古人舒畅情志的方法，以静坐第一，观书第二，看山水花木第三，与良朋讲论第四，教子弟第五。认为人生的十大乐事为谈义理字、书法帖字、澄心静坐、益友清谈、小酌半醺、浇花种竹、听琴玩鹤、焚香煎茶、登城观山、寓意弈棋。

现代医学研究也证实，心理状态一直处于泰然自若的最佳水平者，神经内分泌对机体各器官的调节也保持在最佳状态，从而提高了机体的抗病能力，有助于健康长寿，所以古人强调“养生莫若养性”是很有科学道理的。

精神养生是最容易做，又最不容易做到的养生方法。说其最容易做是因为精神养生完全可以由自己主观意识所支配；说其最不容易做到，是指一个人很难把握客观条件对自己主观意识的干扰。

在当今的生活中，人们很难有古人那种游遍名山大川、临渊观鱼、披林听鸟的机会。但在日常生活中，如能努力做到闹中取静、忙里偷闲、淡泊名利，摆脱世俗事务的烦恼，对健康长寿是十分有利的。

存心养性善于寡欲，专心致志，细水长流，把生命作为一个身心交融的整体来培育；存其心，养其性，方能安身立命。

儒家讲自省是什么意思

自省即自我反省，是儒家的重要修身方法，就是通过自我意识来省察自己言行的过程，要求人们自觉地按照道德原则反省检查和规范自己的言行，而且要从最隐蔽的地方和细微的地方做起。

孔子首先倡导自省、内省、自讼的修养方法。他说："见贤思齐焉，见不贤而内自省也"；"内省不疚，夫何忧何惧？"看到好的人和事要学习，看到不好的人和事要自我反省，有没有同样的缺点错误；如果有就自觉改正，如果没有，就无忧无惧，心安理得了。

孟子说："君子必自反也。"。荀子也认为君子要"博学而日参省乎己"。孟子说的"自反"和荀子说的"参省"，同孔子说的"自省""内省"一脉相承，都是要求人们自觉地检查反省自己的思想言行，发扬优点，克服缺点，以达到提高道德水平的目的。

如何理解自省

孔孟之后，自省一直是儒家倡导的基本修养方法。明代王守仁提倡的"省察克治"也是从自省方法发展而来的。

省察克治方法是要求人们通过自我检查，克服不符合道德要求的思想行为，而且要持之以恒。要把隐藏的私利欲念搜索出来，加以克治，不可姑息。如果有丝毫私利欲念存在，众恶便相引而来。

虽然省察克治是为了达到"存天理，灭人欲"的目的，这是不可取的。不过这种方法也反映了思想斗争的某些规律：善恶观念此消彼长，姑息恶念，将成大恶。我们培养道德观念也应该注意这个问题。

儒家自省的修养方法基本上是把道德修养看作封闭的个人内心活动，有自觉性、能动性的合理因素，也有脱离群众、脱离实际的唯心主义倾向。我们要克服其唯心主义倾向，发扬其自觉性、能动性的合理因素，为建设社会主义道德服务。

怎样才能做到自省

首先，要运用自省的方法正确地认识自己。

人贵有自知之明，对自己的思想、学识、能力，对自己在社会中的地位、角色、作用等，有正确的认识和评价。这样，才能获得自控能力，制定出恰当的目标、计划和要求，以实现自己的人生价值。没有自知之明，就会陷入盲目性而四处碰壁。

自省就是需要有自觉性，时时注意反观自己，检查自己，努力做到对自己有一个客观的认识和评价。在自省的时候，要注意听取别人的意见，校正自我认识的盲目性。

其次，要运用自省的方法自觉地克服缺点错误，达到自我完善的目的。

人无完人，即便是圣贤也难免有缺点过失。只有不断克服缺点，才能达到成熟完善的境界。

每一个要求进步、追求成功的人，都要自觉地剖析自己的思想，反省自己的言行，自觉地克服缺点错误。鲁迅说：“我的确时时解剖别人，然而更多的是更无情地解剖我自己。”鲁迅正因为无情地解剖自己，才能坚持新革命的正确方向，成为新革命的伟大旗手。

再次，人人都注意内讼自省，有利于人际关系的和谐和社会的安定团结。小至家庭团体，大至国家社会，人们相处总会有矛盾冲突。有了矛盾冲突，大家都能反躬自问，从自己身上找原因，矛盾就容易化解。

如果只从别人身上找原因，认为自己处处皆是，别人处处皆非，小矛盾也会变成大矛盾，甚至发展到对抗冲突、势不两立的地步。

我们还是要提倡对己严、对人宽，各自多作自我批评。有了矛盾，先从自己身上找原因，凡是要求别人做的自己首先做到，善于求大同，存小异，不把时间精力花在无益的争论上。这样便能创造良好的人际环境，有利于发挥个人的聪明才智，促成事业的成功。

自省的方法反映了品德修养的一般规律，因而具有普遍的意义。

什么是慎独

慎独是儒家的重要修身方法，是指人们在独自活动无人监督的情况下，凭着高度自觉，按照一定的道德规范行动，而不做任何有违道德信念、做人原则之事。

慎独既是修身的方法，也是修身的境界，最早见于《中庸》、《大学》两书。《中庸》中说：“道也者，不可须臾离也，可离非道也。是故君子戒慎乎其所不睹，恐惧乎其所不闻。莫见乎隐，莫显乎微，故君子慎其独也。”君子在人们看不到的地方，听不到的时候，都戒惧警惕，不让不符合道德的意念在隐晦细微处表现出来。

《大学》是在解释正心、诚意时讲到慎独的：“所谓诚其意者，毋自欺也。如恶恶臭，如好好色，此之谓自慊，故君子必慎其独也。小人闲居为不善，无所不至；见君子而后厌然，掩其不善，而著其善。人之视己如见肺肝然，则何益矣。此谓诚于中，形于外，故君子必慎其独也。”

要求人们去恶从善，坚持善良的意志，不要自欺欺人，像小人那样，闲居无事时，什么坏事都干，见到君子以后就遮遮掩掩。

慎独强调修养的自觉性，把能否慎独作为区别君子、小人的标准。慎独是对待唯己所知、而不为人所知的细微的事情上要谨慎不苟。

如何理解慎独

慎独作为一种修养的方法仍有可取之处。它反映了道德形成的客观规律。道德成为人们的行为规范，要靠内心的自觉，不能靠外力的强制。这种自觉性是出于人们把道德规范化为内在的信念，因而在别人看不到的地方，听不到的时候，也能够自觉地遵守，不做违反道德要求的事情。

由于道德规范已化为内在信念，就能从人们的一切言行中表现出来。不仅在公开的、大的事情上能按道德原则办事，在闲居独处、无人监督的时候，也能在各种细小问题上谨慎行事，不做违反道德原则的事情。按照这样的方法进行修养，就可以达到高尚的道德境界。

一个人的道德品质往往从最隐蔽、最细微的地方真实地暴露出来。在公开场合，在重大的问题上，由于法制、舆论的压力，人们不得不约束自己的言行；在独处无人监督时，或者在细小的问题上，就容易放纵自己，暴露出真实的思想面目。还有一种人自觉地伪装自己，给人以假象，我们也要在日常生活和细小的问题上考察他们的思想本质。

侥幸心理是产生各种罪恶的根源。一切恶行不仅是从无人知道的地方开始的，也是从细小的事情上开始的。先偷偷干点小的坏事，然后胆子越来越大，以至贼胆包天，犯下大的罪行。所以我们需要有慎独的高度自觉性。

慎独和自省相联系。有自省的功夫，才能达到慎独的境界。慎独也是自省的内容之一。

怎样做到慎独

慎独是一种情操；慎独是一种修养；慎独是一种自律；慎独是一种坦荡。

慎独修养离不开在实践基础上的内讼自省，离不开严格的自我批评和积极的思想斗争，离不开经常性的自我道德审视、评价和扬弃。

为人做事都应该从大处着眼，小处着手，防微杜渐，警钟长鸣；不唯慎独，还要慎权、慎欲、慎微、慎众，自重、自省、自警、自励，在孤独中磨砺自我，在寂寞中成就事业，逐步把自己培养成为一个道德高尚的人，把道德水平推向更高的境界。

什么叫淡泊名利

淡泊是一种古老的道家思想，《老子》中就曾提到"恬淡为上，胜而不美"。后世一直继承赞赏这种"心神恬适"的高尚意境。

诸葛亮

诸葛亮《诫子书》："夫君子之行，静以修身，俭以养德，非淡泊无以明志，非宁静无以致远。夫学须静也，才须学也，非学无以广才，非志无以成学。淫慢则不能励精，险躁则不能冶性。年与时驰，意与日去，遂成枯落，多不接世，悲守穷庐，将复何及！"

意思是说：品德高尚、德才兼备的人，是依靠内心安静精力集中来修养身心的，是依靠俭朴的作风来培养品德的。不看清世俗的名利就不能明确自己的志向，不身心宁静就不能实现远大的理想。

学习必须专心致志，增长才干必须刻苦学习，不努力学习就不能增长才智，不明确志向就不能在学习上获得成就。

过度享乐和怠惰散漫就不能奋发向上，轻浮急躁就不能陶冶性情。年华随着光阴流逝，意志随着岁月消磨，最后就像枯枝败叶那样，成了无所作为的人，对社会没有任何用处。到那时，守在破房子里，悲伤叹息，又怎么来得及呢？

文章概括了做人治学的经验，着重围绕一个"静"字加以论述，同时把失败归结为一个"躁"字，对比鲜明。

如何理解淡泊的意境

诸葛亮忠告孩子"静以修身"、"非宁静无以致远"、"夫学须静也"。宁静才能够修养身心，静思反省。不能够静下来，则无法有效的计划未来。而且学习的首要条件，就是有安宁的环境。现代人多数终日忙碌，您是否应在忙乱中静下来，反思一下人生的方向?

他告知孩子要节俭，“俭以养德”，培养自己的德行。审慎理财，量入为出，不但可以摆脱负债的困扰，而且可以过着规律的俭朴生活，不会成为物质的奴隶。在鼓励消费的文明社会，您是否想过节俭的好处呢?

告诉孩子要计划人生，“非淡泊无以明志，非宁静无以致远”，不要事事讲求名利，才能够了解自己的志向。要静下来，才能够把将来细心计划妥当。面对未来，您有理想吗?您有使命感吗?您有自己的价值观吗?

告诉孩子宁静的环境对学习大有裨益，“夫学须静也，才须学也”，配合专注的平静心境，就更加事半功倍。诸葛亮不是天才论的信徒，他相信才能是学习的结果。您有否全心全力的学习?您是否相信努力才有成就?

他忠告孩子“非学无以广才，非志无以成学”，人生的投资要想增值先要立志，不愿意努力学习，就不能够增加自己的才干。但学习的过程中，决心和毅力非常重要，一旦缺乏了意志力，就会半途而废。您是否想过，一鼓作气的人多，坚持到底的人少的道理?

诸葛亮忠告孩子“险躁则不能冶性”，太过急躁就不能够陶冶性情。心理学家说：“思想影响行为，行为影响习惯，习惯影响性格，性格影响命运。”诸葛亮明白生命中要作出种种平衡取舍，要“励精”，也要“冶性”。您要提升自己性格的品质吗?

他警告孩子时光如梭，“年与时驰，意与岁去”，意志力又会被时间消磨掉，“少壮不努力，老大徒悲伤”。“时间管理”是现代人的观念，细心想一想，时间无法被管理，每天二十四小时，不多也不少，唯有管理自己，善用每分每秒才是最佳方式。请您想一想，您有蹉跎岁月吗?

告诉孩子时光飞逝，“遂成枯落，多不接世，悲守穷庐，将复何及”。当自己变得和世界脱节，才悲叹蹉跎岁月也于事无补。要懂得居安思危，才能够临危不乱。想象力比知识更有力量。您有没有从大处着想，小处着手，脚踏实地的规划过人生呢?

诸葛亮这封信里将道家的清心寡欲，淡泊宁静和接世济国相结合，体现了他的适度原则。也就是，不可淫慢，不可急躁，低调做人，高调做事。个人力量不可贸然与团体抗衡，而是应该适度行动。这也就是诸葛亮之岁能够身居高位多年的原因之一。

怎样做到淡泊名利

“人人都说神仙好，唯有功名忘不了。”这是《红楼梦》里的开篇偈语，似乎在诉说繁华锦绣里的一段公案，又像是在告诫人们名利世界中的冷冷暖暖，人生是什么暂且不论，名利乃身外之物却最能累人。

凡是把名利看得很重的人，必将被名缰利锁所困扰。现实中有不少这样的人，当名利尚未得到时，他会精心竭力、惨淡经营，甚至把名利当作自己生命的支柱而孜孜追求。

待名利得到后，还要机关算尽、战战兢兢、如履薄冰，唯恐一个闪失而丢官失利，弄得自己身心憔悴，未老先衰，宁愿承受如此这般的非人折磨，却始终拥有不了淡泊名利、笑看人生的做人心态。

要是能明白“功名乃瓦上之霜，利禄如花尖之露，人生无千年之寿，花开无百日之红”的道理，那些无聊的烦恼就会顷刻间烟消云散。

总之，要学会把陈年往事中的烦恼抛弃的干干净净，把生活中的不快当作前进的阶梯利用得妥妥帖帖，在心房中储存柔风细雨，那人生就一定没有过不了的槛。淡泊名利，精神愉快，笑看人生，心情舒畅。

其实，名利原本无所谓好坏，适时以用，量才而夺最为受用。有道是：“名利高寒阁，冷暖只自知，”无论宦海沉浮，无论商战成败，无论情场生死，就像寒鸭戏水一般，冷暖自知。

做到淡泊名利，可以免去精神上的许多痛苦，做到笑看人生有益于身心健康，再说淡泊名利并非是看破红尘之落伍思想，笑看人生中的进步给人恬淡、宁静的生活氛围，在平淡中寻找快乐，在宁静中制造浪漫，这才是至高无上的生活方式。

诸葛亮有句人生名言：“非淡泊无以明志，非宁静无以致远。”说的真是这种生活境界，由此想到，淡泊既不是没有理想、少有追求，也不是懒散和碌碌无谓，而是“明志”和“致远”，是对生命的安顿，也是对自己灵魂的升华。

一个人无论生活在安静的乡村，还是喧闹的城市，都要有一颗宁静的心。静，不一定要学什么静坐之类，那只能算是一种形式而已，静，是需要随时随地地练习，需要随时随地的应用，这样就可以做到“静以修身”了。

淡泊名利，心无尘事，去实现远大的志向，笑看人生，海纳百川。多几分旷达，少一些妒忌，多几分潇洒，少一些烦恼，对名利保持几分淡泊，对生活多出几张笑脸，你轻松，我愉快。人生一世，草木一秋，归心自然，何乐而不为？不为名利牵绊，不为金钱诱惑，想来便来，想往便往，不是神仙胜神仙。

什么叫作包容

包容一词多见于古籍，如《汉书·五行志下》：“上不宽大包容臣下，则不能居圣位。”宋代苏轼《上神宗皇帝书》：“若陛下多方包容，则人才取次可用。”《明史·蔡时鼎传》：“貌退让而心贪竞，外包容而中忮刻。”《玉娇梨》第二十回：“二人俱系旧故，尚望仍前优待，以示包容。”

苏轼

修身为了生活而非生存，生活就需要包容的智慧和勇气。能够持以包容的心，容下各种未知数在心里；在世界的对冲中，也只有包容这一法宝能够让内心、让世界趋向和谐、趋向平和。

包容的内涵是什么

包容是一门学问。学会包容的人，就学会了生活；懂得包容的人，就懂得快乐。这门学问，是来自内心“慈悲喜舍、善良仁爱”的自然流露。

包容是一门艺术。它不是你随随便便可以得到，可以舍弃的东西。它是一种精神的凝聚，它是一种善良的结晶，是人性至善至美的沉淀。

包容是一种美德。它可以使你的人格得到升华，让你的心灵得到净化。它是修身养性的一本真经。

包容是一种境界。人要达到这种境界，就必须拥有博爱的心、博大的胸襟，还要有一份坦荡，一种气概。它是香兰被踩，留香脚底的气质。

包容是一种幸福。能够包容别人是一种幸福，让别人心存感激更是一种幸福。人生一世，不能使自己在琐事困扰中作茧自缚，更不能在无尽痛苦中度过。

包容是赢得朋友的法宝。学会包容他人，就是学会了包容自己。包容他人对自己有意无意地伤害，是让人钦佩的气概；包容他人曾经的过失，是对他人改过自新的最大鼓励；包容他人对自己的敌视、仇恨，是人格至高的袒露。

包容是人生的财富。人生短暂、生命无常，同样是一辈子，有的人在不尽的愤恨和埋怨中挣扎着；有的人在快乐幸福中沐浴着。包容别人的过失，包容他人的错误，是人生最大的财富。

怎样做到包容

第一，是要理解包容的价值。包容是对人对事的容忍和接纳。宽容是一种高贵的品质，更是一种宽广的胸怀。

第二，要对别人包容。就是在心理上接纳别人，理解别人的处世方法，尊重别人的处世原则。切忌得理不让人，而要得饶人处且饶人。

但是，我们也不能一味地把退让、迁就当作是一种包容，当作是与人相处的最好方法。如果，我们对别人的错误一味地迁就，就会导致更大的错误发生，同时，我们也就失去了主宰自己的能力。

第三，还要包容自己。人非圣贤，总会出现一些失误与差错的。只要能正视自己，正视自己的缺点或错误，并不断地去克服与纠正，使自己的德行符合规范，我们就不必对自己太苛刻、太自责。

总之，为了他人，为了自己，也为了社会，在更多的宽容中，我们的生活将会变得更加和谐，更加美好。

什么叫作报恩

报恩就是要有感恩的心，报答恩情。意与感恩同，感恩两字语出《三国志·吴志·骆统传》："今皆感恩戴义，怀欲报之心。"感恩就是感激别人的恩惠和好处。

报恩是一种处世哲学，也是生活中的大智慧。一个有智慧的人，不应该为自己的得失而斤斤计较，也不应该一味索取使自己的私欲膨胀。学会报恩，为自己已有的而报恩，感谢生活给你的赠予。这样你才会有一个积极的人生观，保持健康的心态。

报恩是一种始终感觉对周围应有一种感恩的心态。

报恩的内涵是什么

报恩是一种认同。这种认同应该是从我们的心灵里的一种认同。对太阳的报恩，那是对温暖的领悟；对蓝天的报恩，那是我们对蓝得一无所有的纯净的一种认可；对草原的报恩，那是我们对“野火烧不尽，春风吹又生”的叹服；对大海的报恩，那是我们对兼收并蓄的一种倾听。

报恩是一种回报。我们从母亲的子宫里走出，母亲用乳汁将我们哺育成人。而更伟大的是母亲的无私奉献，就像太阳每天都会把她的温暖给予我们，从不要求回报，但是我们必须明白报恩。

报恩是一种钦佩。这种钦佩应该是从我们血管里喷涌出的一种感悟。

报恩之心，就是对世间所有人所有事物给予自己的帮助表示感激，铭记在心；这是我们每个人生活中不可或缺的阳光雨露，一刻也不能少。

报恩是一种对恩惠心存感激的表示，是不忘他人恩情的自然萦绕心间的情感。

报恩是一种处世哲学，是生活中的大智慧。感恩可以化解内心所有积怨，感恩可以涤荡世间一切尘埃。人生在世，不可能一帆风顺，种种失败和无奈都需要我们勇敢地面对和豁达地处理。

报恩是一种生活态度，是一种品德，是一片肺腑之言。

报恩是尊重的基础，是一切良好非智力因素的精神底色。

报恩之心是一种美好的感情，没有一颗感恩的心，孩子永远不能真正懂得孝敬父母和理解帮助他的人，更不会主动地帮助别人。

怎样报答恩情

报答恩情是中华民族的传统美德之一。每人都应怀揣一颗报恩之心。报答生活、报答父母、报答师长，报答朋友等。如果人与人之间缺乏报恩之心，必然会导致人际关系的冷淡，所以，每个人都应该学会报恩。

报恩不仅是对个体的宽容与博爱，对于凡夫俗子而言，它更是一种深刻的自我愉悦的方式。

报恩，不是为了炫耀。一个人，想学会报恩，要从小事做起。学会报恩，学着去报恩，将冰冷的世界变得温暖，变得丰富多彩。

什么叫作忍

孟子曰："人皆有不忍人之心。"俗话说，小不忍，则乱大谋。世界上几乎所有的成功，都是与忍相伴，以忍为阶梯的。元代许名奎、吴亮有一部《忍经》说："帝王以忍得天下；将相以忍得长久；商贾以忍得富贵；常人以忍得知己。"

亚圣孟子

当然，俗世有俗世的忍，道家有道家的忍，佛家有佛家之忍，儒家有儒家之忍。

儒的核心是仁，仁与忍同音。那么什么是仁呢？孔子说："克己复礼为仁"。人要想成为礼之人，就要时常克制自己，约束自己的言行，使自己的言论和行为都要符合礼的要求，这是一件很难的事。

儒家所提倡的仁，就是要人按照礼去要求自己，修身正心，去私为公，高风亮节。甚至是舍身成仁，达到内圣而外王，成为一个道德高尚的仁者。做到礼，就需要忍，在忍中去舍。

舍是失去，是放弃。舍，首先需要做到的，就是忍。生活中的大度宽容，是一种忍的表现；先天下之忧而忧，后天下之乐而乐，是一种宽广的胸怀。

忍是心灵的质量，是心性的境界。

怎样正确理解忍

强忍总是使人感到痛苦，那是在失去时、死亡时所产生的一种撕心裂肺般的感觉。当你真的舍去时，已经感觉不到痛苦，忍就已经使你得到了升华。

人在利益面前，在气愤面前，在良心面前，你能够忍，能够有忍让之心，这便是一个好人的表现。对他人的恶不记恨在心，这才是一个好人真正的标准。你能够舍弃，你就是一个已经获得了真理的人，因为你已经得到了忍。

忍有小忍大忍，有痛苦之忍，忍耐之忍，宽容之忍，理悟之忍，快乐之忍；忍中有忍，有种种忍，有层层忍等。忍是一种升华，是一种不断地从失去中获得的境界。

忍是坚强，是力量，是无坚不摧，坚如磐石的信念。忍是一种大慈悲，会带来无限美好的未来。

为善良而忍，为美好而忍，为道德而忍，为境界的升华而忍，为生命的纯净和伟大而忍。忍是通向美好的大道！

怎样把握容忍度

古人苏东坡这样说过："匹夫见辱，拔剑而起，挺身而斗，此不足为勇也；而天下有大勇者，卒然临之而不惊，无故加之而不怒。"要做到这一点，没有足够的涵养是不行的。

有的人为什么爱发脾气爱生气呢？主要有两个原因：一方面从主观来说，缺乏必要的修养和涵养；另一方面就客观而言，则是由肝火旺盛所引起。中医学认为，肝火旺盛的人容易发脾气，怒则伤肝，便会形成恶性循环。因此，预防发脾气首先还得从主观修养着手。

一个人的涵养不是先天就有的，而是要经过自身的修养。闲暇无事的时候，多读书看报，多学习研究。民间曾有人总结出这样几句格言：和气者心常乐，能忍者身自安；让三分心平气和，退一步天高地阔；怕小人不算无能，敬君子方显有德；肯吃亏不是犯傻，能受屈乃为贤士。

当您一旦遇到不顺心的事情，既不能发脾气，也不能生闷气，一定要调整好自己的心态。

这里有三点建议供您参考：第一，不要用别人的错误惩罚自己。本来是别人的不是，您却在那里生气，这不是拿别人的错误惩罚自己吗？第二，不要用自己的错误惩罚自己。如果是自己有不对的地方，也大可不必自责；第三，不要用自己的错误惩罚别人。假如自己错了，要勇于承担责任，不能把错误强加于人。

什么是明明德

《大学》开头即说"大学之道，在明明德，在亲民，在止于至善。"开宗明义地点出了《大学》的主旨所在。《大学》提出的明明德说，是建立在性善论基础上的。

所谓明德，是指人具有的美好德行，它是上天赐予每一个人的。但这种先天固有的光明德性并不是永存不衰的，它有时又会被人的欲望所蒙蔽。

明明德的目的就是要把蒙蔽人们的欲望除去，使人本有的光明德性得以光大显扬。朱熹《大学章句》说："明，明之也。明德者，人之得乎天，而虚灵不昧，以具众理而成民万事者也。但为气禀所拘，人欲所蔽，则有时而昏，然其本体之明，则未尝息者。故学者当固其所发而遂明之，以复其初也。"

道德是立身之本，也是推动社会进步的潜在力量。那么，道德的力量是如何体现呢？一般说来，如果没有良好的道德规范，人与人之间的关系就会变得深邃可怖，人人自危，就会出现礼崩乐坏，天下大乱的混乱局面。

在封建社会，只有天子能做到让天下一统，让百姓安居乐业。明明德的目标，不仅要让天子自己明白建立社会道德体系的重要性，而且还要让这种王者之道自上而下地传播开来。

如何理解明明德

《大学》开篇就是一句："大学之道，在明明德。"该怎么理解"明明德"呢？

第一个明字是个动词，有明白，明了之意，而"明德"则是一个名词，是一个高度抽象的一个概念。明德，可以理解为光明正大的德行，但是光理解为光明正大的德行是远远不够的。这光明正大的德行是从何而来呢？

人的品德要光明正大，行为要光明正大，应首先是人的心性要光明正大；人的心性要光明正大，那首先要无私。这就要涉及人的特性或者人的本心了。

何谓人的本心呢？人的本心就是人本来的心。依人的本心去行事，所会表现出的就是光明正大的心性与德行。这个本心是一种先天的状态，即空无。什么都没有，无私也无欲。

当这本心一旦落入后天，其本心就落入用的范畴。人心有一个本心，犹似太极，但其用有二，也就是说人心的用有两个方面：一则是自我的本心，一则是受后天熏染而形成的欲心和私心。

由于世上绝大多数的人的行为是受后天熏染而形成的欲心与私心所左右，故而难见到自己心的另一面即本心。而本心与后天熏染而形成的欲心，是既对立又统一的。

所以，人要想获得光明正大的心性与德行，就必须舍去人的欲心，从而方能见本心。而《大学》开篇就提出大学之道，在明明德，是提出了人要努力的目标，之后的论述都是围绕着欲达到明明德而该如何做，这就要涉及修养与修行的东西。

怎样做到明明德

大学之道，在明明德，即每一个人都有明德，只不过是被蒙上了灰尘，要转回来修到至善，要明明德。

要表扬、鼓励、主动发现明德，擦去灰尘。这里就包括怎样教育，谈话沟通，慢慢地做到明明德。

明明德是一个人的价值观和使命，因此自身要修炼自己。你的明德是什么？怎样与主流社会的明德结合？你存在的使命和你的核心价值观，是明明德。

如何把前面那个动词明做到，这样既能赚钱生存又能自我教化，最后的结果就是达到“至善”。这就是切实可行的，有意义的修身过程。

什么叫止于至善

止：达到；至：最，极。止于至善就是达到极完美的境界、达到天下大治的完美境界。上升到人性的层面来说就是大真、大爱、大诚、大智的体现，是自我到无我境界的一种升华。“止者，必至于是而不迁之意。至善，则事理当然之极也。”

这里的“至善”和孔子所说的“正名”“中庸之道”有密切关联。因为至善可以理解为遵循不及不过的适中原则，专心做好自己这个角色和地位所赋予的事情，努力达到尽善尽美的极致效果。

如何理解止于至善

对于这个止于至善要更加全面地了解和掌握。这个善的根本，就是指心里面的修持，Ｉ种善德之心要求修养德道者一心一意去实践，并且做到忠孝心、好善心、慈悲心、平等心、博爱心、教化心、忠恕心、和蔼心、忍耐心、勇猛心。

这十善心也就是上善的基本元素，也就是我们修善所应当立定的脚跟，是止于至善应当把握的十大方面。这也是礼德的基本成分，它内部所蕴含的，就是以礼德为中心的五德能量和品格。五德，指五行的属性，即土德、木德、金德、水德、火德，古代五德指忠、仁、诚、节、勇。

怎样做到止于至善

把握内涵，积极实践。要整体地把握住善的内涵，既以心中的礼德为表率，同时要注意带动十善的全面实践。根据这个德的基本结构来运用修心四则，对我们的行为加以规范，对我们行为意念活动进行规范。

遵守修心原则。四则是：非礼勿视，非礼勿听，非礼勿言，非礼勿行。四则是修心的四项基本原则，因为这个礼就是心，心中含有这个礼德，人心好不好就看这个礼德是否明亮光明。因为心属火，如果这个火不燃烧起来，没有仁德支撑他的能量，供给他阳性能量，而心中只有阴火，那么这个人的心可能就比较糟糕了。

人类一切为善去恶的行为之所以可能，就是因为人有良知，良知能够使人知是知非，推动人类去过“为善去恶”的道德生活。虽然在现实中，人的良知有时会被私欲障蔽，使人的良知不能呈现而作出不善的行为，就像有时乌云会遮蔽太阳，使太阳的光芒不能照射出来一样。

私欲只能暂时障蔽良知，如乌云只能暂时遮蔽太阳，一旦云开雾散，良知冲破私欲的障蔽，人类行为又会由良知做主，人又会按照道德的本性生活。

良知冲破私欲的障蔽不靠良知之外的力量，而是靠良知的自我觉醒，靠自身的力量来呈现良知。

什么是格物

格物致知是中国古代儒家思想的一个重要概念，最早出自于《礼记·大学》：“致知在格物，物格而后知至。”意思就是“及物穷理”，要求人们在读书中求知，在实践中求知，而后明辨事物，尽事物之理，增长见识。此外，格还有区别和抵御之意。

这个格物，也就是老子《德道经》圣人之治方法论中的“观之于物而知身”。观察道以德而显化，德能化生长养万物，万物生长成灭的根本变化规律，用此普遍自然法则指导修身，就是格物。

如何理解格物

这个格物，也就是《德道经》里面介绍的一系列的圣人之治方法论中的“观之于物而知身”。这个“格”字，汉代《说文》里面说：就像树很高，比较长的枝条，就称之为格。引申为就像窗格，隔架，实际上也带有规范的意思。

《说文》里的意思：这个格，含有比较明显的“从一般当中突出”的意思；引申为一般规律当中更为突出的那种规律或者方法，就称之为格。

老子在《德道经》里面介绍的“观之于物而知身”，这也就是格物，是一个格的过程。

怎样做到格物

我们要用一种潜识的思想，也就是带慧性的思想来观察事物，观察万物就称为格物。

这个格，就是要求我们要超越普通思维，用我们的慧性，用我们的灵感思维，去观察万物。

用心灵感格万物，感而遂通，这才能够标准地去达到“格物”，才能够达到“致知”。否则用一双浊眼去看万物的话，你很难看出其中的名堂。

比如说任何物体都有显性的物质结构，也有隐性的物质结构，如果没有灵感，没有慧性思维，没有超出六识的认识论，就很难把握住这个“无”，就会像《道德经》所讲的“有之以为利”。只注意到他的“有”，而观察不到他的“无”。

如果说只能观察到有而看不到无，那么又怎么称之为“格物”呢？那也就不能达到下一步的致知，即真正的知道。

要想实现真实不虚的这个格物，那最好还是反复地研究和实践一下《道德经》。谈到了这个万物的特性、特点、万物的双重结构性、能量体现性，牢牢地把握住了万物的有和无。

掌握了这些理论和方法以后，这个格物也就全面和准确了。要真正地将思维升华、升华、再升华，升华到道德的认识观上。

万物都是道德的升华，德的长养，都是道所化，德所养。我们去实现这个格物的时候，就掌握了一个根本性的原则，就不会偏离正道，就能认识全面，更符合唯物辩证法。

要懂得这个德的演化规律：这个能量的演化，物器作为德的载体，与德性结合的规律，和内在的这个德性能量、五德能量、金木水火土这五种能量，相互制约，相互激荡，相互克制，相互又有反克等特性，从而演变成为万千的大世界。

什么是致知

《说文》里面说："致，送诣也。"也就是送和到的意思。致知，就是求得真知。所谓知，指道德意识而言，知能明是非、辨善恶，闻见所及，胸中了然。

全面而系统地用格物所获的理论和方法，来建立正确的道德人生观，去规范我们的意识思维，确立以道德为准则的正知、正见、正识，达到以"知善明德"为基础的"理通法随"，这就是致知。

所有做学问的人都应该在已有认识的前提下破除约束，进一步探索万物的内在道理，达到认识的极点。

如何理解致知

正确的致知，是运用这个观察，观之于物建立起来的正知、正见、正识，反馈到人的大脑和心灵，建立正确的道德人生观，用五德的要求来规范后天的思维，规范这个意识，这个就是致知。

就像《易·象下传》所言："君子以致命遂志。"这个口气、这个话语，就很豪迈。要把这个道德的真理，真正地贯彻在自己的命体里面，达到自己认识人生，再造人生，升华人的生命，打造一个亮丽人生，去实现这个志愿。要致知而致命，以道德去修身，达到和实现德治心身、性命的高尚志愿。

孟母三迁图

这个知，是日积月累的智识，这个智识引之于善就是善知，引之于恶就是恶知，所以前面的格物就相当的重要！这个格物，包括人的表率作用，社会的教养和家庭的教化，都在举手投足之间，给人的心灵、意识产生了形形色色的影响。

这个致知，要注意它前面格物所产生的方向是不是对，所做的是不是符合德性的标准。否则这个知，是一种愚知，而不是一种明知。这个知，可能会产生愚昧的智性，而不是明亮的智性之知。

怎样做到致知

为了使人的大脑皮层和人的心灵建立一个正确的智性的认识，那么对这个知，对它的构架和它的来源要有正确的辨别，就要很好地用道德去规范这个格物。

我们不仅要从内心去把握它，而且还要远离恶劣的环境。当年孟子的母亲三迁而居，不也是防止孟子从小受不良性的格物的影响吗？虽然说这个莲藕能够深植于污泥而不染，能够冲破污水而一花独灵独现，但是在稚嫩时期和扶生时期，不可能不注重到外部环境的建设。

所以在这个致知的过程当中，要整体去引导这个正确的知，而不是非知，错误的知。

在日日积累知识的过程当中，注意去吸收正确的符合道德规范，五德规范的这样一些知识，这就能够确保我们达到正知、正见、正识。

什么是诚意

诚意就是要意念诚实。《说文》里面就说："诚，信也。"表现的是信德，是五行当中是信上的厚德体现。

诚意是诚信的一种表现，是道德修养具备深厚信德的一种表现，也就是用诚信道德的心来规范这个意识行为。

怎样理解诚意

人的意识系统直接指挥着眼、耳、鼻、舌、身这五个器官。这五个器官，都是听从人的意识系统号令，进行做功。然而这五个器官的活动，是否符合道德？是否符合这个上善和十善呢？这完全取决于后天意识是否诚信道德。

所以作为一个常人来说，这个意识系统是否能够进入到这个德性的领域，操守道德的修持就具有真实的意义。是否愿意将自己的意识和眼、耳、鼻、舌、身全部都交给这个德性能量来进行再造？这是一个重要的人生课题。

用德性来进行重新的改造，并且要保持始终如一，表里如一地用这个五德来规范意识活动和一切行为，这就是诚意。

怎样做到诚意

要做到诚意，必须要做好对待自己和对待别人都能意念真诚。知既尽，则意可得而实，发于心之自然，非有所矫饰，自然能做到不欺人，亦不自欺。“所以，诚其意者，毋自欺也。如恶恶臭，如好好色，此之谓自谦。故君子必慎其独也。”

对自己的真诚，就是不欺骗自己，不放纵自己，对虚伪、欺骗等不良的念头防微杜渐，洁身自好，特别是在独自一人时，更要谨慎，不做对不起良心的事。

不自欺心，慎独而行，在与别人相处时也是这样。内心如此，表现于外更是如此。“诚于中形于外，故君子必慎其独也”，只有具备了这个真信、至信、坚信道德的人，才能达到真真切切的诚意。

信德是否丰厚，又与我们心中的礼德是否明亮直接相关。心修正，礼德明，这样才能够保证这个诚意的生成和稳定。

什么是正心

正心就是心无杂念，不为物欲所蔽，保持心灵的宁静。意不自欺，则心之本体，物不能动，而心自正。心得其正，则公正诚明，不涉感情，无所偏倚。所以心诚、至善、摒弃杂念就能达到正心的境界。

怎样理解正心

何为正心？正心，首先要明白心的内涵。这里所讲的心，并不是解剖学上的心脏，而是我们这个心脏的场性。

《道德经》里的圣人之治方法论中，解析心含有意识、思识、无为识三种识性。其中的意识，就是后天逐步形成的。

所谓正心，就是要求用德性去纠正、改造意识中不符合道德人生观的部分，使人能够确立正识、正见，将私心和欲望调整到符合德性规范的范围之内。

用礼德的要求修持心性，从而达到心地光明磊落、坦荡无私，使意识这个阴我之心，能够服从阳我之心的领导和管理，不篡权，不越轨，也就是保持正见正觉，不离五德的这个规范，这就是正心。

怎样做到正心

假如诚意没有达到要求，那么这个正心肯定做不到。因为这个意识在眼、耳、鼻、舌、身上作用，是一个统领的作用。

如果没有诚意作为基础，那么意识很难被道德所规范。没有尊道贵德的诚意信念，也就无法真实地完成正心。

心是一身之主，就是人内身国的君王。但是心中的意识属于后天的这个智性，难以达到完全符合五德的要求。

其中的思识属于先天慧性，但是这个慧性我们如果不去主动开发，慧性也就很难突破这个意识的障碍，出来主宰工作。一旦冲破了，慧性与德性就具有良好的亲和力。

所以扶持和确立慧性在心中的主导性地位，让慧性成为心君，就显得格外的重要。所以这个用德来修心、正心，也就成了我们修身的关键。

什么叫作修身

前面所讲的“格物、致知、诚意、正心”这四个次第，一步一步地规范好了，符合了五德的要求，那就是修身的基础。

其实这个道德学问的根本目的，就是要实现修身和完成心身向符合德性的全面转换，从而形成道德人生观和道德处世的理念。

修身就是陶冶身心，涵养德性。修养身心，努力提高自身的思想道德修养水平。儒家以修身为教育目的。唐代元稹在《授杜元颖户部侍郎依前翰林学士制》中说：“慎独以修身，推诚以事朕。”鲁迅在《南腔北调集·真假堂吉诃德》中说：“意思其实很明白，是要小百姓埋头治心，多读修身教科书。”

儒家的修身包括守静、存养、自省、慎独等内容。修身是本，齐家、治国、平天下是末。由此通过“反省内求”的方法，使个人的行为同传统道德相吻合。

道家的修身要求做到顺应自然；墨子则要求做到“志功合”兴利除害、平天下。

如何正确理解修身

人为了什么而活着？人应该怎样活着？生命的价值和意义在哪里？这是千百年来人们一直在讨论和思考的重要问题。从这些方面理解儒家的修身理论，可以给我们带来一些有益的启示。

中国儒家思想，是以“修身、齐家、治国、平天下”为根本宗旨和目标，很显然，在21世纪国际化程度越来越深的时候，用儒家思想来“齐家、治国、平天下”，几乎是不可能了。但是，儒家最初的修身宗旨，在当今还是有很大作用的。

身就是个人的生命，包括肉体和精神。人为什么要修身？因为每个人的身都有缺陷，或者说不够完善，通过修身可以使之更健康、更完善。

修身的内容涉及真、善、美，包括智力、躯体等方面。每个人都应当思考如何活得更有价值、更有意义，真正体现生命的本质；应当追求道德高尚，即使不能成为圣贤，也应当成为君子。这就是修身的必要性所在。从这个立场出发，儒家强调，“至天子以至于庶人，一是皆以修身为本。”

正如《大学》之中所说“一是皆以修身为本”。修身是儒家的基础目标，也是在当今社会，最有活力和可能性的一个目标。

修身，是回到儒家思想的本源和初始。儒家修身很简单，操作性也非常强，没有繁复的程序和仪式，更没有玄妙的思想和神秘的内涵。一切都是以人为本，简单易学，指导性也强。

如静坐，就是人人皆可为之的方法，只要你全身放松，静下心来，闭目五分钟，凝神定气，控制杂念，就能回到冥想和安宁的环境，片刻之间抛却尘世烦恼，给自己的心灵加一次油。

又如“慎独”、“治心”、“主敬”这些修身条款，基本都是使人向善，寻找心灵的平静和安慰，重在个人内心世界的丰富和圆满。再比如“自省”，日三省吾身，只要每天花几分钟，认真反思一下自己的言行，就能发现自己的种种得失。

儒家修身思想，是一种适合中国人生命体验和情绪感悟的心灵实践。在这样一个功利的时代，每个繁忙和劳碌的人们，都需要静下心来，好好体验一下古人的智慧，和古人的心灵靠近，体会一下先贤圣哲的思想光芒，从而让自己获得前行的动力和行为标准。修身，是我们每个人一生的功课。

怎样做好修身

关于修身的方法和途径，儒家认为，圣贤或君子的境界不是生下来就具有的，需要经过后天努力特别是通过修身才能达到。

对于如何进行修身，儒家提出了许多方法。例如：存心养性，即通过读书等加强道德涵养，从正面提高思想觉悟；省察克治，即通过反省并改正所犯错误，从反面总结教训，以提高道德素质；更重要的是“动心忍性”，实践躬行，知行合一。

这三个方面用现代的话来说，就是提高思想觉悟，进行批评与自我批评，通过实践锻炼提高道德水平。这些方法在今天依然具有重要借鉴作用。

在现代生活当中，可以从以下几点着手：

意识控制。当愤愤不已的情绪即将爆发时，要用意识控制自己，提醒自己应当保持理性，还可进行自我暗示：别发火，发火会伤身体。有涵养的人都能控制住。

承认自我。勇于承认自己爱发脾气，以求得他人帮助。如果周围人经常提醒、监督你，那么你的目标一定会达到。

反应得体。当遇不平之事时，任何正常人都会怒火中烧，但是无论遇到什么事，都应该心平气和，冷静地、不抱成见地让对方明白他的言行之所错，而不应该迅速地作出不恰当的回击，从而剥夺了对方承认错误的机会。

推己及人。凡事要将心比心，就事论事，如果任何时候你都能站在对方的角度来看问题，那么，你会觉得没有理由迁怒他人，自己的气自然也就消失了。宽容大度对人，不斤斤计较，不打击报复，当你学会宽容时，爱发脾气的毛病也就自行消失了。

什么是温良恭俭让

“温、良、恭、俭、让”出自《论语·学而》。子禽问于子贡曰：“夫子至于是邦也，必闻其政，求之与？抑与之与？”子贡曰：“夫子温、良、恭、俭、让以得之。”意思是老师是用温和、善良、恭敬、俭朴、谦让的态度得来的。

在古代，随着儒家思想的传播并占据统治地位，温、良、恭、俭、让被称为“君子五德”，与“仁、义、礼、智、信”一样，是儒家思想的精髓。

孔子修养圣明而自然了知，就像一块纯净而雕琢精美的玉，呈现于人们面前，同时具有记载人事的一切功能一样。

大成儒家历来是指做事的核心和元始，就是做人。以做人为基，“志于道、据于德、依于仁、游于艺”，是非常完美的思想和行为，而温、良、恭、俭、让五德，不是在表面上做作，而是志道据德，真实修养自然呈现的德行，犹如精美的玉耀眼温润有令人欣悦的特性。

如何理解温良恭俭让

怎样做人？古往今来训语颇多，流传至今最精辟的大概就是“温、良、恭俭、让”这五字箴言了。从字面上理解，就是做人要温顺、善良、恭敬、俭朴、谦让，是中国传统美德的核心内容，是做人的行为规范。

“温、良、恭、俭、让”出自《论语·学而》。子贡用这五个字概括描写了孔子的风度、性格和修养。孔子正是依靠这样的优秀品德和人格力量，获得了人们的信赖、尊重和支持。

温是温和的、不张扬的、非暴力的，用现代的语言来讲就是心态平和的；良是善良的、道德的；恭是谦虚的、尊敬的、甘受委屈的；俭是不奢侈浪费的；让是友好谦让的、理性的、把自己放在最后的。

怎样做到温良恭俭让

怎样做到温呢？一杯脏水，只会令人生厌。假如只是从瓷器上装饰自己，没有纯洁的内心和高尚的德操，那一定是内心有所贪求，有所觊觎，不是利就是虚誉，又怎么称得上温呢？

怎样做到良呢？良历来与善同称。真正的良，是属于有高远见识又有待天下人于一体的慈悲者。这样的人，自身守正高明，而能够设身处地为对方着想，多看对方的长处，“成人之美，不成人之恶”。

怎样做到恭呢？没有平等心，恭是做不到的。恭不是对有权有势者作出谦卑样，而是对一切人怀有真诚敬意。敬君子还敬小人，这是为那些还没有真正觉悟的人所难以理解的。

为什么敬小人呢？不是苟同小人的行为，而是从慈悲心上，以敬心化彼之傲意怠慢之心，因为自己是修道中人，是真正知道生命真理的人，一切小人之行呈现在自己面前，是考校自己的胸怀能否容物。

怎样做到俭呢？那就是无奢华之念，相待以俭。俭也，礼俭行俭，食俭衣俭，为他人着想，让人轻松而乐。

怎样做到让呢？不仅言辞之逊让，而且是心胸宽广。宽广而能有容，有容天容地之胸怀。容人，不是没有明确的是非，而是出言时多想想别人的感受，同时最要紧的是帮助别人辨识，以去除那些不必要的观念和错念，让人如沐春风，而如沐甘霖。

可见，温、良、恭、俭、让，不是小人能够做得来，不是伪人能够做得真，不是名利之徒能够真正实行的。

什么是养性

养性是养生术语，指精神情志的调养与道德修养养性，使自己的本性不受损害，通过自我反省体察，使身心达到完美的境界。个人修身不仅饱含了为人、修身、处世的智慧，还包含着始终要有一颗平常心去应对日常的烦恼和不幸。见《淮南子·俶真训》："静漠恬惔，所以养性也。"道家与道教主张淡泊无为，涵养人的自然本性。又为养生的别称。如《备急千金要方》卷二十七："道林养性"即为养生专篇。

儒家通过养性，间接地把养生与事业和治家统一在一起，道家直接把两者有机地结合起来。道家把养生视为事业家庭的基础。老子说："贵以身为天下，若可寄天下；爱以身为天下，若可托天下。"庄子更明确提出洁身自好，"身之不能治，而何暇治天下乎"。

养性的内涵是什么

在中国传统文化中，养生从来就不局限于研究机体本身的运动变化和发展规律，而总是与道德品性修养，以及治国安邦之道有机地结合在一起。

《吕氏春秋·先己》篇中提到："昔者先圣王，成其身而天下成，治其身而天下治。"这种观点实际上是糅合了儒家"修身、齐家、治国、平天下"的思想和道家修身养性的理论在内，因而具有极为丰厚的文化内涵。

在儒家的养生理论中，孔子首先提出了"仁者寿"的观点，后来又十分肯定地提出："大德必其得寿"，认为只有道德高尚的人才可能长寿。

《黄帝内经》的作者接受了孔孟的上述养生观点，认为那些能"尽终其天年，度百岁乃去"的长寿者，大多因为他们能够"嗜欲不能劳其目，淫邪不能惑其心"，即所谓"德全而不危"。

其后中国的养生家基本上依循这一思路，强调养生必须与道德修养相协调。汉代华佗的弟子吴普就说过："善摄生者，要当先除六害，然后可得保性命延驻百年。一者薄名利，二者禁声色，三者廉货物，四者损滋味，五者除佞妄，六者去妒忌"。

事实上，良好的道德情操，确实是心理健康的重要标志，而心理健康则是祛病延年的必要前提。

在古代儒家的学说中，养性的目的与其说是为了养生，倒不如说是为了治国、平天下。作为儒家"亚圣"的孟子早就提出过"修其身而天下平"的口号，而修身的方法则在于“存心养性”。

修身养性问题上，《中庸》的作者曾寓意深长地提出了一个“诚”的方法：“唯天下至诚，为能尽其性；能尽其性，则可以赞天地之化育；可以赞天地之化育，则可以与天地参矣。”

所谓诚，在这里实际上是指人的自我修养，即指“养生”，又指“养性”，其基本含义是精神专一和恭敬无欺，前者偏重养生，后者偏重养性。倘若精神驰乱，意识不能专一，势必造成气散身亡。这就是明代大医学家张介宾所说的：“今之人，但知禁欲，即为养生，殊不知心有妄动，气随心散；气散不聚，精逐气亡。”

在生活中如何养性

不要老是惦念明天的事，也不要总是懊悔昨天发生的事，而要把精神集中在今天要干什么上。因为遗憾、悔恨、内疚和难过并不能改变过去，只会使目前的工作难以进行下去。因此，不必毫无意义地胡乱猜想推测。

愉快和不愉快是相对的，也是可以相互转化的。因此，人们要有接受不愉快情绪的思想准备。如果一个人成年累月，总是愉快和兴奋，那反而是不正常现象。

人们往往容易在别人稍有差错或者失败的时候，就立刻下结论。“格式塔疗法”认为，对他人的态度和处理人际关系的正确做法应该是：先不要判断，要先谈出你是怎样认为的。这样做，就可以防止和避免与他人不必要的磨擦和矛盾冲突，而你自己也可以避免产生无谓的烦恼与苦闷。

从自己的起点做起，不必怨天尤人。要从我做起，从现在做起，竭尽全力地发挥自己的才能，做好我能够做的事情。

把自己摆在准确的位置上。每个人在社会中，都占据着一个特定的位置，所以就得按照这个特定位置的要求，去履行自己的权利和义务，如果不按照社会一致公认和大家都共同遵守的规范去做，就会受到社会和他人的谴责和反对。

合理安排生活，不要生气，多喝茶，常去外面走走，多锻炼身体等，只要多做有益身体的事就好！

什么叫作自强不息

“自强不息”出自《周易·乾》:“天行健，君子以自强不息。”即自然的运动刚强劲健，君子处世，应像天一样，自我力求进步，刚毅坚卓，发愤图强，永不停息。

自强：自己努力的向上；息：停止。自强不息指的是自觉地努力向上，永不松懈。

如何理解自强不息

自强不息是一种开拓创新的精神，要求人不断地有新的追求，不断地汲取新的知识和技能，不断地创造出新的成就。

自强不息是一种积极的人生态度、人生追求和人生境界，是对人生意义的一种深刻认识和理解。“天将降大任于斯人也，必先苦其心志，劳其筋骨，饿其体肤，空乏其身，行拂乱其所为，所以动心忍性，曾益其所不能”。

丁玲说过：“人，只要有一种信念，有所追求，什么艰苦都能忍受，什么环境也都能适应”。人的一生不可能一帆风顺，坎坷和挫折是一笔财富、一种动力；只有不断地追求新的创造、新的发展，才能获得新的进步，也只有在这新的追求中，人的生活才能更有意义。一个人只有对生活充满热情和信心，才能始终如一地坚持生命不息、奋斗不止的精神。

怎样做到自强不息

要过有意义的生活。要确定目标，既不要过高也不要过低。

要学会辩证地思考问题。要明白“塞翁失马，焉知非福？”

要面对现实，积极应对，越挫越勇。

要热爱生活、适应生活。

要调整出一个好的心态。心态消极的人，生活是一团麻，一旦遇到挫折便举步维艰；心态积极的人，生活是用麻绳拧成的花，即使多次受到挫也绝不会裹足不前。

什么叫作博学

博学有两方面的意义。

一是广泛地学习。《礼记·中庸》：“博学之，审问之，慎思之，明辨之，笃行之。”《汉书·燕刺王刘旦传》：“旦壮大就国，为人辩略，博学经书杂说，好星历数术倡优射猎之事。”明王鏊《震泽长语·文章》：“世谓诗有别才，是固然矣。然亦须博学，亦须精思。”

二是学识渊博。《论语·子罕》：“大哉孔子！博学而无所成名。”《北史·韦阆传》：

“荣亮博学有文才，德行仁孝，为时所重。”宋何薳《春渚纪闻 · 刘景文梦代晋文公》:“东坡先生称刘景文博学能诗，凛凛有英气。”清程趾祥《此中人语·阎王》:“我主人闻君博学，请往课其子耳。”

博学的内涵是什么

博学的博，大通也。《说文》即宽广、广博之谓。如今的大学，在专业、学科等方面都应具有博的特点。在学术思想、学术风格、学术观点上应兼容并包、百花争艳；作为教师，应学识渊博、造诣精深；作为学生，应打下厚实的功底，全面提升综合素质。作为一个人，生活在这个世界上，首先就是一种博学，所谓的博学无非就是人在生活过程中的点点滴滴的经验与智慧。

博学是一种美德，其好处在于使人明事理。博学是推动人类社会进步的基础，是帮助自己日后建功立业的手段。

怎样才能博学

首先，博学是一个开放的态度，热爱这个世界以及关于它的知识，这样的人会很开朗，不自闭，能更多地，更敏锐的把握事物好的一面。

其次，博学是一种执著的态度，热情的，坚持不懈的，陶醉其中的探索自己内心中的困惑，甚至于全人类的困惑。这样的人处事积极、坚毅。

博学也是一种谦虚的态度，知道自己的不足才能好学，进步。傲慢和博学是矛盾的。

什么叫作体仁

《文言传》对君子的特征作了基本的描述，即“君子体仁，足以长人；嘉会，足以合礼；利物，足以合利；贞固，足以干事。”具备了这四个方面的特征，即可称为君子。

仁，即仁爱、仁慈。体仁，即实行仁道。“足以‘长人’”，是指君子实行仁道，能够做到让“老者安之”、“朋友信之”、“少者怀之”，让所有人能够健康幸福地生活，走完他们的生命旅程。儒学的核心理念即为仁，能够行仁，即是君子。

“嘉会足以合礼”，指社会群体成员聚会组织时要遵守共同的礼仪规范及共同的社会秩序，做到人人彬彬有礼、举止得体、畅神逸气、和乐美好、共享太平。

“利物足以合义”，指聚敛财物应当符合道德，即符合个人利益，又符合群体利益，既考虑了当前利益，又要兼顾长远利益。

如何理解体仁

人若心中永远包含着两种人，一为善，一为恶，则此人心中必有至爱，能与人和睦相处，化干戈为玉帛。故古人言“仁者无敌”；或云“仁者爱人也”。确实人若有恕人之心、容忍之心，则所到之处，莫不如春风化雨般，处处见一片和煦之气象，故“仁诚”为立身处世之根本。

仁最终要落实于个人的修养和品质之中。仁并不是一个太崇高、太浮夸、太遥远的理想。仁是指在当今的生活状态下，能使自己的生活处在它理应处的位置。

仁的核心是忠恕和诚，忠恕包括“己所不欲，勿施于人”以及“己欲立而立人，己欲达而达人”两个方面。诚是指对待周围的人和事物，都要把它们放在本来就该放的位置上去。

仁不是一个最终的结果，而是一个清晰的认识自己，认识自己周围的世界，明白自己该做什么，如何做的过程。我们每个人都可以仁，无所谓做不做到，只有所谓做不做。

什么叫作和义

《文言传》认为君子的特征之一，即“利物足以和义”。儒家思想中有“济人利物”的话，物字不只是指动物、植物、矿物。在古代的物包罗很广，等于现代语“这个东西”的“东西”，是一个抽象名词。

“利物足以和义”中的利物，意思是我们人类应该利物、用物，而不被物所用。

利物，就是使他人得利，就足以对得起别人对自己的奉献了。用一句直白好像有点不雅的话说就是：要利他，做对社会有益的事，这样就可以对得起吃的粮食或羊肉了。

如何理解義

義，由“我”和表善祥之意的“羊”组成（现简写为义），意为我善良，深深蕴含着人性本善之义，此正说明义乃与生俱有的德行。故《礼记》言：“夫義者所以济志也，诸德之发也。”

因为义是道德的准则，是立身处事的依据，是顺乎天道自然法则。由此可知，义乃一切道德之根基。

怎样做到义

《论语》云："见得思义，见利思义，义然后取。"就是说财物来了，利益来了，权位来了，首先要问"应得吗？该得吗？可得吗？"若非取之有道，恐怕后患无穷。一生中，若能将多余的钱财加惠布施于世，或善用权力，造福乡梓、社会，都是最佳的义行。

又如《左传》中这样的记述："君子动则思礼，行则思义，不为利回，不为义疚。"

举凡做事，皆要明白是非善恶，晓明利害关系，不以私利为出发点就是行义。作为纯正，处处公道，不作私弊，就是义行。

君子的一举一动若能合乎天理，顺乎伦常，就是一位义人。义人就是美善之人，吉祥之人。愿人人相互勉励，个个皆成为义人。

什么叫作立不易方

《易传·大象》曰："雷风，恒，君子以立不易方。"

雷风从山泽而生气。其气通彻上下，运行周遍，化育万物，生生不息，而变化有常，其德亘古今而不易，故曰恒。

它包含了恒久、长久之意，包含永恒的、必然的、绝对的、纯粹的，能够守恒、持之以恒，做任何事情必然成功，所以利有所往是当然的。

以恒修身，而身教乃亨；以恒齐家，而家道乃亨，以恒治国，则国运亦亨，这就是所谓无往不利者。

方与类相联系，君子不易方，是说君子不会改变本色的规矩。

如何理解立不易方

人的所思所想，可以左右人的行为，也可以左右众人的行为。小至一个人，大至一切万事万物。

君子往往先订一个长远而坚决，不易改变的志向，这恒志往住和自己生命相关，使生命充实，有意义。相反一个心力不足的"小人"，勤勤"立志"，计划很多，却大都未能成事。

观其所恒，而天地万物之情可见，这就是"君子以立不易方。"为此，只有抑制自己的私欲，才能得到长久的欣悦。

什么才是真正的执政理念，只有心存天下，德昭日月，才能百姓安居，天下祥和。这是一种可以达到的执政理念。顺天行道还是逆天而行，恐怕这就是《易经》中的“君子”“小人”之分别。

怎样做到立不易方

为什么总是将“日月丽天”挂在嘴边呢，因为日月得天而能久照。日月无天则无法感应。

如果将执政党与老百姓的关系进行比喻的话：老百姓是天、执政党是日月，日月得天而能久照。也就是说，执政党如果失去了民心，也就如同失去了天，失去了天，就会招致大自然的淘汰。所以自古有云：得民心者得天下，失民心者失天下。

天雷在上，地风在下。只有真正明白天地所处的正确位置，只有明白人在其间的关联，才能建立起正确、永远不变的思想。进而雷厉风行，所向披靡，实现世界大同，万事万物才能得以大解放，圆满轮回，创造光明未来。

什么叫作致命遂志

“致命遂志”语出《周易·困》:“君子以致命遂志。”致命:舍弃生命;遂:达到，实现。舍弃生命来实现理想。

所谓致命遂志首先要以持守“大人”之人格理想来应对于时时处处。

其次要做到“顺天休命。”世人往往以为顺天休命是一种消极应世，其实不然。这一命题的深沉意蕴在于启迪人当发现自己处困之时首先必须安静下来，吸收天地之营养，充实自身以待其变，处静以制动。

如何理解致命遂志

顺天休命目的在于摆脱困境，保证“天行健”的完备履行，从而做到以健济明。

这一结论是要人以静为养阳。换句话说，即是顺天而动，从而致命遂志。静其终极目的是为了动，这是以健济明的深刻内涵。

小人遭际困厄往往悲观失望，一蹶不振；君子居困动心忍性，慨当以慷，愈挫愈勇，激发出前所未见的潜能，贞正之德不移，进德修业更加努力，于默默静守之中以待天时之变。

君子落难愈显其人格的崇高，小人遭难愈见其人格的渺小。

遭难的小人不能见及于此，自暴自弃反而愈会使自己落入灾难的深渊。君子恪守本命，不坠雄心大志，知天、知人、知己，反而有助于度过困厄，转危为安。小人之困困于身，大人之困困于道；小人之惜惜于身，大人之惜惜于道。所以说："君子以致命遂志。"

怎样做到致命遂志

把握定位与周遭环境的关系。"木秀于林，风必摧之；堆出于岸，流必湍之；行高于人，众必非之。"这句话原出自三国魏人李康的《运命论》。旨在探讨国家治乱与士人个人出处之间的关系问题。可是志士仁人"蹈之而弗悔",目的是为了"遂志而成名"。

任何意义上的崛起都意味着利益的重新分配，所以所谓的和平崛起无异于痴人说梦。前途是光明的，但道路是曲折的。坚持既定的目标，一直走下去，如果有人帮助是幸运的，没有帮助那是正常的。

不被诱惑。现实中在有形或无形的诱惑面前，每个人的个性都展露无遗。性格决定命运，气度决定格局。这句话确有其实际意义。

什么叫富贵不能淫

富贵不能淫，指不能被金钱和地位所迷惑。语出《孟子·滕文公下》："富贵不能淫，贫贱不能移，威武不能屈，此之谓大丈夫。"

"富贵不能淫"乃中国一句传统格言、警句、古训，是东方文明古国立身处世的基本态度、原则，体现出一个伟大民族的人格魅力！

如何理解富贵不能淫

一般来说，富了，容易"饱暖思淫欲"，为富不仁，欺压穷人，或者为寻求刺激，吸毒赌博，逞勇斗狠，不择手段；穷了，则可能会"饥寒起盗心"，为早日脱贫，去偷去抢，铤而走险，或去绑架勒索富人，这都是犯法行为。

真正成熟的人是不会这样干的，他们都渴望发财致富，但会循规蹈矩，按部就班；他们希望幸福自由，会用法律来约束自己的欲望，在法制的框架下享受生活。

人生在世，财富多了，或官当大了，自然是好事，但有时却反而会成为坏事。有的人财富多了，或者官当大了，便志满意横、骄奢淫逸起来。

结果，贪赃枉法、腐败堕落便从此产生，富贵之后，放纵了自己，迷乱了心志。可见，富贵不能淫，这既是人生的警示，也是一个人应有的道德操守。

富并不一定就是贵人。富而仁、而慈、而善、而俭、而敛，这才受人尊敬，这才贵，人家才把你视作贵人。

怎样做到富贵不能淫

首先要善于经营，取财有道，有陶朱公之才，要不然早晚会坐吃山空。所谓“君子爱财，取之有道”，在一般立场上，区别正确与否，分别称为有道与无道，无道就是错误的方法。

比方说，通过劳动，从自然界获得资源从而换取的财，或是通过加工自然资源之后再换取的财，也就是合法劳动收入的这种方式，就称为有道；

通过抢夺，骗取他人之财或破坏自然环境、猎杀保护动物等所获得非法收入的方式，就称为无道。通常君子或普通人获得财的方式都是有道的。

有了钱，还要能挣会花，学会取之社会，还之社会，热心公益事业，做个慈善家。比如见义勇为，爱心捐助，乐善好施，急公好义，凡有救灾、助学等意在善举，每每慷慨解囊。一个人富而有博爱之心，才是真富贵，否则就是富而不贵。

做到富贵不能淫，就要远离世俗尘嚣，远离人为的矛盾压力，远离花天酒地、纸醉金迷那一套，以骄奢淫逸、一掷千金为耻。

什么叫贫贱不能移

贫贱不能移，是说贫穷卑贱不能改变原则，表示意志坚定。常用来形容人品性质，以及生活价值观等。语出战国·邹·孟轲《孟子·滕文公下》:“富贵不能淫，贫贱不能移，威武不能屈，此之谓大丈夫。”

“贫贱不能移”强调，即使自身贫困，但身虽贫而志不贫，不为五斗米折腰，不做不仁不义之事，体现了中华民族几千年来的传统美德，两千多年来，贫贱不能移一直被用来形容君子操守以自我激励。

如何理解贫贱不能移

从私有制一开始，人类即分有富贵贫贱等级，这是人类发展史上不可避免的过程。在这个有富贵贫贱的等级社会里，当然是每个人都想往富贵而羞耻于贫贱，这是人之常情。然而在这些富贵贫贱等级之中，怎么样做到与人相互亲爱，这就是个大问题。

在《学而》第十五节里，子贡提出过“贫而无谄，富而无骄”，子贡认为，真正地富贵了，但还是与平常人一样，没一点架子，还是很谦恭有礼地待人接物，尤其是对贫苦的老百姓也是同样。

孔子认为，如果贫穷落魄还仍然是快乐的，如果富贵以后还是很谦恭有礼的，才是真正地广做到了“贫而无谄，富而无骄”。也就是说，仅仅做到“贫而无谄，富而无骄”还不行，还要“贫而乐，富而好礼”才行。“贫而乐”即是人的心理健康之表现，也就是人在贫穷之中仍能与人相互亲爱，所以他是快乐的。

真正能乐于贫贱而能承受各种侮辱，就必须要有非常健康的心理状态，以及非常强的承受能力。

怎样做到贫贱不能移

有坚定的信念。只有坚定了这个信念，才能增强抵御各种风险的能力，才能在工作中努力锻炼自己，在实践中严格要求自己，在贯彻行动中毫不动摇。

坚定信念就要认真学习。真信才能真学，真学才能真信。只有将信念打牢了，才能守住清贫，甘于淡泊，乐于奉献，才能做好准备，迎接挑战。

坚持原则不动摇。一是要对原则有正确、全面、深刻的理解，二是还必须运用好原则，三是顶住压力，正确对待各种责难和非议。

什么叫威武不能屈

威武不能屈就是不能屈服于威胁暴力,形容不畏强暴。语出《孟子·滕文公下》:“富贵不能淫，贫贱不能移，威武不能屈，此之谓大丈夫。”

威武不能屈体现了中华民族“杀身以成仁”的气节和爱国主义精神，更是中华民族传统美德的核心。成为推动中华民族不断前进的巨大力量。

如何理解威武不能屈

“威武不能屈”是一种浩然正气的骨气，是中华民族伟大气节的集中体现，是对人生最大的理性认识。数千年来，我们的先辈们不断丰富骨气的含义。特别是在国家危难的时候，总会有人用血、用生命去诠释骨气的内涵。

其实，社会对每个人都是公平的，每个人的出身也都有其生存的基础，更有存在的价值。作为人，不管遇到什么困难都不要放弃做人的尊严和道德准则，更要活得有骨气，对生活充满信心并用自己的双手努力打造属于自己的精彩人生。

一个人要有雄心壮志，要有大无畏的精神，才能有所作为，才能对这个世界有所贡献。能自强自立才是真正的骨气。当然，即使自身勇武，也只以德服人，而不以武屈人，滥用武力。

怎样做到威武不能屈

在孟子看来，要有义气，有骨气，有一身浩然正气。然而，对于“何为浩然之气”这个命题，孟子还是给我们指明了一个方向，即“配道与义”，简言之，就是坚守道义。把内心的道德充分发挥出来，便会形成这种浩然正气，这是每个人只要想做就能做到的。

有浩然之气的人，不仅为自己而活，而且把自己的个人价值融入于社会，让自我价值在社会价值的实现中得以提升。

就像《宽容》序言中敢于探索山外世界的年轻人，就像被关在铁屋子里敢于呐喊的清醒者。他们使自己“苦其心志，劳其筋骨，饿其体肤”，在强大的势力面前也敢于探索真理，给处于混乱之中的人带来光明和希望。

就像杜甫的诗，“安得广厦千万间，大庇天下寒士俱欢颜，风雨不动安如山”，那么“吾庐独破受冻死亦足”了。有了这种胸襟和气度，孟子认为，贪欲权贵的人便会少一些，而救助百姓的希望便会大一些。

确立崇高的理想。人要为崇高的理想而努力，放弃自我而为天下人着想，不顾自己短暂一生的生活现实，而从千秋万代着眼。这是孟子所谓的“大丈夫”，也是其自身的真实写照。

孟子对于大丈夫的呼唤，体现了他对乱世中黎民的眷顾，也体现其自身人格的崇高。

什么叫盗泉之水

盗泉是古泉名，故址在今山东省泗水县东北。据先秦著作《尸子》记载，“孔子过于盗泉，渴矣而不饮，恶其名也”。意思是说：孔子路过“盗泉”，口很渴，但因为泉水的名字为“盗泉”，遂忍耐干渴，不饮其水。

此后，孔子说的“志士不饮盗泉之水，廉者不受嗟来之食”也成为无数人警示自己的格言。

如何理解盗泉之水

孔子不饮盗泉之水的意义不在于追究情节的本身，而在于弘扬一种精神。

缘何孔子宁渴不饮，只因他深谙“非礼勿亲，非礼勿动，非礼勿视，非礼勿听”。盗字者，非礼也，见之有蒙慧眼，闻之有污清耳。最好是不闻不见，更不能动，方保君子之名。

不饮用盗泉之水并不是冥顽不灵、执迷不悟，而是觉出生命中有些东西是要有所坚持的，哪怕是为此付出生命。这就是舍生取义。

在触及自身利益，甚至是性命攸关的时刻，大概名已经不是那么重要了。当然也许会有例外！起码孔子就是一个。不饮盗泉，很多人都会这么说，可是真正面对不义之财的时候，而且在取之无大碍的情况下，能做到不饮盗泉的又有几人？

怎样做到不饮盗泉之水

要有尊严。一个有人格尊严的人，必定懂得尊重一切有尊严的人格。每个人都是一个有尊严的精神性存在，不可被当作手段使用。

要有志气。国家要有名气，军队要有士气，做人要有志气，别让人瞧不起。古人常讲，“三军可夺帅，匹夫不可夺志”；“有志者事竟成”；“有志不在年高，无志空活百岁”这些经历岁月的打磨依然闪烁着金子般光芒的警句名言，无不说明志气的重要性。

我们都应该问一问自己，我们是不是有志气，我们是不是做了许多我们不应该做的事，是不是因此而失去了许多本该属于我们的宝贵的东西，因为当得到了不应该得到的东西的时候，就一定失去了不应该失去的东西。

要讲修养。讲修养是中国文化优秀而深厚的传统，讲修养是关系到一个人的素质，是一个人能否明尊卑，懂礼貌；明廉耻，重守操；明守纪，对己严；明事理，宽待人；与人善，守道义。如果做人都能注意修养，人们的素质会提高，精神文明建设会加强，社会会更加和谐，人间会展现出一派祥和欢乐友好的氛围。

什么叫作嗟来之食

嗟来之食这则成语的意思是指带有侮辱性的或不怀好意的施舍。嗟是不礼貌的招呼声，相当于现在的喂。

整句的意思是：喂！你来吃吧！这句话语出《礼记·檀弓》：“齐大饥。黔敖为食于路，以待饿者而食之。有饿者蒙袂辑屦，贸贸然来。黔敖左奉食，右执饮，曰：‘嗟！来食！’扬其目而视之，曰：‘予唯不食嗟来之食，以至于斯也。’从而谢焉，终不食而死。”

这个故事写了一个宁可饿死也不肯接受嗟来之食的有骨气的穷人，说明了中国人民自古以来就是有骨气的。这个故事流传千百年，有着积极的意义，引导人们要做一个有骨气的人。

如何理解不食嗟来之食

“不食嗟来之食”这句名言是说为了表示做人的骨气，绝不低三下四地接受别人施舍，哪怕是让自己饿死。

用通俗的话来说，人活的是一口气，即使受苦受难，也不能少了这口气。还有一些类似的说法，比如“人穷志不短”，“宁为玉碎，不为瓦全”，都表示了对气节的看重，对人的尊严的强调，对人的精神的重视。

即使是在今天，这一传统观念依然有其存在的价值与合理性。在人格精神和肉体之间，在精神追求和物质追求之间，在人的尊严和卑躬屈膝之间，前者高于、重于后者。在两者不能两全的情况下，宁可舍弃后者，牺牲后者，不使自己成为行尸走肉，衣冠禽兽。

本来，救济、帮助别人就应该真心实意而不要以救世主自居。对于善意的帮助是可以接受的。

怎样做到不食嗟来之食

接受善意的帮助。要学会接受别人的帮助，帮助别人是一件快乐事，接受帮助也是一件快乐的事。你给我一个善意的帮助，我会把这份善意传递给更多的人。

要有骨气。做人一定要有骨气，绝不能为了钱物而垂下高贵的头颅。无论做什么，都要有骨气，不能不劳而获，不能收取任何无功收受的财物。

什么是三人行必有我师

“三人行必有我师”是说几个人一起走路，其中必定有我的老师。语出《论语·述而》：“子曰：‘三人行，必有我师焉；择其善者而从之，其不善者而改之。’”意思是说：多个人一起走路，之中必定有我的老师。我要选择他们的长处来学习，看到自己有哪些短处就引以为戒加以改正。

这句话包含了两个方面：一方面，择其善者而从之，见人之善就学，是虚心好学的精神；另一方面，其不善者而改之，见人之不善就引以为戒，反省自己，是自觉修养的精神。这样，无论同行相处的人善与不善，都可以为师。

如何理解三人行必有我师

三人行必有我师，体现了与人相处的一个重要原则。真正好学的人是不拘于专门固定的老师的，随时注意学习他人的长处，随时以他人缺点引以为戒，自然就会多看他人的长处，与人为善，待人宽而责己严。这不仅是修养、提高自己的最好途径，也是促进人际关系和谐的重要条件。

从另一方面也就是《里仁》篇里所说的“见贤思齐焉，见不贤而内自省也。”老师的优点固然值得我们学习，老师的缺点也可以成为我们的借鉴，关键是不要盲目崇拜。

怎样择善而从向他人学习

一是要择善而从。在生活中我们常常遇到一些难以作出抉择的事，这时候朋友们会热心地给你出谋划策，但是有些固执己见的依然故我，导致后悔莫及乃至终身遗憾。我们应该学会如何在关键时刻有选择的放弃和不放弃。

对待一切事物，我们要运用“择善而从，不善而弃”的标尺，放开眼光去学习和处理，只有这样才能有所突破；反之则会身陷泥潭，一误再误！是故只有识善、择善，并身体力行的人才能作出成绩，甚至超过前人。

要善于向他人学习。不善于向他人学习的人一定是愚蠢的人，不善于向他人学习的民族一定是一个愚昧的民族，这样的国家也必定是一个落后的国家，这是一条真理。

无论是个人，团体，还是一个民族或国家，都必须善于向他人学习，只有这样，才会有进步，有希望，才能在错综复杂的形势下立于不败之地。

要有谦虚的态度。谦虚是一种美德，也是一种修养。谦虚者可以包容别人、善待别人，学习和吸取别人有益的经验和知识，从而提高自己，避免浅薄无知。常怀谦虚之心，会多一分清醒，少一分陶醉；常怀谦虚之心，会多一分合作，少一分孤立；常怀谦虚之心，会多一分警惕，少一分危险。

第二部分 齐家有方

《大学》中说："古之欲明明德于天下者，先治其国；欲治其国者，先齐其家；欲齐其家者，先修其身；欲修其身者，先正其心；欲正其心者，先诚其意；欲诚其意者，先致其知；致知在格物。心正而后身修，身修而后家齐，家齐而后国治，国治而后天下平。"管理者修己安人的次序，就是从齐家开始的。

家庭是社会的细胞，是激励斗志的动力之源。要治理好家族，一定会先从自己做起，用心改变自己成为一个具有良好德行的人。家庭中的每一个成员，都要勤于律己，各施其责。只有这样，才能使家庭和睦，生活美满，也能使社会稳定，繁荣。

什么叫作齐家

"齐家"语出《礼记·大学》:"欲齐其家者,先修其身。"清李渔《风筝误·闺哄》:"不会齐家会做官,只因情法有严宽。"康有为《大同书》戊部第一章:"夫强异类者以同居,以此而日言齐家,岂非怪谬!"

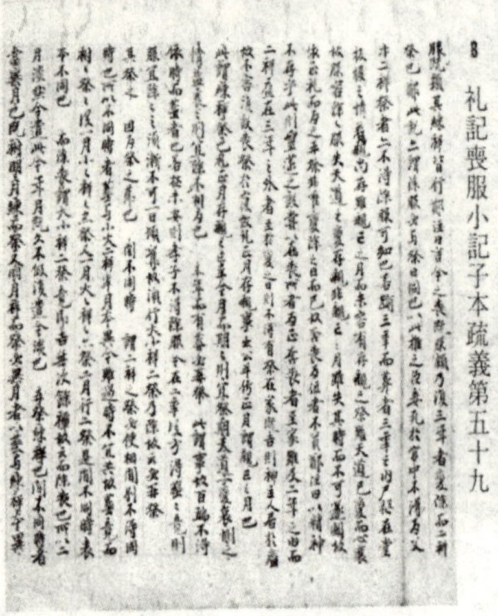

《礼记》唐代抄本

齐家的意思,是使家族成员能够齐心协力、和睦相处。齐字有治理、整理的意思。"欲治其国者,先齐其家"。说明管理者修己安人的次序。要治好自己的国家,一定会先从家族着眼,设法把自己的家族治理好,使族人和睦相处,齐心协力。

如何理解齐家

齐,有"一致,同等,平整"的意思。从这个齐字字义上解释,齐家,就是用德行影响、感化和转化自己的家庭。用自己的模范行为、德行品格和五德的能量,来感化和转化自己的家庭,从而使整个家庭的成员都随同自己一起去立德修身,共同地去建立道德人生观,建设一个道德人家。

古人云:"道德人家福泽长。"如果说我们能够有齐家的能力,带动一家人都来修养道德,那么我们的家庭就会和睦,家人的身体也会少病少灾,健康幸福。

修养道德不仅要完成人格、道德品格的建立,而且也要同时吸收五德能量之后,大量地去吸收五德之光进入自己身内,不仅照亮自己也能照亮自己家庭的时候,这就是真正的齐家。

怎样做到齐家

要治理好家族,一定会先从自己做起,有用心改变自己的态度习惯,成为一个具有良好德行的人。

要修好自己的品德,一定会先从正心做起,使自己心无旁骛,心思端正。同时应用"圣人之治"的修真方法,去采集五德能量进入我们这个良好的容器之中,使这种道德之光不仅能照亮自己同时也能照亮家人的时候,也就是实现齐家之日。这就是齐家的一种状态。

在达不到这种齐家状态，不能转换家人意识的时候，那么就要问一问：我们作为五德的这个容器，我锻炼得如何？我能将这种五德能量转化成为光能，去跟我们的家人进行心灵的交流，进行无形的辐射和影响吗？这么一问、一检查，就知道我们是否进入了齐家的状态，是否进入了建立一个道德人家的状态之中，去找一找原因。

儒家的悌是什么意思

“悌”属于儒家的伦理范畴，指敬爱兄长，顺从兄长。目的在于维护封建的宗法关系。常与“孝”并列，称为“孝悌”。

儒家非常重视孝悌，把它看作是实行仁的根本条件。《论语·学而》：“其为人也孝悌，而好犯上者鲜矣。不好犯上，而好作乱者，未之有也。君子务本，本立而道生。”《孟子·滕文公下》：“于此有焉：入则孝，出则悌。”

悌的含义包括敬重兄长、善事兄长，兄弟笃爱和睦以及友顺和睦。至亲者莫若骨肉，而手足之情，既长且久，当兄弟姐妹犹在之时，更要珍爱，相互勉励、扶持，切莫伤和气，毕竟“一回相见一回老，能得几时为弟兄。”

心常怀有兄长、弟妹之情，则敬亲爱亲之情油然而生。由此扩大，周遭之人亦极易融合为一家人，如此上下和睦，一片祥和之气，充塞于宇宙间，此乃真自然之道！

如何理解悌

儒家的悌是说家中兄弟和睦相处之道，以及和长辈在一起的规矩。在这些规范中，训练小孩谦恭有礼，懂得尊重别人，自然容易融入团体，为大家所接纳。

当哥哥姐姐的要能友爱弟妹，做弟妹的应做到恭敬兄姐，这样兄弟姐妹就能和睦而减少冲突，父母心中就快乐。在这和睦当中就存在孝道。把身外所用的钱财物品看轻点，少计较，兄弟之间就不会产生怨恨；讲话时不要太冲动，伤感情的话要能忍住不说，那么不必要的冲突怨恨就会消失无踪。

怎样从小培养和睦感情

孩童时代建立友爱观念非常重要。如果一个人小时候就懂得尊敬兄长、爱护弟妹，那他长大之后，跟同学、同事、朋友相处时，也会帮助并尊重别人。

《小学生手册》和《中学生手册》中，都有“尊敬师长”、“团结同学”等字眼，但如何落到实处，让孩子们身体力行，很多学校却并不关心。其实孩子分数的高低不太重要，重要的是应该做个好人。

要让孩子做好人，父母、老师都有责任，都应该努力。否则，孩童时代教育不好，长大以后重新再来，那就非常麻烦了。我们可以看到，有些人从小搞不好兄弟关系，后来在单位里待人接物会捉襟见肘。

对下者应慈悲爱护，对平等者应和睦相处，对长者应恭敬有加。

儒家的孝是什么意思

儒家的伦理学代表作《孝经》，比较集中地阐发了儒家的伦理思想。

孝是上天所定的规范，“夫孝，天之经也，地之义也，人之行也。”书中指出，孝是诸德之本，“人之行，莫大于孝”，国君可以用孝治理国家，臣民能够用孝立身理家，保持爵禄。《孝经》在中国伦理思想中，首次将孝亲与忠君联系起来，认为忠是孝的发展和扩大，并把孝的社会作用推而广之，认为“孝悌之至”就能够“通于神明，光于四海，无所不通”。

《孝经》对实行孝的要求和方法也作了系统而详细的规定。它主张把孝贯穿于人的一切行为之中，“身体发肤，受之父母，不敢毁伤”，是孝之始；“立身行道，扬名于后世，以显父母”，是孝之终。

它把维护宗法等级关系与为君主服务联系起来，主张“孝”要“始于事亲，中于事君，终于立身”，并按照父母的生老病死等生命过程，提出孝的具体要求：“居则致其敬，养则致其乐，病则致其忧，丧则致其哀，祭则致其严”。

《孝经》还根据不同人的等级差别规定了行孝的不同内容。《孝经》还把道德规范与法律联系起来，认为“五刑之属三千，而罪莫大于不孝”；提出要借用国家法律的权威，维护其宗法等级关系和道德秩序。

如何理解儒家的孝

孝是儒家伦理思想的原点，它包括以下几层意思：

第一，儒家以家庭为中心，认为个人可以通过自我修养扩展到家庭、国家和社会。从个人的情感意识上说，孝是人人都可以体会到的、与生俱来、无法逃避的情感，从中可以领会到人之为人的根本存在意义，进而可将其涵养扩充到人与人的其他关系上。

第二，儒家传统中的祭祀祖先是对父母孝的情感的扩充和延展的一种形式。我们通过祭祀祖先，感受到自身生命力量的来源，好像有一种生命的源头活水在我们血脉中流淌，体会到我们的存在是对这一血脉的实际护持。

最为真切的护持方式其实是孝意识的涵养与扩充，把我们对父母的孝顺推广到所有的人伦关系上，“慎终追远”从而达到视天下如一家的人情和谐。

第三，儒家伦理的基本原点是孝，而别的伦理意识，如悌、忠、信都是从孝延伸出去的。所以，儒家的伦理观可以说是以孝为本的人情一体观，有着视人如己的人与人的连续感，认为他人是自身的一部分，是与己相同可以为自己认识了解的另一个自我。我们的心因此是与他人的心相通的，因为人之为人就是要以孝之情作为人的本性，这就是“为人之本”的含义所在。

第四，传统儒家的心性伦理是实现儒家人伦和谐的个性化，因为心性论是从“孝”意识出发而有心与性之分，人才能明心见性。

孝是稍纵即逝的眷恋，孝是无法重现的幸福。孝是一失足成千古恨的往事，孝是生命与生命交接处的链条，一旦断裂，永无连接。

怎样努力尽到孝心

恢复源初活泼的仁心，把仁心落到实处。父母再有钱，代表不了家庭幸福。父母最大的愿望，当然是儿女常在身边，父母也知道这是不可能的，知道我们也有很多自己的事情要做。当初父母对你的爱，是希望你对自己今后的路有所认识，我们却认为是唠叨。

老人晚年的幸福，取决于儿女今后的体贴，经常回家探望，简单的几句问候，关心、说说父母想知道的事。

儿女对于父母来说，是精神的支柱，是生活的点点滴滴，生活的全部。

体谅父母当初对我们的良苦用心，他们用心培育、用心感化我们，省吃俭用，把最好的给了我们。

应该把最好的回报给父母，父母需要的不是金钱，那是金钱买不到的东西，爱、亲情，生活的点点滴滴。

什么是父慈子孝

父慈子孝是说父母对子女慈爱，子女对父母孝顺。《礼记·礼运》:“何谓人义?

父慈，子孝，兄良，弟悌，夫义，妇听，长惠，幼顺，君仁，臣忠。”

父子是中华传统伦理中最重要的人伦关系。其正确的表现是父慈子孝。

父慈子孝，核心是人不分老幼，人格上一律平等。老的要像老的，小的要像小的，这是一幅家庭乃至社会的理想图。

怎样理解父慈子孝

父慈子孝是个严肃而沉重的话题，父母与女子的关系，是家庭关系的重要组成部分。

可能所有的父母亲都是那种铁着心的把自己的青春，献给了儿女。从娘胎开始、牙牙学语到走上社会成家立业，每一个父母都忙忙碌碌，挥洒自己的青春为儿女劳累奔波。

反观做儿女的，有多少人在时刻记挂着父母，事事都为父母尽心尽力。以至于简单到逢年过节、父母的生日都没法陪他们尽享天伦，所有做儿女的都认为，只有自己做得足够好的时候，才能给予他们更好的物质享受。

就血缘关系而言，父母与子女是最亲的亲人。子女的生命，是父母造就的。父母在造就子女血肉之躯的同时，也使自己的生命在子女的身上得到了空间上的扩展和时间上的延伸。这种天然的血缘关系，是父母与子女骨肉亲情的基础。

既然子女的血肉之躯都是父母给予的，那子女就像父母的财产一样。

怎样做到父慈子孝

从小孩很小开始，利用一切机会和方式，向其灌输自己的人生观、价值观，通过一些鲜活的事例，潜移默化地影响小孩。不要事到临头再硬性规定他能做什么，不能做什么。如果自己的子女教育是成功的，子女从小就会接受大人的观点，长大后有什么不放心的呢？

做父母的在抚育子女时，不仅要考虑为其积累财产，更重要的是要教给子女正确的对待生命与生活的观念，注意培养其丰富的学识、仁爱的美德与健康的人格。

做子女的在赡养父母时，不仅要注重父母的衣食冷暖，还要关心父母的喜好与志趣。只有这样，才是真正意义上的父慈子孝。

什么是勤俭节约

《论语》开篇后第一句涉及勤俭节约的话是：要求国家“节用而爱人”，要求国家审慎使用财富，爱惜官吏百姓的人力。

《论语·学而》篇第十则，是孔子的两个弟子的对话，说孔夫子“温、良、恭、俭、让”，又提到了“俭”这一重要的美德。

第十四则，孔子又训诫学生说“君子食无求饱，居无求安……”这与今天大学按论文评级别、涨工资的思想是截然不同的，其核心还是勤俭两字。

凡此种种，不胜枚举。《论语》可谓地球上第一篇教人“贫穷不可耻，富贵未必可贵”这样高尚精神的文字，而在孔子之后的两千多年中，这种精神一直指导着中国世俗社会的每个层面。

怎样理解勤俭节约

儒家提倡勤俭节约的精神，被人们认为是中华民族的传统美德之一。中华民族历来倡导勤俭节约，孔子把“俭”和“温、良、恭、让”一同列为基本的道德准则。

国与家的存在发展以及繁荣都存在相同或相近的规律。奢靡、奢侈、奢华都是中华民族复兴伟大梦想道路上的巨大障碍，都是建设社会主义和谐社会、实现科学发展观的严重阻力。如果不能彻底的消灭奢靡、奢侈、奢华，一切美丽构想都将失去。

李商隐

“历览前贤国与家，成由勤俭败由奢。”是唐代李商隐在《咏史》中对前朝历史进行非常精确的概括和总结，同样适用于当代以及未来万世。

勤俭节约的优良传统，要祖祖辈辈地发扬光大，只有勤俭，才能成为光荣之家；只有节约，才能成为富裕之家。否则光荣与富裕只能是镜中花、水中月。

怎样历行勤俭节约

一、节约与勤俭，应该具有时代观念。

一旦养成良好的节约风尚，就表现在每时每刻的一言一行中。洗脸，再也不会水流哗哗了，洗好脸的水再洗衣服。电灯，走到哪儿开到哪儿，离开哪儿就关到哪儿，再也不是长明灯了；用水用电明显地节约得多了。一旦节约的思想生了根，幸福家庭就有了基础。

二、节约形成共识，应该突出时代特征。

个人节约是有限的，全家节约了潜力就是巨大的。众所周知，节约与勤俭是一对双胞胎。勤俭就不能大手大脚，节约也就不能铺张浪费。勤俭节约是传家宝，只要教育得法，传家宝就丢不了。

三、节约促进和谐，应该展示时代风采。

家庭是社会的细胞。家庭和谐了，社会也就会减少矛盾，在和谐的路上会越走越远。树立社会主义荣辱观，这是每个家庭必须做到的，也是每一位家庭成员必备的素质。以勤俭节约为荣，那么就以铺张浪费为耻。

总而言之，不管时代怎么变化，不管生活怎么变化，勤俭节约的观念也应该与时俱进，不断创新，才能持之以恒，卓有成效。

什么是家和万事兴

人生活在世间，不能离开社会，不能离开群众而独立生存。与社会大众和谐相处就是和睦。国家能和，再强的敌人也不敢轻易地欺侮我们。小至家庭、公司、社团，大至国家，只要做到和睦，就没有不兴旺的。

《二十年目睹之怪现状》第八十七回说："大凡一家人家，过日子，总得要和和气气。从来说：'家和万事兴。'"

"和"是儒家所特别倡导的伦理、政治和社会原则。《礼记·中庸》写道："喜怒哀乐之未发谓之中，发而皆中节谓之和。"《论语》讲"礼之用，和为贵"。"和为贵"的目的是为缓和不同等级之间的对立，使之不至于破裂，以安定当时的社会秩序。

孔子既强调礼的运用以和为贵，又指出不能为和而和，要以礼节制之，可见孔子提倡的和并不是无原则的调和，是有其合理性的。

如何理解家和万事兴

家通常会给我们温馨和安逸的感觉，是我们面对挑战和为之努力拼搏的动力源泉。当然温馨也好，源泉也好，都不是从天而降的，其实需要家庭成员自己营造和建构。

忍受家庭所有繁杂，能承担起一个家庭成员该担负的责任。与家庭成员和睦相处，凡事退让一步；珍惜家人能在一起的时光，让老有所依、小有所靠。

怎样做才能家和万事兴

家不一定非得很富裕，但一定要和睦，不一定会一帆风顺，但家庭成员一定要团结一致，家中每一位成员都能严于律己，宽以待人；晚辈尊敬长辈，长辈理解晚辈。

特别是媳妇对公婆，公婆对媳妇，如果彼此心存排斥之心，挑挑剔剔，越看就越不顺眼。出言不逊，动手打人，挖空心思斗气，家不像家，永无安宁之日，于哪一方都是不开心的事。

为人父母者，既是一家之长，就该好好行使权限，必须使你付出的爱和你对晚辈的管制同等，没有爱的管制无法令人折服，没有尊严的宠爱只能使晚辈心里不尊重你。

家是讲感情讲道理的地方。如果心中没有亲情没有了真诚的爱，你再有道理也没用。善意的谎言不能没有，而老人的唠叨却不必去较真，这就是难得糊涂。

家和万事兴，退一步海阔天空。如果真的过不到一块了，不如趁早分开更好，但别忘了，再怎么分开，血缘是分不开的，父母的养育之恩是非报不可的。养育晚辈的责任是谁都不能推卸掉的。

普通的家庭过着平淡的日子，不求大富大贵，不去争名夺利，踏踏实实过活，这就应该感到幸福和满足。

什么叫子不教父之过

子不教，父之过，本意上是指父亲对子女负有教育的责任，子女没教育好，父亲是有过错的。的确，父母是孩子的第一个老师，尤其是对于儿子，父亲是儿子的“模”和“镜”。

父亲有责任从小给儿子授以做人的道理，帮他养成良好的性格，教他学会生存的本领，让他能身心健康地长大，比较顺利地融入社会，走好他自己的路。

如何理解子不教父之过

子不教，父之过，是世俗对父亲的要求，言简意赅地表明了父亲负有教育子女的责任。而子女并不能以此来推诿自己的过错。俗话说，父母难保百年春，子女终究要走向社会，经历风雨，路还得自己走。

父母带大了儿女，自己也渐渐衰老。成年了的孩子们要走好自己的路，尽量不要让父母再操心，或少操心，让他们安度晚年。

怎样在家教中教育孩子

父教子，重在行。父亲是儿子的榜样。做父亲的如果好逸恶劳，不求进取，不孝敬父母，不遵纪守法，很难让儿子不跟着你的影子走，不照着你的样子学。因此，为人父不容易，要严格要求自己，处处做好表率。

父亲，作为男人，人生的担子很重很重。要挣钱养家，要教育子女，要呵护妻子，要赡养老人，还有一大堆数不完的家庭的、工作的、社会的责任。如果儿子不体谅父亲，不尊重父亲，把自己成年后的不顺和过错都归结到父亲身上，显然也是不公平的。

父亲也是人，也有失误犯错的可能，也有脾气不好的时候，更有因种种原因没有顾及好子女教育问题，因此，没有理由把“子不教，父之过”作为子女自己不学好、不长进，甚至学坏、犯罪的自我开脱。

人非圣贤，孰能无过。大人犯错，孩子们更容易犯错。错了不要紧，知错就改，改了就好，人生的路还很宽很长。犯了错的子女们，不要埋怨父母，不要怨恨社会，多从自己身上找原因，才会真的改错。对父母不说“都怨你”，说声“对不起”，多说“我爱你”，父母需要的正是你们的理解和关切。

可怜天下父母心。父母都希望自己的儿女，从小学好样，长大有出息。而在现实生活中，很多事往往事与愿违，这里既有教育方法问题，更有社会影响问题。

什么叫身教重于言教

《围炉夜话》说：“父兄有善行，子弟学之或无不肖；父兄有恶行，子弟学之则无不肖；可知父兄教子弟，必正其身以率子，无庸徒事言词也。君子有过行，小人嫉之不能容；君子无过行，小人嫉之亦不能容；可知君子处小人，必平其气以待之，不可稍形激切也。”

意思是说：父辈兄长有好的行为，晚辈学来可能学不像，也比不上。但是如果长辈有不好的行为，晚辈倒是一学就会，没有不像的。

由此可知，长辈教晚辈，一定要先端正自己的行为来为他们做表率，这样他们才能学得好，而不是只在言辞上白费工夫，不能以身作则。有道德的人行为若稍有超过或偏失，一些无德之人因为嫉妒，一定无法容忍而群起攻击。但是有德之人即使不犯过失，小人也不见得能容他。由此可知，有道德的君子和无道德的小人相处时，一定要平心静气地对待他们，不可过于急切的责骂他们。

如何理解身教重于言教

父兄有善行，子弟不容易学，恶行却是学得很像。这是因为人的本性就像水流一般，下流容易上流难。

修德好比爬山，父兄登在高处，子弟不一定爬得上；父兄若在坑谷，子弟一滚就下。因此，可知教子弟最重要的是自己先端正身心，以身作则去带领他们。如果长辈满嘴仁义道德，实际的行为却违法犯纪，晚辈怎么可能不受影响而为非作歹呢？俗话说："上梁不正下梁歪"，身教重于言教，做长辈的，还是多多检讨自己的言行才对。

怎样做好言传身教

家庭是孩子的第一所学校，家长是孩子的第一任老师。也就是说，在孩子的一生中，家庭与家长对他们的影响与作用是非常深远的。因此，父母平时的一言一行，必须是高度规范的，必须充分地注重其正面引领功能的发挥。

一个在孩子面前满口粗话的家长，怎能教育出一个言语文明的孩子来？一个时常当着孩子的面以"筑长城"为乐事的家长，是不可能带出一个能专心读书的孩子的。

是的，许多孩子身上的那些不良习气，其实都是在家长的影响下而潜移默化中形成的，许多孩子之所以会变坏，也是由于家庭与家长中存在着某种能使其变坏的因素的缘故。

与此同时，我们还应该经常问一下自己：我究竟给了孩子怎样的言传身教？也唯有这样，我们的孩子才能健康成长，才能获得最基本又最重要的品质保证；也唯有这样，那"第一所学校"与"第一任老师"，才称得上是合格的。

儒家的家规指的是什么

一个家庭所规定的行为规范，是由一个家族所遗传下来的教育规范后代子孙的准则，也叫家法。国有国法，家有家规，就是指一个国家有一个国家的法律，一个家庭有一个家庭的规矩，这个规矩就相当于国家的法律。

提倡和谐，追求大同，是儒家学说的核心内容。和谐社会的一个重要标志是人民安居乐业、生活富足、文明有礼。儒家历来提倡天地之间人为贵，主张社会以人为本，国家以民为本。儒家的家规所提倡的义、仁、爱等概念，这在我们今天建设社会主义的和谐国家，是有借鉴和指导意义的。

如何理解儒家的家规

在人类社会中，人的行为规范有两种，一是法律规范，二是道德规范。常言道："国有国法，家有家规"。国法就是法律规范，家训或家规就是道德规范，两者有区别，又有联系。国法少不了，家规也是少不了的。

千千万万个家庭，就有千千万万种家庭情况，不可能有全国统一的家训或家规。在实际生活中，法律是远远调整和规范不了繁杂的家庭关系的。因此，家训或家规是一个家庭要求其成员必须遵守的日常行为规范，是国法之外的成文道德，包括了在家庭关系中需要使用的全部道德规范。

家训或家规的主要作用是统一道德标准、调整家庭关系和维护家庭和睦，进而维护社会的安定与和谐。我们每一个人，既是社会的一员，又是特定家庭的一员，既要遵守国法，又要遵守特定家庭的家训或家规，也就是说，既要遵守法律，又要遵守道德。所以，在现代社会，只要有家庭存在，家规和家训就是必不可少的行为规范。没有家训和家规的社会，必然是问题多多的社会。

"仁、义、礼、智、信"的传统道德观念应该首先由家训或家规来具体化、规范化，而不是首先纳入学校的教学内容或教育内容中。

怎样管理一个家庭

我们经营一个家庭，就要像经营一家小小的爱心银行一样，两个人都要不断地往里面存入爱心。双方应该想着多奉献，而不是多索取。有了丰厚的积累，如果有一天，一方因为种种原因需要支取时，才不会威胁到小家庭的安全，才能够平稳渡过难关。

在经营这个小小的家庭银行时，也有一定的游戏规则，也必须有董事长，有精算师，有董事会成员。

在制定制度时，可以是成文的，也可以是不成文的，但重要的是保证实施。

家庭制度的制定可以从以下几个方面考虑：家庭成员思想要求、家庭资金管理要求、家庭卫生管理要求等。

董事长和总精算师之间要时刻保持良性沟通，多付出一点，多为对方着想，多理解和原谅对方，不必斤斤计较得失。这样，家庭成员都有幸福感，这个家庭就能够挡住任何外来的风风雨雨，像一艘大船，在社会这个波澜壮阔的海面上，就能乘风破浪，勇往直前！

维持一个家庭的存在，不但需要爱情，更需要爱情之外的另一种纽带。最强韧的一种：不是孩子，不是金钱，而是精神上的共同成长。

年轻男女相爱时，爱情就像熊熊烈焰，燃烧时可以不顾一切。但是，一旦有了家，有了孩子，经营爱情就应该像经营银行一样。要有周密地规划、整体部署，不但要取，更重要的是要善于存。只有不断地存，才能不断地取。为了亲情，家庭里每一个成员就应该勇敢地承担你的家庭责任，认真经营好自己的家庭。

第三部分 治国之道

儒家的治国之道非常丰富，可以说《四书》、《五经》讲的都是治国之道，就是写在几千年来中国人人心中最有权威的宪法。

儒家的治国之道是王道政治，其核心的价值是解决政治秩序合法性的问题。儒家主张“为国以礼”、“为政以德”、“为仁以德”，认为只有如此才能使人真正心悦诚服地服从政治权威，达到社会的长期治理和稳定。

我们从儒家经典《论语》中可以看到儒家对民族、自幼、平等、个性的推崇。其中有关孔子谈理想、谈治国、谈个性、谈礼仪所表现的韵味，不可谓不浓。

什么是为国以礼

这是儒家礼治论的主张，儒家在“礼崩乐坏”的春秋战国时期要求恢复和加强以贵族政体为核心的一整套宗法等级制度，主张复礼。

为国以礼的具体内容有：礼是根本的国家制度；礼的范围扩大到民间，突破了西周的“礼不下庶人”原则；“举贤才”补充周礼的“亲亲”原则。

为国以礼的内涵是什么

孔子继承了西周以来把礼作为治国之经纬的思想，认为礼是治国之本，形成了以礼乐教化治国安邦的整体思路。

孔子对周礼在继承中创新，目的是为了救世。孔子面对当时礼崩乐坏的社会形势，一方面维护周礼，另一方面他对周礼也有许多不满之处，并在推崇周礼的前提下，对周礼进行了许多“损益”。

他通过对周礼的损益创造性地提出了仁的思想，使之他整个思想体系的制高点，并与礼配合，在修己的同时治人，在人的伦理道德完善的基础上实现社会的良好秩序。

孔子继承西周德治思想，总结春秋德礼思潮，提出了“德化”“礼治”的治国思想。孔子提出“为国以礼”，集中表达了他对礼在政治中的地位和作用的认识。

礼的历史特征、阶级特征十分明显，或说它的局限性很大。孔子言礼，以周礼为蓝本，其中许多内容随着时代发展变得保守、落后，不再适用而被摒弃。因此，如今探讨孔子礼治思想，讲理论原则易，讲具体内容难，批判易，继承难。

怎样做到为国以礼

一方面，只有使人民富裕起来，再施行教化，才能做到预防犯罪和稳定秩序的效果。

另一方面要实行德治，以德为主，以刑为辅，慎刑慎杀，才能得到人民的拥护。如果实行暴政，滥施刑罚，必然要丧失民心，被人民推翻。这种德主刑辅的重民思想，也是孔子的思想的精华。

治国者当特别重视个人的表率作用，要在修养和遵纪守法方面严于律已。贤者当政，国家兴盛；奸邪当道，国家灭亡。建议贤臣辅佐国君。

什么是为政以德

子曰："为政以德，譬如北辰，居其所而众星共之。"意思是说，以道德原则治理国家，就像北极星处的位置，所有的星辰都会围绕着它。

为政以德突出了孔子的德政主张，认为以道德原则治理国家，君主就会像北极星被群星围绕一样，受到爱戴。

这是儒家德治论的主张，儒家继承和发展了西周的"明德慎罚"，同时也进行了改造。

儒家突出了德的政治意义，主要包括宽惠使民和实行仁政，认为德是治理国家、取得民心民力的主要方法；二是抬高了德的地位，认为德高于君主的权力，高于国家及法律，是区分"仁君"与"暴君"的标准，是执政、司法的指导方针。

为政以德的内涵是什么

德治是人类社会用道德控制和评价社会成员行为的一种手段。主要通过榜样示范、道德礼仪、教化活动、制定乡规民约和宗族家法、舆论褒贬等形式实现。以德治国，把法治与德治有机结合起来。

德治是人治的理想模式。要想充分发挥人治的优点，政府官员应该勤奋、敬业和具有高尚的人格魅力。德治是中国古代的治国理论，含义如下：

要求统治者集团以身作则，注意修身和勤政，充分发挥道德感化作用。

重视对民众的道德教化，"为政以德"，德主刑辅。

怎样做到为政以德

树立"以民为本"的思想。民意即是天意，顺从民众的意愿就是顺从天的意愿。圣明的统治者，就是要去私任公，爱利天下民众。是不是爱民利民，这是古人检验政治是不是德政的根本标准。中国共产党是为了人民的利益而工作的，其宗旨是全心全意为人民服务，其本身没有自己的特殊利益，这是古代的"以民为本"所不能比拟的。

社会管理者要起到榜样示范作用。孔子讲，君子之德风，小人之德草，风往哪边刮，草往哪边倒。又说过，政就是正。其身正，不令而行；其身不正，虽令不从。上行下效，这是一个普遍的规律。

古代德治传统中一些具有操作性的办法值得借鉴。比如，在任用人才的问题上，古人讲举贤才，特重有德者；在政治上有一定的道德运行机制；在家庭教育和社会教育上，尊重客观规律。强调个体的道德修养和境界等，这都值得借鉴。当然，更重要的是要改造古代的德治传统，使之符合新时代的要求。

从宏观讲，最迫切的是首先是完善为人民大众所喜闻乐见的、与社会主义市场经济相适应的道德规范体系；同时要完善以德治国的良好的社会运行机制；在强调提高党政官员道德素质的同时，完善符合教育规律的儿童道德教育和公民道德教育的科学体系。

什么是为政在人

"为政在人"语出《中庸》:"哀公问政。子曰:'文武之政，布在方策。其人存，则其政举；其人亡，则其政息。故为政在人'。"

儒家强调为政在人，并不是说不要"法"，而是说在"法"与"人"两者中，人的因素更为重要。荀子在总结先秦时期的历史经验时，曾说过这样一段话。他说：从来只有昏乱的君主，而没有昏乱的国家。只有始终如一遵循治国之道的人，而没有一成不变的治国之法。

如何理解为政在人

由于把人的因素放在第一位，所以儒家一贯强调在选用官僚上必须"举贤才"、"尊贤使能"或"尚贤使能"。他们认为，君主如果能够尊重和任用有德有才的人，那么天下的人才都会被吸引过来，愿意为朝廷服务。他们还指出，"尚贤使能"不应当只停留在口头上，最重要的是要真心诚意地、坚定不移地任用他们。

关于尚贤使能方面，儒家还十分强调要打破原有的等级次序和亲亲关系，打破原有的官阶次序。

在儒家尚贤使能、举贤才的理念指导下，中国很早就形成了一系列选拔官僚的方法和制度，并由此建立起了一套由中央至各级地方政府的文官制度。

怎样培养治国人才

治理国家、管理社会、发展教育，关键在于获得人才，尊贤重才。

要有远大的共产主义理想，坚定正确的政治方向，坚定地走中国特色社会主义道路，坚决贯彻执行党的基本理论、基本路线和各项方针政策。

努力实践全心全意为人民服务的宗旨，密切联系群众，特别是工农群众，坚决维护人民群众的利益。

实事求是、与时俱进，一切从实际出发，善于开拓前进，具有唯物辩证的思想方法和工作方法。

模范遵纪守法，保持清正廉洁，发扬艰苦奋斗精神，自觉拒腐防变，坚决反对消极腐败现象。

刻苦学习，勤奋敬业，不断加强知识积累和经验积累，具备做好本职工作的专业知识和能力。

什么是亲民

亲民有两种理解。朱熹《四书章句集注》把“亲”当作“新”来理解，意为使人民经过教化，摆脱旧有的陋习，“苟日新，日日新，又日新”地不断提高自己的道德修养，最终达到天下太平。另一种理解即为亲近人民，以人民为自己的至亲。根据《大学》的整体内容来看，朱子将亲民解释为“新民”，似乎更符合作品的原意。

朱熹

“新者，革其旧之谓也，言既自明其明德，又当推己及人，使之已有以去其旧染之污也。”亲民就是要将美好的德性，通过各种途径广泛散播，并通过除旧布新，达到天下大治的最终效果。天子应该以其为根本任务，时刻用心尽力，人民则应不断反省，力求从道德上完善自己。

如何理解亲民

亲民就是要亲国之民，要亲家中之民，要亲社会之民，要亲整个民族之民。

由明明德向亲民提升的意义是说，道德教育与道德修养的目标，不只在于建立一个道德性的自我，必须由独善其身而兼善天下。如何兼善天下？其途径就是亲民。

从这个转化来说，亲民之中，新与爱两者兼备。亲之实质在新，启发人民去除“蔽”“拘”，从善自新。而新的方法在于爱。由爱讲新体现了中国血缘文化背景下道德教育的特殊机制与精神。

明明德的独善其身与亲民的兼善天下的统一，便是追求与达到“止于至善”的境界。至善，是道德上的最高境界。

怎样做到亲民

血缘是中国文化的第一也是最重要的要素，其根本精神是由血缘之情、家族之爱出发，通过“忠恕”的推己及人的机制扩充为社会性的爱心、爱性，从而达到所谓“天下一家”，这就是中国伦理的“仁道”与“仁爱”。

如果从道德教育的角度理解，就是说，在确立了个体道德自我之后，就必须以爱去感化他人，从而实现新民的目标。因此，在亲民中，新与爱是统一的，前者是目标，后者是文化机制，体现了血缘文化背景下中国道德教育的特殊韵味。

什么是仁爱

仁爱最早语出《淮南子·修务训》:“尧立孝慈仁爱，使民如子弟”,《史记·袁盎列传》:“仁爱士卒，士卒皆争为死。”仁即爱人，统治者仁爱治国，老百姓仁爱立身。“工欲善其事，必先利其器”，譬如一个工匠要干好工作之前，必定要把工具磨得快快的，朝廷百官要治理好国家，也要先来个“利其器”，这个器就是仁，即思想、道德之器。

在儒家的治国理念中，既然只有少数的社会精英，也就是孔子所说的君子，才应担当治理国家的重任，这些人就有责任施行德政、仁政，以亲民、爱民的态度做老百姓的父母官。这种仁爱的重要体现，就是政府能够为平民百姓的福利作长远的规划。

如何理解仁爱

仁爱就是以人为本，尊重人的生存权、发展权，强调人的道德自觉，普及仁爱和民主的精神。像清代文学家张岱说的“予夺之权，自民主之”，像黄宗羲的“天下，即人民为主，君为客”的思想，就是仁爱的延伸，民主思想的体现。

儒家思想里有治国之道强国之策，儒家以仁爱为核心，在思想领域带领中国人走向一个又一个的盛世辉煌!

怎样做到仁爱

热爱民众，爱民如子。对于国家管理者来说，爱人即一切为人民着想，一切为人民所做。

加强修养，以德服人。仁还有一层含义是修身，即对道德准则的遵从。联系到我们今天的治理国家即是以德治国。官为民之表率，官风决定着民风，这就为承担着治理国家任务的各级领导干部，即人们常说的官提出了更高的道德要求。

君子之德，犹如风过草上，草必随风而倒，又何愁天下不治呢？为官者，必须有德，且要不断提升其自身道德修养，才能通过言传身教，提高全社会的道德水平，达到治国安邦的目的。因此，以德治国重在官德。

模范带头遵纪守法。孔子说礼让是治国的根本，礼，小处着眼，可以认为是个人行为规范与社会规范的集合，我们将其推行到治理国家的高度，可以理解为国家政策、法规。治理国家仅靠道德是不够的，如何规范、惩治越矩之人，就要靠礼的作用。以仁为基础，以礼为规范。

什么是和谐

和谐有和睦、协调的含义。汉代郑玄笺："后妃说乐君子之德，无不和谐。"唐代李商隐《杂纂》："诸妇和谐，不嫌麤辣。"明高明《琵琶记·寺中遗像》："敢大教我夫妇再和谐，都因这佛会。"杜鹏程《在和平的日子里》第六章："充满在两人中间的和谐气氛给破坏了。"

和谐有配合得匀称、适当、协调的含义。《晋书·挚虞传》："施之金石，则音韵和谐。"清赵翼《瓯北诗话·黄山谷诗》："自中唐以后，律诗盛行，竞讲声病，故多音节和谐，风调圆美。"秦牧《艺海拾贝·最后的晚餐》："细部好了，还得结构和谐完整，才能够构成卓越的整体。"

和谐有和解、和好相处的含义。《魏书·萧赜传》："赜初为太子时，特奢侈。道成每欲废之，赖王敬则和谐。"元郑廷玉《楚昭公》第一折："此剑原是吴国之宝，他既来索取，不如做个人情，送还了他，两国和谐，可不好那！"

和谐社会是指一种美好的社会状态和一种美好的社会理想，即形成全体人们各尽其能、各得其所而又和谐相处的社会。

如何理解和谐

和谐是中国古代的理念之一。"和而不同"、事物的对立统一，即具有差异性的不同事物的结合、统一、共存；政治和谐，一种社会政治安定状态；遵循事物发展客观规律，追求人与自然的和谐。

和谐体现的是人与自然、社会、人与人的共生、共处、共荣的精神。这是对人类社会理想境界的追求，是人类永续性发展的生态需要。

和谐是世界的本质，是一切事物的原则，是建设和谐社会的重要思想。

总之，和谐是对自然和人类社会变化、发展规律的认识，是人们所追求的美好事物和处事的价值观、方法论。

怎样做到和谐

用和谐哲学修炼自己的道德和品质。和谐哲学包括经济和谐、政治和谐、家庭和谐、夫妻和谐、朋友和谐、自身和谐、和谐为官、和谐为人、和谐为事、和谐为商、和谐为文等。

创造好团结共事的和谐环境，最根本的是自身要以诚待人。高度受人欢迎的心理特征为真诚、真实、理解、智慧、可靠、体贴、热情、友善、负责人等；高度被人厌恶的心理特征是，不友好、多嘴多舌、自高自大、自吹自擂、自私自利、恶毒、虚假、冷酷、卑贱等。待人以诚，处世以信是一个人安身立命之本。

只要做到待人以诚，处世以信，就能赢得人心，就能获得爱心，就能得到支持和帮助。

什么是诚信

“诚”是儒家为人之道的中心思想，我们立身处世，当以诚信为本。宋代理学家朱熹认为“诚者，真实无妄之谓”。肯定“诚”是一种真实不欺的美德。要求人们修德做事，必须效法天道，做到真实可信。说真话，做实事，反对欺诈、虚伪。

《说文解字》认为“人言为信”，程颐认为“以实之谓信”。可见，信不仅要求人们说话诚实可靠，切忌大话、空话、假话，而且要求做事也要诚实可靠。而信的基本内涵也是信守诺言、言行一致、诚实不欺。

诚主要是从天道而言，信主要是从人道而言。故孟子曰：“诚者，天之道也；思诚者，人之道也。”

诚本是自然固有之，效法天道、追求诚信，这是做人的道理、规律。两者在哲学上虽有区别，但从道德角度看，诚与信则是同义等值的概念，故许慎在《说文解字》云 :“诚,信也。”“信,诚也。”基本涵义都是诚实无欺,信守诺言,言行相符,表里如一,这是做人的基本要求。

如何理解诚信

“诚”指的是真实无妄,“信”就是守这个诚,诚信是为政之基,为政之法。

诚信体现了实事求是、尊重客观实际和守信、守礼、守法的精神,是立身、立业、立国之本。对于个人,诚信是立身之本;对于企业事业,诚信是立业之本;对于国家来说,诚信是立国之本。

《左传》云:“信,国之宝也。”指出诚信是治国的根本法宝。孔子在“足食”“足兵”“民信”三者中,宁肯“去兵”“去食”,也要坚持保留“民信”。因为孔子认为“民无信不立”,如果人民不信任统治者,国家朝政根本立不住脚。

因此,统治者必须“取信于民”,正如王安石所言 :“自古驱民在信诚,一言为重百金轻。”

“民无信不立”,指的就是当政者要取信于民,才能成就大业。浙江古代思想家王充的“实事疾妄”思想就是实事求是、批判虚妄的诚信思想。

怎样做到诚信

《吕氏春秋 · 贵信》说 :“君臣不信,则百姓诽谤,社稷不守 ;处官不信,则少不畏长,贵贱相轻;赏罚不信,则民易犯法,不可使令。”对于从政者来说,取信于民是最为重要的。只有政府守信,赏罚分明,人民才能信赖政府,遵纪守法,所以对于政府来说,祸莫大于无信。

西晋大臣、文学家傅玄在其著作《傅子 · 义信》中作出结论 :“王者体信,而万国以安 ;诸侯秉信,而境内以和。”只要君主与诸侯互相信任,信守诺言,取信于民,天下自然太平。可见,取信于臣民是何等的重要。

傅玄

从政者最重要是取信于民，如何做到取信于民呢？其一是为官清廉，其二是秉公执法。

明初名儒梁寅在石门山讲学，其中一名学生初为官，前去请教梁寅。梁寅认为做官的三个要诀为“清”、“慎”、“勤”。

所谓“清”，即是反贪倡廉；“慎”即是为官慎重认真，不马虎从事；“勤”即勤敏执政，力戒懒惰。这样，方可取信于民。

什么是中庸

在《论语》中，孔子把在中庸看成是一个最高的道德标准，也是他解决一切问题的最高智慧。其含义大致有三：

执中守正，就是恪守中道，坚持原则，不偏不倚，无过无不及；折中致和，就是执两用中，和而不同；因时制宜，就是与时俱进，通权达变，随机应变。

总之，中庸，就是恪守中道，坚持原则，不偏不倚，无过无不及。在处理矛盾时善于执两用中，折中致和，追求中正、中和、稳定、和谐。并且随时以处中，因时制宜，与时俱进。

如何理解中庸

中庸之道是教育人们自觉地进行自我修养、自我监督、自我教育、自我完善，把自己培养成为具有理想人格，达到至善、至仁、至诚、至道、至德、至圣、合外内之道的理想人物，共创“致中和天地位焉万物育焉”的“太平和合”境界。

中庸，以“过犹不及”为核心，做人处事追求适量、守度、得当，不偏不倚为宜，越位和缺位都不合适。

中庸，既深奥又通俗，是治国之道又是修身之法。吃饭看胃口，做饭讲火候，种庄稼要把握温度和湿度。治理国家，既要追求发展速度，又要兼顾社会安宁。要做到恰到好处就该讲中庸。把握中庸机制，比如实行宏观调控使先富帮后富，达到共同富，社会才能和谐。

中庸，既不是简单地折中，也不是庸俗的中间路线。中庸追求的目标是在不同时空环境中，尽善尽美与无可奈何之间的最佳方案。它既是世界观，又是方法论，现代科学系统论，经济学中的宏观调控，政治学中的统一战线等都有中庸的部分机理在其中，中庸是古代的软科学。

中庸这个庸字大家可能认为不好听，其实中庸就是“用中”，强调的是不走极端，体现了公正、务实、协调。这种思想是极为高明的，走的是“执其两端，用其中也”的道路，也是建立和谐社会、和谐世界的必由之路，符合科学的发展观。

在现代的商业社会中，孔子思想中的重义轻利，敬业乐群等内容，维护了企业的信誉，保持了企业内部的和谐和稳定，孔子薄赋轻税的主张和节俭思想，则有助于人民的休养生息和社会财富的积累。这些都是现代社会发展不可缺少的因素。

怎样以中庸之道治国

儒家的治国理念，以“性善论”为治国根据，以“致中和”为治国理想，以“中庸之道”为治国方法，以“德主刑辅”为治国模式。中庸之道作为治国方法，为现代和谐社会的建构提供了一种思想观念及方法论上的资源。

政治上的中庸之道要求执政者在制定政策或立法上不走极端，注意寻找各种利益的平衡点，从而使社会安定。

合乎中庸之道的政治是一种优良政治，只讲“德治”不讲“法治”，或只讲“法治”不讲“德治”都有极端之嫌，而法治与德治并重的治国方略才是合乎中庸之道的。应该说，德法并重的治国方略是我们在既顺应时代潮流又继承历史传统的情况下所作的一个明智选择。

在政治领域，它表现为宽猛相济、德刑并用的治国方略。

在法律领域，则要求在立法上注意寻求各种不同利益的平衡点，从维护统治阶级的长远利益与整体利益出发，应当在立法上适当考虑民众的利益。

在文化领域，则表现为一种理性与温和的文化发展观。它反对在文化问题上搞不破不立，反对横扫一切文化传统，提倡文化的“损益”式发展。

在经济领域，则表现为经济政策上的“富民”措施。儒家从中庸之道的立场出发，不赞成将社会不同阶层间贫富差距拉得过大的制度安排，也反对统治阶级过度地剥削民众，因为这些都有碍于社会的和谐与安定。

什么是内圣外王

内圣外王，指内具有圣人的才德，对外施行王道。最早语出《庄子·天下篇》：“天下之治方术者多矣，皆以其有为不可加矣……判天地之美，析万物之理，察古人之全，寡能备于天地之美，称神明之容。是故内圣外王之道，暗而不明，郁而不发，天下之人各为其所欲焉以自为方。悲夫，百家往而不反，必不合矣！后世之学者，不幸不见天地之纯，古人之大体，道术将为天下裂。”

《荀子·解蔽》中为圣王下了一定义：“圣也者，尽伦者也；王也者，尽制者也。两尽者，足为天下极矣，故学者以圣王为师”。

在儒家典籍中，圣人是人格品德最高的典范，孔子说：“圣人吾不得而见之矣，得见君子者，斯可矣。”孔子尽管说他没有见到圣人，但他却被后人奉为至圣。《论语》中没有圣王的观念，但儒家的内圣外王之说，却奠基于孔子。其后孟、荀分别予以了发展。

儒家的重要著作《大学》也表明了内圣外王的理想人格，其主张以格物、致知、诚意、正心、修身为个人内心修养的阶梯，这实际上就是内圣之道；而主张以齐家、治国、平天下为个人内心修养完成后的自然发展，也就是“外王”之道。

如何理解儒家内圣外王之道

儒家历代学者在“成圣”的信念追求方面是一致的，但在如何成圣的问题上却有着分歧，孟子倡性善，他认为所谓修养就是保存自身已有的“善端”并将其扩充出来，同时，他也注意到，因为追求过多的物质欲望会使人失去善性，因此，他提出了“养心莫善于寡欲”的主张，把“寡欲”作为养心的主要内容，走的是一条内省的路子。

张载画像

荀子倡性恶，认为善是人们后天努力改造的结果，因此，他更加注重人们后天的学习，他说“圣可积也”，即是主张通过不断的学习、不断地积累道德而成为圣人，走的是一条向外学习不断改造本性的路子。这两种不同的修养方法在后世都得到了继承和发展。

宋朝张载追求的是这样一种人生境界：“为天地立心，为生民立命，为往圣继绝学，为万世开太平。”这一段话后来成为中国传统士人的理想人生境界。它将“内圣外王”的理念提升到了一个新的高度。

儒家倡导的人生最高境界就是成圣，其次是成为君子。君子理想是儒家人生境界的另一重要内容。孔子说："君子喻于义，小人喻于利。"这里，义指君子应当履行的道德义务，利指个人的私利私欲。孔子以重义还是重利作为区分君子和小人的标准，他认为，君子理想人格的本质是重义轻利。这一传统被后世的儒者不断发扬光大。

如何成圣成贤或"超凡入圣"，再把圣人造就成圣王，而由圣王来实现社会政治理想，这就是儒家的"内圣外王之道"。

怎样做到内圣外王

《大学》对内圣外王的解释是：格物致知，正心诚意，修身齐家，治国平天下。在平时要真正达到做人的境界，就要在这几个字上下工夫。

一是格物致知。就是学习。古人重实践，在格物中致知。就是深入实际，多调查研究。在书本上学也是格物。格，就是一个一个翻检，一个一个翻来覆去研究。今日格一物，明日格一物，时间久了，就有了真知灼见。关键是格什么物，学什么。要学真知识，不要伪知识；学有用的知识，摒弃假知识。就是要增强工作能力、思考能力、综合能力、文字能力等，耳聪目明心灵。做到不愚昧。

二是正心诚意。就是慎独，就是养浩然正气，宋朝朱熹说："破山中贼易，破心中贼难。""一念发动处即是恶"。佛家说，"身是菩提树，心如明镜台。时时勤拂拭，勿使惹尘埃。"有了修养功夫，就达到了"本来无一物，何处惹尘埃"。这种境界一般人达不到，但应该朝着这个方面努力，就是做高尚的人、纯粹的人；就是要遵纪守法、公道正派；就是要有理想信念，要有党性，要有国性，做个国者，就是做到不欺心。

三是修身齐家。修身就是修养品行，提高品格，品行端正。古人要求很高，孔子讲非正勿视，非礼勿听，要求仁。孟子讲富贵不能淫，威武不能屈，贫贱不能移。现在人难以做到。用现在话说就是要注意形象，堂堂正正做人。齐家就是管好家庭。父贤子孝兄悌。和为贵。子有成。现在就是和睦家庭，做好培养下一代工作，有贤内助，有好儿孙，做到不虚伪。

四是治国平天下。就是要干一番事业，有政治追求。郭秀明说："人生为一大事而来，为一大事而去"，就是这个意思。古人讲成名立业，封侯拜相。还有个时间限制，三十而立；还要有毅力，知其不可为而为之；还要识时认命，“道不行，乘桴浮于海”；还要有平常心，做不了官，就安心做学问，修“诗三百”，培养下一代。总之不灰心、不沮丧。现在呢，就是恪尽职守，尽职尽责，做好自己的工作。做到不平庸。

从格物致知做起，直到治国平天下，一环套一环，环环相扣，没有缺少的环节。想投机，不行，那就会弄得画虎不成反类犬。

儒家的小康指什么

儒家把比“大同”思想较低级的一种社会称为小康。《礼记·礼运》上说：“今大道既隐，天下为家。各亲其亲，各子其子，货力为己。大人世及以为礼，城郭沟池以为固。礼义以为纪，以正君臣，以笃父子，以睦兄弟，以和夫妇，以设制度，以立田里，是谓小康。”这里描绘的是在夏禹、商汤、周代的文王、武王、成王、周公治理下出现的盛世。

小康是儒家理想中的所谓政教清明、人民富裕安乐的社会局面。后多指境内安宁，社会经济情况较好。

儒家的小康社会论是宝贵的民族精神遗产，既有其理想的光辉，又有其空想的色彩。历史证明，唯有科学社会主义与和谐进步的科学发展理论方为践行可胜的思想道路。

儒家小康的含义是什么

儒家的小康社会，是大同社会之前的预备型社会。小康社会论是儒家社会主义的底端纲领。

由此，可以看出儒家社会主义为实现小康指明具体的方针。这就是小康社会论的四个分论——私有论、国家论、民众论、革命论。也可以把这四个分论简称为“小康四原则”。

儒家的小康有什么现实意义

儒家思想是中国传统思想文化的主体部分，对中国社会和中国人的生活、行为、思维方式、价值取向与价值观念等发生着支配性的影响。

小康，这个传统词汇被我们党用来表达我国社会主义初级阶段的现实，小康社会的和谐是建立在市场经济基础上的协调发展形式，与大同社会即共产主义社会的和谐既相互联系又有各自特征。

小康社会的现实意义在于：一是和谐小康命题是创新的中华文化对科学社会主义的贡献，二是公平正义地解读共同富裕，三是关注弱势群体，四是执政党统筹兼顾、执掌全局的能力，五是统筹和谐中国与和谐世界的发展目标。

儒家的大同指什么

《礼记·礼运》："大道之行也，天下为公。选贤举能，讲信修睦。故人不独亲其亲，不独子其子，使老有所终，壮有所用，幼有所长，鳏寡孤独废疾者，皆有所养。男有分，女有归。货恶其弃于地也，不必藏于己；力恶其不出于身也，不必为己。是故谋闭而不兴，盗窃乱贼而不作，故外户而不闭，是为大同。"

孔子的这段话，描绘了一个不分彼此，各得其所，没有争斗的和谐社会。这种"天下为公""选贤举能"的社会，是儒家学者津津乐道的理想社会，他们称之为"大同之世"。

大同是中国古代对理想社会的一种称谓。

儒家大同的含义是什么

大同社会是人类社会化发展的历史必然，随着各国政治、经济、文化、科技的社会化发展，相互之间融洽、一体化，使人类社会走向互助、合理、繁荣的新阶段。

大同就是关于人、自然、社会的和合，人类在这个地球世界已经无可辩驳的成为主导，没有必要以征服对立的态度对待这一生存环境，在这一人类的生存环境中，以文明和谐的态度发展我们自身。

大同社会是一个文明和谐的社会，只有礼制才能倡导和谐的社会关系并体现这一关系，所以礼制社会才是一个自觉文明和谐的社会。

儒家的大同有什么现实意义

坚持和维护中国共产党的领导地位不动摇，这是维护国家政局稳定，发展社会主义民主，建设社会主义政治文明，构建和谐社会的必要政治保障。

坚持以人为本的理念。这是促进和谐社会的目的和宗旨。

坚持服务发展的思想。其内核就是发展。因为发展是社会和谐的动力，发展是中国共产党执政兴国的第一要务，自然也是我们民主参政议政的第一要务。一句话，发展是硬道理。

坚持服务稳定的思想。稳定是社会和谐的基础。

坚持发挥渠道畅通的优势，当好反映社情民意的“显微镜”，在构建和谐社会中既然能起到不可替代的作用，同样也可以说是“天下为公”“世界大同”思想现实意义的体现。

坚持团结与民主两大主题，充分发挥民革的广泛代表性和包容性的优势，为构建和谐社会当好凝聚人心的“黏合剂”。

坚持与时俱进，不断拓宽工作领域。这是新形势下的需要。

什么叫作治大国如烹小鲜

语出《道德经》第六十章：“治大国，若烹小鲜。”意思是：小鱼是很嫩的，如果老是翻过来、翻过去，就会弄碎了；因此治理大国也不能来回折腾。

“治大国，如烹小鲜”是老子重要的治国论断。这句话背后隐含者更深刻的经济、社会、政治命题，形象而生动地体现老子的治国主张。

如何理解治大国如烹小鲜

治理国家，首先要考虑人民的性质。从经济学角度看，人民的性质就是趋利避害。如果政府能够提供和维系一套基本制度，在这一制度下，任何个人做对自己有利的事情时，就对社会有利；在做对社会有害的事情时，就对自己有害，就可以使全社会的成员在追求自己利益的同时，使社会繁荣起来。

一般而言，这套制度包括保护产权、维持秩序、调解纠纷的功能。一旦有了这么一个制度框架，人们明确地知道什么是自己的成本，什么是自己的收益，从而自动地按照对成本和收益的计算行事。

怎样如烹小鲜一样治大国

面对芸芸众生，政府要有自知之明，承认自己力有不逮、作用有限。

面对形形色色的国民，政府要有治无类，一视同仁，大而化之。面对不同的公民、不同的经济组织、不同的社会资源等，不人为地去分三六九等，不时时刻刻总想着对人群划分左、中、右以及搞什么阶级或阶层分析，即便是人群中“食分五等、衣分五色”，那也不是政府主观为之的结果，而是自然秩序的演化，没有什么公平不公平。

这层意思，也正是《老子》第三章所言："不尚贤，使民不争。不贵难得之货，使民不为盗。不见可欲，使民心不乱。"这样治理国家的方法，就是"其政闷闷，其民淳淳"，反之则是"其政察察，其民缺缺"。

面对自然无为的芸芸众生，政府要讲求策略，使治理者和被治理者两相欢洽。如此则政府不会劳民伤财，百姓也不会犯上作乱，政府和百姓的利益都最大限度地实现双赢。

什么叫作道法自然

《道德经》说："人法地，地法天，天法道，道法自然。"意思就是：人掌管大地，地管着上天，天掌管道，道掌握着整个的大自然。也就是说，整个大自然，都是在道的管理下，按照一定的法则在运行着。

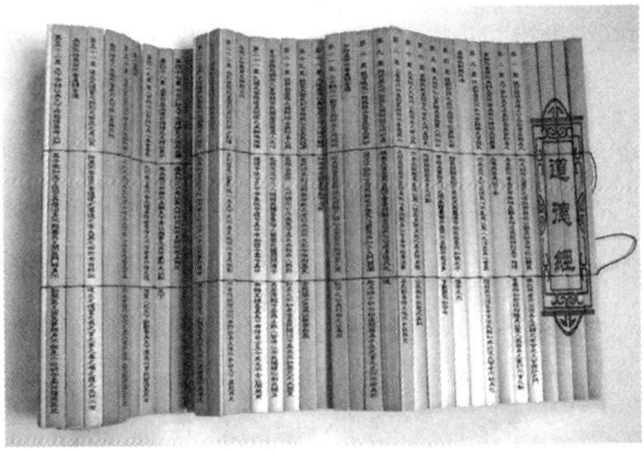

《道德经》竹简

道法自然这一论题不是一个孤立性的论题，它关涉到老子形而上学的根本问题，即道与万物的关系，也关涉到老子政治哲学的核心问题，即圣王同百姓的关系。这一论题本身直接涉及老子哲学中最重要的一个概念道和比较重要的另一个概念自然。

如何理解道法自然

道是混沌未分的原始物质，它产生于天地之前，为万物的本原；它无声无形，超然于万物之上，亘古不变；它周行天下，循环不息。

道本无名，且难于用言词来表达，强名之为道而已。

老子同时指出：人生活在大地上，承受着大地的恩惠，因此应该效法大地，热爱万物；大地在上天的覆盖下，接受着太阳的光和热，故此大地也要时时刻刻效法天的法则而运转。

然而，道又是天的依归，所以天也要效法道的法则而周流不息。

道是生天地万物之母，她是无为的。像这样无为而为的做法，正是在效法自然。自然是无意识，无目的，无为的，道也如此。

道是老子哲学的最高范畴，是老子学说的生长点，也是理解“道法自然”思想的前提，更是其“无为而治”的治国思想形成的基石。“道法自然”启发我们尊重自然规律，避免强作妄为。

怎样遵循自然之道

世界有自然秩序、政治秩序、经济秩序、社会秩序、人的精神秩序，人类文明是五大秩序的总和。五大秩序编织成一张疏而不漏的大网，每个文明人都挣脱不了这张网。五大秩序是人类文明的大纲，“一引其纲，万目皆张”。世界大舞台是由这五大秩序搭建的，人世间的大小故事无一不是在这里演出的。日来月往，斗换星移，幕启幕落，有哭有笑。

自然秩序是亘古不变的，道法自然是永远不变的真理。人类及其文明是自然秩序的特定产物，没有四个人间的秩序，自然秩序照样运行。世有万古不易的自然律，无一成不变之人间法律。

政治秩序，是人与社会的一种关系系统。所谓政治，就是确立起一种所有社会共同体都遵守的，法治而不是人治的政治秩序。

经济秩序是政治秩序的基础。人的需要是多种多样的，也是丰富多彩的。在建设有中国特色社会主义市场经济的过程中，政府这“一只看得见的手”和市场这“一只看不见的手”，两只手相互配合、相互协调，才能使国民经济有条不紊、秩序井然地运行。

社会秩序的建立，在于为社会成员提供各得其所、各得其宜的准则和环境。“政通人和”、“国泰民安”、“天下太平”，一直是中国古代贤哲有关社会和世界秩序的理想，也是当代整个人类梦寐以求的目标。

人的精神秩序，包括思维、欲望、心理状态等精神内容。天地境界的圣人，能够超越自身的局限，去认识宇宙或自然的永恒和无限，视域高超，襟怀博大，情志深邃，人我和谐。

因此，治国之道，德治为先；德治之道，教育为先；德治不足，辅以法治；法治之道，刑罚从之。文治与武攻是打天下、治天下的相辅相成的两个方面。得民心者得天下，失民心者失天下。

什么叫柔弱胜刚强

《道德经》第三十六章："将欲歙之，必固张之。将欲弱之，必固强之。将欲废之，必固兴之。将欲取之，必固与之。是谓微明。柔弱胜刚强。鱼不可脱于渊，国之利器不可以示人。"这里道出了柔弱胜刚强的道理。

意思是说：要想收缩的就一定有扩张的能力；要想削弱的就一定有强大力量；要想废弃的就一定有能兴起的实力。要想得到的就一定有付出的东西。这就是事物发展细微明确的辩证方法，柔弱总能战胜刚强的，两者之间的关系就像鱼和水一样。国家有强大的武器也不是用来显示和威胁别人的。

柔弱胜刚强的内涵是什么

在自然界和人类社会发展中，还普遍存在一种以柔弱胜刚强的发展规律。种子破土而出、动物的出生、新生婴儿的落地等，一切有生命的东西都是由柔弱成长到刚强，再由刚强走向衰老死亡。柔弱战胜刚强这是大自然发展的必然结果。

凡事物极必反：月圆之日就是月缺之时。油灯要灭的时候一定突然达到最亮，一个灯花一闪，就开始暗淡下来。所以周期律的常识告诉我们，事物发展是有规律的，其盛衰的转化是有拐点的，拐点的出现是有征兆的，只要我们掌握基本规律，就可以很好的做到顺势而为，也可以做到防患于未然。

拐点到来之前的先机征兆就是老子说的"微明"。"柔弱胜刚强"就是掌握了规律之后，把握住事物发展中的弱点，就很好控制事物的发展方向。

柔弱胜刚强，不是依靠柔弱，而是依靠柔弱外表里的坚韧或者恒心。

治理国家，天天与人民为敌，靠武力镇压，结果就一定是官逼民反。但反过来，关心百姓疾苦，多做民生工程，结果一定是国泰民安。这就是柔弱胜刚强。

怎样以柔弱胜刚强

向柔弱的水的品质学习，柔弱胜刚强。不可逞强。人之处世，必经谦虚谨慎，以柔弱为原则。

对于用人必须谦和恭下。圣贤之人要想处在人上，必须对人表示谦下；要想处在人的前面，必须把人放在自身的前面。

圣人从来不自以为是，也不自高自大，不与人争，所以天下没有谁能争得赢他。

对天地万物并不妄加干涉，让他们按其本性自由发展。不妄为，不随意干涉。圣贤不扰民生事，人民就自然富足；我没有贪欲，人民就自然朴实。

什么叫返朴归真

去掉外在的装饰，恢复原来的质朴状态。也说归真返璞。是道教教义。

返朴归真是道教学道修道的内容，其目的就是要通过自身的修行和修炼，使生命返复到初始的状态。

道教认为，人原初的本性是淳朴和纯真的，是近于道的本性的。所以人们常说儿童天真无邪，但由于随着年龄的增长，思虑欲念不断萌生，再加上社会环境的不同影响和情色财货的诱惑，不断地消耗掉人原有的生命元真，也蒙迷了原有的纯朴天性。

若进一步嗜欲无止，将严重损害自己心性和生命健康，从此背道而驰。而学道修道，就是要使心性和生命返到纯朴、纯真的状态。

返朴归真的含义是什么

建立在自我完善基础上的返朴归真，就是道教徒所说的“得道”。“我命在我不在天”的认识，就不会依赖于对万物的不懈追求乃至妄为，有助于提高自信力。

不乞求于他人的恩惠，不觊觎向弱势者的索取，不幼稚地梦想虚幻，逐步成为懂得尊重他人、宽容他人、能褪去粗陋野蛮的森林属性、逐步减少社会人的狡诈特性，成为具有高度人文素质的自然人。

道家认为清净为天下正，我好静而民自正。这可作为修养和治国安民的基本法则。

怎样做才是返朴归真

要返朴必须要抱朴，《道德经》说 :“见素抱朴，少私寡欲”。即要抱道守真，怡养生命的真元，使之不为物欲所诱惑，不为私心杂念所困扰。这里最重要的就是要尽量少一些私心和欲念。

做人要淳厚，行事遵守公德，生活要俭朴，使本性漫漫返复到淳朴的状态，与道相合。

在生命修炼过程中，要在良好的心性根基上，把已耗散的生命元气通过修炼进行修复，使身体健康。进而通过炼精化气、炼气化神、炼神还虚等内炼功夫，使生命回归到真道的状态，成仙得道。

什么是无为而治

老子认为，无为是一种最好的治国之法。他在《道德经》中写道：“我无为也，而民自化；我好静，而民自正；我无事，而民自富；我欲不欲而民自朴。”

无为作为道家思想的核心，在中国古代文化中具有十分重要的地位和十分深远的影响。

无为从字义上解释，是指无所作为，什么也不做，坐享其成。但老子却把它引申为人们的一切思想行为都要服从自然法则，即听从“天之道”。

老子告诉人们，服从“天之道”的思想、行为，就是“无为”；违背“天之道”的思想、行为就是“有为”。儒家的“礼治”和法家的“法治”就是当时突出的“有为”表现。也就是说，“天之道”就像一杆秤、一把尺、一个标准，符合者就是无为，不符合者就是有为。由此可见，无为与有为之分，不是不作为与作为之分，而是符合不符合自然法则之分。

无为而治的内涵是什么

无为而治是一种超级管理智慧，其精髓是：管理应当顺应自然，按客观规律办事，不随意妄行，不逆自然规律强为。当然无为而治也不是放任自流，一无所为，而是以一种最小的领导代价取得最大的管理效果。

在《道德经》这部书里，老子的政治法律思想的理论逻辑是：道法自然—无为而治—反对人为—抨击礼治和法治。这个理论逻辑的核心是无为而治。“道法自然”是为了论证无为而治，反对人为、抨击礼治和法治，是无为而治的必然结论。

汉初黄老学派的代表作《淮南子》曾举了一个形象的例子来说明无为与有为。有两个人去牵牛，一个是幼嫩稚弱的小孩，一个是力大无比的壮年。小孩牵牛时牵的是牛鼻子，牛就乖乖地跟他走了；壮年牵牛时牵的是牛尾巴，牛怎么也不跟他走。小孩的行为便是无为，壮年的行为便是有为。

怎样做到无为而治

建立系统化、规范化、制度化、科学实用的运作体系，包括企业制度的规范运行和标准化的企业工作流程，实行标准化管理。用科学有效的制度来规范员工的行为，来约束和激励大家。

有强的领导力的领导者组成的一个高绩效的团队。高绩效的领导者既要有高瞻远瞩的战略眼光，制定中长短期战略目标，又要有强的执行力，把组织制定的目标落实到位，才会有好的结果。领导者要会发挥自己的影响力，要会激励下属，辅导下属，又会有效的授权，把下属的潜能发挥至极致，带领大家快速高效的完成团队的目标。

建构好的企业文化，用好的文化、理念来统领员工的行为。企业既是军队、学校，又是家庭，能锻炼自己，提高自己的职业素养和综合性的素质能力，又能体会到大家庭的温暖，更具人性化，企业更具凝聚力、向心力，能留住员工的心，使企业与员工能长期永存，共同成长发展，永续经营。

管理是个动态的变化过程，永远没有最好，只有更好。一旦一种管理模式成为经验的时候，说明它已经过时了，需要不断地创新，大胆的尝试和变革，只有这样才能走出一条适合自己走的路。

什么叫作从善如流

《左传·成公八年》:“君子曰：‘从善如流，宜哉。’”意思是指采纳高明正确的意见和建议，接受善意的规劝，像流水那样畅快而自然。比喻乐于接受别人正确的意见。

如果一个人能够主宰并掌握一大部分人的命运时，能够节制自己使自己的某种不良行为被人指出，从而彻底加以摒弃，虚心接受人民的批评，体恤民意，那么他是为官有道的有用之才。

如何理解从善如流

“忠言逆耳利于行，良药苦口利于病”。这是自古以来中国人坚信不疑的格言。大凡能够建功立业，称雄一世的明君英主，这句话对于他们是不可缺少的智慧之一。他们对敢于直言相劝，排除国家隐患的忠臣良将极为尊重，贤明的君主虚心纳谏，从善如流，因而其耳通达又宽广。做到防患于未然，成就一番伟业。

与此相反，拒绝不同意见，骄横专断的君主，到头来落个国破人亡，身败名裂的下场，多少兴亡盛衰的历史在重演着一幕幕悲剧。

虚心纳谏，从善如流，善于听取不同的意见，随时检查自己有无过错。无论是治国为官，还是处世为人．也无论过去、现在、乃至将来，都是应该引以为戒的，同时也是一个人走向光明，决策英明，指挥若定，运运筹帷幄的一个渠道，体现了善于集思广益，雄才大略的宽广胸怀。

管仲

怎样做到从善如流

知人善任、从善如流的领导举人不避私怨，这是领导者用人大度的特色之一。如齐桓公听从了鲍叔的意见，不计前嫌，大胆启用管仲，任以为卿，尊称“仲父”，放手让其治理齐国。在管仲的治理下，很快齐国便国势大增，威震中原，不以兵戈之势而号令诸侯数十年，使中原华夏族的社会生活免于战火之涂炭。甚至连其后政治上颇为保守的孔夫子，在谈到管仲的历史功劳时，也不得不由衷地赞叹：“不以兵车，管仲之力也。如其仁，民到于今受其赐。”

“用人不疑”、“不问小恶”，是领导者应该具有的人才管理思想。领导者不应是一个事无巨细，每事亲躬的事务主义者。

能否容纳异己之见，是衡量一位政治家和领导者政治素质高低的重要尺度。人非圣人，孰能无过？特别是对那些位高权重的政治家而言，导致他们政治、人格产生偏差和失误的诸多原因更是较常人多。因而就更应冷静虚心地听取反面的批评意见，纠匡个人的蔽疏，以利社会、民众。孟子言：“责难于君谓之恭，陈善闭邪谓之敬。”诚哉斯言！对领导者而言，能否冷静大度、虚心地听取、采纳下属的批评意见，往往关系到事业的成败、国家的兴亡，不可等闲视之。

什么是不言之教

老子的《道德经》说：“是以圣人处无为之事，行不言之教。”人生一世，谁不想有所作为？要想社会安定团结，不端正人们的思想观念怎么能行？“有为”和“言教”成为社会的普遍理念。然而，根据对立转化规律，统治者强调自我有为，必然导致整个社会的无所作为；强调言教，必然导致人心不古、道德堕落。

社会上的丑恶现象都是片面追求“有为”和“言教”之过。有为的对立面是无为，言教的对立面是不言之教，为了实现无所不为和社会淳朴的目的，所以圣人“处无为之事，行不言之教”，这正是具体运用了矛盾的对立统一规律。对立统一规律是宇宙最根本的规律，也是老子辩证法的灵魂。

不言之教的内涵是什么

“处无为之事，行不言之教”，是作为辩证法大师的老子向世人推出的济世安民的两大法宝，是对矛盾的对立统一规律的具体运用，也是圣人治身、治国的最根本措施。

处无为之事是言治，行不言之教是言教，与不言之教相对是设言施教，是统治者利用某个人或某些人的思想观点进行表面说教。

不言之教的宗旨，是要求万物之灵的人充分发挥各自的主观能动性，以严肃的、科学的态度和方法，通过自身实践去开启那个真实存在的既不属于上帝也不属于他人的心灵家园，并利用潜在的智慧，来指导人生和社会实践活动。不言之教，既使灵魂有所寄托，又不去为了灵魂得救而牺牲了尘世生活，因而是积极的、科学的、无与伦比的施教措施。

“处无为之事，行不言之教”，是实践和认识的高度统一，是基于微观认识论并通过自我身心健康来检验真理的。“处无为之事”是法治，“行不言之教”是德治。只有法治和德治相结合，才能确保人类的和平及人生幸福。

怎样做到不言之教

“处无为之事，行不言之教”，是世界上最科学的方法论，也只有真正体悟大道的老子才能揭示出这一哲学方法论。领导者必须做到“不言之教，无为之有益”。

一是不说对民众利益有损害的话。用不当的或过激的言论刺激民众，民众就会产生怨恨。怨恨的产生是由于受到对方的伤害，感情上的伤害、精神上的伤害、身体上的伤害、或物质上的伤害。受到伤害以后，就有怨恨，希望以怨报怨，让伤害得到补偿。按一般的道理，既然别人伤害了自己，自己有了怨恨，也就不愿意为伤害过自己的人做好事。因此，有损于民众利益的话是万万不可说的。

二是不做对民众不利的事情。百姓难于治理，是由于政府有损害百姓利益的作为。没有对百姓的仁爱，只凭义气和尊贵的地位，作违背自然规律的事，并且以牟取私利而作为，暴征俸禄与赋税，使民众忍饥受饿，这是百姓难以治理的原因。贤明的珍贵生命的方式是首先珍贵民众的生命，不作损害民众利益的事，保证民众能够丰衣足食，否则，一切无从谈起。

什么是虚其心实其腹

语出《道德经》第三章："是以圣人之治，虚其心，实其腹，弱其志，强其骨。常使民无知无欲。使大智者不敢为也。为无为，则无不治。"

这段话的意思是说，圣人的治理原则是排空百姓的心机，填饱百姓的肚腹，减弱百姓的竞争意识，增强百姓的筋骨体魄，经常使老百姓没有智巧，没有欲望。致使那些有才智的人也不敢妄为造事。圣人按照无为的原则去做，办事顺应自然，那么，天下就不会不太平了。

如何理解虚其心实其腹

道家整体思想是崇尚自然，淡泊名利，所以有不争夺名利的观点也很自然，但是在这里是"虚"老百姓之"心"，除了说不让老百姓争夺名利之外，还有让其不要想什么是优，如何争取优，也就是要让老百姓安于现状，不要让老百姓有上进之心的意思。

所以，这种治国之道还是基于封建统治者的角度考虑，对于现在提倡民主，鼓励创业，让大家更好的发挥个人创造力，是有消极影响的。因此对古代的思想，都要批判地继承。

正确的认识是：削弱个人心中过多的名利欲念，充实个人腹内才华，以提高个人文化素养。减弱个人狡诈、奸巧之心，增强、完善个人做人的骨气。所以，心要虚，不气不争，道法自然。

怎样积极地虚其心实其腹

懂得做人为人的道理，消除狡诈、机巧、权谋之心。

做事情只要尽到自己的责任和能力，尽心尽力、无愧于心就行了。

无论有没有不应该有的过多的贪念和欲望，都应该做到不受名利的引诱和迷惑。

真正懂得什么是自觉、自律，不应该有的行为就不要去做，以无私、无为的心态去做事情，这样天下就不难治理了。

注重精神追求。在人的一生中，精神生活的追求，远远超过对物质生活的享受。也就是注重充实其自身的文化素养。不把过多的精力放在追求物质享受方面。充实其自身的文化素养，才真正是实实在在的。这种追求永远都不会满足，也没有止境，并且是值得我们人类终身追求的目标。

第四部分 平天下

《礼记·大学》中有云："格物而后知至；知至而后意诚；意诚而后心正；心正而后身修；身修而后家齐；家齐而后国治；国治而后天下平。"

平天下即为安抚天下黎民百姓，使他们能够丰衣足食、安居乐业，而不是用武力平定天下。

儒家认为，不能以善、德感化百姓，百姓对朝廷就不能信服，信服不够而身体服从，不过是迫于权势表面上不得不服从，而心里不会服从。统治者还必须大善及天下百姓、大德及国家人民，才能树大信于百姓，才能大化天下人民，才能算是"平天下"。

正如《中庸》所云："唯天下至诚，方能经纶天下之大经，立天下之大本。"

什么是三不朽

“三不朽”这个思想出自《左传》。《左传·襄公二十四年》中说了这么一件事情：范宣子与叔孙豹讨论“朽不朽”的问题。范宣子说，他的家族从尧舜时期就已经受封为贵族，经历夏商周，一直到春秋时期，世代受封，延续千年以上，长盛不衰，这是不是可以说是不朽了？

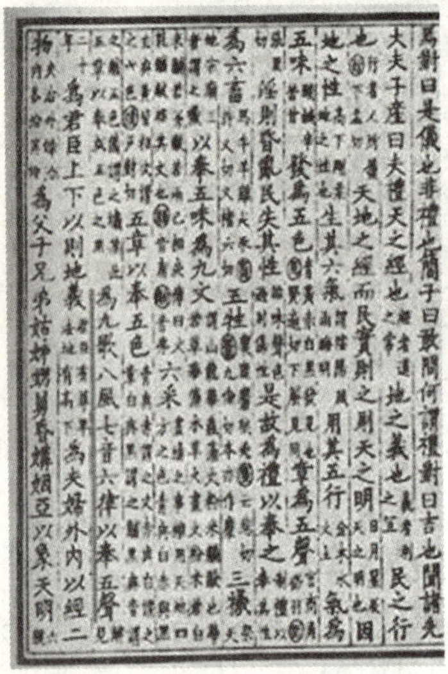

《左传》书影

叔孙豹回答，这不能算不朽，只能说是世禄。他说：“太上有立德，其次有立功，其次有立言。虽久不废，此之谓不朽。”故而三立，后世也叫三不朽。

我们每一个人，活在这个世界上，自然要做很多很多的事情。但归结起来，高层次的，很有价值的，就是这三不朽。三立，即“立德”“立功”“立言”。立德、立功、立言也就是“三做”，即做人、做事、做文章。

三不朽的精神内涵是什么

三不朽精神的内涵概括地讲就是以德治国，文明和谐，勤政为民，鞠躬尽瘁。

立德为道德上的成功，在道德上成为圣人，譬如古代的圣贤之士；立功为事业上的成功，但事业上的成功有时会伴随着机遇的偶然碰撞；立言为学问上的成功，每个平凡的人只要通过努力，都能在学习的领域有所成就。

立德者或许没有机遇或者天赋，难于立功立言；立功者可以立德，却难于立言；立言者也可以立德，却难于立功。

怎样努力践行三不朽

立德，也即做人，第一位的是坚持人格操守。人格修养问题，应当是光明磊落，无私，聪明，看得清楚历史的发展规律即不迷惑，看得明白世事的是非曲直即不违规，气定神闲，举重若轻，平常心。

立功，也即做事，要取平常心，做非常事。“非常”就是“不平常”“不一般化”，就是有点突出，有些特点，比前人、他人更高或者更好或者更多。

再就是一个人，可以做不成大事，但不可以不做事；可以做不成许多事，但不可以不努力做成几件事。在做事问题上的实事求是，应当最好去做那些数量不受限制只要个人刻苦努力就有可能成功的事情，而不去强“不可”以为“可”，做那些有许多限制的事情。

立言，即做文章，应当坚持读书学习，因为只有这样，我们才能比前人有更加宽广的视野，我们才能把所任的本职做得更好。

什么是大一统

大一统思想是儒家一以贯之的思想主张。追溯大一统思想之源，可上至《诗经》：“普天之下，莫非王土，率土之滨，莫非王臣。”《公羊传》作了集中论述，其他儒家经典也有很精彩的论述。

《公羊传·僖公四年》说：“南夷与北狄交，中国不绝若线。”《公羊传·桓公元年》说：“王者以天下为家。”《公羊传·隐公元年》说：“何言乎王正月？大一统也。”这里正式提出了“大一统”，但没有进一步的说明。

西汉董仲舒对此作了发挥和说明：“春秋大一统者，天地之常经，古今之通谊也。今师异道，人异论，百家殊方，指意不同，是以上亡以持一统，法制数变，下不知所守。”

《汉书·王吉传》也说：“春秋所以大一统者，六合同风，九州共贯也。”东汉何休对此进行了解释：“《春秋》以元之气正天之端；以天之端正王之政；以王之政正诸侯之卿位；以诸侯之卿位，正境内之治。诸侯不上奉王之政则不得即位，故先言正月而后言即位；政不由王出则不得为政，故先言王而后言正月也；王者不承天以制号令则无法，故先言春而后言王。”

经过董仲舒和何休之解释，大一统成为中国历代皇帝和儒家政治家的治国理念，也成为中华民族大家庭中每一个成员所孜孜追求的目标。

如何理解大一统

大一统观念是中华民族大团结的思想基础，也是中华文化的永恒主题。在中国历史上，不管是割据时期，还是统一时期，各个封建政权无不以大一统作为思想和行动的指南，无不以国家统一大业作为首要任务。

纵观历史，中华大一统观念的主要表现在对中华共同始祖的追认、汉文明的主导地位、华夏正统观念的鼎立，以及龙的图腾崇拜。

几千年来，中华大一统思想不断与时并进，逐渐内化为中国文化的核心理念之一。《易》云："天行健，君子以自强不息；地势坤，君子以厚德载物"。

依靠这种进取精神和宽厚美德，中华大一统文化得以绵远流长，生生不息。当前，中华民族在整体上空前团结统一，不是偶然的，而是大一统文化的结晶，是历史发展的必然。

中国的历史证明，国家统一时，往往伴随繁荣富强，声名远播；国家分裂时，往往带来山河破碎，社会动荡。追求统一，反对分裂，这是中华各族人民的基本观念和共同心声。

历史一再告诉我们，只有统一，中华民族才能够屹立于世界民族之林；只有统一，中华民族才能够走向振兴和壮大。中华文化的大一统特质既是中国走向现代化的精神动力，也决定了未来中国具有光明前景的文化走向。

怎样增强华夏凝聚力

如何实现大一统，儒家学者主张要处理好两个大的关系，即三纲六纪和华夷之辨。

三纲六纪是在三纲五常的基础上提出来的。三纲源于孔子和孟子，孔子强调君君、臣臣，父父、子子，孟子强调父子有亲、君臣有义、夫妇有别，奠定了三纲说的基础。仁、义、礼、智、信这五常之德，也是由孔子和孟子首先提倡的。

在董仲舒三纲五常说的基础上，东汉班固的《白虎通·三纲六纪》，确立了三纲六纪的九大关系："三纲者，何谓也？谓君臣、父子、夫妇也。六纪者，谓诸父、兄弟、族人、诸舅、师长、朋友也。故君为臣纲、父为子纲、夫为妻纲。又曰：敬诸父兄，六纪道行。诸舅有义，族人有序，兄弟有亲，师长有尊，朋友有旧。何谓纲纪？纲者，张也。纪者，理也。大者为纲，小者为纪。所以强理上下，整齐人道也。人皆怀五常之性，有亲爱之心，是以纪纲为化，若罗网之有纪纲而万目张也。"

三纲六纪讲的实际上是处理九个方面的关系，即国家与人民、父子、夫妇、父亲的兄弟、自己的兄弟、族人、母亲的兄弟、师长与朋友。这些关系处理好，国家自然会安定团结。这正是我们目前所最需要的。

华夏文明是世界上伟大的文化体系，对于中国人民，它是一种向心力、回归的力，它是统一中国的凝聚力，因为它不具有狭隘的民族意识，更不是并吞一切的大民族主义。

它是民族意识的升华，它是一种标准、一种水平，达标者为中国、为华夏，落后者为夷狄、为野蛮。中国可以退为夷狄，夷狄可以进为华夏、进为中国。

这华夏与夷狄都不是指定某一地区、某一民族，而是一种范畴，用以衡量各族之文化水平，作为大一统的标准与条件。这样的“大一统”，才是真正的一统。我国历史之所以长期处于统一中，这种凝聚力是起了巨大作用的。

什么是平天下

平天下语出《十二经注疏》：“修身及家，平天下。”孔颖达解释平天下之平为散财，既均之意。子曰：“分散者，仁之施也”，说的就是这个意思。

《大学》原典对于平天下有诸多阐释，如“财聚则民散，财散则民聚”、“百乘之家，不畜聚敛之臣”、“国不以利为利，以义为利也”、“长国家而务财用者，必自小人矣”等。

平天下的“平”字解作“治也”“定也”，见诸《尚书·大禹谟》：“地平天成。”《诗经·小雅·棠棣》：“丧乱既平。”解作“均等也”，见诸《易经·乾卦》：“云行雨施，天下平也”。

平天下就是安抚天下黎民百姓，使他们能够丰衣足食、安居乐业，而不是用武力平定天下。

如何理解平天下

儒家非常注重或强调个人的品德修养，认为齐家、治国、平天下，均要从修身开始，以修身为基础。作为儒家经典之一的《礼记·大学》篇有一段论述集中反映了这一思想：“古之欲明明德于天下者，先治其国。欲治其国者，先齐其家。欲齐其家者，先修其身。欲修其身者，先正其心。欲正其心者，先诚其意。欲诚其意者，先致其知。自天子以至于庶人，一是皆以修身为本。”

和和气气平天下

中国人自古崇尚“修身齐家治国平天下”的人生理念，而要达到这种成功人生的至高境界，一个朴素而深刻的和字，可谓贯穿始终，发挥着独一无二的巨大作用。

对于个体的人而言，和是一种修养。一个能够彬彬有礼、不易动怒、容忍克制地温和待人处事者，体现出的是君子之态。而总是和颜悦色、笑脸迎人的人，在良好的人际关系中总能赢得许多意想不到的收获，所谓和气生财，和顺通达。

对于家庭而言，家庭也是一个天下。中国人最信奉“家和万事兴”。和睦的家庭环境是一笔巨大的财富。家人互敬互爱，宽容大度而不斤斤计较，真情仁爱而不自私褊狭，日子过得和和美美，自然就能不断走向“万事兴”的目标。《礼记》中有“父子笃，兄弟睦，夫妇和，家之肥也”之说，讲的也是以“和”齐家的道理。

什么是廉政

《晏子春秋·问下四》:“景公问晏子：‘廉政而长久，其行何也？’”吴则虞集释引王念孙曰：“案‘政’与‘正’同,《文选·运命论》注引作‘廉正’。”

儒家廉政思想是儒家思想的重要组成部分，是一笔宝贵的文化遗产。儒家思想的合理性表现在很多方面，其中廉政思想是儒家思想的生命力之所在。儒家思想之所以长期流传并产生影响，基础在儒家思想内涵丰富的廉政思想。如果没有廉政思想的支撑，儒家思想可能早已不复存在，更不会得到人们的认同。

孔子像

以孔子为代表的历代儒家，从“政者，正也”的立论高度出发，提出了一系列治国安邦、为官从政、修身养性的原则和规范，形成了博大精深的儒家廉政思想。

儒家廉政思想在内容上具有广泛性，翻开儒家典籍，随处可见廉政的格言、警句，涉及方方面面；儒家廉政思想在结构上具有完整性，是一个严谨、丰实的思想体系，具有弘扬正气、陶冶情操、规范行为的功能；儒家廉政思想在效用上具有超时代性，许多精辟论断超越了时空，不仅过去、现在，将来也仍有其自身价值。

儒家廉政思想在中国乃至世界文化史、思想史、廉政建设史上都具有里程碑意义，为发展社会主义先进文化，为加强新时期廉政文化建设提供了宝贵的文化资源和思想资源。

儒家廉政思想主要内容

一是“廉政先廉吏”。儒家学者普遍认为，廉政必先廉吏。因此，在儒家廉政思想中，大多主张把廉作为官吏道德修养和教育的重要内容，要求官员淡泊明志、慎独律己，做到“克己以廉”，提高自身克己奉公、反贪拒贿的素质。

如果说“以廉为本”的主张为儒家廉政思想奠定了理论基调，那么，“廉政先廉吏”的思想则反映了儒家的具体廉政方略，是“以廉为本”主张的具体化。

二是“知耻而明德”。儒家思想家认为，大之于治国平天下，小之于修身齐家，知耻与否是衡量是非、忠奸、曲直的一个精神标尺，也是鞭策和鼓舞人们挺身而立的内在动力。

孔子以“行己有耻”、“有耻且格”等思想作为教导学生修身明德的标准。至于《中庸》中的“知耻近乎勇”一说，则把耻提到一个较高的境界，因为必须有勇气才能知耻。

三是“君子有敬畏自省之心”。行廉政，拒腐败，心中应该有个畏字支撑，这就是儒家畏的哲学。孔子对此有“三畏”之说，即“畏天命，畏大人，畏圣人之言”。在此三畏之中，天命，即“天所赋之正理也”，此乃人力所无可转变者，故不可轻渺之。

儒家廉政思想现实意义

儒家主张以廉为本，“礼义廉耻，国之四维，四维不张，国乃灭亡”，这与我们党“党风问题关系党的生死存亡”的思想一脉相承；儒家主张“廉则明”、“廉生威”，这与我们党廉洁奉公的要求一脉相承；儒家主张以民为本，“民为邦本，本固邦宁”，这与我们党全心全意为人民服务的根本宗旨和坚持群众利益高于一切的执政理念一脉相承;儒家主张以德治政，“为政以德，譬如北辰，居其所而众星共之。”这与我们党以德治国的思想一脉相承；儒家的“仁者爱人”“己欲立而立人，己欲达而达人”，这与我们党构建和谐社会的思想一脉相承。

可以说，正是有了儒家廉政思想等优秀廉政传统的有益营养，正是有了对儒家廉政思想等优秀廉政传统的吸收、借鉴和改造，新时期廉政文化才有了牢固的根基，才有了丰富的内容，才有了强大的生命力。

怎样在治国中做到廉政

“立志明德”，提升干部队伍的道德修养。立志为修身之首。历史和现实表明，信仰和道德在人类社会的发展和进步中具有重要作用，其不仅是一个人的立身之本，也是一个国家的立国之基。

“尊廉抑腐”，倡导党员领导干部率先垂范。孔子对政字有个很好的诠释。他在回答季康子问政时说：“政者，正也。子帅以正，孰敢不正？”他的另一名言“其身正，不令而行；其身不正，虽令不从”，其落脚点也在于此。

“知荣明耻”，加强社会主义荣辱观教育。时刻警醒自己不要逾越道德底线和行为边界，做“一个高尚的人，一个纯粹的人，一个有道德的人，一个脱离了低级趣味的人，一个有益于人民的人”。

什么是民为邦本

民为邦本语出《论语·五子之歌》:“皇祖有训，民可近不可下。民唯邦本，本固邦宁。”

民为邦本是中国政治思想史上占有极其重要地位的政治思想，古代治政典籍对其重要性有大量的论述。如《礼记·大学》说：“得众则得国，失众则失国”；唐朝张九龄《千秋金鉴录·劝民》说：“民者国之本也，唯本固而后邦宁，邦宁而后国治”；明朝张居正《答福建巡抚耿楚侗》说：“治理之道，莫要于安民”等。

从这些论述可以知道，安邦治国，最重要的就是安抚百姓。领导者能否熟谙安民之道，关系到国家的生死存亡，也关系到领导者自身的前途与命运。

如何理解民为邦本

以人为本的观念在历史上源远流长。中国古代就有民为邦本的思想。

两千多年前的春秋时期，齐国著名政治家管仲最先提出了以人为本的概念。他在《管子·霸业》中说:“夫霸王之所始也，以人为本，本治则国固，本乱则国危。”孟子也曾说过这样的话：“民为贵，社稷次之，君为轻。”

我国古代思想家的这些思想，在客观上有利于减轻当权者对老百姓的剥削和压迫。但是，他们提出以人为本或民本思想的目的，主要是为了维持封建统治者的统治地位。正像毛泽东说的那样，剥削阶级讲“爱民”同爱牛差不多，为的是用牛耕田，从牛身上挤奶。

作为领导者应该明白民为邦本的道理。我国农村人口占总人口的绝大多数，民为邦本，本固方能邦强。

怎样做到以民为邦本

爱民，不要殃民。是爱护人民还是践踏人民，是领导者胜败存亡的关键。

富民，不要伤民。努力“修富民之政”，防止出现“未能使百姓安乐”、“民劳未康”、民怨沸腾的局面。

教民，不要愚民。中国素有礼仪之邦的美誉。在中国古代鼎盛的汉唐等朝代，教化、礼仪等都是很受重视的。但也有些统治者不仅不重教化，而且实施愚民政策。如周幽王愚弄人民，最后落了个兵败身亡的下场。

保民，不要扰民。这句话有两个不同层面的意思。一方面指要通过打击敌人保护人民，不要与敌人同流合污骚扰人民。另一方面，要通过为民请命保护人民，不要为了迎合上司或从自己的主观臆断出发恣意骚扰人民。

什么是劳心者治人

《孟子·滕文公上》:“或劳心，或劳力。劳心者治人，劳力者治于人。治于人者食人，治人者食于人，天下之通义也”。

此话的意思就是：有的人使用脑力，有的人使用体力。劳心的统治人，劳力的人被人统治；被人统治的人得养活别人，统治别人的人要由人来养活，这是天下普遍的原则。

“劳心者治人，劳力者治于人”是孟子社会政治思想的重要命题，是孟子对于社会分工问题的系统论述，对后世产生过深刻影响。在长期的封建社会中，这一思想被奉为经典，似乎已成千古不易之理。

如何理解劳心者治人

孟子所提出的“劳心者治人，劳力者治于人”论断是讲的社会分工问题。而且，《左传·襄公九年》知武子已经说过：“君子劳心，小人劳力，先王之制也。”所以，体力劳动与脑力劳动的差别，在孟子的时代早已是一个普遍存在的现实现象，他不过是对这种现象加以概括，而在“或劳心，或劳力”的基础上进一步发挥为“劳心者治人，劳力者治于人”的著名“公式”而已。

由此，孟子一方面的确为后世的统治者提供了理论依据，另一方面，他又作为统治阶级的代言人而在一定历史时期内被批倒批臭。

平心而论，关键是看你从什么角度去看问题。从总体和全程的角度来看，“劳心者治人，劳力者治于人”也不是什么大逆不道，反动透顶的学说，而是人类社会发展阶段中社会分工现象的概括。

因此，就实际情况而言，治人的劳心者也需要不断“充电”，才能担当起他所担当的责任和义务。否则，就只能被“能者上、庸者下”的潮流所淘汰。

什么是和天下

儒家“以天下为己任”的论述极多。《论语·里仁》“士志于道而耻恶衣恶食者，不足与议也”“士而怀居，不足以为士矣。”《荀子·解蔽》“坐于室而见四海，处于今而论久远”表达出儒家由己达人，由内及外，由近及远的强烈愿望。

范仲淹

范仲淹《岳阳楼记》将其演变为“居庙堂之高则忧其君，处江湖之远则忧其民”。把这一愿望具体化了，士大夫无时不忧，无处不忧，无事不忧。

由此可见，和天下理想社会是儒家传统理想社会最重要的内容。

儒家没有狭隘利己的民族主义思想，而拥有以天下为己任的济世情怀。“大道之行也，天下为公”。这种“天下为公”的胸怀及以“平天下”为己任的气魄充分体现出儒家传统的博大性与包容心。

如何理解和天下

伴随儒家思想的不同发展阶段，和天下反映了多种内涵。主要有五种概述：

一是和平。《周易》所追求的理想社会是一个“天下和平”的社会。“天地感而万物化生，圣人感人心而天下和平。”和的标志是国家不发生冲突和分裂，各民族不起战争，和平相处。

二是仁和。儒家先哲无不重视理想法律社会境界的提高，无不重视经世致用的治民实学。外王一直成为儒家思想的实践因子。孔子的理想社会是“仁和”的社会，这与他的“仁学”精神是一致的，也与中国传统文化的重要特征“和合”观念相吻合。

三是和一。荀子在孔子社会价值观的基础上，从当时历史发展的实际出发，提出了和一天下社会价值观。这种价值观包括两各方面个内容，一是“和天下；二是“一天下”。荀子是非常强调了天下一统的，一方面肯定了君主的一统天下，另一方面又表达了他所倡导的民之一统。

四是人和。李觏在《礼论第一》中向世人描绘了一个“大下大和”的社会理想：“饮食既得，衣服既备，宫室既成，器皿既利，夫妇既正，父子既亲，长幼既分，君臣既辨，上下既列，师友既立，宾客既交，死丧既厚，祭祀既修，而天下大和矣。”

五是和乐。最早描述和乐理想社会的是司马迁。司马迁在《史记·律书》中毫不掩饰地称赞说：“故百姓无内外之徭，得息肩于田亩，天下殷富，粟至十余钱，鸣鸡吠狗，烟火万里，可谓和乐者乎。”周敦颐在《通书》中专辟《礼乐》一章作了论述。周敦颐说：“礼，理也；乐，和也。阴阳理而后和。君君、臣臣、父父、子子、兄兄、弟弟、夫夫、妇妇。万物各得其理然后和。”

怎样做到仁和天下

论语云：“万事和为贵”。其和有三贵，乃是应天、地、人三和而贵。这三和即：天气清和，地气钟和，人气平和。人和则地和，地和则天和。

世上凡事皆以和为贵，事事以礼让为本，忍人所不能忍，所谓凡事让一步，可保百年身。

人的喜怒哀乐，行为得失所感召的灾祥，不仅关系到自身，其影响可波及家庭、团体，甚至社会、国家，其责任的轻重不同，造成的后果也多种。孔子言：“君子和而不流，强哉矫！”和，不是退让，不是躲避，而是力量的蓄积。

《中庸》所述：仁、义、礼、智、信为五常之德，保全五常之道，则为天下至圣。和，不是喏喏的卑谦，不是外强中干的霸权，而是强势的平常之心，是强者的礼仪之态。

心存和之理念，学会适时地“弯腰”，学会合理地谦恭，学会适度地用“理直气和”代替“理直气壮”，必能更有效率地达到目标。

什么是同天下

《礼记·礼运》中孔子把上古的黄帝、尧、舜所治理的“大道行也，天下为公”的社会称为大同社会，是最理想的社会，大同的本质特征是：“大道之行也，天下为公。”

同天下是个什么样的社会

同天下理想社会的主要内容是：“乾称父，坤称母。予兹藐焉，乃浑然中处。故天地之塞，吾其体。天地之帅，吾其性。民吾同胞，物吾与也。大君者，吾父母宗子；其臣者，宗子之家相也。尊高年所以长其长，慈孤弱所以幼其幼。圣其合德，贤其秀也。凡天地疲老残疾，其鳏寡，皆吾兄弟之颠连而无告者也。于时保之，子之翼也；乐且不忧，纯乎孝者也。”

康有为的“大同世界”思想很有特色。康有为对社会的政治制度进行过有意义的探索，并参与维新，尝试改良实践，试图开列医治晚清颓势的神奇药方。

他将《礼运》中的“小康”“大同”与“三世说”相提并论，设计人类社会从“据乱世”经“升平世”到“太平世”，即大同的社会发展路径。“以传闻世为据乱世，所闻世托生平，所见世托太平。乱世者，文教未明也。升平者，渐有文教，小康也;太平者，大同之世远近大小如一，文教全备也。”

怎样认识儒家的大同

在孔子看来，春秋社会“天下无道”，应当由此混乱局面逐渐推进到小康，后世再由小康社会进一步推进到大同。

在政治上，“选贤与能，讲信修睦”。破除性别界限，提倡男女平等和妇女解放。

在经济上，财富由社会分享而“不必藏于己”，人人参加劳动而“不必为己”。破除私有制度，主张财产公有。

在人际关系上，“人不独亲其亲，不独子其子”，互相照顾，彼此友爱，男女、老幼各得其所。这是一个没有尔虞我诈，没有盗窃乱贼，人人无忧无虑，可以夜不闭户的社会。

什么是一天下

一天下语出《公羊传·成公十五年》:“王者欲一乎天下。”又,《隐公元年》:“何言乎王正月，大一统也。”

天下指全国。原指统一的国家，现多指某一地区或某一机构不贯彻上级意图而形成的独立王国。也泛指为少数人所占有的某一领域。

董仲舒一天下包括哪些内容

一天下理想社会构想包括以下几个方面：

这个社会有国君。他们不敢有君民之心，是为了长期做人民的君主。

这个社会是统一的，是以君主为核心建立起来的。

这个社会是有等级制度的，所以要亲亲、尊尊。

这个社会轻徭薄赋，实行“什一而税”，一年只征人民三日的役力，又不夺民时，他还主张“限田”。限制私有土地的最高数量。

这个社会人与人之间的关系是非常和谐的。从君主那里就很开明，对人民“教以爱，使以忠，敬长老”，社会上没有怨恨，没有愤怒，强者和弱者能和平共处，也没有以谗言害人和妒忌别人的人。在这个和谐的社会里，连毒蛇猛兽也是温顺的。

怎样理解朱熹一统的内涵

理学集大成者朱熹思想以“平天下”为外王核心，无疑“天下一统”观是其中重要内容，朱熹承续了荀子、董仲舒的思想。朱熹的“天下一统”主要有三方面的内容：

一是天下万物一统于理。朱熹的理是个总括，在理之统帅下，才可以有分殊。“天地之间，理一而已。盖以乾为父，以坤为母，有生之类无物不然，所谓理一。”

二是天下社稷一统于王。“夫土地者，天下之大本也。《春秋》之义，诸侯不得专封，大夫不得专地。”

三是天下治权一统于君。认为“君臣之际，权不可略重，才重则无君”。

什么是公天下

《礼记·礼运》篇说："大道之行也，天下为公。选贤与能，讲信修睦。《十三经注疏》解释为："公，共也，禅让授之圣，不家之。"

这只是夏商周初时期人们对"天下为公"的释义，夏商之际对于天下而言，主张传位于有贤、有能、讲信修睦的有德之人，而不能搞家天下，到孔孟之时已经发展成为非一人之天下的"公天下"之义，也就是王力先生《古代汉语》所释"天下为公"的"天下成为公共的"之义。孔孟"天下人之天下，非一人一姓一家"的思想更具有民主性。

"天下为公"虽然是古语，但依然铿锵有力、意犹未尽。"天下为公"原意是天下是公众的，天子之位，传贤而不传子，后成为数千年来无数仁人志士追求美好社会的政治理想和精神境界。

公天下的内涵是什么

"公天下"一般有两个方面的内涵：

一是天下人之天下，非一人之天下。朱熹提出"善与人同，公天下之善而不为私也""但论治体，则必如是，然后能公天下以为心，而达君臣之义于天下，使其恩礼足以相及，情意足以相通，且使国家各自爱惜其土地、人民，谨守其祖先之业以遗其子孙之计，但凡为宗庙社稷之奉，什伍闾井之规，法制数度之守，亦皆得以久远相承。"

二是公法，"天下之所共由。《孟子》有曰："执之者，士之职所当然。舜之不敢禁者,不以私恩废天下之公法也。"董仲舒则指出法是"公天下持平之器",是"立公弃私"的"天下之法"，所以，必须做到"君臣上下贵贱皆从法"，严格依法办事。"公道达而私门塞"。

统治者守法、依法本身，就是在"去私情，立公道"，而"公道行，则天下之治通;公制立，则私曲之情塞矣"。如唐太宗李世民曾说："法者，非朕一人之法，乃天下之法。"

怎样做到天下为公

做到天下为公就是做到无私。

无私是成就事业的基石。为实现美丽、富裕、和谐、强盛的社会主义的宏伟大业要无私奉献，不懈努力，奋斗不止。尤其是领导干部，更应率先垂范，成为楷模，在新一轮经济社会建设的大潮中，坚定意志，不折不挠，全力以赴。

无私是未雨绸缪的渐进。“人之初，性本善”，私心不是与生俱来，是逐步演变的结果。为此，去私贵在慎始，自始防范，自终谨慎，始终无滋生私心的土壤，始终无产生私心的温床；否则，如任私心膨胀，如纵私心发展，势必酿成大祸，势必贻误终身。

什么是仁政

仁政是儒家的政治主张。认为统治者宽厚待民，施以恩惠，有利争取民心。

孔子在对仁的解释中，已有关于仁政的思想。孟子发挥孔子学说，明确提出仁政的主张。《孟子·梁惠王上》：“王如施仁政于民，省刑罚，薄税敛，深耕易耨，壮者以暇日，修其孝悌忠信，入以事其父兄，出以事具长上。可使制梃以挞秦楚之坚甲利兵矣。”

仁政学说是孟子思想的中心内容，是孟子为之奋斗了一辈子的政治理想。

仁政的内涵是什么

仁政可以总结为两个方面：

一是统治者要仁厚、仁慈、仁恕，作人民的仁义表率。如儒家说统治者要“居仁由义”“仁义为本”“克己复礼，天下归仁”“唯仁者宜在高位”，都是主张统治者以自己的仁德或仁义修养感化人民。

二是对人民要实行仁慈的政治，切不可苛刻或残酷。这就是儒家经常讲的“杀一无罪非仁也”、“不嗜杀人者能一之”、“哀矜折狱”、“省刑罚、薄敛赋”、“富民养民”。

之外，仁政似乎还有更高一层意思，就是与天地自然和谐相处的政治，就是儒家所谓“天人感应”“天人合一”的政治，这就是儒家经典讲的“致中和，天地位焉，万物育焉”，就是所谓“参天地，赞化育”的政治，就是今天所云“环境友好型”的政治。仁的原始含义是互通，那么与天地自然之间的和谐互通就是仁的最高境界了。所以，仁政实际上也有这三重含义。

孟子是怎样实行仁政的

一是赢得民心。民心即孟子所说的人和，民心为天下之本，而仁政又为争取人和之本。而“天时不如地利，地利不如人和”“得道者多助，失道者寡助。寡助之至，亲戚畔之，多助之至，天下顺之。以天下之所顺，攻亲戚之所畔：故君子有不战，战必胜矣”。

二是要实行仁政，首先就必须由国家向百姓提供一份赖以生存的、为生活所必需的产业作为物质基础，因为“民之为道也，有恒产者有恒心，无恒产者无恒心”。

三是做好社会分工，各司其职。《孟子·滕文公上》：“故曰：或劳心，或劳力，劳心者治人，劳力者治于人；治于人者食人，治人者食于人，天下之通义也。”孟子这段话从生产分工的必然性推论出阶级分工的必然性。

四是强化天下兴亡，匹夫有责的群体意识。《孟子·离娄下》：“舜，人也，我，亦人也。”“尧、舜与人同耳。”对于国家的治理，不但君主有责百姓也有责。舜、傅说、胶鬲、管夷吾、孙叔敖、百里奚这些人，有的是农，有的是工，有的是商，有的是游民，有的是奴隶，但“天”都可以“降大任于斯人”，不仅可以为贤相，而且还可以为圣君。这实际是承认了民有平等的政治参与权。

基于政治平等、人格平等的观念，孟子在君臣关系上作了许多精彩的论述。《孟子·离娄下》：“君之视臣如手足，则臣视君如腹心，君之视臣如犬马，则臣视君如国人，君之视臣如土芥，则臣视君如寇仇。”他认为君和臣民是一种对等关系，君对臣民怎么样，臣民就可以对君怎么样。这种以“腹心”对“手足”、以“国人”对“犬马”，以“寇仇”对“土芥”的关系，完全是一种政治平等的关系。

从君民人格平等、政治平等说到君权民与说、民贵君轻说，孟子实质上已形成了系统的民主思想。这种民主思想尽管和近代意义上的民主有低、高级之分，但主张主权在民、否定君主的绝对专制则是相同的。

什么是良知

良知是儒家谓人类先天具有的道德意识。

《孟子·尽心上》：“人之所不学而能者，其良能也；所不虑而知者，其良知也。”

明王守仁《传习录》卷中：“若鄙人所谓致知格物者，致吾心之良知于事事物物也。吾心之良知，即所谓天理也。致吾心良知之天理于事事物物，则事事物物皆得其理矣。”章炳麟《驳康有为论革命书》：“民族主义，自大古原人之世，其根性固已潜在。远至今日，乃始发达，此生民之良知本能也。”

良知，是人的一种天赋的道德观念，就是孟子所说的“不虑而知”，王阳明所说的“不假外求”，是生而知之，而且是“被圣灵充满”的优良之知。王阳明所谓良知，“只是个是非之心”，也就是天理、天则、道”。他说：“鄙夫自知的是非便是他本来天则”“良知即是道”“良知即是天理”。如“人皆有之”“非由外铄”的恻隐之心、羞恶之心、恭敬之心、是非之心，即“仁、义、礼、智”等。

王守仁

良知的内涵是什么

人性良知主要包括以下三个方面：

一是知耻。知耻，是人和动物的根本区别，在中国传统美德中有着很重要的地位。早在春秋时期，管了就说过：“礼、义、廉、耻，国之四维，四维不张，国乃灭亡。”把耻列为维系社会、国家存亡的支柱之一。以后的长时期中，耻也都列为孝、悌、忠、信、礼、义、廉、耻八德之一。

知耻，是道德的自觉。有羞耻心，人就知道什么该做，什么不该做；在做了有违道德的事时就于心不安，自觉不做会招人瞧不起的事。知耻，才能有所不为，有所不为才能行之皆宜。相反，人若无耻，就会肆无忌惮，为所欲为，不可救药。这就是俗话说的“人无廉耻，无法可治”。

二是知愧。知愧，就是知道惭愧，知道内疚。人非圣贤，孰能无过。知过能改，善莫大焉。知愧的前提是知道自己的弱点、缺点和错误。

所谓愧则有悔，愧则有疚，悔疚则伤及神明，内心的安宁从此遭到破坏，整日处于恐惧之中，这惩罚并不算轻。知愧而忏悔，知愧而努力。人生的最高境界，不是高官厚禄、锦衣玉食，也并非遥不可及、高不可攀，而是四个大字：问心无愧。

三是知恩。知恩，就是常怀感恩之心。这是人生的一种姿态，是人性的一种证明，是一种社会行为的反省和成熟。日月生辉，雨雪滋润，大自然哺育了万物生灵；父母养护，师长教诲，亲朋们扶助着我们成长。

人生在世，谁能够离开社会而生存，谁没有受过别人的恩惠？“滴水之恩，涌泉相报”“人敬我一尺，我还人一丈”。一个人，乃至一个民族，倘若连起码的感恩之心都没有，若非自大狂，便是愚陋不堪了。

怎样理解政治良知

政治良知的力量是一种健全人格的力量。政治的良知都不是一蹴而就的，它必须靠长久的修养和积累。

政治良知坚信理想、道德、情操、信念，在任何时候都不能消失；希望上不愧对国家，下不愧对百姓。一个人如果心无旁骛，一身正气，他就能拥有一种清洁而高远的人生。

政治良知要求洁身自好。不断加强品行修养，培养健康情趣，节制不良欲望，不去低俗场所。要择善而交，见贤思齐。

政治良知要求加强学习。学习是提高人生观、价值观的重要途径。养成良好的学习习惯，才能不断充实自己，提高工作能力，才能经常“以史为鉴、以人为鉴”，不断校正自己的人生坐标，不易迷失方向，书写好人生。

政治良知要求有荣誉感和责任感。荣誉感既是一种义务责任，又是一种道德情感和优秀品质。荣誉感和责任心两者是相互促进的，有强烈的责任心，才会有强烈的荣誉感；有强烈的荣誉感，才会有敢于承受和勇于担当的责任心。

什么是天时

儒家对天时的解释有三点。一是天道运行的规律，如《易·乾》：“先天而天弗违，后天而奉天时”。

二是宜于做某事的自然气候条件，如《孟子·公孙丑下》：“天时不如地利，地利不如人和。”《荀子·王霸》：“农夫朴力而寡能，则上不失天时，下不失地利，中得人和，而百事不废”。

三是指天命，如《汉书·王莽传下》：“推是言之，亦天时，非人力之致矣。”《周书·李穆传》：“周德既衰，愚智共悉，天时若此，吾岂能违天。”宋秦观《贺苏礼部启》：“殆亦天时之有数，岂伊人力之能为。”《封神演义》第九十四回：“吾今奉天征讨而诛独夫，公何得尚执迷如此，以逆天时哉。”

怎样把握天时机遇

把握自然天时。商人具有职业家的敏感性，能预测市场行情。

把握市场天时。最关键的一点是对商业机会的把握。

把握政策天时。一个国家的社会秩序稳定、经济发展、科技发展、市场繁荣、人们生活水平提高程度如何与这个国家的宏观政策和微观政策有很大的关系。政策宽松，对搞活经济，搞活企业，开拓市场，也是一个难得的天时，乃天赐商机也。

把握机会天时。商机虽然无限，有时却是很有限的，你差它一点，它差你一万，甚至差你一辈子。如果我们处处留心观察实际生活，就不难发现，从机遇的角度看，许多事物的相互作用、相互影响，往往会给某事物的发展带来一个可遇不可求的难得机会，而且瞬息即逝，你迅速抓住了便能成功；如果你的动作或反应迟钝了那么一点，或者是不到位，机会就会从你的眼皮底下溜之而去，甚至造成终身的遗憾。

什么是地利

儒家对地利有两种解释。一是对农业生产有利的土地条件。如《尚书·周官》："司空掌邦土，居四民，时地利。"二是地理优势。《史记·楚世家》："处既形便，势有地利，奋翼鼓翅，方三千里，则秦未可得独招而夜射也。"

天时通常指大环境，乃天下大势也，地利则指的是小环境，指我们所处的周边局势。

怎样把握地利优势

关于经商的地利，首先，应该按照行政区域划分，有村，乡镇，县城，县级市，地级市，省会，直辖市六个级别，有的人可能适合在农村，有人可能适合在城市，还有人不同时间适合在不同的地方，这就是地利的一个内涵。

其次，地利还指方位。

再有，地利还包括良好的交通条件，良好的环境条件等。

当然，仅仅靠地利只是一个内容，但这个内容是举足轻重的，因为，天时我们不能改变，只能顺应，人需要摸索和磨合地利。

对于地利的把握，推而广之，兴兵择“地”、经商问世、“地有六形”“兵有六败”。用兵作战，都要了解地形、地利。

什么是人和

人和是人心所向，上下团结，人事和谐，民心和乐。宋范仲淹《岳阳楼记》：“越明年，政通人和，百废俱兴，乃重修岳阳楼。”清洪升《长生殿·定情》：“天喜时相合，人和事不违。”陈毅《过太行山书怀》诗：“更有人和胜天时，地利攻守相攸关。”

人际关系就是生产力，最大的商务社交平台。孟子把天时、地利、人和三方面进行比较。强调战争中人和的作用。并由人和推演出“得道多助，失道寡助“的观点。

怎样营建人和文化

一个团队的成功有很多原因，但其中一条必定是部门中的领导者与下属、员工与员工之间团结一致、精诚合作，大家拧作了一股绳。这也就是古人所说的人和。

一是创造部门文化，强调部门的集体性，树立你部门特有的团结合作精神。

二是不要在员工中制造敌对情绪，良性竞争是非常有必要的，但小心不要让它变了质。

三是确保部门中的人知道整体的任务是什么，知道自己的工作在完成整体的任务中重要性，以激发下属的责任感，让他们了解团结合作的重要性。请你牢牢抓住人和这一有利要素。

整体把握天时地利人和

凡是中国人，大概都知道天时、地利、人和对于一个人或一个单位的成功是多么的重要。但怎样真正的认识和善用天时、地利、人和的人，却是少之又少。

天时、地利、人和是领导者成功的关键因素，是我们每一个人都会遇到的，这就是缘。既然遇到了就要万般珍惜，好好把握。与其说天时、地利是外来不可控的，还不如说天时、地利是我们自己造就和运用的。机会对每一个人都是一样的，对天时、地利不同理解和运用，则有截然不同的结果。运用不好，则可能劳而无功，处处碰壁；运用得好，则事半功倍，如鱼得水。

怎样做以民为天的领导者

首先是确立以民为天的观念。以民为天是唯物史观的中国式表述，即要把人民看得像天一样是最高、最大、最神圣的，因而必须始终坚持人民利益高于一切的原则和全心全意为人民服务的宗旨。

其次是提高以民为天的本领。本着“干什么，学什么；缺什么，补什么”的原则，努力使自己成为立场坚定的领导干部和本职工作的行家里手。

第三是施行以民为天的举措。要善于为民谋划，勤于为民办事。实现人民愿望、满足人民需要、维护人民利益，贵在一个勤字。对关系群众切身利益的热点、难点问题，如子女上学、看病就医、就业、住房、物价上涨等问题，要及时加以解决，暂时解决不了的，也要给群众一个满意的交代。

如果说以民为天精神是一棵大树，那么思想观念就是它的根基，能力本领则是它的枝干，实际举措则是它的硕果。要根深、枝壮、果硕，就要经常培土施肥、修枝剪枝和防止病虫害。因此，领导干部只有不断学习、深入实践、联系群众，才能坚定信仰、拒腐防变、干出业绩，从而成就有真正价值的美好人生。

如何理解地生万物

地生万物有两层内涵，一是理顺平凡与伟大的关系，二是倡导保护生态平衡。

老子认为，道是宇宙的缩影，宇宙万物无不由道生成，所以道就是宇宙。

道与天地相比，道为大；天与地相比，天为大；地生万物，地与万物相比，地为大；王与百姓相比，王为大。道大，天大，地大，都是相对的，王大也是相对的。

老子把四大之一的王作为突出的重点，其原因在于百姓与王的关系最为密切。贵为万物之灵的人还必须接受王的统治，不理顺人与王的关系，人也就不再是自由平等的了。

老子说：“大则逝，逝则远，远则返。”国家的统治者应当心存大道，明白平凡与伟大的辩证关系，倘若不明白对立转化这一客观规律，反而自以为大，那就说明，这时的王已经死了。因为，他已经远离了人民。既然与人民对敌，那么新的王也就在人民的反抗中诞生了。

地生万物，生生化化，万物回归大地，循环不息。大地为万物之母，人受大地的承载之恩，应该效法大地的运行规律而行事。所以，我们应该保护生态平衡，保护耕地，防止水土流失，要节约用水，保护水利之源，提高土地和水的利用率，确保人类正常发展，做到天人合一。

老子道的哲学理念就在于为人类指明合乎自然规律的治身之道和治国之道。

管理者尤需尊重客观规律

客观规律就是事物运动过程中固有的，本质的，必然的，稳定的联系，它包括社会发展规律和自然规律两方面内容。自然规律是自然现象固有的、本质的、必然的、稳定的联系，社会规律是通过人们的活动表现出来的社会生活过程诸现象间的本质的、必然的、稳定的联系。

规律的客观性集中体现在规律的不可抗拒性，如果盲目发挥主观能动性，不顾及事物的客观规律，则会带来一系列严重后果。

离开了社会发展的客观规律，同时也就背离了以人为本的先进执政理念。这说明了管理者实施以德从政的必要性。

不懂得以人为本、正确处理人与自然的关系，做违背自然规律的事情，最终就会受到大自然的惩罚。这说明了管理者实施生态保护的必要性。

如何理解中国古代人学思想

中国古代哲学中具有丰富的人学思想，这已成为学界的共识。首先，在中国哲学家眼里，天道和人道是一致的，即天人是合一的。例如老子认为“天人玄同”，即人应效法天，求得天人合一。

他主张“塞其兑，闭其门，和其光，同其尘，挫其锐，而解其纷，是谓玄同”。孟子认为“天人相通”，他主张“尽其心者，知其性也;知其性，则知天矣”。《周易·系辞上》说 :“易与天地准，故能弥纶天地之道。”也就是说天道、地道和人道都是一个道理，都是易理在社会、自然和人事等各个方面的体现。

可见，天地之道被赋予了价值的含义，成为人道生成的依据和所要追求的目标。中国哲学探讨和观察世界的视角立足于世界整体，从天、地、人三个层面或维度思考世界的本质，而其最终的目的在于探讨人的本质，实现人的应有的和最高的境界。

其次，中国哲学人的本质观是“人禽双重化”“圣凡双重化”“性情双重化”。中国哲学认为人的本质包括三个方面：人不是禽，但有禽的属性；人是社会性的，有欲望但应是高尚的；人所以如此因为人本身具有性与情两种本性。换言之，中国哲学人的本质观的基本特征即人是双重化的，是人禽、圣凡、性情双重化的人。

总之，中国哲学在事实层面，界定人禽之别，指出人具有人性和兽性的，强调人必须完善自己的现实根由；在价值层面，通过圣凡之辨，强调了人应达到的价值目标，圣人之境界本质上是对人的本质的最高价值预设；在必然性层面，界定性情的内涵，在宇宙本体论的意义上论证了人的本质的最终根源，实际上完成了对人的本质的形而上的论证。

当代的人学研究，重点在于把握时代精神，在前沿课题和根本问题上下工夫，找到当代中国人学建构真正的立足点和坐标方位。这个主攻方向，为当代执政理念注入了新的元素。

怎样贯彻新时期执政理念

以人为本和依法治国，是中国共产党在新时期的两大执政理念。这两大执政理念，是对中国古代哲学中人学思想的继承并赋予了新意。

国家工作人员，包括最高领导人，是人民的公仆。担任各种领导职务的共产党员，作为国家工作人员，也都是人民的公仆。人民是国家的主人。人民是本，官不是本，只能是以民为本，决不允许反过来，搞以官为本。

执政党是搞法治，还是搞人治？这是两种完全不同的执政理念。党章明确规定，“党必须在宪法和法律的范围内活动。”一是，我们的国家是人民当家做主的社会主义国家，因此，支持和领导人民当家做主自然成为党组织工作的核心；二是，人民民主要制度化、法律化，得到制度和法律的有效保障；三是，党组织不是政府，不是国家权力机关，党政必须分开。执政理念的转变，是进行党的机关和国家机关的改革，落实依法治国的前提条件。这方面的任务还很艰巨。

怎样理解和为贵

和是和谐，是和平，是和合。而在方法论的意义上，则是和为贵。“以和为贵”是中国文化的根本特征和基本价值取向。“君子和而不同”正是对和这一理

《论语》竹简

念的具体阐发。

“和而不同”追求内在的和谐统一，而不是表象上的相同和一致。今天和而不同是人类共同生存的基本条件和基本法则。

孔子说：“和为贵，讼则凶。”在孔子的思想体系中，有两个观点极具现实价值：一个是“己所不欲，勿施于人”，另一个就是“君子和而不同”。前者已被《世界人类责任宣言》确定为全球治理的“黄金规则”；后者对于我们构建和谐社会和多元世界具有重要的启示意义。

《论语·子路第十三》：“君子和而不同，小人同而不和。”何晏《论语集解》对这句话的解释是：“君子心和，然其所见各异，故曰不同；小人所嗜好者同，然各争利，故曰不和。”就是说，君子内心所见略同，但其外在表现未必都一样，比如都为天下谋，有些人出仕做官，有些人则教书育人，这种不同可以致和；小人虽然嗜好相同，但因为各争私利，必然互起冲突，这种同反而导致了“不和”。

君子和而不同似乎可以区分为两种情况：就自身而言，高明的人总是与别人相协调，但并不盲目地重复或附和别人，因协调而不重复故能达成和谐；不高明的人，见到旁人的成功就一窝蜂随大流地模仿别人，反而引起恶性竞争，最终导致不和谐。对他人而言，高明的人总是追求和谐，为此而包容差异，在丰富多彩中达成和谐；不高明的人，总是强求一致，因容不得差异而往往造成矛盾冲突。

以和为贵的思想成为中华文化的一个瑰宝。和为道，和为贵，和为宝，和谐是中国人的名片，中国人骨子里就浸透着和的血液。在经济全球化的今天，和而不同这一两千多年前的古老观念仍然具有强大的生命活力，仍然可以成为现代社会发展的一项准则和一个目标。和而不同，是世界多元文化共同繁荣发展的必由之路；反之，同而不和就必然导致纷争乃至战争。

怎样才能达成和的局面

孔子已为我们指明了答案，那就是不同，也就是不强求一致，不重复别人。

只有在大目标不冲突的前提下，承认差异，包容差异，乃至尊重差异，才能化解矛盾，共存共荣。

只要愿意共存共荣，就必然要磨合。磨合就是通过接触、交流、对话来建立共识，以达到和的理想境界。

管理者要做到以和为贵，积极地调适矛盾，将和谐作为管理的一大法宝，力求将矛盾化解在双方和谐合作，共创未来的劳动之中。

在主动调和矛盾，以和为贵中，也要做到孔子所要求的君子“群而不党”“周而不比”，即能合群而不结党营私，讲团结而不相互勾结。

强调以和为贵，并不是要一团和气，搞庸俗的关系学，而是要和而不同、不同也和。我们要在保持个性相互促进中，实现人与人之间的和气融洽，促进社会和谐发展。

什么叫作仁厚

《围炉夜话》中说：“治术必本儒术者，念念皆仁厚也；今人不及古人者，事事皆虚浮也。”

“治术”即治理国家的方法；“儒术”即儒家的方法。意思是说：治理国家之所以要本于儒家的方法，主要的原因乃在于儒家的治国之道都出于仁家宽厚之心。

仁厚的内涵是什么

一种学说能否运用于社会，往往决定于它是否能使社会得到安乐。治理国家是一种大学说的运用，儒家的学说之所以一直为我国所奉行，乃在于它的一切思想皆出自一个仁字。

因为有仁心，所以不忍见人痛苦，要使每一个人都幸福，要使老有所安，幼有所长，鳏寡孤独皆有所养。这样的理想，正是现代最先进国家所致力追求的，也就是一种人间乐园的理想。而儒家治术之所以一直为历代所重用，亦在于它这种由仁出发而臻世界于大同的理想。

古人凡事讲求实在，有本有源，绝不做一些虚浮无根的事。现代人有的则不一样，许多事只顾今日不顾明日，只看眼前不看将来。今天才会走，明日便想飞，终日想天外有横财飞来，尽想投机取巧，这便是做事不踏实，尽打高空而不知从根做起。所以今人不如古人，内缺所实的内涵，外欠确实的作为。

中国式管理就是合理化管理。可是在合理化之外，还要注意安人，我们叫作人性化管理，中国人最讲仁。仁是安人之道，就是用仁心去安人。管理的最高境界就是做到恰到好处。

怎样做到人性化管理

人性化管理要求是管理过程中切实做到以人为中心，充分发挥人在管理中的作用。从而营造一种氛围：促人提高，催人奋进；提高一种精神：鼓励创新，反对蹈常袭故；塑造一个团队：精诚团结，携手共进；携造一个平台，发展自我。

遵循一个规则：公平、公正、公开。

实现一个目标：优质、高效、低耗为核心，既强调灵活，又注重规则；既予人宽松，又给人压力；既强调自我管理，又注重引导人向良性发展，以帮助人提高、提升为根本的管理思想。

尊重人。在制度面前人人平等，能容纳人，对一些好的建议要虚心接受，在工作安排中不要有私心，给人更大的发展空间。

要理解人。管理中出现不良现象或问题时，不要一味的责备人，应客观的分析处理问题，这样才能促进彼此之间的沟通。

要信任人。应该相信对方，俗话说“疑人不用，用人不疑”，如此才能大胆地开展工作。

要培训人。要求在平时善于指导培养新人，给予更多的可供学习的机会。

要帮助人。给予成员更多的关爱。只有这样才能提高凝聚力、向心力和大家的归属感，使大家有着共同的目标和价值取向，才能激发优秀人才的激情和创造力。

人性化管理是制度化管理下的延伸和补充，是随着发展和组织的情况变化应运而生的。相对于制度化管理，人性化管理更有弹性，也更能体现人在管理中的主观能动性。

虽然制度化管理是根本是基础，但是人性化管理是补充、是完善，有它们的连续性和一致性。硬的管理有利于建立秩序，软的管理有利于推动协同、和谐、个性张扬和创新素质的培养。

第五部分 纲常伦理

孝道观是中国社会伦理纲常的主导核心，这是毋庸置疑的。孝道思想是社会伦理的核心思想，是衡量一个人的品德的标志，也是世人追求仕途的基本条件。

孝道思想作为一种伦理原则，在整个中国封建社会历史时期始终是全社会的行为准则和道德规范。

汉代《孝经》的出现，开始把孝作为天经地义的事，并提出“以孝治天下”的主张，成为维系人伦纲常的精神纽带。

孝心、孝道、孝敬、父慈子孝应该继续发扬光大。

什么是君君臣臣

孟子告齐宣王曰："君之视臣如手足，则臣视君如腹心；君之视臣如犬马，则臣视君如国人；君之视臣如土芥，则臣视君如寇仇。"

"君臣"在现代就是领导与群众的关系；职工、职员、雇工等与单位、公司、企业等的关系。

如何理解君君臣臣

君君臣臣，简单说，就是君要像君，臣要像臣。

很多人看见君，就容易联想到暴君、独裁、专制以至奴才、贱民。于是，君就成了封建统治的代表了，就成了腐朽思想的象征了。其实，君就是主，就是领导者、首领而已。

其实传统思想早已有了，得民心者得天下。什么是君？百姓拥戴的才是君。

儒家思想说，君待臣要用礼，臣对君要忠。有人又要说了：君王只要对臣尊敬有礼貌，臣却要对君愚忠，这本来就不平等，当然这是封建等级制度的结果。

然而，礼不是礼貌，而是礼法。君是社会的最高领导人，就像一个企业里的总裁，负责决策指挥，他可不可以为所欲为呢？不能！因为他要做正确的决策发正确的号令才行。用现在的话说，就是要依法行政。礼法怎么来的？传统思想说，合乎规律的东西，记录下来，并制度化作为行动指导，这样才形成了礼。

一个好领导做了正确的决策发出了正确的指令，下面的人该怎么办？执行的时候要有责任心，把领导交办的事情当成自己的事和自己的利益去完成。这样的臣，才像个臣。

臣辅佐君是分工方式形成问题，总之没有哪个社会是没有分工的。不管怎样的社会，不管怎样的分工，不同的角色需要做好自己分内的事，这是不变的真理。

怎样做个好领导

服人之术：不知则问，不能则学，虽能必让，然后为德。

说服别人的方法：对待别人的态度要严肃端庄，正直诚恳、热情和气。自己要树立解决问题的信心，并把这种情绪感染给别人，谈话还要讲究方法，可以用比喻的方法启发别人，用指出差别的方法使别人明白。

决策之术：一多闻慎行。领导者言行要谨慎，在言行之前要多闻多看，掌握真实可靠的信息。二深谋远虑，小不忍则乱大谋。三执经达权。

品质特征：尽心尽责、服务精神、淡泊名利、知人自知、稳重清静。

道德修养之道：强志、重信、轻财、守道、明察、诚实、自省、实干，谦虚，睿智、无私、公心、重民、贵信、不矜。

什么是父父子子

齐景公

《论语·颜渊第十二》："齐景公问政于孔子。孔子对曰：'君君臣臣父父子子。'公曰：'善哉！信如君不君，臣不臣，父不父，子不子，虽有粟，吾得而食诸！'"意思是说：齐景公向孔子请教。孔子教导他，一个好的社会，国君应该做好国君的角色，臣子要做好臣子的角色，父亲做好父亲的角色，儿子做好儿子的角色。齐景公懂了，回答说，如果国君不像国君，臣子不像臣子，父亲不像父亲，儿子不像儿子，国家就一团糟，就是有饭，我也吃不上啊！

孔子其实在倡导人人要敬业爱岗，各个机构要履行好自己的职责。孔子这话，其实说的就是这样一个大原则。

如何理解父父子子

分析任何历史问题，都不能脱离时代背景，在孔子所在的春秋时代，"君君臣臣父父子子"是有很强的进步意义的。

每个人都必须尽自己所在职位的责任，即都必须各司其职。这是封建社会对所有人的责任要求。

也就是说，在其位谋其政，否则就不能在其位，让有爱心、有责任感、有能力的人来在其位谋其政。

当然，这是一种理想。如果要实现理想，必须有一套合理的、能上能下的制度来保障在其位谋其政！

怎样让父爱激励人生

儒家讲"父子有亲，君臣有义，夫妇有别，长幼有序，朋友有信"。这些人际秩序在大家庭与小家庭里都是不能乱的。

“父与子之爱”，是发自于真诚、发自于真心，是没有条件的。

父爱是一座山，高大威严；父爱是一汪水，深藏不露；父爱更是一双手，抚摸着我们走过春夏秋冬；而父爱更是一滴泪，一滴饱含温度的泪水。

在爱的照拂下，父亲更像父亲，子女更像子女，一切秩序井然，人生才会变得更加美好。

如何理解夫妻关系

在古代宗法社会中，作为男人的丈夫，当然要负起比妻子更大的责任，称为“一家之主”。但中国古代又有一个传统，就是“男主外，女主内”。就是男人在对外关系上，是一家之主，是发言人。但家庭的内部事务，都由女人处理，俗称“内当家”。

现在社会，夫为妻纲，妻也为夫纲，三纲五常全都不能够是单向的，而都应是相互的。辩证才是王道，才能夫妻和睦。夫妻和睦是家庭幸福的重要前提和保证。

夫妻关系应以平等互爱为基础。夫妻之间不存在谁侍候谁、谁主宰谁的问题，“大男子主义”、“妻管严”等倾向，都是要不得的。作为夫妻，应该努力做到互敬、互爱、互信、互帮、互谅、互让、互慰、互勉。

把婚姻自由看作可以轻率地结婚和离婚，这是十分错误的。那种朝三暮四、喜新厌旧，对妻子、丈夫、子女和社会不负责任的自由，是不符合我们所说的婚姻自由原则的，必须坚决反对。

要保持夫妻和睦，还必须不断巩固、培养夫妻之间的感情，使爱情之树常青。有的夫妻结婚以后，发现身边的配偶与理想中的丈夫、妻子大相径庭，因此夫妻感情日益淡薄，继而发出“婚姻是爱情的坟墓”的感叹。

其主要原因是夫妻间对婚姻、对对方的期望值过高。期盼婚姻永远像爱情故事一样充满浪漫是不现实的，日常生活是平淡琐碎的，男女双方经过恋爱浪漫期之后步入婚姻组成家庭，应学会在平凡的日常生活中巩固、培养感情。

要在互相适应对方的同时，经常寻找夫妻双方都感兴趣、都愿为之努力的共同点，使两人有共同的生活目标，使家庭生活生动、活跃起来，充满活力和乐趣。只有这样，才能避免婚姻枯燥、乏味，“婚姻危机”也就很难出现了。

怎样做到夫妻和睦

夫妻关系是家庭关系的核心，夫妻和睦，志同道合是婚姻美满的必要条件，也是处理好家庭关系的关键。那么，怎样才能做到夫妻和睦、相敬如宾呢?

夫妻之间应该平等互助。夫妻间要尊重对方的工作，积极支持对方的事业。双方要摆正夫妻关系，克服“男尊女卑”或“妻管严”倾向，共同承担家务，教育子女，对家中的事要先商量再作决定。

夫妻之间要互相尊重。要尊重对方的正常习惯、兴趣和爱好。彼此说话要和气，家庭问题在家庭内部解决，不要对外大肆宣扬，更不要公开揭短。产生矛盾应由大化小，由小化无。

夫妻之间要以诚相待，凡事不隐瞒，保持良好的信任感。彼此不要无端猜疑，也不要有诸多限制，事事都问个“底儿”。

夫妻之间要互爱。夫妻双方应学会在平淡琐碎的生活中培养感情，彼此关心体贴。

夫妻之间要注意不断更新爱情生活内容，提高夫妻生活的质量。要经常寻找双方都感兴趣的共同点，使家庭生活活跃起来。

什么叫己所不欲勿施于人

孔子在《论语·颜渊篇》中说到仲弓问仁。子曰:“出门如见大宾,使民如承大祭。己所不欲,勿施于人。在邦无怨,在家无怨。”仲弓曰:“雍虽不敏,请事斯语矣！”《论语·卫灵公》中说：“子贡问曰：‘有一言而可以终生行之者乎？’子曰：‘其恕乎。己所不欲，勿施于人。”

己所不欲，勿施于人是孔子经典妙句之一，亦是儒家文化精华之处。己所不欲，勿施于人是指：自己不想要的东西，切勿强加给别人。

孔子所强调的是，人应该宽恕待人，应提倡“恕”道，唯有如此才是仁的表现。恕道是仁的消极表现，而其积极表现便是“己欲立而立人，己欲达而达人”。孔子所阐释的仁以“爱人”为中心，而爱人这种行为当然就包括宽恕待人这一方面。

孔子所言是指人应当以对待自身的行为为参照物来对待他人。人应该有宽广的胸怀，待人处事之时切勿心胸狭窄，而应宽宏大量，宽恕待人。

倘若自己所讨厌的事物，硬推给他人，不仅会破坏与他人的关系，也会将事情弄得僵持而不可收拾。人与人之间的交往确实应该坚持这种原则，这是尊重他人，平等待人的体现。

人生在世除了关注自身的存在以外，还得关注他人的存在，人与人之间是平等的，切勿将已所不欲施于人。

如何理解己所不欲勿施于人

己所不欲，勿施于人是儒家思想的精华，也是中华民族根深蒂固的信条，然而在现实中许多人都不能恪守己所不欲，勿施于人的信条，一切以个人利益为中心，只顾及自身的感受，而忽略了他人的感受。

无论是在处理人际关系，还是政治关系方面都应当毫不犹豫地认识到己所不欲，勿施于人这条经久不衰的人际关系原则的重要性。

对于一个命题，我们要做全面的分析。己所不欲，勿施于人并不能逻辑的地推出“己所欲，施于人”。从逻辑学可以看出，原命题成立，这个命题的逆否命题同时成立，但是“己所欲，施于人”是“己所不欲，勿施于人”这个命题的否命题，否命题并不必然成立。

己所不欲，只是不能强加给别人，但是如果对方愿意，则不属于“施”的范围。己所欲，别人未必所欲，所以也不能强加给别人。

总的说来，无论是否“己所欲”，都不能施，即强加给别人，给别人的东西，只有一个标准，即别人自己是否愿意，而不能依据我们的标准来强加给别人。

自己不想要的，未必是别人需要的；勿施于人正是拥有自己不想要的事物时的正确看法；强加给别人欲，包含个人看法，有着主观方面的内容和含义。

怎样做到己所不欲勿施于人

过去人们曾经崇尚斗争哲学，凡事争个输赢，不是你死便是他亡。共赢，是商品经济时代产生的新词汇，简单地说，就是大家都能获利，或者说共同获利，对比只求一枝独秀进步了许多。

然而，身在职场的一些人并不知道共赢是一种心态，是一种取向，更不清楚怎样去追求共赢。

两人对弈，可能有三种状况分别出现：我赢你输、我输你赢，或者和局。不论棋艺多高明，也不论棋局如何错综变化，都逃脱不了以上三种结果。

人生的棋局、市场的博弈比黑白棋盘复杂得多，精彩得多，远不止以上的结局，其中最吸引人的，最耐人寻味的结局就是共赢！

共赢不是你输我赢，也不是我输你赢，而是我、你、他一起提升。

实现共赢的前提是合作，合作是有利的“利己策略”。合作既讲究己所不欲，勿施于人，也要求人所不欲，勿施于我。

合作的前提是信赖，必然有一方先主动伸出共赢的橄榄枝，大家遵守所谓的黄金律：按照你愿意别人对你的方式来对别人，但只有别人也按同样方式行事才行。只有这样大家才有可能走到一起，执手合作。因此，我们认为追求共赢的人心中要有气度，才具有共赢的心态；以尊重为出发点，以信赖为基石的人，才可能实现共赢！

我们可以这样认为：人的“品”是实现共赢的核心。品字三个口，口能代表人，三个代表多数，意即众多的人。众多的人为了一个共同的目标走到一起，相互尊重，相互信赖，相互体谅，相互扶持，共同拼搏，何愁不共赢?

实现共赢是彼此尊重的开心游戏，实现共赢的最终目标是在和谐中各有所获。

五伦是什么概念

五伦，即古人所谓君臣、父子、兄弟、夫妇、朋友五种人伦关系。用忠、孝、悌、忍、善为五伦关系准则。

人伦一词，最早见于《孟子・滕文公上》。书中载，上古时候，人们“逸居而无教，则近于禽兽”。圣人“使契为司徒，教以人伦”。在《尚书・尧典》中，已有“慎徽五典”的说法，即要以五种美德教导自己的臣民。

据《左传》解释，“五典”就是“父义、母慈、兄友、弟恭、子孝”。后来，孔子提出“君君臣臣、父父子子”，增加了君臣关系。最后由孟子在整理和总结中国以往道德关系和道德规范的基础上，全面地概括了封建社会里人们之间的这五种基本的道德关系，并提出相应的道德规范。

《孟子·滕文公上》:“使契为司徒，教以人伦:父子有亲，君臣有义，夫妇有别，长幼有序，朋友有信。”

孟子认为：君臣之间有礼义之道，故应忠；父子之间有尊卑之序，故应孝，兄弟手足之间乃骨肉至亲，故应悌；夫妻之间挚爱而又内外有别，故应忍；朋友之间有诚信之德，故应善。人伦中的双方都是要遵守一定的规矩。为臣的，要忠于职守，为君的，要以礼给他们相应的待遇；为父的，要慈祥，为子的，要孝顺；为夫的，要主外，为妇的，要主内；为兄的，要照顾兄弟，为弟的，要敬重兄长；为友的，要讲信义。这是处理人与人之间伦理关系的道理和行为准则。

中国古代许多思想家，特别是儒家最重视人伦。据孟子说，古代设立庠、序、学校，“皆所以明人伦也”。一旦“人伦明于上，小民亲于下”，就能实现治国平天下的理想社会。

什么是仁

儒家把仁列入“五常”之中。

《论语·颜渊》:“樊迟问仁。子曰：‘爱人’。”又曰：“克己复礼为仁。一日克己复礼，天下归仁焉。”又《卫灵公》:“子曰：‘志士仁人，无求生以害仁，有杀身以成仁。”仁是中国古代一种含义极广的道德范畴。本指人与人之间相互亲爱。

《论语》一书中，仁字出现达109次，说明仁在孔子的思想体系中居于十分重要的地位。

孔子把仁作为最高的道德原则、道德标准和道德境界。他第一个把整体的道德规范集于一体，形成了以仁为核心的伦理思想结构，包括孝、悌、忠、恕、礼、知、勇、恭、宽、信、敏、惠等内容。其中孝悌是仁的基础，是仁学思想体系的基本支柱之一。

孔子提出要为仁的实现而献身，即“杀身以成仁”的观点，对后世产生了很大的影响。

仁的内涵是什么

仁，一人两横。横指土，为薄土，较贫瘠；两横指中土，不厚不薄，正可融生万物；若为三横，则为厚土，厚土埋下，万物无活。所以，仁就是人要有中土一样可融万物之污、可生万物之命、可养万物之灵的美德。

仁，一人一二，人要行仁，即两人及两人以上的相互关系要靠仁才能维持。

孔子关于仁的思想在今天仍然具有其一定的合理性及适用性，成为儒家人学思想中永恒的“不灭之火”。这也是孔子思想的强大生命力之所在。

怎样做到仁

一是对待仁的态度。孔子主张任何人都应该有一种为仁的愿望，应该诚心诚意去求仁，如果这样做了，那么就会得到仁。达到仁的境界的根源在于自己如何去做，而不是由他人来推动，只有主体自己的主动追求，才有可能达到仁的理想境界。

孔子认为为仁是某种自觉的内在情感行为，是任何人无法替代的，只要自己态度端正，就可以实现仁的要求。

二是在实际生活中如何达到理想人格。仁的精神价值的一个重要体现就是“己立立人，己达达人”“己所不欲，勿施于人。”孔子认为仁就是“爱人”。从理论源头上考察，孔子的爱人观点来自周初的保民、敬民思想。爱人作为仁的重要精神内涵具有广泛的适用性。

三是以博大宽厚的胸怀来爱护民众。这首先是自我认知上的一种升华，是自我精神状况的内在反映。只有内心以仁的标准来严格要求自己，用仁的境界来考察自己的思想，是达到真善美崇高境界的前提条件。

四是实现人的全面发展。孔子关于仁的学说不是纯粹思辨性的形而上的理论体系，更多的是结合具体行为方式告诉人们应该怎么做，这不是哲学意义上的实践理性的体现，而是对一般民众人格升华、人性解放的终极关怀。

孔子思想体系中仁这一重要概念的内涵是极为丰富的，有内在的如何达到仁的境界，有外在的如何实现仁的方式方法；小到个人理想人格的培养，大到治理国家的理想社会行为，是一个具有深刻内涵，包括个体及群体生活在内的思想和行为各方面的理想人格修养体系。

什么叫作义

义是中国古代一种含义极广的道德范畴。本指公正、合理而应当作的。儒家把“信”列入“五常”之中。

孔子最早提出了义。孟子则进一步阐述了义。他认为信和果都必须以“义也，无适也，无莫也，义之与比。”又：“君子喻于义，小人喻于利。”《孟子·离娄下》：“大人者，言不必信，行不必果，唯义所在。”

如何理解义

《孟子》说："鱼，我所欲也，熊掌，亦我所欲也；两者不可得兼，舍鱼而取熊掌者也。生，我所欲也，义，亦我所欲也；两者不可得兼，舍生而取义者也。"

什么是义呢？孟子说："羞恶之心，义也。"又说："义，路也。唯君子能由是路。"孟子认为自己做了坏事感到耻辱，别人做了坏事感到厌恶，这就是义；义是有道德的君子所必须遵循的正路。

义是安身立命、修身、齐家、治国、平天下的全部生命智慧的源泉。正义体现着人与自然互动产生的全部人类文明发展所遵循的内在规律。正义更直观的揭示了中国传统辩证哲学的精气神，意义广泛而深远。

怎样做到义

要有感恩之心。自古以来就有滴水之恩当涌泉相报。不管什么人，只要对自己有恩就应该报答。比如父母，如果没有父母辛辛苦苦地养育我们，就没有我们的今天。比如朋友，多一位朋友多一条路，朋友之情不可不报。所以，作为一个人要知恩图报。

对待任何人都要真诚。用真心去对人，用真诚去打动别人，用真诚去换取真诚。要以德服人，一个人的品德直截体现了一个人的修养和素质。

结交真正的朋友。真正的好朋友是用真诚换来的。真正的朋友从来不会去奉承你，如果你是对的，他会鼓励你，如果你是错的，他会批评你。你有困难时，他会站出来帮助你，他有困难时，你就会尽力去帮他。当之间有矛盾时，会主动去化解矛盾，取得相互理解。在一起有说有笑，相互鼓励。

什么叫作礼

"礼"在《论语》中的含义包括礼制，指全社会的等级制度和伦理秩序；礼仪，指具体的礼节仪式；礼貌，指个人在待人接物时所表现出来的道德修养，如恭敬、和顺、谦让。

礼在儒家思想体系里，其内涵和作用是十分丰富的。大则可以经天纬地，以正天下国家。小则可以修身立命，养生送死。实在是一门既重要又实用的学问。

儒家把礼列入"五常"之中。

礼包括哪些内容

礼是古代的圣贤们禀承天理之规则所制定，用以治理“人之情”。《礼记·礼运》说：“人情者，圣王之田也。饮食男女，人之大欲存焉。死亡贫苦，人之大恶存焉。故欲恶者，心之大端也。人藏其心，不可测度；美恶皆在其心，不见其色也。欲一以穷之，舍礼何以哉？”

人情有两层含义，一是生理需要，二是精神需要。礼是一种管理人情的手段。明确地说，就是政治、经济等社会制度。但是这种礼的社会制度是源于天道，合乎人情常理，是一种人性本善的管理。《论语·为政第二》说：“道之以政，齐之以刑，民免而无耻。道之以德，齐之以礼，有耻且格。”

礼不但可以调节社会秩序，还可以规范个人行为，礼即为大家熟悉的日常工作、生活与人际交往的礼节礼仪。如《论语·为政第二》记载，当樊迟问孝时，孔子说：“生，事之以礼；死，葬之以礼，祭之以礼。”

怎样做到守礼

遵守法纪。一方面要加强法律意识，认真学习，如要警钟长鸣、常抓不懈，做到防微杜渐，防患未然，把各种法纪安全隐患遏制在萌芽之中；另一方面要身体力行、落到实处，如遵守交通法规、文明交往等。

懂得礼仪。一方面要提高自身的科学文化素质，不断地学习；另一方面要积极参加社会实践，把学习到的礼仪知识和实践活动紧密相结合。

韩非子

什么叫作智

《法言·修身》：“智，烛也。”《韩非子·显学》：“智，性也。”《淮南子·俶真》：“智者，心之府也。”

儒家把智列入“五常”之中。

以智慧的多寡分类，人有上智、中智与下愚三种：上智的人清醒地过一辈子，多数都能达成抱负和夙愿，一生了无遗憾。下愚的人糊涂地过一辈子，无成就也无大错，通常也能平顺地度过一生。唯独中智的人可以清醒，也可以糊涂，一生的历程可好可坏；有人成就非凡，有人一败涂地，个人一念之间的抉择。

智慧等级的内涵

佛家说："人的本性，生来就有贪，即贪婪；嗔，即怨恨；痴，即妄想三毒。"上智的人能以理性摒弃三毒,不受三毒影响;下愚的人智能低下,不足以使三毒为害;只有中智的人，有小聪明却常常理性不足，最容易见异思迁，最能被三毒肆虐。

孔子说："性相近，习相远。""唯上智与下愚不移。"意思是说上智与下愚者都有比较稳定的个性而很少改变，唯有中智的人最易受环境影响而由善变恶。

老子眼中的理想国就是仅由上智与下愚组成的社会，能够把百姓之中会出问题的中智者完全摒除在外，上智者便可行"无为之治"。老子认为解决问题的根本之法是取消问题，则问题自解；所以老子主张："绝圣弃智、返璞归真，民可无知无欲，则可无为而治矣。"在这一点上，老子的理想不是很实际的。

也并非所有中智的人都是贪污枉法之徒，社会大众超过一半的人口都属于中智，其中仍以守法者居多。而且，中智者大半属于中产阶级，是支持国家最有力的纳税大众，整体而言是一个社会的稳定力量。

上智者是一个社会领袖级的人物，而中智者普遍受过中等以上教育，都有一技之长，是社会的中坚；下愚者则多半靠劳力谋生，做一些社会上不可或缺的基层工作。三种人能够充分地分工合作，各司其职，社会才能安泰祥和。

怎样成就智慧人生

负责任的人生就是智慧的人生。

一个负责任的人，就能够珍惜生命，为事业"健康工作四十年"；

一个负责任的人，就能千方百计把自己的子女管教好，为家庭、为社会作贡献；

一个负责任的人，方能"在实际工作和生活中慎思、明辨、笃行、慎独，做一个受学生爱戴，同事欣赏，家长赞赏，无愧于人生的良师"；

一个负责任的人，还能达到内心与外在的和谐统一，在他存在的每个角落，都由内而外地洋溢生命的喜悦，让这喜悦感染周围的人，体验人与人之间互相取暖的温情。

世上无难事，只怕有心人。让我们从“心”开始，有心、用心、尽心做好我们的本职工作，成就智慧人生。

什么叫作信

《论语·学而》:“吾日三省吾身，为人谋而不忠乎？与朋友交而不信乎？传不习乎？信近于义，言可复也。”《左传·宣公二年》:“麑退，叹而言曰：‘不忘恭敬，民之主也。贼民之主。不忠;弃君之命，不信。有一于此，不如死也。’触槐而死。”

信既是儒家实现仁这个道德原则的重要条件之一，又是其道德修养的内容之一。孔子及其弟子提出信，是要求人们按照礼的规定互守信用，借以调整统治阶级之间、对立阶级之间的矛盾。儒家把信作为立国、治国的根本。信作为儒家的伦理范畴，意为诚实，讲信用，不虚伪。

儒家把信列入“五常”之中。

信用的内涵是什么

信字释义为“信有二义，信任与信用。其内容是诚实不欺。”其信用的涵义就是诚实不欺，恪守诺言，忠实地践行自己的许诺或誓言。我们常说的忠信、诚信这些连词语，其核心说是真实不欺，在人际交往中对他人出自内心的忠诚，按许下的诺言办事。这些是从伦理道德范畴来说的。

恪守信用是从古至今所一贯被遵循的信用观，不仅对传统人际交往关系的价值肯定，本质上又要合乎义理要求，不是仅注重其形式，而是要看其精神实质。

“人无信不立”，信乃立人之本、立国之本，要求做到诚实不欺、信守诺言这一最起码的道德要求。要做到言行一致，即讲信必须以义理为宗旨，坚持信的道德标准，守信、重义与正直。

怎样做到守信用

守信，就是遵守诺言，不虚伪忽悠别人。“言必行，行必果”“一言既出，驷马难追”这些流传千百年的古训，都形象地表达了中华民族诚实守信的品质。在中国几千年的文明史中，人们不但为诚实守信的美德而赞美，并努力地身体力行。

不要轻易答应别人，如果答应了就一定要做到。可以效仿季布，他答应别人的事一向守信，故有“得千金，不如季布一诺”，此为一诺千金。

诚信是做人之根本。诚，就要诚实待人，以真诚的言行对待别人，答应别人的事就要履行，不管你的想法如何，宁可自责，但也不要失信于人，严格要求自己，言行一致；信，就要讲信用，一诺千金，言必行，行必果，不要忽悠别人，有诚信的人面子上有自尊，目光里有自信，行动上有把握，生活中有朋友。诚信对我们每个人都有举足轻重的作用，它是我们人类尊严的守护神，今天你失信于人，戏弄忽悠别人，总有一天你会得到不守信用的报应。

诚信应该是我们生活中一道灿烂的阳光，让这道阳光点燃我们的心灵，照亮我们的人生，从点点滴滴做起，做一个讲诚信的人，做一个人格上大写的人。

什么叫我为人人

《围炉夜话》:“家之长幼，皆倚赖于我，我亦尝体其情否也？士之衣食，皆取资于人，人亦曾受其益否也？”

意思是说：家中的老小都依靠自己生活，自己是否曾经去体会他们心中的情感和需要呢？读书人在衣食上完全凭着他人的生产来维持，是否也曾让他人由他那里得到些益处呢？

我为人人的意义何在

家中老幼对自己的倚赖，并不仅是衣食上，更重要的是情感和精神。子游问孝，孔子回答说：“今之孝者，是谓能养，至于犬马者，皆能有养，不敬，何以别乎？”这就是讲到精神和心灵的问题。

衣食只能满足肉体，而不能及于心灵，要使他们心灵上感到满足，情感上获得幸福，就要靠自己在体会，去了解，更重要的一点，是要知道他们对自己的期望。在行为上要谨慎，不要做错一步，使亲人痛苦。

读书人不事生产，衣食皆是别人努力生产的结果，承受于别人的既多，而能够报答并回馈的，无非是学问。只要能勤奋向学，以学问为济世之本，便是对社会的衣食之恩最好的回报了。

我为人人的核心思想是真爱，是无私奉献精神。

怎样做到爱人

无私者无畏无求、无私者才显得真正的伟大。

无私奉献，要培育忘我的献身精神。有人把人生的境界分为小我、大我、忘我三个层次。小我者，利己也，只顾自己而不顾集体；大我者，热衷于为社会作贡献，但缺乏献身精神；只有忘我者，才能像一滴水融化在大海里一样，具有无私奉献的精神。

无私奉献，要树立不为名利的价值观。要使自己真正地做到无私奉献并非易事。无私奉献之难点在于无私两字。要做到无私奉献，就要树立不追逐名利的人生价值观。只有树立了这种价值观，才能在任何情况下，都能做到无私奉献。

什么叫待人宽厚

《管子·形势解》："人主者，温良宽厚则民爱之。"《陈书·虞寄传》："且圣朝弃瑕忘过，宽厚待人，改过自新，咸加叙擢。"《古今小说·汪信之一死救全家》："江淮宣抚使皇甫倜，为人宽厚，颇得士心。"郭小川《登九山》诗："历史老人最为严明，不过也有时过分宽厚；他让光明长存千秋万代，偶尔也容忍黑暗抬头。"

《围炉夜话》："待人宜宽，唯待子孙不可宽；行礼宜厚，唯行嫁娶不必厚。"意思是说：对待他人应该宽大，唯有对待子孙不可太宽大。礼节要周到，唯有在办婚事时不必大肆铺张。

如何理解待人宽厚

待人宽厚，一方面是涵养自己心中辽阔的天地，不至于狭隘，动辄有气。另一方面是避开相处时产生的一些小摩擦，不生事端。而且可以化不愉快于无形，使生活变得更圆满。

然而对待自己的子孙，却不宜宽厚，因为自己对子孙在先天上已过于疼爱，若再加以宽厚，很容易变得纵容，往往爱之反而害之。人的天性总是不易爱他人，而易溺爱自己的子孙，倒不如多爱他人一些，少爱子孙一些，待人宽厚易于成事，教子严格易于成材。

管子

怎样做到待人宽厚

容人之长。人各有所长，取人之长补己之短，才能相互促进，事业才能发展。相反，有的人却十分嫉妒别人的长处，生怕同事和部属超过自己而想方设法进行压制，其实这种做法是很愚蠢的。

容人之短。金无足赤，人无完人。人的短处是客观存在的，容不行别人的短处势必难以共事。

容人个性。由于人们的社会出身、经历、文化程度和思想修养各不相同，所以人的性格各异，因此从根本上来说就是要能够接纳各种不同性格的人，这不仅是一种道德修养，也是一门艺术，从历史上看，许多领袖人物，都是善于团结各种不同性格的人共同工作的典范。

容人之过。人非圣贤，孰能无过。历史上凡是有作为的伟人，多数都能容人之过。

容人之功。别人有功劳，本应该感到高兴，介有的人心胸很狭窄，生怕别人的功劳会对自己构成威胁，这些都说明容人之功不易，只有那些以国家、民族利益为重，胸怀开阔的人才能做到。

什么叫作克孝

克孝就是能够尽孝道。

《围炉夜话》说:“古之克孝者多矣，独称虞舜为大孝，盖能为其难也。”意思是：古来能够尽孝道的人很多，然而独称虞舜为大孝之人，乃是因为虞舜他们能在孝道上做了很多人做不到的事。

如何理解克孝含义

能尽孝道的人固然多，但是，像舜那般受了种种陷害，仍能保有孝心的毕竟少见。

舜的父亲瞽是个瞎子，舜的母亲死后，瞽续弦生了象，由于喜欢后妻之子，因此，时常想杀死舜。有一天，瞽要舜到仓廪修补，瞽从下放火烧屋，舜利用斗笠护身跳下逃生。瞽又要舜挖井，舜在挖井的时候，瞽和象趁机将井填实，舜从预留的孔道逃出，得以不死。瞽虽如此待舜，舜仍然孝顺他，并且友爱兄弟，若换了他人，早就因瞽“父不父”，而自己也“子不子”了，要不然也早离家出走了，能像舜这样完美无缺，实在是十分难得。

帝舜的画像

周公的美才，从周代的礼乐行政都出自周公之手便可见一斑，这样的美才已是后世有才之人所难企及的，然而孔子仍说："使骄且吝，则不足观。"由此可知，周公最难能可贵的，便是他的道德了。世人稍有才华，便趾高气扬，然而周公"一沐三握发"，"一饭三吐哺"，而毫无骄吝之色。

武王病时，周公祓洁斋戒，要以自己作为质押，代替武王死，武王果然痊愈。武王崩逝，成王年幼，周公又不畏流言，辅助成王摄理国政，等成王长大后，再把政权交还给他。周公不仅有美才，且能不骄不吝，以德为本，所以，孔子要独称周公，并不仅是因他曾制礼作乐的缘故。

怎样才能尽孝道

父母亲所喜爱的东西，当子女的都应尽力准备齐全，父母所厌恶的，都该小心排除。万一我们的身体受到伤害，一定会给父母亲带来忧愁，我们的品格有了缺失，会让父母亲感到羞辱、没有面子。

父母亲爱护子女，子女能孝顺父母亲，那是极其自然的事，这样的孝顺又有什么困难呢？如果父母亲讨厌我们，却还能够用心尽孝，那才算得是难能可贵。一般人总认为，父母要对子女有所付出后，子女才要有行孝的义务，这和菜市场的讨价还价有什么两样呢？

父母亲有了过失，当子女的一定要劝谏改正，而劝谏的时候，绝对不可板着面孔，声色俱厉，脸色要温和愉悦，话语要柔顺平和。假如父母亲不接受我们的劝谏，那要等到父母高兴的时候再劝谏。若父母亲仍固执不听，有孝心的人不忍父母亲陷于不义，甚至放声哭泣，来恳求父母改过，即使招父母亲责打也毫无怨言。

当父母亲有了疾病，熬好的汤药，做子女的一定要先尝尝，是否太凉或太热。不分白天或夜晚，都有应该侍奉在父母身边，不可随意离开父母太远。在父母重病时，最需要有人照顾，尤其是自己的子女能在身边陪伴，照顾起居，是父母心中最感温暖与满足的。在父母临终病重之际，为人子女岂能因为事业忙，或没有时间，而放弃这种机会呢?

当父母不幸去世，办理父母的丧事要依照礼仪，不可草率马虎，祭祀时要尽到诚意。对待已经去世的父母亲，要像对待父母生前一样的恭敬。

为什么要这样做呢？孔子说："孩子生下来三年之久，才离开父母的怀抱，能够自己走自己吃，让父母稍稍松一口气，当子女的，我们在父母去世后，为什么就不能在三年的丧期中时时刻刻想念父母，爱念父母呢？"

人生在世父母与我们最亲，给我们的恩情也最重，努力学习侍奉父母的礼节，把孝道当成一项大事业，用心经营，才能立足于天地之间。父慈子孝，不一定让我们的家富裕有钱，不一定有花园别墅可以住，但是，孝行却可以建立天然和谐的秩序，让我们活在安和乐逸的环境中。家，如果是一个人的堡垒，孝，就是堡垒下的基石。多一份孝心，家就多一分保障，让我们用孝行把家固若金汤堡垒。

什么是传统文化意义上的圣人

以中国传统文化的定义来说，圣人指知行完备的至善之人，即是"才德全尽谓之圣人"。

这个词语最初出于儒家对"止于至善"的人格追求，所以圣人的原意，是专门指向儒家的。但后来的诸子百家，乃至古今各种宗教、学派，也都有自己认定的圣人，但儒家认定的尧、舜、禹等圣人却受到诸子百家的公认。

其实将儒家和诸子百家对圣人的理解汇总起来，也就是圣人的真容了，因为两者并没有矛盾，不过儒学强调的是整体，诸子百家强调的是某个特征。在《孔子家语·五仪》中，提到了孔子对圣人的描述，孔子这段话对圣人一词的真实意涵作出了最详尽，最贴切的解释：

"所谓圣人，必须达到自身的品德与宇宙的法则融为一体，智慧变通而没有固定的方式。对宇宙万物的起源和终结已经彻底参透。与天下的一切生灵，世间万象融洽无间，自然相处，把天道拓展入自己的性情，内心光明如日月，却如神明般在冥冥之中化育众生，凡夫俗子永远不能明白他的品德有多么崇高伟大，即使了解一点，也无法真正明白他精神的边际到底在哪里。达到这种境界的人才是圣人。”

按照上述这段话理解，基于圣人一词原始的儒学立场，中国古典中记载的、著名的、比较受认可的圣人主要有：伏羲、黄帝、炎帝、颛顼、帝喾、尧、皋陶、舜、禹、伊尹、伯夷、周文王、周武王、周公、孔子等。

到孔子之后，中国文化就没有公认的严格意义上的圣人了。但还有许多专业领域的精英被后人尊称为“某圣”，犹如今人称为“股神”之类的名人，但这些世俗之圣都已经与圣人的本意无关。

什么是传统文化意义上的贤人

中国传统文化意义上的贤人指的是有才德的人。《易·系辞上》:“有亲则可久，有功则可大。可久则贤人之德，可大则贤人之业。”《史记·太史公自序》:“守法不失大理,言古贤人,增主之明。”唐杜甫《述古》诗之一:“贤人识定分,进退固其宜。”

贤人是有才有德的人，所爱好、厌恶的情感与人民完全相同，想要选择与舍弃的事物与人民完全一致。行事完全顺应天道、地道、人道客观规律，处理问题能够标本兼治，尤其注意从根本上解决。

所说的话能够作为天下人的行为准则，按照他说的话去做就能成功。身为平民时有志向、有抱负，希望能够身居高位为人民造福，成为王侯将相时也不积攒财物。这样的人，就可以称作贤人。

晏子

贤人，是古代被崇尚敬仰的人。什么样的人才算得上是贤人？世人的标准就不同了。晏子对贤人的评判自有独到之处。

据《晏子春秋·内篇问》下第二十八记载：曾子曾问晏子隐士算不算贤人，曾子曰：“古者尝有上不谏上，下不顾民，退处山谷，以成行义者也？”

晏子认为，观察一下那种人，没有什么才能，却推托不愿意劝谏君王，这叫荒诞虚亡，君王昏聩，不行德，不施义，坏人成帮结伙，贤才不被任用，士不修养自己的品行，却顺从邪恶求得晋升，所以有退隐的有不退隐的。所以晏子回答说："夫上不谏上，下不顾民，退处山谷，婴不识其何以成行义者也"。

在晏子看来，所谓贤，只能是有道行道。因为道是治世的根本，也是治身的根本。据《晏子春秋·内篇问》下第二十五记载：当叔向问"傲世乐业能行道乎"时，晏子回答说："婴闻古之能行道者，世可以正则正，不可以正则曲。其正也，不失上下之伦；其曲也，不失仁义之理。道用，与世乐业；不用，有所依归。不以傲上华世。不以枯槁为名，故道者，世之所以治，而身之所以安也。"

意思是说：古代遵行事理的人，世道可以匡正就匡正，不可以时就委婉处世。他匡正世道时，不失掉下下的顺序；他委曲处世时，不丢掉仁义道德。主张被采用时，就跟世人一道安居乐业；主张不被采用时，也有所归从。不拿傲视上司的做法向世人炫耀，也不以贫困为荣。所以说事理是用来达到治世安身的凭借。

晏子还主张从处上位、处下位、为政、交友、显贵时、困厄时等多种角度，来观察分析人的品行。

他认为正直的人做了官，不徇私偏袒，治国不忘成规，国家养备充足；通达显贵就事奉上级，使之体恤下民；困厄时就教导下民，使之顺服上级；事奉君王能尽礼尽忠，不为求得爵位和俸禄；不被重用时，就离开，也没有什么怨言。

正直的人交朋友讲诚信，不随便亲近，观点不同就分开，并不诽谤对方；不靠诋毁手段求得君王重用，不靠苛害百姓而获取高位。所以，这样的人被上级重用时，百姓就能安定，在下面办事时，能让君王受尊重；所以下得民心上得信任，被重用不违背原则，因此，做官时不会失掉官位，退隐时也不会危及自身，这就是正直人的德性。

什么是传统文化意义上的君子

中国传统文化意义上的君子指的是才德出众的人。《易经·乾》："九三，君子终日乾乾。"汉班固《白虎通义·号》："或称君子何？道德之称也。君之为言羣也；子者丈夫之通称也。"宋王安石《君子斋记》："故天下之有德，通谓之君子。"明王铎《太子少保兵部尚书节寰袁公神道碑》："时神庙方静摄，章奏不报，极言君子小人之辩，总揆啮之。”清方文《石桥怀与治》诗："昔年居南郡，卜隣近君子。"

君，原指古代国家最高统治者，俗称君主。君子，原本是国君之子的意思。根据古代宗法制度要求，国君之子从小就要进行理想和人格的规范教育，所以自然成为个人修养上的楷模。后来，君子一词便被引申到所有道德、学问修养极高之人的统称。

孔子在《论语·里仁》中说："君子喻于义，小人喻于利。"义就是宜，也就是说，君子走的始终是一条适宜的正路。而小人则一心看重私利，在一己私利驱使下很容易走上邪路。孔子还在《论语·季氏》中对君子进行了总的论述，他说："君子有九思：视思明、听思聪、色思温、貌思恭、言思忠、事思敬、疑思问、忿思难、见得思义。"孔子的话是说君子言行中各个方面的总的原则。

后世儒家对君子做了更多的规范和要求，比如君子有四不：第一、君子不妄动，动必有道；第二、君子不徒语，语必有理；第三、君子不苟求，求必有义；第四、君子不虚行，行必有正。

由此可见，所谓君子者，权重者不媚，势盛者不附之，倾城者不奉之，貌恶者不讳之，强者不畏之，弱者不欺之，从善者友之，好恶者弃之，长则尊之，幼则庇之，为民者安其居，为官者司其职，穷不失义，达不离道，此君子行事之准。正如孟子所云："穷则独善其身，达则兼济天下。"

什么是传统文化意义上的小人

在中国传统文化中，小人是中国儒家定义君子的"反义词"。小人识见浅狭，人格卑鄙，儒家经典中多有斥之。如《论语·子路》："樊迟请学稼。子曰：'吾不如老农。'请学为圃。子曰：'吾不如老圃。'樊迟出。子曰：'小人哉！樊须也。'"北齐颜之推《颜氏家训·勉学》："若能常保数百卷书，千载终不为小人也。"《朱子语类》卷七十："君子小人只是箇正不正。"

恶奴型小人，倚仗主子的声名欺侮别人，主子失势后却对主子本人恶眼相报，甚至平日在对主子低眉顺眼之时也不断窥测着掀翻和吞没主子的各种可能，这便是恶奴了，而恶奴则是很典型的一种小人。

乞丐型小人，其心理的基点，在于以自秽、自弱为手段，点滴而快速地完成着对他人财物的占有。乞丐型小人的心目中没有明确的所有权概念，他们认为世间的一切都不是自己的，又都是自己的，只要舍得牺牲自己的人格形象来获得人们的怜悯，不是自己的东西也有可能转换成自己的东西。他们的脚永远踩踏在转换所有权的滑轮上，获得前，语调诚恳得让人流泪，获得后，立即翻脸不认人。

流氓型小人，凡小人无不带有流氓气，当恶奴型小人终于被最后一位主子所驱逐，当乞丐型小人终于有一天不愿再扮可怜相，当这些小人完全失去社会定位，失去哪怕是假装的价值原则的时候，他们便成为对社会秩序最放肆、又最无逻辑的骚扰者，这便是流氓型小人。

文痞型小人，这种小人获得一种文化载体或文化面具，“看到服饰齐整一点的行人就丢石子、泼脏水、瞎起哄。”

那么，小人的特点是什么呢？小人喜欢造谣生事，挑拨离间，拍马奉承，阳奉阴违，随势而依，小人喜欢踩着别鲜血前进，喜欢落井下石，喜欢找替死鬼。

其实要防小人也不难，只要先调整自己的心态，能做到谨守正道、不为物转、凡事忍让、谦冲致和的话，小人自然无法接近你。

第六部分 宗礼典章

封建宗族制度以纲常伦理为纲，以国家法纪为准绳把两者糅合在一起，通过家法族规的形式，变成宗族内部的一种约束力量，用以稳定社会秩序，维护国家法纪。

典章制度是一个国家的政府在一定时期内行为规范的基本准则。

从很早开始，中国历代统治者就十分重视典章制度的建设。《史书》中的“书”和后来各朝正史中的“志”、“录”就留下了丰富的有关典制的记载。此外，还有不少典制方面的专书，如《文献通考》、《通典》、《通志》，以及各种“法令”、“律则”、“典章”、“会要”、“会典”等。

可见，历代先人们是十分重视政权制度建设的，并留下了内容丰富、行之有效的政府行为规范和操作方式。

什么是古代的宗法制度

所谓宗法，是指调整家族关系的制度，它源于氏族社会末期的家长制，依血缘关系分大宗和小宗，强调前者对后者的支配以及后者对前者的服从。《艺文类聚》卷十三引晋潘岳《世祖武皇帝诔》:“莅朝端位，临朝光曜。胄子入学，辟雍宗礼。”我国君主制国家产生之后，宗法制与君主制、官僚制相结合，成为古代中国的基本体制和法律维护的主体。

我国古代社会中凭借血缘关系对族人进行管辖和处置的制度。亦称宗法制度。这种制度与我国古代社会中的宗族组织相配合，是统治阶级维护政治和社会秩序的重要手段。

根据文献记载，我国至迟在周初已经出现了“宗子”“大宗”等名称。《诗经·大雅·板》中有：“大宗维翰，宗子维城”，这里所说的“大宗”和“宗子”均指周代贵族中根据血缘关系对族人拥有管辖和处置权的人。这表明当时已经出现了宗法制度。

有的学者认为，在有关商代历史的文献中，也可发现类似的记载。如《左传》所记的周初商朝遗民的“宗氏”和“分族”，可能就是指宗法制度下的血缘团体。

宗法制萌发于商周时期，成熟于西周、春秋时期，在漫长的封建社会中，几经演变，在唐朝末年瓦解。宋代，宗法又以礼教与政权、神权、夫权、族权相结合的形式存在，并一直延伸到封建社会结束。

古代宗法形式有哪些

一是家谱。是使人们知晓统系来处的方法，又可以使家族不散不失传。然而修家谱的目的是治国，将古代宗法尊祖、敬宗、收族的原则，变成了修宗谱、建宗祠、置族田、立族长、订族规为特征的体现封建族权的宗族制度。

家谱的雏形，在殷商卜辞中的世系关系中有所反映。隋唐以前，家谱的修撰已相当发达，大量的家谱书籍问世，但大多未留传后世，人们一般认为家谱起于宋代。

二是宗祠。习惯上称祠堂，是供奉祖先神主，进行祭祀的场所，被视为宗族的象征。

宗庙制度产生于周代，《礼记·王制》中已记载了帝王贵族的宗庙制度。即天子七庙太祖、三昭、三穆，诸侯五庙太祖、二昭、二穆，公卿三庙太祖、一昭、一穆。秦代“尊君卑臣，无敢营宗庙者。汉世多建祠堂于墓所”。士大夫不敢建宗庙，从此宗庙成为天子专有。

宋代朱熹提倡建立祠堂法：每个家族建立一个奉祀高、曾、祖、祢四世神主的祠堂四龛。清代，祠堂已遍及全国城乡各个家族，祠堂是族权与神权交织的中心。

主祭祠堂中的宗子，相当于天子；管理全族事务的宗长，相当于丞相；宗正、宗直，相当于礼部尚书与刑部尚书。祠堂最能体现宋代宗法制家国一体的特征。

三是族规。是家族的法律。族规在唐以前是一家一户家长教养子孙的仪礼与规矩。

最早的家规是三国时魏人田畴为其家族制定的。宋代，宗族组织普遍，家规由一家一户的家训，转变成专门约束家庭成员的规章，家法、族规才成为封建国法的重要补充。

族规的作用也体现了它的内容：首先是强制性的尊祖；第二是维护等级制度，严格区分嫡庶、房分、辈分、年龄、地位的不同；第三是强制实行儒家伦理道德，必须尊礼奉孝。

宋明以后，宗族制得到统治阶级的支持，族权布满农村社会各个角落的众多宗族，成为仅次于政权的权力体系。族权与政权互补互用，是中国的封建社会得以长期延续的重要原因。

什么是宗法文化

宗法文化是由宗法制度及其思想与儒学思想结合而形成的，是中国传统文化的核心。宗法制度是以父权、族权为特征的，包含有阶级对抗内容的一种宗族家族制度。

就生产力而言，中国传统社会属农业社会形态，其社会的基本单位为家庭。家庭承载着生产、生活和繁衍后代的主要功能，由家庭为中心辐射和扩散的血缘关系形成农业社会的主要联结纽带。

宗法文化从家庭—家族—宗族的血缘关系衍生出维护和强化这种关系的宗法文化，并上升为儒学，成为中国古代的正统和主流文化。

在宗法文化主导下，国家也成了皇帝的家天下。两千年来，中国历经多次改朝换代，也出现过动乱分裂，但政治文化的主体并未发生实质性的变化，核心仍是宗法文化。

宗法文化有什么影响

祖先崇拜深刻地影响了中国的家庭结构，社会结构，也影响了社会心理和意识形态。以血缘和群体意识发展起来的氏族制，被后来的封建统治者逐步发展成为宗法制度。从而成为维护封建统治的社会基础。

家庭、家族制度确立后，家族内的祖先崇拜，已不同于氏族社会。已演变为严格的血缘关系和有序的族谱记载。这种家族制度在社会上的存在，具有抵御灾祸、保护族众、增进团结、联络感情的功能。对财产继承、权力转移也起着重要的作用。

历代的封建统治者始终保留了“族诛”的株连、连座刑罚，就是把权力和责任义务交给了族权，诛为言旁，“讨其罪恶曰诛”，历代因文字言语获罪遭族诛者不在少数。因此，天下各家族为了避免如此惨烈的下场，亦必尽力约束自己的族众，不要触犯了皇家“十恶不赦”的天条。中国宗法制度的核心作用就是用宗统来维护君统，用族权来巩固皇权，用家法来补充国法。

宗法思想发展到现在已发生了极大的演变和衍伸。原来的父党、母党、妻党、乡党、朋党衍化为亲戚、朋友、同学、同乡、同事、战友等。一切可以结为纽带的关系，都可以利用，关系学成为当今的一门热门学问。

什么是家谱

家谱又称为族谱、家乘、祖谱等。一种以表谱形式，记载一个以血缘关系为主体的家族世系繁衍和重要人物事迹的特殊图书体裁。家谱就是封建家族记载本族世系和重要人物事迹的书。

《宋史·艺文志三》:“司马光《宗室世表》三卷,《臣寮家谱》一卷。”明叶盛《水东日记·范氏家谱世系》:“吾家唐相履冰之后，旧有家谱。咸通十一年，一枝渡江，为处州丽水县丞，讳隋。”清龚自珍《〈怀宁王氏族谱〉序》:“由是胪而为家谱，则史表之遗也；广而为家乘，则史传之遗也。”

家谱的基本含义是什么

家谱是记载各个姓氏家族子孙世系传承之书，具有区分家族成员血缘关系亲疏远近的功用，是我国封建宗法制度的产物。随着历史的发展，家谱由官修变为私修，所录内容不断丰富，其功用也不断增加和变化。

如今，家谱同各姓氏的郡望、堂号一样，不仅为区别姓氏源流，作为数典认祖、研究历史、地理、社会、民俗的参考资料，它还是姓氏文化的重要组成部分。

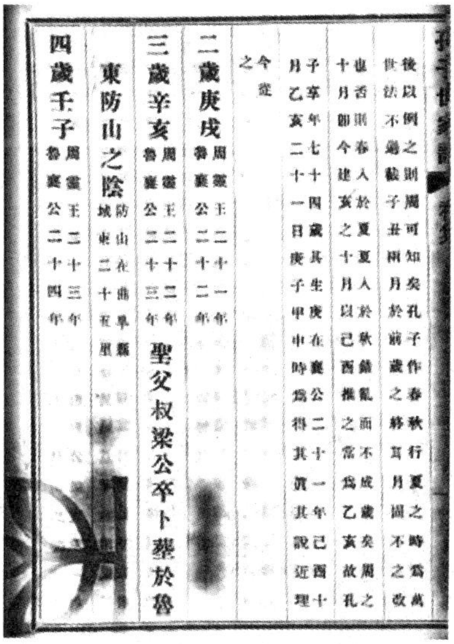

二歲庚戌 周靈王二十一年 魯襄公二十二年

三歲辛亥 周靈王二十二年 魯襄公二十三年 聖父叔梁公卒卜葬於魯

東防山之陰 防山在曲阜縣城東二十五里

四歲壬子 周靈王二十三年 魯襄公二十四年

孔子家谱图

族谱是中国特有的文化遗产，在汉族有悠久的历史，后来在民族融合中。逐渐在各民族中开始出现族谱。族谱是中华民族的国史、地志、族谱三大文献之一，属珍贵的人文资料，对于历史学、民俗学、人口学、社会学和经济学的深入研究，均有其不可替代的独特功能。

家谱有什么价值

中国家谱，于今人有什么价值？这是值得探讨的问题。从存留至今的家谱疑信相渗、精华与糟粕同在现状来看，家谱对今人具有以下两方面价值：

一是家谱的历史价值。作为家族繁衍、活动档案材料的家谱，保存了历代不同地区与世系活动相关的丰富资料，它对于相关学科，诸如社会史、移民史、人口史、地方史等都具有史料价值，这已为众多的有识之士所论证。

作为史料价值，要在求真求实。尽管家谱修撰早有“信以傳信，疑以傳疑”、“循实记载”、“置诸阙疑”等主张。但是，出于种种家族利益的考虑和显耀门庭的诱惑，谱学界的伪俗之风在每一朝代都存在。因此，用家谱史料，必须严格甄别真伪，不可全信全疑。

二是家谱的文化价值。家谱在我国源远流长，在历史的长河中，已经形成有独特内涵、浸润着民族情愫的谱牒文化，它对民族的心理素质、价值取向、行为模式都发生着潜移默化的影响。

中华民族就是在自己独特的环境中，经过几千年的酝酿，由众多族源融合、自然形成的以汉族为核心的多元一体的伟大民族。相对独立共同生活的地理生态系统，漫漫历史长河的共同创造，彼此密切交往不断分化和融合，形成了中华民族大家庭，也产生了千枝一本，万水同源的民族凝聚力。

今天炎黄子孙已经走向世界，尽管他们之中已有不少人入籍于所在国，但对大多数人来说，国籍认同、政治认同的改变，并没有改变他们的民族认同和文化认同。

海外宗亲社团是民族感情和民族文化凝聚的产物，他们有强烈寻根的愿望，每当我们看到，一年一度，人们远涉重洋，不远万里，沤庥于沮水之滨、桥山之巅的华夏始祖轩辕黄帝陵前，共告“五洲风雨疾，华夏有炎黄”，这就是“血浓于水”的情感。

家谱的文化价值与历史价值既有联系又有区别。从文化价值的角度考察，应该着重考察谱牒文化产生、发展的过程，现象、规律、社会影响和作用。谱牒文化有相对的独立性，不能全用史料价值的标准来要求它。

比如攀援历史名人为始祖的现象，从历史价值的角度考察是不可取的，但从文化价值的角度考察，它又往往起到了名人效应，有凝聚、鼓舞族群的作用。

又如同宗共祖问题，从历史的真实看，任何一个姓氏，其来源都十分复杂，历代改姓、赐姓、冒姓层出不穷，欲求血缘的绝对纯洁事实上是不可能的。

所以今天的谱学，既要重视历史价值的开掘，又要重视文化价值的开发，我们在实际运用中，更要注意发挥家谱在凝聚社会群体，增强民族凝聚力，同时为进一步扩大对外开放、为实现祖国统一大业、为振兴中华和促进世界各国人民的友好往来，要发挥其纽带和桥梁作用。

家谱的体例有何要求

明代中后期是中国家谱体例演变与内容更新的一个重要分水岭。到了万历末年修成的休宁《曹氏统宗世谱》，涉及序列、题词、谱引、谱歌、谱诗、恩荣录、曹氏先达、迁徙源流、坟墓、后序、跋、谱约、支谱图、统宗谱系小叙、系图、事略、重修族谱叙略、家乘序、诗集序、遗嘱、跋等内容，名目纷繁，同万历以前所修宗谱相比，内容得到大规模扩展，几乎囊括了与宗族相关的所有事项。

关于体例方面，明谱在因袭欧苏谱例的同时，增加了“志”、“图”、“考”、“录”等项新内容，这是明修宗谱进一步吸收正史和地方志编纂学上成果的重要体现。

明代宗谱体例主要有三种形式：一是纲目体，以纲统目；二是条目体，一事一目，互助统辖；三是纲目与条目的混合体。且愈往后，这种混合体的方法在宗谱编纂中愈益得到广泛的运用。与明代以后所修宗谱相比较，有明一代所修宗谱的体例已比较完备，且大体上已定型，此后清、民国年间所纂宗谱在体例上基本承袭明谱，变更甚微。

魏晋南北朝以后的家谱，基本上都是书本式的，不同的是有的为手写，有的为雕版印刷，现在又有排印的了。书写的载体有纸张与绸帛之分，装帧形式也有卷轴装、册页装、经折装、线装、平装、精装等区别。

怎样发挥家谱积极作用

寻根、留本。古人云：“谱牒身之本也。”意思是家谱能告诉你，你是谁？你从哪里来。人们常说：“我们都是炎黄子孙。”但你并不知道其中的由来，通过修谱追根溯源，你就会知道了你从哪里来。

人从娘腹中十月怀胎，呱呱落地，在世上几十年，总要静静地离开人世。古人云：“雁过留声，人过留名。”名就是人之本，人生一世死了，连一个名字都没有留在世上，若干年之后自己的子孙连祖先是谁都不知道，那不是枉活一生，白活一世，换言而之，你的孩子也就是失去了根本。

清缘、备查。古人云：“子孙不知姓氏所从来，以昧昭穆之序者，禽兽不如也。”意思是说，姓氏是一种血缘关系的标志，人兽之别，就在于对于有血缘关系的本族人，有一种永远延续的寻根意识，使这个家庭有强大的凝聚力和生命力。一个人不管漂泊多远，总是忘不了自己的家乡，因为那里埋葬着他们的祖人。

中华民族五千年来，人们有着把自己祖宗的事迹记录下来传给后人的习惯，这就是谱，只要有了谱书，凡与族人有关的人和事，谱上都有记载。

增知、育人。古人云：“子不教，父之过。”几十年来由于对自己子女缺乏家族观念的教育，导致现在有很多人没有家庭观念和人伦的教导，君不君，臣不臣，父不父，子不子，上下不分，孝义全无，有老不养，有子不教，嫖娼有余，赌不竭力，吃喝玩乐无度，为官不体恤黎民，馋奢无底，为民不尊师长，横蛮逆行，用什么教育他们，谱书是很好的教材，家训族规中规范了后人的言行。

谱书中很好的教材，家训族规中规范了后人的言行。谱书中收录了历代经典，比如，如何立志、如何敬业、如何治学、如何治家、如何做人等，有很多东西在学校里学不到的。她能很好的陶冶我们的情操鼓舞我们热爱生活，奋发向上，为国贡献，为族争光。

血肉联情。俗话说:“亲不亲,故乡情”、“多个朋友多条路”。在大流通的社会中，在国际一体化时代，人们不可能禁锢封闭。走出家门，走出国门，这是后人子孙必行之路，通过联宗族谱，本族同一血脉的同胞能更进一步加深了解。

一个人走在外，路人不如乡人，乡人怎与血肉之情相比。经济开发中的往来，生死祸福的降临，人与人之间自然也非常需要相互提携、帮助，有了谱书，哪怕你走到天涯海角，哪怕相见恨晚，血肉亲情一定更好、更深厚。

承前启后。这里有双重含义，一是上对先人，二是下对后辈。先人千辛万苦创业，育人，让家谱为社会创下了丰功伟绩，不能在我们这一代丢掉。必须通过修谱，为他们立传，把他们的精神，一代一代的传下去，作为永久的纪念，这是我们这一代人的历史使命。

对后人来说，我们应该给他们留点什么？是金钱？美女？房屋？古人云：“书中自有黄金屋，书中自颜如玉。”先人只能留给后人知识，精神财富，思想财富，留给他们祖宗的品德，儿孙们才有生财之道，才能发迹万贯，这些都溶聚在我们的谱书之中，只有把这些留给他们，才能上对得起祖宗，下对得起后人。

综上所述，修谱就是寻根留本，清缘备查，增知育人，血肉联情，承前启后。

什么是宗祠

《礼记·王制》载：古代天子建七庙，诸侯五庙，大夫三庙，士一庙。至明代，始准许庶人立祠迁祖庙，一般建于宗族聚居的近地，岁时由族长率领族人共同祭祀。

宗祠，又称宗庙、祖祠、祖厝、祠堂。它是供设祖先的神主牌位、举行祭祖活动的场所，又是从事家族宣传、执行族规家法、议事宴饮的地方。

宗祠的主要作用有哪些

祠堂，在不同的历史时期，承载着不同的作用，祠堂命运的变化也折射出农村生活的变化。在旧社会，许多祠堂都做过私塾。

现在，许多地方都没有规定在每年的哪个日子里固定祭拜祖宗，但是，每逢村民嫁娶、生子这些人生中的大事时，都会在宗祠里设宴庆贺。而修葺一新的宗祠，往往又成为新时期里村民活动和对外展现宗祠风俗的场所。

宗祠活动多与村民大事相联系。在封建时代，村里有人考中举人、进士，为了光宗耀祖，流芳百世，按旧例，都会在祠堂门口立一对旗杆石，上面刻着考中的年代、名次及考中者姓名等文字。随着近年来宗祠的修葺，宗祠里的活动也多了起来。谁家的孩子满月了，谁家娶亲了，都会在村子里的宗祠摆上酒席，以示庆贺。

在各村修葺祠堂过程中，海外侨胞、港澳同胞的身影随处可见。这些在外地的同胞，热心于重修祠堂事业，很多人慷慨解囊，在家乡祠堂重修或扩建的活动中起到了重要的推动作用。

宗祠文化的内涵是什么

在中国传统的民族文化里，宗祠文化是一项不可蔑视的姓氏宗族文化，由于封建社会遗留下来的传宗接代思想的根深蒂固，中华民族就产生了姓氏文化，全世界任何国家的姓氏文化都没有像中国这样延续数千年来而不间断。

崇拜祖先并立庙祭祀的现象，在原始社会后期即已存在。明世宗采纳大学士夏言的建议，正式允许民间皆得联宗立庙，从此宗祠遍立，祠宇建筑到处可见。宗祠原为“追远、报本”的目的而兴建，所以在建筑规制上要体现出礼尊而貌严。自南宋到明初，一般的祠堂都是家祠。特别是自明清以来，祠堂成了宗族祭祀先祖、举办宗族事务、修编宗谱、议决重大事务的重要场所。

人称“江南第一祠”的萧江宗祠

宗祠，除了作为祭祀场所之外，过去的宗祠还是处理宗族内部事务、执行族规家法的地方。族人的冠礼、婚礼、丧礼基本上都在祠堂进行的。有的宗族规定族人之间或族人家庭之中发生了争执，都要到祠堂中裁决。所以，在封建时代，祠堂在一定意义上又成了衙门，具有一族“公堂”的性质。

中国人是世界上最有祖先崇拜传统的一个民族。在每个家族中，往往都有一个场所来供奉已去世祖先的神主牌位。所以，旧时的每个家族都会有本家族的祠堂，并给它取一个名号，这个名号就叫“堂号”，目的是让子孙们每提起自家的堂号，就会知道本族的来源，记起祖先的功德。

俗话说，树大分杈。随着生命的传递、繁衍，家族也会不断扩大，扩大的结果是一些家族从祖居地迁居他处，另开基业，形成新的分支和新的宗族，自然也有不少家族远赴重洋，在海外定居，这些新形成的宗族和分支，往往又会建立新的祠堂，来供奉最亲近的祖先。于是，由一个祠堂又会派生出许多新的祠堂来。

宗祠，虽然是封建社会遗留下来的产物，在当今则有其新的存在的意义和社会作用。近年来，随着改革开放和全球华人寻根热潮的兴起，许多宗祠被新建和修复，族谱被续修，而海外华人则不断翻新旧宗祠，联络故众。可以说，今天的宗祠已经没有了“宗族主义”的负面作用，只具有帮助人们寻根问祖、缅怀先祖、激励后人、互相协作的积极意义，特别是对于加强中华民族的向心力、凝聚力，对于中华民族的大团结产生了巨大的促进作用。

怎样引导宗祠文化建设

在封建宗法制度占统治地位时期，族权与政权、神权、夫权共同维系封建社会的统治，禁锢人们的思维，阻碍社会的发展。因此，对宗祠文化建设要加以重视并正确地引导，促进宗祠文化健康发展。

在宗祠建筑上，既要仿古，也要创新，在风格上要多姿多彩。使其成为异彩纷呈的建筑艺术。但不要攀比，要量力而行。

宗祠的祭祀，是中国尊老敬贤的优良传统。祭祖模式要革新，要去掉迷信色彩。

宗祠的楹联多由各朝代名宦、名人、名家所题，多有教育意义。如福清市海口镇岑兜村“林氏宗祠”悬挂林则徐名诗“苟利国家生死以，岂因祸福避趋之”的楹联；福州市仓山区螺洲镇店前村的“螺江陈氏宗祠”，有清道光皇帝的御书、启功教授的墨宝。今天我们应尽量请名人献艺，使之成为有价值的艺术精品。

宗祠的牌匾在于炫耀古往今来本家族的经济、文化、教育发达，人才辈出。要男女平等，女博士、女硕士、女能人等同样可以挂匾。如福州义序村黄氏宗祠还突出黄氏后代、女外交家、曾任玻利维亚驻广州领事馆总领事黄依娇的事迹。

宗祠组织编修的族谱不仅是宗族史，有时可以成为民族史、国家史的资料。最近泉州发现明代的郑氏族谱，记载郑成功1621年就开始开发台湾的史实，印证海峡两岸同胞脉脉相传的血缘关系，具有很高的文物价值。编修族谱要打破仅记年龄、学历、迁移情况，对杰出子孙所作的贡献、职称、职务、荣誉称号等尽可能加以记载，甚至可以如地方志那样列传。打破了族谱只记男、不记女的重男轻女的现象。

应充分利用宗祠，可作为本乡村历史博物馆、名人事迹展览馆、礼堂、剧场、敬老院等。让宗祠成为社会主义精神文明建设的基地之一。

什么是族规

族规是宗法制度下家族的法规，用来约束本家族成员。

族规是同姓家族制定的公约。全国各姓族谱大多有族规、谱禁、宗规、祠规、家范、族约、族训、家训等条款。族规条款往往置于卷前，以示重要。民间所谓“国有国法，族有族规”，反映了家族规约对族人的影响力。

族规的主要内容是什么

族规与家规原本为家族规约中的一干双枝，并无明显区别，只是前者更为严格。如敦人伦、笃宗教、课子弟、正闺门、慎交游、勤职业、崇节俭、忍小忿、恤贫苦、睦乡邻等内容，常见于族规之中。

家族权力的应用，必须以族规宗范为准则。族规的核心是“敬宗”和“收族”两大方面。敬宗是强调传统的追溯，旨在建立家族血缘关系的尊卑伦序；收族则着眼于现实，寻求家族内部长期和平共处、聚而不散的途径。

各家族制定的各种族规、家范，大体以“敬祖宗”、“重宗长”、“禁犯上”、“睦宗党”、“重师友”、“重继嗣”、“安灵墓”、“凛闺教”、“重藏谱”、“恤患难”、“急相助”、“禁欺凌”、“禁乱伦”、“禁争讼”等为主要内容。

出于兴族旺宗的目的，族规中往往还立下劝谕和奖赏族人求功名、立学业的规定。这些族规，反映旧时在“读书做官”思想指导下，读书人在宗族中享有的权利，以及学成为官后对宗族应尽的义务。

封建礼教下的家族规约，对女子教化的要求尤为严苛。由于“男尊女卑”观念的支配，一些族中训规甚至把家庭裂变的责任都推到女子身上，女子几乎成了家族不和的祸根。在“严男女之防”的口号下，妇女的对外活动受到很大的限制和束缚。

由于家规是家族行教化的“传世宝典”，故旧时订族规有一套既定的程序。新中国建立后，宗法势力被削弱，族规除载诸族谱外，很少有人遵奉。

订立家法族规有何原则内容

家法族规的订立者林林总总，并在不同的契机中分别订立本家庭或本宗族的规范，但在订立这些规范时都注意了合乎礼教、注重教化、符合国法等三个基本原则。从管辖权限来看，这些规范可分为实行属人管辖与综合管辖两类。从调整的范围来看，它们可分为单一性规范和综合性规范两类。从文字形式来看，它们可分为法条式、训诫式和合约式三类。

家法族规规范的范围，包括家庭事务，如职业、修身、婚姻、立继、丧葬等；也包括宗族事务，如宗祠、族产、族谱、祖墓、族学、族谊等；还包括与他族、地方、社会以及国家相关的一些事务，如和睦乡邻、捍卫宗族、严惩盗贼、保护环境、及时纳税、抵御外侮等。其中的有些规定迄今看来还是合理的，另一些则无疑是相当荒诞的。

家法族规的惩罚方式大体上可分为警戒、羞辱、财产、身体、资格、自由、生命七类，此外，还有种特殊的惩罚方式为“鸣官”。

每类惩罚方式又包含多种方式，如生命类中就有自尽、勒毙、打死、溺毙、活埋、丢开等。不过，就一个家庭或宗族而言，所采取的惩罚方式通常只有两三种，较多的也不过五六种。家法族规惩罚的重点，是奸淫乱伦、不孝不悌、偷盗抢劫、破坏祖墓、不务正业等行为，最有可能被家庭和宗族擅自处死的，则是所谓的淫妇。

实施家法族规之时，鸣告，即控告、检举违反这些规范的行为是第一步。当时，并用了公诉式的举告及自诉式的投诉等两种鸣告方式。对于违反家法族规的行为，家长、族长、族正等尊长充当着进行裁断的法官，而祠堂便是宗族的法庭。家法族规的执罚者可包括全体家人、族人直至奴婢等人，其中以家长、族中尊长、祠壮及有关执事人员为主。执罚场所可包括族人活动范围内的任何地点，而以宗祠为中心。

相当数量的家法族规中还订有奖励的条规，奖励的重点是读书仕进、孝悌忠信、节妇烈女、恪尽职守、有功于族和举报恶行等，并规定了褒扬、优遇、载录、立传、旌表等具体的奖励办法，致使奖罚并重成了家法族规的特色和传统。

家法族规并非由国家的立法机构制订，而是由家长、族长或族议会等宗族的“立法”机构来订立。值得指出的是，这些规范的订立和实施几乎始终得到官府的公开支持。因此，它们在实际上已被纳入国法的体系，成为补充国法的准法律。

家法族规虽与国法大体接轨，但在调整的范围、体现的原则、实施的过程、惩罚的办法、处罚的轻重等方面都与国法有一定的差异。这些差异必定会导致两者的冲突，最重大的冲突便表现为家长、族长擅自处死家人、族人，以及家法族规鼓励族人“捍族”从而导致扰乱地方治安的宗族间的械斗。

在历史上，家法族规产生过多方面的作用，因此社会上有着全盘否定家法族规的倾向。在事实上，家法族规是中国传统文化的一部分，其中并存着精华和糟粕。

不少家法族规奖励勤劳、俭朴、诚实、善良、乐于助人、廉明公正等中华民族的传统美德，严惩忤逆、偷盗、嫖娼等违背中华民族传统道德规范的恶行，直至惩罚与日本侵略者相勾结的不肖子孙，显然在历史上发挥过正面的积极作用。由于在这些规范中基本上不包含最落后的“君为臣纲”的内容，因而家法族规中传统文化精华的含量较高。

什么是礼法

礼，源于古代一种宗教祭典上的仪式。氏族社会的祭祀活动和习俗产生了礼，礼法关系是中国古代法制的主题。礼法是一种近似于不成文法与道德伦理精神综合的社会准则。

礼的主要作用是借对尊卑贵贱、长幼之序、夫妇之别的区分以维护法等级制度。礼的推行要求有自律性，要从自我做起。所以周人论礼，常常和其他的道德规范结合在一起。例如，德和敬被当作礼的内涵，礼就是用来表达他们的实践活动。

然而随着历史发展，到了孔子的时代，社会已呈礼崩乐坏之状态，心怀壮志的孔子出现并承担了对周礼的拯救工作。孔子基本完成了对周礼的拯救与发展，使其成为自己哲学思想的重要组成部分，并深远的影响着中华民族精神文化的走向。

所谓礼法，即法纪与礼仪。法纪即法律；礼仪，即礼节与仪式。祭祀即备供品向祖先致祭行礼，表示崇敬并求保佑。于是乎，礼法既为维护统治者利益的道德标准，又是法律规范，形成了礼律相通的礼教。即礼允许，法律亦允许；礼不允许，法律亦不允许。

在统治者看来，礼既是个人之所以成为人的根本道德观念，更重要的是礼是区别尊卑高下、维护国家等级制度的基本观念。儒家礼法就是维护封建社会秩序、维护大一统专制统治秩序的根本保证。

社稷作何解释

社，古代指土地之神，按方位命名：东方青土，南方红土，西方白土，北方黑土，中央黄土。五种颜色的土覆于坛面，称五色土，实际象征国土。古代又把祭土地的地方、日子和礼都叫社。

稷，在五谷之神中特指原隰之祇，即能生长五谷的土地神祇，这是农业之神。

北京社稷坛

社稷是古代帝王、诸侯所祭的土神和谷神。语出《左传·僖公四年》："君惠徼福于敝邑之社稷，辱收寡君，寡君之愿也。"《汉书 · 高帝纪下》："又加惠于诸王有功者，使得立社稷。"

社稷旧时亦用为国家的代称。如《韩非子 · 难一》："晋阳之事，寡人危，社稷殆矣。"《史记 · 吕太后本纪》："夫全社稷，定刘氏之后，君亦不如臣。"

社稷仪式内涵是什么

社稷，国脉所系，民脉所系，是政权的标志，又是农业的象征。古人选择社与稷奉祀不是随随便便的，社稷之神是文明的产物，它的出现既有政治上的作用，又有经济上的意义。

官民都普遍祭祀祖社稷神。官方建坛奉祀，礼仪繁缛，庄重肃穆。而民间祭祀则是另一番景象，充满了生活气息，社日成为睦邻欢聚的日子，同时还有各种欢庆活动，“社戏”“社火”就是很好的例子。现代生活中的社会一词，也与社日活动有关。

北京社稷坛坐落在天安门的右侧，现在的中山公园内，与东边的太庙一左一右，体现了“左祖右社”的对称设计原则。祭坛是园内的中心建筑，位于园中心偏北。

社稷坛拜殿一反中国传统建筑的布局方式，设在了祭坛的南方，由北向南行礼，这正符合《周书》上所讲的“社祭士而主阴气也，君向南，于北墉下，答阴之意也。”

每年春秋两次皇帝要亲自来祭社神和稷神，祭礼繁缛冗长，少不了迎神、升坛、跪拜，少不了乐舞的伴随，奠玉帛、蹈献爵、终献礼，前后达两三个时辰。每当天气不好，遇上刮风、下雨时，祭祀仪式就在坛北的拜殿中举行。

祭祀时的牺牲指什么

古代祭祀用的牲畜，色纯为“牺”，体全为“牲”。《左传・曹刿论战》中有这样的话：“牺牲玉帛，弗敢加也，必以信。”

“三牲”一指古代用于祭祀的牛、羊、猪，后来也称鸡、鱼、猪为三牲。一指夏商周三代所用牺牲的总称。

“太牢”、“少牢”古代帝王祭祀社稷时，牛、羊、猪三牲全备为太牢。古代祭祀所用牺牲，行祭前需先饲养于牢，故这类牺牲称为牢；又根据牺牲搭配的种类不同而有太牢、少牢之分。少牢只有羊、猪，没有牛。由于祭祀者和祭祀对象不同，所用牺牲的规格也有所区别：天子祭祀社稷用太牢，诸侯祭祀用少牢。

什么是三书六礼

古代婚嫁以儒家礼法为依据。《周礼・地官・媒氏》：“令男三十而娶，女二十而嫁”。这种礼法的出现实际早得多。《周礼注疏》：“男子二十而冠，有为人父之端，女子十五许嫁，有适人之道。”《汉书》：“女子十五以上至三十不嫁，五算。”

三书六礼是古代中国的传统婚姻习俗礼仪。是婚嫁礼法的重要内容。

三书指在六礼过程中所用的文书，可以说是古时婚姻保障的有效文字记录。分别指聘书、礼书、迎书。

聘书：即订亲的文书。在“纳征”，也就是男女订立婚约时，男家交予女家之术书柬。

礼书：即在过大礼时所用的文书，列明聘礼的物品和数量。

迎书：即迎娶新娘的文书。是亲迎新娘时，男方送给女方的文书。

六礼是指由求婚至完婚的整个结婚过程。六礼是结婚过程的六个礼法。指纳采、问名、纳吉、纳征、请期、亲迎。

纳采：当儿女婚嫁时，由男家家长请媒人向物色好的女家提亲。男家在纳采时，需将大约三十种有象征吉祥意义的礼物送给女家。女家亦在此时向媒人打听男家的情况。

问名：即在女方家长接纳提亲后，女家将女儿的年庚八字带返男家，以占男女婚后吉凶。

纳吉：当接收庚帖后，便会将庚帖置于神前或祖先案上以占吉凶。以肯定双方没有相冲相克。当得知双方并没有冲克之象后，婚事已初步议定。

纳征：即男家把聘书和礼书送到女家。在大婚前一个月至两周，男家会请两位或四位女性亲戚约同媒人，带备聘金、礼金及聘礼到女方家中。此时，女家需回礼。

请期：即男家择定合婚的良辰吉日，并征求女家的同意。

亲迎：在结婚吉日，穿着礼服的新郎会偕同媒人，亲友亲自往女家迎娶新娘。新郎在到女家前需到女家的祖庙行拜见礼，之后才用花轿将新娘接到男家。在男家完成拜天地，祖先的仪式后，便送入洞房。

怎样树立婚礼新风

现代我国的婚礼结合了我国传统以及受西方影响的元素。公民结婚仪式实际上只是到地方政府进行结婚登记，并没有太多的程序，然而酒宴就会举办得非常盛大。现代我国婚礼中很重要的一环就是拍摄婚纱照。

提倡集体婚礼与旅行结婚等婚礼形式。集体婚礼，增加婚礼的心理气氛，欢乐、幸福的情绪相互感染，相互增强，给人们留下美好、强烈的感受。旅行结婚，使青年夫妇在幸福的心境下，遨游祖国的名山大川，名胜古迹，既增强爱国主义情感，又益于心理健康。

五服是怎么回事

所谓丧服，就是人们为哀悼死者而穿戴的衣帽服饰，包括一些附属物。它根据与死者在血缘、姻缘方面的亲疏远近，有着严格的等级限制，形成斩衰、齐衰、大功、小功、缌麻五种服制，人们习惯上称它为“五服”制。

斩衰服：斩也是一种裁剪方式，“斩者何？不缉也。”就是在制作时，按裁剪的样式不缝边。据说也表示悲哀伤痛无边。是丧服中最重的一种服制，服期为三年。服式据《仪礼·丧服》记载是“斩衰裳，苴绖、杖，绞带、冠绳缨、菅履者。”

服斩衰者包括，子为父、妻为夫、父为长子、父死然后为祖父后者、未嫁女为父、被休回家的女儿为父等。政治性丧服方面包括诸侯、诸臣为天子，臣为君等。前者体现了父系核心集团的最亲近血缘关系，后者则是宗法制和君臣等部分政治关系的表达。

齐衰服：丧服中属于次重的一种服制，服制有三年、一年和三月三种。一年服又分“杖”与“不杖”两种，用以表示亲疏等级区别。《仪礼·丧服》：“疏衰裳齐，牡麻绖、冠布缨、削杖、布带、疏履。”疏衰裳也称齐衰裳，用四到六升布制作，因丧服裁制缝边，故称“齐”。服齐衰者包括，三年期是父亲去世后再为母亲、为继母、为慈母、母为长子等情况。

大功服：丧服的第三次重形制，服期为九个月。《仪礼·丧服》载：“大功布衰裳，牡麻绖、缨、布带、三月；受以小功衰，即葛，九月者。”意思是，大功丧服用粗略加工织成的大功布制作，牡麻做的绖，其头绖有系带，布带。

小功服：丧服中第四等的服制，服期为五个月。《仪礼·丧服》载：“小功布衰裳，澡麻带绖，五月者。”丧服用熟麻布制作而成，带和绖都已洗涤和整治过。

成人的丧服包括为堂祖父母、堂叔伯祖父母，为外祖父母，姐妹的儿女为姨母，夫妇的姑母、姐妹之间、妯娌之间，妾的儿子为父亲嫡妻的父母、姐妹等。未成人的丧服包括为叔父、嫡孙、兄弟的下殇；大夫的庶子为嫡兄弟、为姑母、姐妹、女儿的下殇；过继别人为子者为自己的兄弟、伯父、叔父的儿子的长殇；

为丈夫的叔父的长殇；为兄弟的儿女、为丈夫兄弟的儿女的下殇；为侄男女、庶孙男女的长殇等。

缌麻服：丧服中最轻的一种服制，服期为三月。缌麻是用细麻布制成的丧服，它与大功布、小功布一样，是因布名而得名。《仪礼·丧服》载，“缌麻，三月者”。缌麻服的对象包括四世之内所有同宗亲属，如族曾祖父母、族祖父母、族伯父母等，也包括姻亲亲属如为妻子的父母，为舅父、为舅父的儿子等。

丧服制是怎么回事

丧服制是一个以父系血缘关系为根本原则的缜密的宗亲联络图，它通过不同的丧服表明个人的身份以及亲疏远近甚至嫡庶，深刻地体现了宗法制原则和长幼有别、尊卑有别、男女有别等等原则，即《礼记·大传》所确定的“服术有六：一曰亲亲，二曰尊尊，三曰名，四曰出入，五曰长幼，六曰从服”的原则。

根据这种基本原则而制定的服制在经过种种变化以后，可以化为33种服制，实行于138个场合。确定可以说是人类文明史上罕见的创制，影响所及，数千年来代代相传；深入人心程度，可谓凡有中华民族生存之处，未有能免其锋者。

辛亥革命之后，丧服制作为一种礼制不再获得法律的认同，各个阶层根据自己的需要对丧服采取或传统或西式的方式。丧服制终于退出历史舞台，仅仅成为服丧活动中一种象征性的手法，由孝子们穿在身上过过场而已。

怎样做到文明丧葬

做到文明丧葬可以从以下几个方面着手：

一是转变思想，更新丧葬观念。要深刻理解对节约土地、保护生态、净化社会风气、促进精神文明建设以及构建和谐社会的重要作用等方面的时代要求

二是认真贯彻执行殡葬法规。反对和制止在丧事中讲阔气、讲排场、大操大办、乱撒、乱烧纸钱、乱焚纸扎品的行为，以维持交通、市容、环境卫生和人们的生活秩序。

三是干部率先垂范。领导干部要在丧葬管理和丧葬服务上不出问题，让人民群众满意，让政府放心。

四是健全服务体系。建立健全布局齐全、项目齐全、能满足不同层次丧葬需求的服务体系，实现丧葬服务多元化、规范化、便民化，以优质的服务来有效抵

制丧葬陋俗，发展文明丧葬新风尚。

五是健全管理体制。提高丧葬执法水平，加强自身建设，在吃透法规政策的基础上，熟知综合行政执法知识，始终坚持依法行政，努力做到思想观念更新、精神状态更好、公仆意识更强、工作标准更高、为民办事更多。

古代怎样界定皇族称谓

皇帝：秦王嬴政统一六国后，他自认为“德兼三皇，功高五帝”，称“始皇帝”，从此历代封建君主都称皇帝。

万岁：皇帝的代名词，一种说法认为在朝贺时对君主经常使用，久而久之，便成了皇帝的尊称；另一种说法认为是从西汉元封元年（公元前110年）汉武帝登泰山后，由他开始用“万岁”自称，而相沿下来的。

天子：古代君王的尊称。夏、商、周代，天子的正号是王，如周武王即可被称天子；在秦汉至清代，天子则指皇帝。所谓天子，意指君主君临天下，犹天之子。

皇后：皇帝的正妻称皇后。秦汉以后历代沿称。

太上皇：帝王尊其父为太上皇；历代皇帝传位于太子，并自称太上皇；天子之父参与国政，称太上皇帝。

皇太后：皇帝的母亲称皇太后，秦汉以后历代沿称。

皇太子：皇帝所指定的继承人，一般为皇帝的嫡长子，但常有例外，由皇帝选定册立。清代自雍正以后不立皇太子。一般称预定继承君位的长子为“太子”。

世子：帝王示诸侯的正妻所生的长子，也称太子，清代则封亲王的嫡长子为世子。

孺子：太子妃嫔名，太子有妃、良娣、孺子共三等，古代贵族的妾也称孺子。

太孙：皇帝的长孙称太孙。历代王朝往往于太子殁后册立太孙为预定之皇位继承人。

公主：帝王之女的称号。始于战国，汉制规定，皇帝之女称公主，帝之妹称长公主，帝姑称大长公主，后历代大致沿用。

翁主：汉代制度，诸王之女称翁主，即后世的郡主。

驸马：皇帝的女婿称驸马，非实官。清代称额驸。

帝姬：古代对皇帝女公主、姊妹、姑母等的称呼。

其他还有元妃、元嫡、梓童、中宫、贵人、福晋等，不同朝代不同民族，对皇族都有不一样的称谓。

姓氏藏着什么玄机

中国长期以来姓氏随男，而从遗传学角度来说，只有男性具有Y染色体，因此，Y染色体就同姓氏一起遗传给男性后代。由此，具有同样姓氏的人群也就具有同样类型的Y染色体以及它所携带的遗传基因。

古时起名要遵循避讳礼法

古代时的家讳在一定程度上得到了封建礼法的承认。起名《礼记·曲记》上说“入门而问讳”，就是说到别人家做客之前一定要探明人家避讳什么，起名如果你去朋友家做客不小心犯了主人的讳，好朋友很可能也会反目为仇了。凡避讳者，都必须找一个意义相同的字来代替。

家讳也是受法律保护的。《唐律》中规定：凡是官职名称或府号犯了父祖的讳，不得“冒荣居之”，例如父祖中有叫“安”的，不得在长安县任职；父祖名中有“常”的，起名不得任太常寺中的官职。如果本人不提出更改而接受了官职，一经查出后削去官职，并判一年的刑罚，无怪乎古时的人对忌讳唯恐避之不及呢。

另外，在封建时代，既有朝廷规定的圣人避讳，又有人们自发的为圣贤避讳。

朝廷所规定的圣人避讳，包括中华民族的始祖黄帝，宋代帝王赐封的“至圣先师“孔子，以及孟子，甚至还有周公等也列入避讳之列。在所有的圣人当中，起名讳避得最广泛、时间最久的要数鼎鼎有名的孔丘了。从宋代一直到清代，从皇帝到平民百姓，无不对这个“丘”字避而远之。写起来或缺一笔成“斤”，或写作“某”，或用朱笔圈之。起名读起来或读为“区”，或读作“休”，不一而足。

怎样给孩子起个好名

一是名字不要同声调。名字的尾音最好是平声，因为上声字响向程度相对差一些。

二是名中勿用生僻字。名中滥用生僻字、不规范字，不但会造成很多不必要的麻烦，而且会影响交际。

三是避免谐音。起名时如果谐音运用得巧妙，会使人感到含蓄，不落俗套。

四是尽量回避常用名。起名的模式不要太雷同，使用率极高的人名用字也应尽量回避。目前一些地方父母给新生儿申报户口时先通过计算机查询有无重名，这一做法值得推广。

五是起名不选多音字。多音字让人读起来无所适从，起名时最好避免。

六是声韵选择要讲究。

七是字形结构有变化。

八是尽量避免重名。

九是名字男女要有别。

十是国人姓名勿崇洋。中国人的名字最好具有中国特色。

服饰制度在何时确立

中国完整的服装服饰制度是在汉朝确立的。

华夏民族衣冠服饰历史上可追溯至三皇五帝时代，大约在夏商时期服饰制度初见端倪，到了周代渐趋完善，并被纳入“礼治”范围。当时的服饰依据穿着者的身份、地位而有所不同。进入汉代以后，华夏衣冠制度进一步完善，并且有了一个统一的称谓：汉服。

当时汉承秦制但又有一些新的规定，如汉代朝服的服色要在一年四季按五时着服，即春季用青色，夏季用红色和黄色，秋季用白色，冬季用黑色。

汉代服饰的职别等级，主要是通过冠帽及佩绶来体现的。不同的官职有不同的冠帽。因此，汉代的服饰中的冠制特别复杂，有十多种。汉代的鞋履也有严格的制度：凡祭服穿舄、朝服穿率、出门穿屐。妇女出嫁，应穿木屐，还需在屐上画上彩

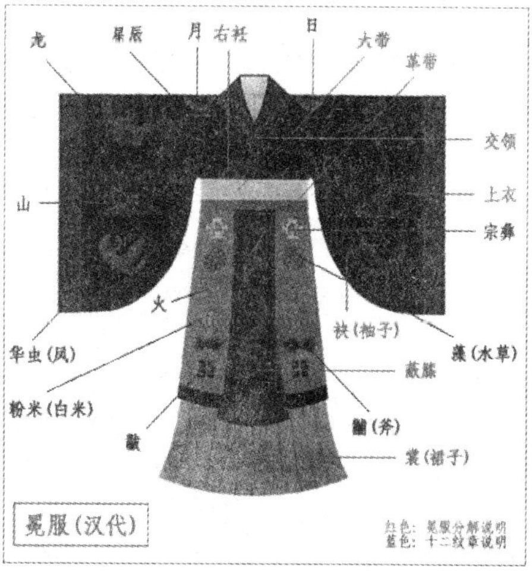

汉服

画，系上五彩的带子。

什么是冠笄之礼

冠，《说文》解为“弁冕之总名也”，又说“冠有法制”。头上之服即首服，总称冠。这是广义之冠。冠还有狭义，指首服中等级较高的一类，是古时贵族的首服。其中，又可细分为“冠、冕、弁”等类型。广义或狭义之冠皆是名词。《类篇》说：“男子二十加冠曰冠”。

笄，《说文》解为“簪也。从竹，幵声”。《篇海》说，“妇人之笄，则今之簪也。本作笄”。笄为一种饰件，用来固定发髻，是根细长钎子，一头锐，一头钝，钝的一头有突出的装饰，称为首部。笄是发簪家族的鼻祖。笄的首部简单朴素。后来的簪、钗等皆是在笄的基础上发展而来。

加冠、加笄成为汉民族成人之礼的礼仪之名，即冠笄之礼。

冠笄之礼的内涵是什么

《礼记·冠义》篇说："冠者礼之始也。"、"二十而冠，始学礼。"《论语·尧曰》："正其衣冠，尊其瞻视，俨然人望而畏之。"《通典》："冠者表成人之容，正尊卑之序。"华夏文化是礼仪的文化，而冠笄之礼就是华夏礼仪的起点。礼文化是华夏文化的核心，华夏礼仪分为“吉礼、凶礼、军礼、宾礼、嘉礼”五种类型，冠笄之礼属于嘉礼的一种。

举行冠礼就是要提示行冠礼者，从此将由家庭中毫无责任的孺子转变为正式跨入社会的成年人，只有能履践孝、悌、忠、顺的德行，才能成为合格的儿子、合格的弟弟、合格的臣下、合格的晚辈，成为各种合格的社会角色。只有这样，才可以称得上是人，也才有资格去管理别人，才能继承和发扬华夏礼仪文明。

冠礼就是“以成人之礼来要求人的礼仪”。换句话说，冠礼是华夏礼仪在华夏成员心中的“奠基工程”“基础工程”，所以，儒家将冠礼定位于“礼仪之始”，给了它极高的文化地位。

自然，对于“君臣正”之类的“冠义”，我们无须照搬。但是，传统冠礼中仪式的庄重、对责任、志向等积极价值的强调、对成年者的激励，这些积极的诉求已成为值得继承的文化传统。在继承传统冠礼对青年人负责、立志、仁义、孝廉等正面激励价值的基础上，在冠笄之礼中启发青年人爱国、进步、理性、奋进等应有的精神品格等方面，传统冠笄之礼值得在当代继承和弘扬。

举行现代成人礼有何意义

所谓成人礼，并不是说经过这些仪式节目之后，就像变戏法似的，一个童子一下子就可以变为成年人。人的成长固然有一段过程，而初步的成熟则更需要教育的培养和生活的历练，不可能是一蹴而成的。所以如果把冠礼看作是一种表示成人的形式，不如说是家庭教育的毕业典礼来得更为恰当。

在这一天之前，家中父老长辈不断地教导，从穿衣纳履，行坐姿态，言语动作，仪表风度，生活意识，行为道德，以及做人处事的基本原则等，都会以身作则，让孩子在成长的过程中逐渐体会领悟而接受。

十几年的生活教育，到这时候应该可以告一段落了，所以特地为他举行的加冠之礼，实际上等于是家庭教育完成后的毕业典礼。

这时候，孩子身心都应已具备了成人的条件，尤其在行为道德方面，更应有充分的准备。《礼记·冠义》篇说："凡人之所以为人者，礼义也。"所谓礼义，绝非仅仅意味着虚浮的抽象概念而已，而是可以落实到对人有分寸和对事有是非的具体行为上。

如果一个人经过长期家庭教育的调教，能够懂得认定自我的身份，把握对待他人亲疏远近应有的分寸，而且对事懂得坚定自己的立场，明辨善恶是非，应该可以认为这份家庭教育已经完成，应该可以为他举行成人的大典了。

教导孩子让他能够懂得礼仪，首先就在于三件事。

第一是要求容貌体态的端正。如"立如松，坐如钟，卧如弓"，或者说"站要有个站相，坐要有个坐相"，意思都是一样。如果跷个二郎腿，再轻轻抖摇几下，或者是斜倚着站立，歪扭着走路，一定会挨骂的。

其次是指脸上的颜色表情必须齐一。齐一有两层意义，一是指表情不许有太多的变化，一是指诚于中、形于外的表里如一。要求外表的端庄稳重，不可流于过分的情绪化

第三则是指言语辞令方面，必须要求和顺。《礼记·祭义》："恶言不出于口，忿言不反于身。"这是最浅显的道理，所以做父母的总是管教孩子，不许说脏话，不许骂人。

一个孩子的成长，家里的父老长辈，随时注意其容体、颜色、辞令等方面的规整，奠定生活行为正确观念的良好基础，随着他逐渐长大，再适时地教导许多做人处事的原则，加上实际生活的历练和体验，到满20岁的这一天，相信他已经确实具备了成人的条件，对于今后独立自主的生活，也已具备了充分的准备和适应的能力。

为过去十几年家庭教育的完成，为一个新的成人的诞生，一生只有这一场的冠礼的举行，确实是非常有意义的。同时，经历过这样隆重的典礼之后，给当事人的印象非常深刻，必然会了解从今以后，自己已经不再是个孩子了，任何言语行为都必须自己负责，在面对现实生活时，已无所依赖或逃避，自然激起自我独立的意识和责任感，挺起胸膛，堂堂正正地迈向未来的人生。

古代礼制中有哪些常见礼节

在礼仪的建立与实施过程中，孕育出了中国的宗法制礼仪的本质——治人之道。《仪礼》、《礼记》、《周礼》的出现标志着礼仪发展的成熟。行礼为劝德服务，繁文缛节极尽其能。直到现代，礼仪才得到真正的改革，成为现代文明礼仪。

朝仪：古代帝王临朝的典礼。按规定：天子面向南，三公面向北以东为上，孤面向东以北为上，卿大夫面向西以北为上，王族在路门右侧，面向南以东为上，大仆大右及大仆的属官在路门左侧，面向南以西为上。朝仪之位已定，天子和臣子行揖礼，礼毕退朝。后世也称人臣朝君之礼仪为朝仪。

揖让：一指古代宾主相见的礼节。揖让之礼按尊卑分为三种，称为三揖：一为土揖，专用于没有婚姻关系的异姓，行礼时推手微向下；二为时揖，专用于有婚姻关系的异姓，行礼时推手平而致于前；三为天揖，专用于同姓宾客，行礼时推手微向上。一指禅让，即让位于比自己更贤能的人。长揖是古时不分尊卑的相见礼，拱手高举，自上而下。

拱：古代的一种相见礼，两手在胸前相合表示敬意。《论语·微子》中有这样的记载：“子路拱而立。”

九拜：我国古代特有的向对方表示崇高敬意的跪拜礼。《周礼》谓“九拜”：“一曰稽首，二曰顿首，三日空首，四曰振动，五日吉拜，六日凶拜，七日奇拜，八日褒拜，九曰肃拜。”这是不同等级、不同身份的社会成员，在不同场合所使用的规定礼仪。

跪：两膝着地，挺直身子，臀不沾脚跟，以示庄重。

坐：古代席地而坐，坐时两膝着地，臀部贴于脚跟。为了表示对人尊重，坐法颇有讲究："虚坐尽后，食坐尽前。""尽后"是尽量让身体坐后一点，以表谦恭；"尽前"是尽量把身体往前挪，以免饮食污染坐席而对人不敬。

座次：古时官场座次尊卑有别，十分严格。官高为尊居上位，官低为卑处下位。室内最尊的座次是坐西面东，其次是坐北向南，再次是坐南面北，最卑是坐东面西。

冠礼：古代男子20岁加冠的礼节。冠礼在宗庙中进行，由父亲主持，并由指定的贵宾给行冠礼的青年加冠三次，先后加缁布冠、皮弁、爵弁，分别表示有治人、为国出力、参加祭祀的权力。

祖道：古代为出行者祭祀路神和设宴送行的礼仪。

斋戒：古代祭祀或重大事件，事先要沐浴、更衣、独居，戒其嗜欲，以示心地诚敬，这些活动叫"斋戒"。斋戒时忌荤，但并非忌食鱼肉荤腥，而是忌食有辛味臭气的食物如葱、蒜等，这主要是为了防止祭祀时口中发出的臭气，对神灵、祖先有所亵渎。

膜拜：古代的拜礼。行礼时，两手放在额上，长时间下跪叩头。原专指礼拜神佛时的一种敬礼，后泛指表示极端恭敬或畏服的行礼方式。今人多用"顶礼膜拜"形容对某人崇拜得五体投地。

服装概念的内涵是什么

服装是衣服鞋帽的总称。多指衣服。最早见于中国汉代《古诗十九首》，其中有"被服罗裳衣，当户理清曲"句。

服装是穿于人体起保护、防静电和装饰作用的制品，其同义词有衣服和衣裳。中国古代称"上衣下裳"。最广义的衣物除了躯干与四肢的遮蔽物之外，还包含了手部、脚部与头部的遮蔽物。

服装是一种带有工艺性的生活必需品，而且在一定生活程度上，反映着国家、民族和时代的政治、经济、科学、文化、教育水平以及社会风尚面貌，是两个文明建设的必然内涵。

服装的功能一是保护人体，维持人体的热平衡，以适应气候变化的影响，二是表现在服装的美观性，满足人们精神上美的享受，三是在工业上防止静电积聚的特制工作服。

服装的分类本来就很难找到标准，最没有争议的分类就是按性别分，可以分为男装、女装、童装、中性服装。服装界业内人士通常不这么分类，而是分为针织与梭织两类。服装还可以按照基本形态、穿着组合、用途、面料、制作工艺、性别、年龄、民族、特殊功用、材质、洗水效果，以及HS编码进行分类。由此，被细化出数十种乃至上百种。

服饰概念的内涵是什么

服饰的字面意义是衣着和装饰，是装点在服装上的物品，包括服装本身，以及鞋、帽、袜子、手套、围巾、领带、提包、阳伞、发饰等。

服饰主要具有三方面作用，即御寒、遮羞、装饰。

服饰的产生和演变，与经济、政治、思想、文化、地理、历史以及宗教信仰、生活习俗等，都有密切关系，相互间有着一定影响。各个时代、不同民族，都有各不相同的服饰。我国素有“衣冠王国”的称号。

自夏、商起，开始出现冠服制度，到西周时，已基本完善。战国期间，诸子兴起，思想活跃，服饰日新月异。隋唐时期，经济繁荣，服饰愈益华丽，形制开放，甚至有袒胸露臂的女服。宋明以后，强调封建伦理纲常，服饰渐趋保守。清代末叶，西洋文化东渐，服饰日趋适体、简便。

现代人怎样做到服装得体

服装是人类生存及日常生活不可缺少的物质资料之一。它给人们带来的多种作用中，应该说实用是人们的第一物质满足；人们的精神需要则是服装的第二需要；它的第三个需要是适应人们的遮羞心理；第四是服装所起的标志作用。因此，每一件服装除了具备在不同场合，有着不同的需要特点外，还应具有一装多能等优点。所谓功能俱全，指的是服装功能的侧重点不同。

服装往往是通过美的形式来体现的。它的使用价值除了实用外，还具有美化人的形象作用。特别是现代服装，它的价值已远远超出了御寒隔热、护体遮羞的实际作用。这不仅反映了社会的发展、时代的进步，而且还从侧面反映了人民生活水平、审美意识和文化素养的不断提高。

无论是进行服装造型还是选择服装，都应从服装的造型样式、色彩搭配、图案纹样等加以综合考虑。另外着装的客观条件也是不可忽视的。

适体美观，给人以美的精神享受，这是服装美化人体艺术的第一个功能；修饰人体体型，通过服装造型来调节、弥补体型不足和人们的某些缺陷，这可以说是服装造型的第二个功能；第三，服饰搭配一定要合理，达到和谐，如珍珠、胸针、胸花、腰带等，都是不可或缺的要素。总之，成功的组合搭配是使服装达到美化功能的捷径。

中国古代法律制度有何特点

中国古代政治制度的重要组成部分。自夏、商、周到明清四千多年，中国古代法律制度的发展脉络清晰，有因有革，内容丰富，特点鲜明。

中国古代自国家出现后，统治阶级就开始通过国家机关制定法律，建立法律制度。经过几千年的发展，逐步形成了一整套沿革线索清晰、特点鲜明的法律体系。

中国古代法律制度具有以下主要特点：

一是法律出于皇权，维护皇权。中国古代实行专制主义的统治，奴隶社会的君主的“命”即法律，封建社会的皇帝拥有至高无上的权力，实行个人独裁统治，既是最高立法者，又是最高审判官。

历代法律都以皇帝个人意志的形式表现出来。律的制定虽由朝臣具体完成，但批准权属于皇帝，历代帝王都凌驾于法律之上。除法律外，皇帝还可根据需要随时发布诏、令、格、式等。“法自君出”，进一步巩固和强化了皇权。

秦始皇

二是礼法结合，以儒家思想为理论基础。在中国古代法律中，礼占有重要位置，“为政先礼，礼为政本”，礼既是道德规范，又是法律规范。

秦始皇以法治国，西汉初期大体上是“霸王道杂之”。自汉武帝“罢黜百家，独尊儒术”以后，儒家思想成为主导的政治思想，以其为基础逐步形成了以礼法合流为基本特征的封建法律思想体系。

维护“三纲五常”成为封建法典的核心内容，德主刑辅、礼刑并用成为法制的原则。从“引经决狱”，实行秋冬行刑，到“十恶大罪”和“八议”的规定等，许多法律内容都是以儒学的等级伦理关系作为定罪或赦免的标准，并为历代统治者所尊奉。

三是官僚、贵族享有法定特权。中国古代法律从维护等级制度出发，赋予贵族官僚以各种特权。西周法律有“凡命夫命妇，不躬坐狱讼”的规定；汉代有“先请”之制，对犯罪的贵族官僚的审理，要先奏请皇帝。《魏律》根据《周礼》的“八辟”制定了“八议”。

至隋、唐，封建特权法相因沿袭又不断发展，《唐律》规定的“议”、“请”、“减”、“赎”、“官当”等按品级减免罪刑的法律制度是集中的表现。唐之后，宋元明各代法典均将其作为重要内容加以肯定。

四是诸法合体、并用，司法隶属于行政，无独立审判权。中国古代法律最早表现为礼刑并用，之后形成诸法合体的封建法典。从战国李悝著《法经》始，至秦、汉、唐、宋、明、清诸律，都是以刑法为主，兼有诉讼、民事、行政等方面的内容。这种诸法合体混合编纂形式，贯穿于封建社会各朝代。

在封建专制主义制度下，皇帝是最高统治者，直接控制司法大权。地方的审判权完全归属行政机关，中央虽设有专门的审判机关，但其活动为皇帝所左右，监察、行政机关也可审理案件，审判机关往往不能独立行使职权。封建社会并无独立审判权，审判机关只是皇帝及受皇帝控制的行政机关的附庸。这种行政兼理司法的制度，在中国延续了几千年。

何为古代法官的身言书判

身、言、书、判是我国古代法官的选拔标准，对当今具有非常大的借鉴意义。

所谓身，是指法官的外貌长相，要“体貌丰伟”。法官是法律的形象大使，应把法律的内涵特质体现出来。从本质上说，法官是一种老年人的职业，尤其是智慧老人的职业。

“马要鞍饰，人要衣装”。法律是一种特殊职业，应有其职业标志，这种职业标志应从法官的衣着上体现出来。

法官的衣着应把法律的内涵和法官的职业体现出来，使人产生一种庄严感、正义感、权威感，与常人应有所距离。“三分人才，七分打扮”，法律的神圣性庄严感不能不讲究仪式和程式，不可避免以打扮取人、以衣着取人。

所谓言，是指法官的语言能力，要求“言辞辩证”。法官是“会说话的法律”，法官的工作在很大程度上就是论辩说服的工作，法官必须具有很高的语言能力。

法官如能把话说得抓住要害、丝丝入扣、入情入理，把话说到人们的心坎里，令人口服心服，那么法官的工作也就做到家了。相反，法官如果说话东拉西扯、节外生枝、颠三倒四、胡言乱语，那就会激化矛盾，事倍功半，甚至成事不足，败事有余，是歪嘴和尚念经。

法庭辩论是语言大战，你来我往，针锋相对，唇枪舌剑，对质互诘，辩论激烈，法官应善于从中查明事实、听出破绽、分辨是非、区分对错、弄懂法律、明确责任。法律作为一种文明人的排纷解难的文明方式，是“君子动口不动手”，实质上是一种嘴上功夫，一种语言的艺术，优秀的法官应是语言大家、演说大师。

所谓书，是指书法水平，要求“楷法遒美”。在古代文化比较落后单一的情况下，书法水平往往是检验一个人文化水平高低、素质修养好坏的简单而又直观的标准。因为字要写得好，不多认几个字、不多写几个字是不可能的，而在古代能写的一手好字其实就是文化水平高的标志。

法律“民命之所系，其用甚重而其义至精”“一案之误，动累数人，一例之差，贻害数世，岂不大可惧哉”。字是一个人的门面，当然也是法官的门面。优秀的法官应是书法家，最起码是懂书法的人或书法非常讲究的人。

所谓判，是指判决书，要求“文理优长”。在古代，信奉“世上万物皆下品，唯有读书高”，可谓文章千古事，文章高于一切。因此，以文论人、以文取人也就不言而喻了。这就是所谓的“文以行立，行以文传”。

孔子把文置于“言行忠信”四教之先，也足见文章之至高至上。文章是古代选拔官吏的根本标准，许多读书人就是靠一篇名文奇文敲开衙门步入官场的。

具体而言，一是判决书写得要有文采，甚至文采飞扬。古代的许多判决书堪称美文，辞藻华丽、对仗工整、节奏铿锵，非大手笔所不能为。判决书水平如何，不仅是供人欣赏的美文，而且直接关系到判决的执行，只有说理充分，深刻入理，逻辑严密，晓畅易懂的判决书才能易于被当事人所接受和信从。判决书既是法官审理案件的总结，也是法官整体素质的概括。

如何理解古代法治文化内涵

儒家提倡依规则统治的思想。儒家思想是中国古代社会的正统思想。虽然在“君主制是人治”的意义上，儒家思想是人治的，但是在强调官员特别是最高统治者应当依规则而治的意义上，儒家思想是倾向于“形式法治”的。

法家的缘法而治思想。中国历史上最强调法律作用的自然当属法家。管子为法家之创始人。《管子·法法》篇说：“规矩者，方圆之正也，虽有巧目利手，不如拙规矩之正方圆也。虽圣人所生法，不能废法而治国。故虽有明智高行，背法而治，是废规矩而正方圆也。”真可谓一语中的。类似强调法治、特别是强调治人者要守法的思想在《管子》中不胜枚举。

道家由无为而治转向强调帝王守法。老庄的无为而治理论通常被认为是反对法治的，其实，老庄的无为而治恰恰有要求统治者要遵守习惯法的意蕴。《抱朴子·外篇》云：“君人者必修诸己以先四海，去偏党以平王道，遗私情以标至公。使规尽其圆，矩尽其方，绳肆其直。恕不越法以加虐，喜不逾宪以厚遗。”足见道家之无为而治到魏晋转向不可无法乱为，而非不为。

墨家一统天下之义。墨家的义是大经大法的意思。墨子认为，早期社会一人一义，因而相争。后来选君，君有一统天下之义的责任，此“一统天下之义”者，实为制定与遵守法律之谓。

怎样理解中国古代科举制度

科举制度是指朝廷允许普通人士和官员自愿向官府报名，然后经过分科考试，依照成绩从中选取人才和授给官职的一种制度。科举制度是唐朝开始正式实行的，经历了一千三百多年，一直紧紧伴随着中华文明史，结束于清朝光绪二十七年最后一科进士考试。

科举制度的实行在古代是积极多于消极的。从个人角度来说，它的积极性体现在，一个出生普通家庭的人想要进入朝廷，高榜题名，然后升官晋爵，光宗耀祖，飞黄腾达，全家富贵，一切的一切，都是依靠科举考试。

它的消极性体现在，假使一个普通人士极度看重他的名望或是某些其他原因，一心要成为官吏，便投注一生的心血埋头苦读，本可以开始其他路途发展的机会，但他全都不去考虑，有些人还是到死的那天都不能高中，不能够成全他毕生的愿望，含恨而终。

从社会角度来说，它的积极性体现是，开放考试，吸收了不少寒士进入政权，有益于扩大和巩固封建统治的政治基础，提高社会的行政效率。它的消极性体现是，科举选拔出的庞大群落，滋养了不少贪官污吏或卑鄙的害群之马，反而败坏了社会风气。

古代的科举制度这样一路走来，经历了不断的改革，不断的进步，至此古代的科举考试演变成现在的高考。为国家输送和培养各行各业的人才还是付诸于现在高考的制度，必须做到公平原则，大力发展教育事业，提高国民综合素质，这是振兴中国的必然之道。

古代兵役制度有哪些

兵农合一制。在西周、春秋以前，是寓兵于农的。所谓寓兵于农，就是以农器为兵器。古代兵器是铜做的，农器是铁做的。兵器都藏在公家，临战才发给。

全民皆兵制。到了战国时期，由于战争规模的扩大和对抗的加剧，开始出现了全民皆兵制。在中国历史上，真正全国皆兵的，怕没有比此时更甚的了。以至战国后期，秦楚皆带甲百万，大大超过其他国家的人数。

征兵制，即征召义务兵。征兵制在中国古代广泛存在，比较明显是在三代、春秋、战国、秦、汉、三国时期。

军户制。所谓军户制，就是把军籍与民籍分开，列入军户籍的人家世世代代要出人当兵，而民户则只纳租调，不用服兵役。中国历史上采用这一制度的大体上是在南北朝、隋、唐、明时期。

团结兵制。在武后时期，地方上出现了团结兵制度。首先在河南、河北道实行，后又扩展到关内道，其大意是挑选丁户殷赡、身体强壮者充任团结兵，免其征赋，平常要练习弓矢。到代宗时更明确地规定，春夏归农，秋冬集合，并由官府发给兵器、资粮。团结兵是地方兵，主要负责地方治安等事务。

民兵制。宋朝王安石变法时实行的兵制。王安石民兵之法是和保伍之制连带的。

募兵制。募兵制也就是雇佣兵役制度，我国历史上实行募兵制最典型的例子是在北宋、南宋以及元、清时期。

卫所制。明代的卫所制和元朝的军户制大体相同，兵籍也是可以世袭的。

八旗绿营制。清代的兵制前期中期以八旗和绿营为主。清朝驻防的旗兵，和汉人分城而居。清代的汉兵，谓之绿旗，亦称绿营。清代中叶以前的用兵，是外征以八旗为主，内乱以绿营为主的。八旗兵在关外时，战斗之力颇强，但是入关后腐败亦颇速。三藩之乱时，八旗兵已不足用了。而到太平天国时期，绿营兵也已不堪使用。太平天国之后，清军主力以湘军、淮军为主。

总的来说，中国古代的兵制，征兵、军户、募兵相继出现，又互相掺杂。清朝的募兵制吃空饷则一直延续到清朝灭亡。

古代各朝怎样确立官制

中央官制。在奴隶社会中，国家形式是以王为首的奴隶主贵族政体。商代，王廷里设有百官辅佐商王进行统治。秦统一后，在中央，设置“三公”“九卿”。西汉初，基本承袭秦制。魏文帝曹丕认为东汉的尚书台权力太大，另设中书省掌管机要，起草和发布政令。晋代将汉代的侍中寺改为门下省，作为皇帝的侍从和顾问机构。隋唐设三省六部，即中书省、门下省，尚书省和吏、户、礼、兵、刑、工六部。从隋唐至明清，六部制基本相沿未改。

魏文帝

地方官制。秦地方设郡县两级。汉武帝时将全国划为十三州，每州设刺史。魏晋南北朝时，地方政权基本上为州、郡、县三级。隋唐改为两级制，安史之乱后，节度使割据一方，称“藩镇”。宋代削藩镇，因地而设置不同名称的州、府、军、监，都有属县。

元代因辖境辽阔，除中央中书省直辖山东、山西、河北外，全国分几个大行政区来管理，下设道、路、府或州、县。明初改元代行中书省为“承宣布政使司”，长官为布政使，省下设府、县。清代地方官制与明相同，设省、道、府、县，总督或巡抚为省级地方长官。道的长官称道员，俗称道台。府、县长官称知府、知县。

何为邦国和邦国文明

中国古代进入文明社会以后的政治实体的演进被规范地表述为三个阶段和三种形态，即邦国、王国、帝国。中国古代最早的国家是小国寡民式的邦国，邦国的进一步发展是王国，王国以后，通过专制主义的中央集权走向了帝国。

我国最早的邦国出现在夏代之前，相当于考古学上的龙山时代。据龙山时代在各地出现的大量城址来看，龙山时代已进入邦国类型的国家社会。龙山时期的邦国，在黄河和长江流域出现的是一批而非一个，它们散处各地，呈现出邦国林立的格局。这就是史书中所说的尧舜时期“万国”的情形。

万国万邦之万，只是极言其多，不是实指，但当时众多族落与小国错综杂处，分立各地，应为实际状态。这种状态与中国文明起源的多元性和多中心是联系在一起的，而文明起源的多中心又是与中国史前文化的多样性相联系的。

中国古代行政区划大致可以划分为以下五个时期：先秦的萌芽时期，秦、汉的郡县制时期，魏晋南北朝、隋的州制时期，唐、宋的道制时期，元、明、清的行省制时期。

第七部分 宗教信仰

宗教信仰是一种意识形态，它作为一种精神风俗，是极其复杂的，与人类的生产、生活、工作和学习等各个方面有着千丝万缕的联系。

假如一个国家、一个民族没有信仰，那么就会丧失根本文化，沦为万劫不复，永远不会翻身。中国的本土宗教以及在历史上占主流地位的儒学，加上外来的佛教，构筑了中华民族特有的文化传统。

在中国历史发展过程中，随着儒、佛、道三教的合流，宗教思想在各个文化层面烙下深浅不同的印记。如儒教的“敬天”、“爱人”、“奉祖”、“孝亲”，道教的“太极”、“内丹”、“外丹”、“辟谷”，佛教的“四谛”、“禅修”等，切实地影响着整个中华民族的世界观和价值观。

什么是儒教的敬天

昊天上帝作为宇宙的创造者，也是人类的终极创造者，是至尊至上的神。《周易·乾卦·象传》:“大哉乾元，万物资始，乃统天。”又曰：“乾道变化，各正性命，保合太和，乃利贞，首出庶物，万国咸宁”。

昊天上帝或称皇天上帝、上帝、太一、天皇大帝等，无形无象，又无处不在，与宇宙同体:“元气广大则称昊天,据远视之苍然,则称苍天。人之所尊,莫过于帝，托之于天，故称上帝。天以苍昊为体，不入星辰之列。”

不同的民族或不同的地区，以不同的民族文化和特殊的表达方式表达宇宙创造者。华夏民族以本民族的表达方式，将宇宙创造者表述为昊天上帝。

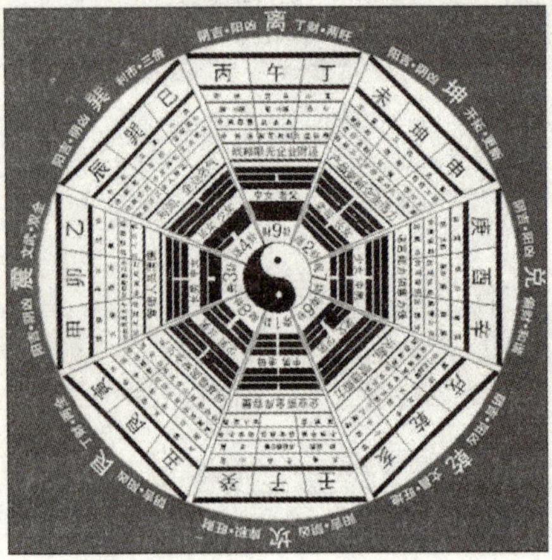

周易八卦图

昊天上帝是宇宙规律的制定者，也是人类社会道德法则的制定者。《诗经·大雅·荡·蒸民》:“天生蒸民，有物有则，民之柄彝,好是懿德。”昊天上帝无处不在，无时不在,关注着人间的善与恶。《诗经·大雅·皇矣》:“皇矣上帝，临下有赫，监视四方，求民之莫。”昊天上帝制定了因果报应之律令，赏善罚恶。《尚书·商书·伊训》:“唯上帝不常，作善，降之百祥；作不善，降之百殃。”

人们必须遵循昊天上帝制定的道德法则，才能大吉大利。人们通过信仰昊天上帝，接受并践行昊天上帝创立的道德原则，从而提升现世，即阳间的生命境界，并在死后灵魂也能在另一空间，即阴间进入高级的生命境界。

如何理解儒教敬天说

《论语·季氏》说:“君子有三畏,畏天命,畏大人,畏圣人之言。”敬畏昊天上帝，以最高诚意尊奉昊天上帝，并由此而产生敬畏生命、敬畏自然的感情。

凝视蓝天，仰望夜空。有时候阴天下雨，看不到，但可以透过乌云想到蓝天之上，想到天外天。每一次放松眼神，放松意念，带着敬畏的心情去感受无边无际、空空荡荡的虚空，去感受道的空、灵、静、虚的状态。空、灵、静、虚是“天”的状态，更应该是“人心”应有的状态。在敬畏天的过程中发现自己“心”的变化，通过敬天道，调整本心。

相信昊天上帝是宇宙创造者通过信仰而使自己的生命得到永恒的归依，并使自己的生命从有限走向无限，从卑微走向崇高。不同的生命个体通过对昊天上帝的信仰而得以贯通，消除了人与人之间的阻隔。

每个人的天然禀赋中都有良知，通过修养，将天然良知呈现出来，就与昊天上帝所创立的道德法则相应。正如《中庸》所言：“天命之谓性，率性之谓道，修道之谓教。”

祈求昊天上帝赐福，祈求昊天上帝保佑。但我们应当知道，昊天上帝对人的赐福与保佑并不是随意的，也不是仅仅因人的祈求就可以赐福。如果自己行为不端，违背正道，就会遭到昊天上帝的厌弃。《论语·雍也》：“予所否者，天厌之，天厌之。”

儒教的“原罪”观点，旨在强调人应当经常自我反省，反省自己的过失，反省自己给别人带来的伤害。

由于敬天信仰的缺失，使人们的道德修养失去了敬天这一支点，处于飘荡无根的状态。同时，也使得儒教信徒丧失外在的拯救力量，也无法满足人们终极关怀的需要。如今要复兴儒教，就必须首先重建敬天信仰。

怎样做到敬天爱人

应该从敬、天、爱、人四个方面分别作细致的分析，认识到敬天爱人本身是一个内涵丰富、有悠久历史发展的概念。着力培养人们执著不放逸地去体认天地“好生之德”与人之内在心性之“仁”的合一性，从而达到亲爱亲人、关爱他人、爱护天下之物。

从儒家敬天爱人伦理精神的理念系统的树立来看，必须树立新的理念系统。比如，可以创建名之为“生命本体”的道德价值之源，以作为敬天爱人之伦理精神的基础。意识到自己面对的万物并非一堆“死物”，而是内蕴勃勃生机、有着旺盛生命力的宇宙。尤其重要的是，从敬畏“大生命”的基础上重树敬天爱人的伦理精神。

应该处理好感恩与报恩的关系，这是“爱人”精神中的重要方面。父母生我养我，我们要知恩报恩；师长教我育我，我们必须知恩报恩；朋友帮我助我，我们应该知恩图报等。

我们每一个人都应秉承这样一种无止境地追求精神，敬天爱人，充实自我，服务社会，为人与自我、人与人、人与社会、人与自然达到更为和谐的境界，也为现代人获得更为幸福的生活而努力。

儒教怎样倡导敬奉祖先

儒教倡导敬奉祖先。《论语》说："祭如在，祭神如神在。子曰：'吾不与祭，如不祭。'" 意思是说：祭祀祖先就如同祖先真在那里，祭祀神就如同神真在那里。

孔子说："我如果不亲自参加祭祀，那就如同不祭祀一样。"曾子曰："慎终追远，民德归厚矣。" 意思是说：要谨慎地办理丧事，虔诚地追祭祖先，人民的道德就会归复忠厚老实。

《周易》中有"神道设教"之说，"阴阳不测之谓神"，"一阴一阳之谓道"。"神者，伸也"；"鬼者，归也"。"神鬼"是指祖先的在天之灵，以神设教，是敬奉祖先。

儒教是"神道设教"，它是真正的宗教，它以天地作为人类的祖宗，以父母祖先为家族与个人的祖宗，因此，"尊祖敬宗"是华夏文化信仰的一个组成部分，"敬天亲地"是华夏文化信仰的又一个组成部分。

如何理解儒教的奉祖

人类的男女由父母祖先合和而生，所以，每个人都是父母祖先的子孙，父母祖先的在天之灵则是个人的敬奉对象。所谓神道是什么？阴阳莫测的天地之道是国家民族所敬奉的对象，使家族生生不息的父母祖先的在天之灵，是家族子孙所敬奉的对象。"神道设教"便是华夏民族行教化的方式。

祭祀是儒教的根本。不重视祭祀的人，根本就不是孔子真正的门徒。古代的部落、族群需要凝聚力，今天的社会也需要凝聚力。因此，敬奉祖先当是第一位，尊敬祖先，是人之美德，家中终年敬有牌位，宗族有祠堂，尊敬坟墓，家家必敬奉。

儒教忠信笃敬的内涵是什么

《论语·卫灵公》篇记载说：孔子的学生子张问怎样才能使自己到处行得通。孔子回答："言忠信，行笃敬，虽蛮貊之邦，行矣。言不忠信，行不笃敬，虽州里，行乎哉？”

意思是说：言语忠诚老实，行为敦厚严肃，即使到了别的国家，也行得通。言语欺诈虚伪，行为轻浮狂妄，就是在本乡本土，难道行得通吗？其内容包括了言和行两个方面，也就是一个人立身行事的全部内容，是很全面的。

忠信笃敬是高度概括的抽象道德观念，数千万年历史文化的积淀，使它们大致具备了以下的意义内涵：忠，有忠诚、不贰、尽心、无私等意义；信，有诚实、不欺、道义、真确等意义；笃，有厚实、真诚、牢固、专一意义；敬，有恭敬、严肃、尊重、谨慎等意义。

这四个字的意义有交叉，也可以组合使用，更可以与别的字组成新的具有道德内涵的词语，变化很多，富于生成能力。

怎样理解儒教的仁义

仁义的本意为仁爱与正义，是儒教教义之一，也是儒教重要伦理范畴，意思是性情温顺，通达事理。战国时的孟轲曾着重提出，汉儒董仲舒继承其说，将仁义作为封建道德的最高原则。宋代以后，由于理学家的阐发、推崇，仁义成为封建道德的别名。常与“道德”并称为“仁义道德”，与“礼、智、信”合称为“五常”。

儒教弘毅的内涵是什么

弘毅语出《论语》：“士不可以不弘毅，任重而道远，仁以为己任，不亦重乎？”朱熹对弘毅有这样的注解：“弘，宽广也，毅，强忍也，非弘不能胜其重，非毅无以至其远。弘而不毅，则无规则而难立，毅而不弘，则隘陋而无以居之。弘大刚毅，然后能胜重任而远道。”据此可把弘毅译为“抱负远大，意志坚强”或“心胸宽广，意志坚强”。

曾子的这句话，杜绝了任何侥幸成功的心态，它告诫一个人如果自认为是儒者，他就要勇敢地挑起那副沉甸甸的重担，胸怀宽广，朝着漫长而充满坎坷的入世之路，义无反顾地走下去。而这一切的动力都源于儒者的仁爱之心，为了这个信念，儒者甘愿尽力到生命的最后一刻。

儒教见贤思齐有何含义

见贤思齐语出《论语·里仁》：“见贤思齐焉，见不贤而内自省也。”意思是说：见到有德行的人就向他看齐，见到没有德行的人就反省自身的缺点。

这是孔子说的话，也是后世儒家修身养德的座右铭。见贤思齐是说好的榜样对自己的震撼，驱使自己努力赶上；“见不贤而内自省”是说坏的榜样对自己的“教益”，要学会吸取教训，不要跟别人堕落下去。杜甫写诗自我夸耀“李邕求识面，王翰愿为邻”，都说明了这种“榜样”的作用。

怎样认识儒教的积极意义

儒教揭示了中国传统文化的本质，恢复了中国传统文化的本来面貌。儒教乃是中国传统文化的核心，只有抓住儒教这条纲，才能对中国传统文化的各个方面准确定位，并正确认识中国传统文化的本来面貌。

中国的品格，就是根植于中国传统文化之中，中华民族两千年的发展历程中所沉积、打造出来的一种特有品质。

甚至可以说，儒教是认识民族自身经过乃至于认识个体生命的一个正确的视角。儒家讲求天时、地利、人和，注意自身提升，加强自身品德修养，正所谓“皇天无亲、唯德是辅”，“修身、齐家、治国、平天下”，可见，人自身品德修养是做好一切事情的根本。

儒家思想包含了内外因的辩证关系的哲理，即，内因是事物发展变化的根据，外因是事物变化发展的条件。佛教认为人的一切烦恼和痛苦都是人自身造成的，从根本上讲，佛教是治心的，除去“贪、嗔、痴”之心，还自我以本来面貌，尊重人的心性，提倡内省、反求诸己，这与中国传统文化内向精神向契合。

道教的道有何内涵

若问道是什么，不可简言之，她的内涵极深，她的空间极广，若能达到极道，则皆为道也。

道是过程。这是道的第一层含义。道不是一种静态的形而上实体，而是一个过程。道的过程表现为道生万物的过程，即老子说的“道生一，一生二，二生三，三生万物”。就是说，道转化为一，一转化为二，二转化为三，三转化为万物。在这一过程中，道循环往复，“周行而不殆”，它的运动周期是“大曰逝，逝曰远，远曰反”，它逐渐的离开，离开得越来越远，远到一定程度又返回来。万物又复归于道。道的过程性是由只能用混沌理论说明的各种关系构成的，因此，道也是关系。

道是本原。这是道的第二层含义。道是天地万物之母，无和有都来自道，是道的不同角度的名称。这是最为玄妙和深奥的。道是万物的本体和来源。天地万物都是由道演化而来。道作为本原，是浑然一体的东西。作为本原，它是物质的东西，“道之为物，唯恍唯忽，其中有物，其中有精”。

道是规律。这是道的第三层含义。道是物质运动的规律，道是天地万物变化的终极原因。老子指出，“道者万物之奥”，就是说，道是万事万物运动的规律。

道是普遍存在的，“大道泛兮”，道存在于一切事物之中，贯穿于一切事物发展过程的始终，万物从道起源，又回归于道，“各复归其根，归根曰静，复命曰常”，返回本性是事物发展的永恒规律。作为规律的道，是看不见，听不着，摸之不得的。所谓“夷、希、微”，是“无状之状，无物之象”，但是一切都受到它的支配和制约。

道的规律是不可抗拒的，不能违反的。只有遵循道的规律，坚持“无为”的原则，才能把事情办好。否则，“物壮则老，是谓不道，不道早已”，违背了规律要受到规律的惩罚，下场是极其可悲的。

道是法则。这是道的第四层含义。老子把道视为必须遵循的法则，他说，“故从事于道者，道者同于道”，他要求人们要坚持，遵循道的法则。又说，“执古之道，以御今之有，能知古始，是谓道纪”，意思是要遵循古代的法则，驾驭现实的实有，以认识历史的规律，这就是遵循道的法则的具体表现。废弃了这一原则，有了仁义，“大道废，有仁义”。

老子主张“唯道是从”、“贵食母”，即是要坚持道的法则，按道的法则做事。道也是观察事物的永恒法则。按道的法则去做，道会成全你的，“同于道者，道亦乐得之”。最后，道的原则是最高原则，而且有很高的价值，“天之道，利而不害”。

道是客观的，它是万物的本原；道的普遍性，天是普遍存在的；道的运动过程是周而复始，循环往复的；道是一个复杂矛盾的统一，最大的矛盾莫过于阴与阳的矛盾，即“万物负阴而抱阳”，“一阴一阳谓之道”。

此外，还有一系列矛盾关系，诸如，难易、祸福、强弱、刚柔、美恶、善与不善等等。老子是中国历史上第一个辩证法大师。他的论述中，包含着丰富的辩证法思想。

无为是道之子，是道的本性，道的体现。道虚是道的状态，它无形无象，无处不在，没有边际。它又无时不在，无始无终。它是最大的虚空，它产生出万物，是万物的宗主；装载着万物，永远也装不满。它的作用无穷无尽，道虚的作用就是无的作用。它能化解万物的矛盾，协调万物的关系，与万物混而为一。

道教的天地人鬼各指什么

道教以道名教，或言老庄学说，或言内外修炼，或言符箓方术，认为天地万物都由道而派生，社会人生都应法道而行，最后回归自然。具体而言，是从天、地、人、鬼”四个方面展开教义系统的。

天，既指现实的宇宙，又指神仙所居之所。天界号称有三十六天，天堂有天门，内有琼楼玉宇，居有天神，天尊、天帝，骑有天马，饮有天河，侍奉有天兵、天将、天女。其奉行者为天道。

地，既指现实的地球和万物，又指鬼魂受难之地狱。其运行受之于地道。

人，既指总称之人类，也指局限之个人。人之一言一行当奉行人道、人德。

鬼，指人之所归。人能修善德，即可阴中超脱，脱离苦海，姓氏不录于鬼关，是名鬼仙。

神仙也是道教教义思想的偶像体现。道教是一种多神教，沿袭了中国古代对于日月、星辰、河海山岳以及祖先亡灵都奉祖的信仰习惯，形成了一个包括天神、地祇和人鬼的复杂的神灵系统。

庄子画像

道教的无极是什么意思

无极就是无边际，无穷尽，是古代哲学范畴，指派生万物的本体。以其无味、无臭、无声、无色、无始、无终，无可指名，故曰无极。《老子·第二十八章》:“为天下式，常德不忒，复归于无极。”

无极是老子用以指称道的终极性的概念，所以无极的原意就是道，指道是不可穷尽的，是比太极更加原始、更加终极的状态。以后道门人士，都是在这一意义上使用无极的概念，但在不同场合引申的侧重点稍有不同。庄子在《道遥游》中说“无极之外，复无极也。”意思是世界无边无际，无穷之外，还是无穷，无极便是无穷。

无极是太极的根源。修道者都追求与道合一，道门术语称与道合真，在具体机制上便是返回到元初的终极的状态，这就叫作复归无极。

道教的太极是什么意思

太极是阐明宇宙从无极而太极，以至万物化生的过程。无极即道，是比太极更加原始、更加终极的状态，两仪即为太极的阴阳两仪。

《易经》:“易有太极，始生两仪，两仪生四象，四象生八卦。”孔颖达疏："太极谓天地未分之前，元气混而为一，即是太初、太一也。”其意指浩瀚宇宙间的一切事物和现象都包含着阴和阳，以及表与里的两面。而它们之间却有既互相对立斗争又相互滋生依存的关系，这即是物质世界的一般律，是众多事物的纲领和由来，也是事物产生与毁灭的根由所在。

太极这一概念影响了儒学、道教等中华文化流派。《易纬·乾凿度》和《列子》谈到太易、太始、太太极图初、太素、太极宇宙五阶段说法。宋儒周敦颐在《太极图说》开篇就说："无极而太极。”这把《老子》中提到的无极一词注入了理学含义，也就把无极的概念与太极联系在一起。

太极两字的含义是：天地之道，以阴阳两气造化万物。天地、日月、雷电、风雨、四时、子前午后，以及雄雌、刚柔、动静、显敛，万事万物，莫不分阴阳。

人生之理，以阴阳两气长养百骸。经络、骨肉、腹背、五脏、六腑，乃至七损八益，一身之内，莫不合阴阳之理。太有至的意思；极有极限之义，就是至于极限，无有相匹之意。既包括了至极之理，也包括了至大至小的时空极限，放之则弥六合，卷之退藏于心。可以大于任意量而不能超越圆周和空间，也可以小于任意量而不等于零或无。

太极图

道教有哪些宗教活动

道教的宗教活动十分庞杂，主要分两大类，道术和道教仪式。仪式内容包括道教经法、忏法、斋、醮、符咒、禁咒、隐遁、乘蹻、驱邪、伏魔、降妖、消灾、祈禳、房中术、神仙术、辟谷等。

道士的自身修行称为道术，包括内丹、外丹、服食、房中等内容。外丹是指烧炼丹砂、铅、汞等矿物以及药物，制作能够使人长生不老的丹丸。现代科学认为这些丹药大多有毒，古人也有很多服食致死的。道教徒也赞同这种观点，但是认为这是由于服食的方法不对。外丹也被认为是现代化学的先驱。

道教的仪式统称为“斋醮科仪”，斋是清洁的意思，醮是指祈祷，又称为道场。道教祭祀神仙，由于认为神仙清静洁高，因此祭祀前需要沐浴更衣，不喝酒吃荤，进行斋戒。进行祭祀活动称为醮，道教在发展过程中吸取了许多佛教的内容，名目繁多。道教认为通过这些仪式可以去灾求福。

什么是道教内丹

内丹亦称还丹、金丹、内金丹、大丹，为道教重要的炼养方术。

内丹是指通过行气，导引，呼吸吐纳，在身体里炼丹以达到长生不老的目的。内丹炼养之道，源于先秦以来的行气、守一等术，是此类方术在实践和宗教化过程中发展成熟的产物。

内丹之学，源远流长，阐发于汉末，盛行于晚唐，博采佛、儒、医诸家之长，不断趋于成熟，并逐步形成了完备的理论体系和多种多样的修炼途径。它宗依《道德经》、《阴符经》等经典，融摄道、禅、易、儒、医等学，通过实践体验，形成了基于人体生命顺逆升沉的独特理论，对气功、医疗、人体科学诸方面，都有广泛的影响和启发作用。

什么是道教外丹

外丹相对内丹而言，又称炼丹术、仙丹术、金丹术、烧炼法、黄白术等，指用炉鼎烧炼金石，配制成药饵，做成长生不死的金丹。

炼丹术在我国起源甚早，约产生于汉武帝时，当时方士李少君“化丹沙为黄金”以作饮食器，就是烧炼金丹。东汉魏伯阳著《周易参同契》，用阴阳论述金丹，被誉为“万古丹经王”。

东晋葛洪对当时流传的外丹加以总结，著《抱朴子》一书，将外丹分为神丹、金液、黄金三种，并称金丹为药，烧之愈久，变化愈妙，百炼不消，毕天不朽，人若服之能令人不老不死。

南北朝时外丹得到进一步发展，唐时臻于兴盛，出现了孙思邈、陈少微、张果等炼丹家，服食外丹亦成为一种社会风气。外丹术难于掌握，多含有毒性，故进入宋代后外丹渐渐衰微。

道教创立后，道士从方士手里继承了炼丹遗产，为制取“长生不死”药的需要，遂发展为秘传的实验技术。虽然“长生不死”的主观愿望未能实现，但在千余年的实践中，却积累了不少古化学知识。8世纪时，我国炼丹术经阿拉伯传入欧洲，成为近代化学的前驱。

什么是道教辟谷

辟谷又称却谷、断谷、绝谷、休粮、绝粒等，即不吃五谷，方士道家当作修炼成仙的一种方法。道教认为，人食五谷杂粮，要在肠中积结成粪，产生秽气，阻碍成仙的道路。

《黄庭内景经》云：“百谷之食土地精，五味外美邪魔腥，臭乱神明胎气零，那从反老得还婴？”同时，人体中有三虫，专靠得此谷气而生存，有了它的存在，使人产生邪欲而无法成仙。

因此为了清除肠中秽气，除掉三尸虫，必须辟谷。为此道士们模仿《庄子·逍遥游》所描写的“不食五谷，吸风饮露”的仙人行径，企求达到不死的目的。

辟谷有服气辟谷与服药辟谷两大类。“服气辟谷”即以服气与辟谷相配合，并以服气为基础，通过服气达到辟谷的目的。具体说法不一，有的主张服气之初，即行辟谷，饥时饮一两盏胡麻汤或酥汤，或一两杯酒，渴时唯饮清水。

有的主张服气之初渐减食物，每日减食一口，递减至十日而全断。有的主张不强行辟谷，待服气功深，至三年后，便会自然断谷。具体方法多见于诸家气法书中，据《抱朴子内篇·杂应》篇载，即有食气法，食岁星气法，食六戊精气法，思神食气法等。

“服药辟谷”即用服食药物以代替谷食。药方甚多，有取高营养而消化慢的豆、枣、胡麻、栗、酥、及茯苓、黄精、天门冬、术、人参、蜂蜜等配制，制成丸膏，于断谷后口服一二丸，以代谷食。

有取高营养而难消化之物配方，一顿饱餐后即绝谷，可辟谷很长时间。又有作美食饱餐一顿，再服药以养所食之物，据说可辟谷三年。还有用草木药熬煮特定的石子，以石当饭者。具体药方见《太清经断谷法》及《云笈七签·方药部》。

此外，道教还有许多道术。例如内观、守静、存思等多种。这些现代多归为气功。另外，全真道的道教徒许多都习武术。

占卜也是道术的一部分，包括卜卦、抽签、测字等。此外，道教很有特色的是使用符、箓。符是用朱砂画在黄纸上的一些符号，道教认为可以用来治病，而箓则被认为可以驱使天神。另外道教认为口念禁咒可以治病驱使鬼神，赶走野兽。这些主要都是正一道的法术。

怎样用现代科学解释辟谷

其一，通过现代医学研究，人体的衰老和疾病，主要原因在于大肠里的粪便堆积和发酵，产生了有害物质，使人体慢性中毒。随着辟谷日程的增加，体内白血球数量超过正常的一倍或数位，来吞噬病原菌，治愈疑难杂症乃至绝症。

辟谷能系统地改善和调节消化系统、循环系统、呼吸系统、神经系统、生殖系统、泌尿系统的功能，而且无任何毒副作用。这是任何药物所不能及的。

其二，辟谷也是健美的好方法，它从根本上解决了能量的吸收问题，不仅使胖人能瘦下来，而且还能使瘦人胖起来，皮肤光泽润洁，起到双向调节作用。

其三，从气功养生、修炼的角度讲，通过定期和不定期的辟谷，可使细胞处于"缺食夺气"的状态，使人体内外气相通，产生天人合一功效，加速细胞与外界物质和能量的交换，夺取大自然的宇宙真气。

同时使人更易放松入静，大脑潜能得以开发，启智开慧，是修为层次提高的捷径。同时还可降低体温，减缓人体脉搏跳动的次数，延缓衰老，健康长寿。

其四，辟谷可以健脑益智、开发人体潜能。由于去掉了体内多余的脂肪和毒素，体内得到了全面的清洁，肠胃得到了调节和休养，心灵因而得到澄清和升华。性情得以陶冶，视野开阔，了悟人生，明悟真理。使人产生新的人生观和世界观，对宇宙和自然有了全新认识。

其五，辟谷还具有更深的一层意义，它不是纯粹的挨饿，而是具备了练功而带来的特殊效果。辟谷用一套方法关闭阳性系统，开启阴性系统。在这个状态下，大脑始终处在一种全新的功能状态，体能和潜力得到了充分的调节和发挥，身体方面的负荷得到减轻，元神得到最充分的运用和发挥，脑细胞的功用充分得到调动。

因此，人与自然宇宙沟通活跃，外界的多种信息源源不断地输入大脑，此即“天人合一”。人在这个状态下，即使好几天不进食，也不会感到饥饿，体力和精神状态反而会加强。这些表现在肢体灵活、双目有神、头脑清晰、思维敏捷，记忆力增强、理解力增强、意志力和忍耐力也大大加强，极易启发和诱发人体种种潜能。

同时，也产生对宇宙真谛的思索和理解，以致可以产生各种特异思维，解决许多常态下无法解决的问题和困惑，终将导致灵力和智慧的飞跃，灵感也随之而产生。

怎样认识道教的积极意义

道教从诞生之日起，就从未像其他宗教那样，仅是将自己定位于心灵的解脱，而是把人世的幸福，与人体的不朽统一，将精、气、神合一与君、臣、民混一定位于自己最基本的价值理念，打通入世间与出世间的界限，提出了重生积德、服务人群及存思守一的实践主张，以期气化三清，实现自我。

道教深深扎根于中国社会，历代信众以高度的宗教热情，刻经、造像、修庙，成为我们民族宝贵的历史文化遗迹，构成了中国思想文化的极其重要的组成部分。

有了它，中国人才对世界人生的了解不至于单薄而显得丰富多彩。有了对道教、对现实生存状态的关注，有了“我命在我不在天”的豪迈情怀，以内外丹的具体实践形式，道教才为日益固定化的生活提供变革的因素和力量。

道教历代高道，几乎没有哪一个不是当时博学的知识分子，他们往往是杰出的科学家、诗人、作家以及为人景仰的哲人。离开了道教，我们不仅不能写出一部完整的中国化学史、物理学史、医学史、天文学史，而且也无法写出一部完整的文学史、音乐史、绘画史等。

在中国古典文明的任何一个角落，我们都将看到道教的影子。否认了道教，其实是阉割了中国的文明成就，而道教之所以能够取得如此骄人的成就，其深层的原因依然是在道教自然主义的旗帜下，长生不死、肉身成仙、气化三清的宗教向往上。

道教在新的历史形势下，对道教的精神向往进行合乎情理的把握，体现了时代的鲜明特色。它立足传统而超越传统，进而回归传统。

所谓回归传统，恰恰是道家的自然主义具有的永恒真理性，经过新的解释在内涵上更加丰富深刻，为我们继承光大，从而为世界人民的未来，提供值得珍视的价值理想，以和平消除战争，对话取代对抗。有容乃大，无欲则刚，这不仅是中华文化所昭示于后人的宝贵财富，也是道教的不朽精神。

什么是四谛说

佛教也称释教，它的基本教义称为“四谛说”，即苦谛、集谛、灭谛和道谛。

苦谛认为一切世间生命皆苦。“四苦”即生、老、病、死苦；“六苦”：世事变化无常、心不满足、肉身一次次更换、一次次投生、贫富贵贱变化无常、生死路上无人相伴苦等。

集谛揭示了苦的根源，认为人之苦，就因为芸芸众生对佛教真理愚昧无知，产生了贪、痴、慢、疑、邪见等烦恼意识支配的善恶思想言行，也就是业。

灭谛旨在从根本上消除烦恼、苦感，以达到清净自的超脱境界。

道谛指到达永恒快乐的涅槃境界的途径。

如何理解佛的概念

佛，是无量诸佛的通义，是广义的。佛是一个理智、情感和能力都同时达到最圆满境地的人格。佛不是万能的，佛不能赐我们以解脱，他只能教导我们，我们还是要凭自己的努力才能得解脱。佛不能使我们上天堂，或判我们入地狱。

简单地说，佛就是“觉者”，“一个觉悟的人”，是一个对宇宙人生的根本道理有透彻觉悟的人。佛是一个自觉和觉行圆满的人。换句话说，佛就是一个自己已经觉悟了，而且进一步帮助其他人也能够觉悟，而这种自觉和觉行的工作，已同时达到最圆满境地的人。

什么是禅宗

达摩祖师

禅宗，又称宗门，汉传佛教宗派之一，始于菩提达摩，盛于六祖慧能，中晚唐之后成为汉传佛教的主流，也是汉传佛教最主要的象征之一。

禅宗以菩提达摩为中国始祖，故又称达摩宗；因其得佛心印为佛陀之正统法脉，又称为佛心宗。达摩于北魏末活动于洛阳，倡二入四行之修禅原则，以《楞伽经》授徒。

传法弟子为二祖慧可，慧可之传法弟子为三祖僧璨，僧璨传法弟子为四祖道信。道信传法弟子为五祖弘忍，立东山法门，为禅宗五祖。门下分赴两京弘法，名重一时。其中有神秀、传法弟子六祖慧能，两人分立为北宗渐门与南宗顿门。

佛是一个理智、情感和能力都同时达到最圆满境地的人，换句话说，佛是大智、大悲与大能的人；禅宗是佛教很重要而且基本的修行方法，被称为三无漏学之一，也是大乘六波罗蜜之一。但禅宗的禅并不是指某一种特定的修行方法，而是指证悟到本性的一种状态。

六祖慧能是禅宗的发扬光大者，提倡心性本净、佛性本有、直指人心、见性成佛。慧能以后，禅宗广为流传，于唐末五代时达于极盛。禅宗使中国佛教发展到了顶峰，对中国古文化的发展具有重大影响。

禅宗的思想和修行是怎样的

禅宗创始人菩提达摩在佛教释迦牟尼佛“人皆可以成佛”的基础上，进一步主张“人皆有佛性，透过各自修行，即可获得启发而成佛”，后另一僧人道生再进一步提出“顿悟成佛”说。

唐朝初年，僧人慧能承袭道生的“顿悟成佛”说，并将达摩的修行理念进一步整理，提出“心性本净，只要明心见性，即可顿悟成佛”的主张。

禅宗主张修道不见得要读经，也无须出家，世俗活动照样可以正常进行。禅宗认为，禅并非思想，也非哲学，而是一种超越思想与哲学的灵性世界。

禅宗思想认为语言文字会约束思想，故不立文字。禅宗认为要真正达到“悟道”，唯有隔绝语言文字，或透过与语言文字的冲突，避开任何抽象性的论证，凭个体自己亲身感受去体会。

禅宗为加强“悟心”，创造了许多新禅法，诸如云游等，这一切方法在于使人心有立即悟道的敏感性。禅宗的顿悟是指超越了一切时空、因果，而获得了从一切世事和所有束缚中解脱出来的自由感，从而“超凡入圣”，不再拘泥于世俗的事物，却依然进行正常的日常生活。

禅宗不特别要求特别的修行环境，而随着某种机缘，偶然得道，获得身处尘世之中,而心在尘世之外的“无念”境界,而“无念”境界要求的不是“从凡入圣”,而是要“从圣入凡”。得道者日常生活与常人无异，只是精神生活不同。在与日常事物接触时，心境能够不受外界的影响，换言之，凡人与佛只在一念之差。

禅宗并不注重经典权威，但仍依经中背后所含之真理修行。《六祖坛经》反映出慧能思想及早期禅宗面貌，故为禅宗所推崇,《金刚经》及《维摩经》亦为禅宗所力荐。

如何理解禅宗文化内涵

禅宗主张“教外别传，不立文字，直指人心，见性成佛”而得以在中国蓬勃发展。它渗入到哲学、文学、艺术、建筑、生活习俗等各个领域，成为中国传统文化的重要组成部分。

禅宗对大乘佛学精华广为汲取，阐述了明心见性的禅理，以熔铸了大乘经典的精华而成。佛教禅宗文化本着智慧、中道、慈悲、宽容、和合、平等、圆融的精神，宣示佛教的主张，以求得人心安宁，促进社会和谐，增进人类福祉。

禅宗是受老庄思想的影响，是融会老庄思想的道家佛学。禅宗很多名辞语句，都借用老庄与儒家的术语，来阐发禅宗本身的精神。禅宗在人格理念上的平等意识以及哲学思维上的艺术气质，对众多的知识分子产生了强大的吸引力，并且长盛不衰。

中国佛教发展到明代，社会出现了大量的民间教门。其中规模最大的、与禅宗最为密切的民间教派为罗教。罗教从禅宗中吸收了“心造一切”的概念，认为人的苦难是由于心欲造成，因此罗教追求无为、弃欲，以达到最高的内心状态。

随着禅宗的弘扬，除众多佛僧外，大量的文学家都有上佳的禅诗禅作，其中包括唐朝的王维、孟浩然，宋朝的苏东坡等。

禅宗中的经典绘画汗牛充栋，其中最著名的作品之一是宋朝的廓庵师远的十牛图。其为中国佛教禅宗修行的图示，并有许多版本。主要表达了禅宗摒弃我执、心性妙圆的理念。

受禅宗影响，中国许多地方都有素食斋房，并形成独特的菜系风格。涉及素食、五荤、五辛及茶道等。

禅宗文化带给人们的不仅仅是心灵的安宁，更有人生的感悟。涤清凡思，在心中播下幸福祥和的种子，人生的旅途会增添无限的风景。

佛教觉悟的内涵是什么

觉悟就是领悟佛教的真理。佛教很强调觉悟。觉悟是指对世间种种现象，真理的透彻了解，不为迷惑，开启真智。佛就是“觉者”，“一个觉悟的人”。

《南本涅槃经》:“佛者名觉，既自觉悟，复能觉他。”慧远大师《大乘义章·卷十二》有云 :“觉察名觉，如人觉贼。觉悟名觉，如人睡寤。”

觉悟也是佛教教义名词，梵文意译为“无上正真道”“无上正等正觉”等。

佛教般若的内涵是什么

般若是梵语的译音。或译为“波若”，意译“智慧”。佛教用以指如实理解一切事物的智慧，为表示有别于一般所指的智慧，故用音译。大乘佛教称之为“诸佛之母”。在所有的佛经，以及后世菩萨、高僧、大德们的著作中，《金刚经》在学术的分类上，归入般若部，所以叫作《金刚般若波罗蜜经》。

般若这个智慧包含五种，就是所谓的五般若，第一种是实相般若，第二种是境界般若，第三种是文字般若，第四种是方便般若，第五种是眷属般若。五种的内涵就是金刚般若。

实相般若，就是形而上的道体，是宇宙万有的本源，也就是悟道、明心见性所悟的那个道体。在佛学的文字上，悟道就是见到那个道体的空性，叫作实相般若，属于智慧的部分。

我们的聪明只是意识部分，局限于现有的知识范围，以及现有的经验与感觉想象的范围。真正的道体是不可思议的，是不可以用我们普通的知识意识去思想、讨论、研究的。实相般若是属于般若中最根本的。

境界般若，指真悟道的人，智慧开发是无穷尽的，佛学的名辞叫作无师智，也叫作自然智。自己本有的智慧仓库打开了，不是老师传授给你的，是你自己固有的智慧爆发了，天上地下，无所不知，这就是境界般若。

文字般若，不是凭聪明得来的，是悟道之后的自然流露。悟道的时候，过去千万生读的书都会搬出来，就是因为般若智慧都出来了。学问好的人记忆力强，一目十行；不会读书的人，一个字一个字抠。有人看书，眼睛一瞄，这一页就过去了，一目十行，日记千言，到老而不衰，甚至老了记忆力更强。当然，这必须要定力，要般若的智慧才行，这就是文字般若。

方便般若，就是大智慧。比如把最难懂的东西用一种特殊的方法，让别人一听就懂，这就属于方便般若。千手千眼观世音菩萨的千手表示遍护众生，千眼则表示遍观世间。

无论众生是想渴求财富，还是想消灾免病，千手观音都能大发慈悲，解除诸般苦难，广施百般利乐。所以要真正做到大慈大悲，就要具备千手千眼那么多的方便方法才行，这就是方便般若。

眷属般若，是跟着悟道的智慧而来的，佛学名词叫行愿，用现在的观念来说，是属于行为方面的。也就是说，自然发起道德行为，一个人自然就成为至善的人。所谓眷属就是亲戚、朋友、家人等亲眷。

佛学讲的六度，就是布施、持戒、忍辱、精进、禅定、般若。一个修持的人，如何布施，如何守戒，如何忍辱，如何做到禅定的修正功夫，然后才能大彻大悟而成佛。所以在般若的前面，就有这五个相关的眷属，也就是五个行愿，称为眷属般若。

佛教的涅槃是什么意思

涅槃即指灭、灭度、寂灭、圆寂等。是佛教全部修习所要达到的最高理想，一般指熄灭生死轮回后的境界。晋僧肇《涅槃无名论》："涅槃之道，盖是三乘之所归，方等之渊府。"

此系佛教之中心思想，意指不生不灭，身心俱寂之解脱境界。若离开涅槃思想，佛教就形同生灭的世间法，只能称之为劝善，不能体会因性本空，果性本空之非因非果甚深奥义。

未入正信者，每以涅槃为死亡，此乃严重之误解。倘能如其所言，则死亡又为另一生命之开端，岂非生死未了？众生长婴轮回之苦，乃受业力所牵，做主不得。唯有佛陀为究竟死亡，以其死即不得再生，不生则不灭，盖已打破无始无明，彻见本来面目，此允称为佛教是可贵之处。

凡人皆贪生畏死，因世间他事，皆有解决之道，唯独死亡，无可商量。圣者超脱物外，于现实生活中，即是不生不灭之涅槃妙心，所谓：不染六尘名护法；不生妄想名涅槃。心外见法，名为外道；若悟自心，即是涅槃。生死与涅槃本无距离，只在当下一念间。

涅槃是大彻大悟，愚人把人死了，就叫涅槃。其实不然，这在慧能《坛经》中有专门的论述。

涅槃是正得自性，得到无上佛果，但人是大活人一个。世人妄想纷飞，烦恼不断。如果保持一颗无分别的心，平等心，那么就能够经常保持一颗清净心。通过修正，能够消除一切烦恼，明白自身、宇宙万物的一切真相。这就是涅槃。

佛教的八正道是什么意思

八正道是佛弟子修行的八项内容：“正见、正思维、正语、正命、正业、正精进、正念、正定。”

正见：正确的见解，亦即坚持佛教四谛的真理。

正思维：又称正志，即根据四谛的真理进行思维、分别。

正语：即说话要符合佛陀的教导，不说妄语、绮语、恶口、两舌等违背佛陀教导的话。

正命：正确的行为。一切行为都要符合佛陀的教导，不作杀生、偷盗、邪淫等恶行。

正业：过符合佛陀教导的正当生活。

正精进：即毫不懈怠地修行佛法，以达到涅槃的理想境地。

正念：念念不忘四谛真理。

正定：专心致志地修习佛教禅定，于内心静观四谛真理，以进入清净无漏的境界。

八正道中最根本的一道是正解，即坚定不移地信奉佛教的教义。佛教并不反对其他的宗教，凡是能有助于个人修行的都可以融汇于佛教中。因而把正见当作最重要的一道，而其余七道则都是在正见的基础上进行精进不懈的修行。

何为佛教的五蕴

五蕴既是五种聚合，即色受想行识。

色蕴：即物质的积聚。色蕴包含内色与外色。内色就是眼、耳、鼻、舌、身五根，是我们所依靠生活的根身；外色就是色、声、香、味、触五境，所知的外境，这些都包含在色蕴之中。

受蕴：就是领取纳受之意。对于顺境与逆境的领纳感受，它可分为身受和心受。身受由五根和五境所引起，它有苦、乐、舍三种感受；心受由意根所引起，有忧、喜。固受有苦、乐、忧、喜、舍五种性质。

想蕴：心于所知境执取形象。既是看、听、接触东西时，会认定所对的境有一定的相貌，然后为它安立名称，生起认识的心理。

行蕴：行是造作之意，行蕴是驱使心造作诸业，所造作的行为有善、恶、无记三种心理，称为心所生法，又称为心所。

识蕴：大乘的识蕴分为八识，它又可分为三类，一者为心，它集起诸法，并能生起种种的法，此既是指第八识，即阿赖耶识。两者为意，它恒思量，即我们有一种心念，它一直执著有一个我，这就是末那识，称为意。三者为识，既是了别外境；能够知觉外面境界的心，称为识。有时候，心、意、识总称为心，也称为识蕴；识能够知道外境，所以是能知的心，因为由它带动其他的心念，以它为主，故称为心王，随它而生起的心念称为心所。

五蕴包含了色、受、想、行、识这五类的法，各个合为一集，都是因缘和合的，它们相续不断的生灭，故五蕴的意思是五种不同的聚合。

佛教的西方极乐世界指什么

西方极乐世界简称极乐世界，是佛教中西方世界佛，即阿弥陀佛依因地修行所发的48大愿所感得的庄严、清净、平等之世界。此世界人民皆是七宝池中莲花化生的阿罗汉。

释迦牟尼佛介绍西方极乐世界，其位在西方，距我们所在的娑婆世界有十万

释迦牟尼

亿佛土之遥。其中一佛土涵盖三千大千世界。然而在念佛往生之人，佛菩萨接引之时，一弹指即达。

西方三圣分别是：阿弥陀佛，观音菩萨，大势至菩萨。发愿往生的人，可得三圣的接引。

阿弥陀佛又称无量寿佛。未成佛时称法藏比丘。立下48大愿，成就西方极乐世界。

佛教的舍利子是什么

舍利子原指佛教祖师释迦牟尼佛，圆寂火化后留下的遗骨和珠状宝石样生成物。舍利子印度语叫作驮都，也叫设利罗，译成中文叫灵骨、身骨、遗身。是一个人往生，经过火葬后所留下的结晶体。

不过舍利子跟一般死人的骨头是完全不同的。它的形状千变万化，有圆形、椭圆形，有成莲花形，有的成佛或菩萨状；它的颜色有白、黑、绿、红，也有其他各种颜色；舍利子有的像珍珠、有的像玛瑙、水晶；有的透明，有的光明照人，就像钻石一般。

佛教认为，若持有舍利可逢凶化吉，避灾解难；受天人护法和其他众生的护持、尊敬，避免非人、魔障的干扰；重业轻报；持一句咒之功德，可增获百千万倍之功德，若造一句口业，也得百千万倍恶业之过。

身体有病者，喝经水泡之舍利的加持水可治病，业力重者变轻；人临命终时若含服一颗舍利，此人可往生极乐世界，此属业力较轻者或上等根基者，业力较重者不堕三恶道，来生得闻佛法，并即生解脱。相反若发心不清净或不尊重佛舍利，舍利则会自己飞走，若具大信心者，具功德者或精进修佛法者，舍利会增生、增大。

佛教的布施是什么意思

佛教的布施即以慈悲心而施福利与人之意。布施原为佛陀劝导优婆塞等之行法，其本义乃以衣、食等物施与大德及贫穷者；至大乘时代，则为六波罗蜜之一，再加上法施、无畏施两者，扩大布施的意义。亦即指施与他人以财物、体力、智慧等，为他人造福成智而求得累积功德，以致解脱的一种修行方法。

布施分为三大部分：财布施、法布施、无畏布施。财布施即分内财、外财。譬如布施你的体力，帮别人劳动就是内财布施；布施掉你的钱财去帮助别人，这就是外财布施；法布施即讲经、印经并结缘给他人、记录讲经说法的碟片结缘给他人、劝人学佛等均是法布施；无畏布施就是让众生不再感到畏惧。最简单的，吃素就是无畏布施。放生也是无畏布施。

佛教的禅定是什么意思

禅定，又名三昧，所谓“念佛三昧，三昧之王。”禅不执著一切境界相，即外不着相；定是内不动心。禅定亦即止观，止是放下，观是看破。禅定是指“心一境性”，让混乱的思绪平静下来，外禅内定，专注一境。禅的意义就是在定中产生无上的智慧，以无上的智慧来印证，证明一切事物的真如实相的智慧，这叫作禅。

一般来说，禅定不一定能悟道解脱，但要悟道解脱却离不开禅定。但是对上根利智者而言，禅定并无一定之形式。所谓“行亦禅，坐亦禅，语默动静体安然。”

禅定有六法，即静，缓和身心，消除紧张；定，专注不移，一心一意；止，摆脱杂念，头脑休息；观，一心观想，坚强意志；觉，感觉敏锐，思绪空明；同，无限可能，创意无限。

禅定的种类很多，《瑜伽》卷十一《三摩多地》中归纳为四类，即静虑、解脱、等持、等至。

静虑，为梵语“禅那”之汉译，即于一所缘境系念寂静、正审思虑之意；解脱包括了八解脱、八胜处、十遍处三种；等持的汉译为等持，平等持心之意，为通摄一切有心位中“心一境性”，亦通散位定，如欲界定；等至梵语为“三摩钵底”，译为等至，是等引，通指一切有心、无心诸定位中所有定体，包括了五现见等至、八胜处、十遍处、四无色定、二无心定等。

在四大类型的禅定中，四静虑是最基本的，它遍通于有漏无漏、大乘小乘，又是其他三类禅定的基础，其他禅定有些是建立在它的基础之上，或依于它则容易成功，所以习禅者应先以四禅为初课而次第修习之。

什么叫作佛教的精进

精进又叫作勤，即努力向善向上。

精进同善根合起来即是不放逸，就是过着有规律的生活。人若放逸就是对于贪嗔痴三毒不加节制，任性所为，肆无忌惮。不放逸刚好与之相反，是以善根及精进为体，有防恶修善的功能。对一切善法肯认真负责，精诚集中，故名不放逸。

《金刚经》竹简

学佛的甲胄即是精进。如能忍，一切事均可成就。《金刚经》云：“一切法得成于忍。”

人与人相处，人与环境相处，必须忍耐，唯一目标：若能使道业上有所成就，则任何环境都要忍耐。我们每天至少有十一二小时都在动脑筋，贪著世事，这就是业。过去生生世世都在造业；要勤劳不息地进修，不取不著，即可远离多生多劫的业障。

精进是没有条件的，有条件即不能与本性相应，有条件容易退转。例如学佛为求财富、求平安、求儿女上进，希望达不到就要退心了。必须发菩提心，发菩萨愿，没有任何要求及附带条件，只是为了饶益众生，为了度众生，求诸功德法。

怎样认识佛教的积极意义

宗教是人类社会一种重要的社会力量。它根本上是一种世界观，是对包括自然、社会和人的思维在内的整个世界的一种特殊的认识和评价，它有一整套思想理论。与哲学、艺术等具有同等社会意义。

正确地理解、了解佛教的人生观，对于广泛认识人类精神生活、加强精神文明建设具有一定的积极作用。佛教是人类精神生活中重要的一环，它的人生观从某种程度上看对于人开启自性思维，使人获得积极人生观；对于净化社会、人心，保护生态环境有一定积极意义。

第一，佛教开启自性思维，倡导自主人格。佛教认为，每个人心中都有一个花园，这个花园里本该有随时开放的花朵，本该是五光十色、生机盎然，本该是阳光灿烂、万紫千红、欣欣向荣，可是多愁的人们总是在这花园里种植烦恼葛藤，结果开的是苦涩的花，收的是苦恼的果。只有对自己的行为负责，不能归罪于天或埋怨别人，进而降服贪求的妄心，才能开启自性的思维，回到自性的源头，回到香飘十里的花园。

第二，积极人生观和向上精神。佛教详尽地剖析宇宙人生的问题，目的在于使人获得对人生的积极认识。佛教把人生看成是苦恼的人生，然后进一步地分析这些人生的苦恼都是人们自己的无知贪欲招来的。

因此，佛教倡导：人要布施，修福慧，要能看破，要能挣脱名枷利锁；人的身体是空的、假的，所以不要“处处为我”；众生是一体的，休戚与共的，小我生活于大我之中。

因此，“淡泊明志，宁静致远”，财富的多少并不能代表一个人的精神充实与否，只有修养道德，净化心灵，才能欢度心安理得的人生。

第三，对净化社会、人心有一定积极作用。佛教的基本教义严守不杀生、不偷盗、不邪淫、不妄语、不饮酒，严守五戒是做人的根本，违犯五戒在社会上就不能立足，同时也为国法所不容，最后只有身系囹圄，饱尝铁窗之苦。

第四，尊重生命、珍惜生命，是佛家的根本观念。所以佛教对保护生态环境具有积极作用。佛教的生态实践可以分为两类，一是对生命的保护，二是对环境的保护。前者包含不杀生、素食、放生、和平运动等行为，后者集中体现为佛化自然、生活环保等。佛教徒的环境追求，在很大程度上反映了普遍的人性需要。

第八部分 诸子百家

从中国文明演化的历史来看，诸子百家是早期的学科分类体系，儒家、法家、兵家、纵横家等偏向政治军事与伦理领域；墨家、道家、名家、医家和农家等偏向自然工艺与逻辑等领域；还禅家、杂家、书画家等则偏向人文艺术等领域。

诸子百家代表了春秋战国时期的不同思想，涵盖了儒家、道家、法家、墨家、兵家、小说家、纵横家、阴阳家等各个学派，分别提出了自己的思想主张。

儒家提倡仁、义，是中国传统思想的核心和道德主流；道家注重修身，崇尚自然，主张清静无为；法家抓张以法治国，力行变革；墨家尚贤尚同，主张无亲疏贵贱之分的“兼爱”；兵家的思想涉及了统治国家与领兵打仗等多个方面等。

什么是诸子百家

诸子百家是对春秋战国时期各种学术派别的总称。目前诸子百家之流传中最为广泛的是：儒家、道家、墨家、法家、兵家、纵横家、名家、阴阳家、杂家、农家、小说家、医家。

诸子，是指这一时期思想领域内反映各阶层、阶层利益的思想家及著作，也是先秦至汉各种政治学派的总称，属春秋后期才产生的私学。

百家按照“百家姓”的姓以子为称呼为代表的思想家。主要人物有孔子、孟子、墨子、荀子、老子、庄子、列子、韩非子、商鞅、申不害、许行、告子、杨子、公孙龙、惠子、孙武、孙膑、张仪、苏秦、田骈、慎子、尹文、邹衍、晏子、吕不韦、管子、鬼谷子等。

诸子百家的许多思想给后代留下了深刻的启示。如儒家的“仁政”“己所不欲，勿施于人”的“恕道”；孟子的古代民主思想；道家的辩证法；墨家的科学思想；法家的唯物思想；兵家的军事思想等，在今天依然闪烁光芒。即便是那“诡辩”的名家，也开创了中国哲学史上的逻辑学领域。

我们可以也应该借鉴儒家的刚健有为精神，来激励自己发愤图强；借鉴儒家的公忠为国精神，来培育自己的爱国情怀；借鉴儒家的“以义制利”精神，来启示自己正确对待物质利益，借鉴儒家的仁爱精神，来培育自己热爱人民的高尚情操；借鉴儒家的气节观念，来培育自己的自尊、自强的独立人格；也借鉴墨家的“兼爱”、“尚贤”、“节用”；道家的“少私寡欲”、“道法自然”；法家的“废私立公”等思想。

儒家代表人物和主张

儒家的代表人物是孔子、孟子、荀子。代表作品是《论语》、《孟子》、《荀子》。

儒家是战国时期重要的学派之一，它以春秋时孔子为师，以“六艺”为法，崇尚“礼乐”和“仁义”，提倡“忠恕”和不偏不倚的中庸之道，主张德治和仁政，重视道德伦理教育和人的自身修养的一个学术派别。

儒家的伦理观认为，仁是伦理道德的总纲。仁就是爱人，君主要体民情、爱惜民力，反对苛政。若要实践仁德，需要忠和恕。忠是尽自己的本分；恕是推己及人。提倡以礼、乐，约束人的行为，陶冶人的性情。

儒家政治观主张以礼义治国，恢复西周时期的德治。而社会各阶层人士应尽本分，以达致“君君臣臣、父父子子”的和谐局面，这就是正名思想。

儒教教育观提出“有教无类”的主张，认为教不应分贵贱贤愚。孔子认为“因材施教”是理想的教学方法。他又提倡“温故知新”及“举一反三”等学习方法。

儒家的宇宙观对鬼神之说抱着“存而不论”的态度，主张“敬鬼神而远之”，但却十分重视祭祀祖先。

其后孟子以“性善说”论述仁，“人之异于禽兽者，几希”。他认为人性本善，具备了恻隐、羞恶、辞让、是非四种善端，加以发扬，便可成为仁、义、礼、智的德行。

荀子主张“性恶论”，认为人与禽兽无异，“饥而欲饱，寒而欲暖”，若顺从人的本性而行，必会引起纷争。他主张通过教育改变人的本性，为善去恶。荀子强调通过礼治维持社会秩序，使社会各阶层人士安守本分，社会便能安定。

儒家学说所倡导的“仁、义、礼、智、信”，被历代统治者及学术界所尊崇，成为中国传统思想的核心及道德的主流。

孔子何以被称为万世师表

孔子，名丘，字仲尼，鲁国陬邑人，祖籍宋国栗。生于公元前551年，卒于公元前479年，终年73岁。他是儒家的始创人物，被后世尊为“万世师表”，也被称为“圣人”。

孔子周游列国，先后到了卫、陈、蔡、楚、宋等国，宣扬其政治抱负，但皆不得重视。孔子不能伸展自己的抱负，心灰意冷，遂返回鲁国，是为鲁哀公十一年，孔子已68岁。自此以后，他潜心讲学和著书

在此期间，孔子与弟子重新编订了《五经》和撰写《春秋》，为的是要记载春秋时代所发生的大事，阐发儒家的价值观。

孔子一生主要贡献在于，奠定了教育的基础，他在政治上采取保守主义，主张恢复西周礼乐制度；但在教育上倡导“因材施教”“有教无类”。这些开明的启发式教育方法，以及他对于思想领域的开创性见解间接地促进了春秋战国时期“诸子百家”这一文化鼎盛现象的形成。

孔子去世后，他的弟子们将其一生的话语，去芜存菁地摘录下来，编成《论

语》，是孔子的“言行录”，具有较高的文学价值，是儒家学说的必读经典。

孟子性善论的主要思想是什么

性善论是孟子提出的一种人性论。

孟子认为，性善可以通过每一个人都具有的普遍的心理活动加以验证。既然这种心理活动是普遍的，因此性善就是有根据的，是出于人的本性、天性的，孟子称之为“良知”、“良能”。

《孟子·告子上》:“恻隐之心，人皆有之；羞恶之心，人皆有之；恭敬之心，人皆有之；是非之心，人皆有之。恻隐之心，仁也；羞恶之心，义也；恭敬之心，礼也；是非之心，智也。仁、义、礼、智非由外铄我也，我固有之也。”

《孟子·公孙丑上》:“人皆有不忍人之心。先王有不忍人之心，斯有不忍人之政矣。以不忍人之心，行不忍人之政，治天下可运之掌上。所以谓人皆有不忍人之心者，今人乍见孺子将入于井，皆有怵惕恻隐之心。非所以内交于孺子之父母也，非所以要誉于乡党朋友也，非恶其声而然也。”

《孟子·尽心上》:“人之所不学而能者，其良能也；所不虑而知者，其良知也。孩提之童无不知爱其亲者，及其长也，无不知敬其兄也。”

孟子以性善论作为根据，在政治上主张实行仁政。

《孟子·滕文公上》:“孟子道性善，言必称尧舜。”

孟子把道德规范概括为四种，即仁义礼智。同时把人伦关系概括为五种，即父子有亲，君臣有义，夫妇有别，长幼有序，朋友有信。孟子以上理论的出发点就是性善论。注意是人性向善，不是人性本善。

荀子性恶论的主要思想是什么

荀子的性恶论是中国古代人性论的重要学说之一。性恶论以人性有恶，强调道德教育的必要性，性善论以人性向善，注重道德修养的自觉性，两者既相对立，又相辅相成，对后世人性学说产生了重大影响。

荀子认为，人之命在天，“无天地，恶生？”天地者，“万物各得其和以生，各得荀子其养以成。天职既立，天功既成，形具而神生。”既然人是由天而生的，人情也就出于天情，同于天情。出于天情、同于天情的人情就叫作性。所以荀子说：“生之所以然者谓之性”，“不事而自然谓之性”，“性者，天之就也；情者，性之质也”。

荀子画像

荀子说：“好恶、喜怒、哀乐，夫是之谓天情。”又说：“性之好恶、喜怒、哀乐，谓之情。”荀子和孟子一样，认为食色、喜怒等是人的先天性情，是人情之所不能免，是人所共有的。但是，在性情与仁义的关系上，荀子则与孟子不同。

孟子把食色和仁义都看作是出于先天的人性，其中仁义是大体，食色是小体；仁义好比是熊掌，食色是鱼。荀子则认为人性只限于食色、喜怒、好恶、利欲等情绪欲望，不论君子和小人都一样。所以荀子说：“人之生也固小人。”“人之生也固小人”就叫作“性恶”。至于仁义，则是由后天所学、所行、所为而获得的。

《荀子·性恶》：“今人之性，生而有好利焉，顺是，故争生而辞让亡焉。生而有疾恶焉，顺是，故残贼生而忠信亡焉。生而有耳目之欲，有好声色焉，顺是，故淫乱生而礼义文理亡焉。然则从人之性，顺人之情，必出乎争夺，合于犯分乱理而归于暴。”

荀子认为：“故虽为守门，欲不可去；虽为天子，欲不可尽。”性、情、欲都源于天，因此人对于性、情、欲最多只能是“欲虽不可尽，可以近尽也；欲虽不可去，求可节也”这是一方面。

另一方面，“天能生物，不能辨物也；地能载人，不能治人也。”天不能治人，叫作“天人之分”。既然有“天人之分”，就可以有人治，有人与天情、天性的对抗。所以，荀子学说最后的关键是聚焦在了“天人之分”一点上。

《荀子·正名》：“生之所以然者谓之性，不事而自然谓之性，性之好恶、喜怒、哀乐谓之情。情然而心为之择谓之虑。心虑而能为之动谓之伪，虑积焉、能习焉而后成谓之伪。正利而为谓之事，正义而为谓之行。”

“不可学、不可事而在天者谓之性。可学而能、可事而成之在人者谓之伪。

是性伪之分也。”

伪即为，意即人类的作为。性和情是天生的，人不可干涉，也不应该干涉。但人的后天选择、思考、学习、行事，却完全取决于人，应该由人自己承担。“天”也同样不可以干预人事。“为”与“虑”与“学”与“行”，正是荀子思想中所最终强调的部分。荀子著《劝学》《修身》诸篇，并以此作为《荀子》全书的开始，是有着特殊含义的。

荀子认为，礼义是出于圣人君子之为。《荀子·儒效》中“彼求之而后得，为之而后成，积之而后高，尽之而后圣”、“性也者，吾所不能为也，然而可化也。积也者，非吾所有也，然而可为也”是建立仁义、消化性情的关键，也是在否定了孟子之后，礼义和人治赖以重建的新的根据。

“不闻不若闻之，闻之不若见之，见之不若知之，知之不若行之。学至于行之而止矣”。荀子说：“小人可以为君子而不肯为君子，君子可以为小人而不肯为小人，小人君子者，未尝不可以相为也。”君子与小人的区别，就在于为与不为。《荀子·性恶》：“圣人之所以同于众其不异于众者，性也；所以异而过众者，为也。”能行、能止、能为，即是君子。小人循性而不知为，君子明天人之分，化性起为，不舍于性而求有为，性与为既是有区别而对立的，又是一致而并存的。性虽具有欲望，但性本不怎么恶，因为不加以节制才乱，才恶。

所以荀子说：“性者，本始材朴也。为者，文理隆盛也。无性则伪之无所加，无伪则性不能自美。性伪合，然后成圣人之名，一天下之功于是就也。”

有了为的概念以后，性之恶的情况就得到了淡化，以至于在《荀子·礼论》中，性与为趋向于一致，即“性为合”。“性为合”具体表现在两个方面。

其一，表现在方法上，是学的方法和途径。“蓬生麻中，不扶而直。白沙在涅，与之俱黑。积善成德，圣心备焉”。“学恶乎始?恶乎终?曰：其数则始乎诵经，终乎读礼。其义则始乎为士，终乎为圣人”。为不舍弃性而独在。为与性相联结的关键环节，就是学。

其二，荀子往往以礼义并称，区别于孟子的以仁义并称。荀子对礼学有着重要的阐述，“性为合”表现在具体内容上，就是礼。如果说孟子是在孔子仁的概念之后着重建立了义的概念，那么荀子就是继孟子之后着重建立了礼的概念。

道家代表人物和主张

道家的代表人物是老子、庄子、列子。代表作品是《道德经》、《庄子》、《列子》。

道家是战国时期重要学派之一，又称道德家。这一学派以春秋末年老子关于道的学说作为理论基础，以道说明宇宙万物的本质、本源、构成和变化。认为天道无为，万物自然化生，否认上帝鬼神主宰一切，主张道法自然，顺其自然，提倡清静无为，守雌守柔，以柔克刚。

道家的政治理想是“小国寡民”、“无为而治。强调放弃逞才、逞智、逞强、逞力、回归朴素、无知的境界，以“无为”治理天下，天下才能和平安定。最终希望回复“小国寡民”的原始社会。

作为道家学派始祖的老庄哲学，是在中国的哲学思想中唯一能与儒家和后来的佛家学说分庭抗礼的古代最伟大的学说。它在中国思想发展史上占有的地位绝不低于儒家和佛家。

在老子以后，道家内部分化为不同派别，著名的有四大派：庄子学派、杨朱学派、宋尹学派和黄老学派。其中，庄子学派的创始人庄子与道家始祖老子并称为“老庄”，他们的哲学思想体系，被思想学术界尊为“老庄哲学”。

庄子学派主要接受并发展了老子的思想，主张“天人合一”和“清静无为”。庄子认为道是超越时空的无限本体，它生于天地万物之中，而又无所不包，无所不在，表现在一切事物之中。然而它又是自然无为的，在本质上是虚无的。

代表作为寓言《庄子》，道家尊称为《南华经》，并被尊崇者演绎出多种版本，名篇有《逍遥游》《齐物论》等。《庄子》和《周易》《老子》一起并称“三玄”，在中国文学史上也有重要的地位。

老子的主要思想是什么

老子试图建立一个囊括宇宙万物的理论即道，一切事物都遵循道，相互对立的事物会互相转化，即是阴阳转化，德来源于阴阳转化的规律。

老子说：“上德不德，是以有德；下德不失德，是以无德。”“故失道而后德”意思是说：好的方法是可以变通的，坏的方法是不会变通的。因为方法来源于事物的规律，所以了解规律比了解方法更好。

老子说：“善用人者，为之下。”“圣人欲上民，必以言下之。”意思是说：越是放低身姿的人，越会被人敬仰尊重。即是“下”与“上”的转化。

“民之难治，以其上之有为，是以难治。”意思是说：当政者越是没有个人的思想而去遵从老百姓的思想，越是能治理好国家。即是不治与治的转化。

老子的“无为”并不是以“无为”为目的，而是以“有为”为目的。因为根据之前提到的道，无为会转化为有为。

这种思想的高明之处在于，虽然主观上不以取得利益为目的，客观上却可以更好地实现利益。

老子所说的自然不是类似于神的概念，万物的规律由自然来指定，即是“道法自然”。

事实上，人活着犹如宇宙之存在，没有人能理性地指出其目的。因此，非理性地选择某个目标成为唯一的选择。老子是站在道这个无穷高的位置来看问题的。因此，老子只说了方法，但没有指出目的。这给我们一个启示：人何必为刻意达到目的而痛苦不堪？无为，逍遥亦是一种为人处世之道。

关于老子的宇宙观，根据之前的道，“无”与“有”会相互转化。因此老子认为宇宙万物来自虚无，也走向虚无。比如：人的生与死，等等。

庄子的主要思想是什么

庄子的主要是想包括三个方面，即哲学思想，伦理思想和无神论思想。

庄子的哲学思想把“道法自然”的老子学说继承下来，明确地阐述了道的本质作用，他还对宇宙形成进行了探索。在《天运》篇中举出了天地运行，日月其争，云雨转换等自然现象，提出了大量的物与物的运行问题，但最后解释为物的产生归于道。

最终把物说成了一种精神的东西。在其哲学中，还有一个重要概念就是“无为”，即君主治理天下，没有比无为而治更好的了。

庄子的辩证法思想极为深刻，这也是其哲学思想的精华之一。他认为事物的变化在于自身运动，并认为事物存在着矛盾的对立统一。认为安与危、是与非、生与死、缓与急等都是对立的，是互相依存，相互制约的关系。

庄子的伦理思想继承了孔子的宿命论倾向，抛弃了强调人事的思想，同时否定了老子所承认的人在自然中的地位，从而建立了自己的伦理道德观点。

庄子提出的“天人合一”思想，强调了自己对人性的看法，主张要消除对回归自然本性的干扰，复归到纯真无为的自然中来。庄子最害怕的，或最深挚悲哀的是精神之死，不是形体之死。宗教观念是身体已死而灵魂不死，而庄子提的是身体存在而灵魂已死。

庄子的无神论思想把“天”赋予自然的含义，他认为，知道自然的作用，是懂得宇宙万物的形成；知道人的作用，即是懂得人的智慧限度，不去汲汲求知，注意养护精神，享受自然赋予的寿命，这是极高明的智慧。

《庄子》书中贯穿整体的是“天与人一体”、“通天下一气耳”等思想，这已经否定了鬼的存在，具有无神论思想，强调人与自然的统一。

荀子的主要思想是什么

荀子，名况，字卿，赵国人，公元前313年至公元前238年是他的活动时期。荀子到过齐国和秦国，后来长期住在楚国。在多年的游历中，他接触到各种学派的人物，研究了他们的学说和思想。

荀子是儒家学派的代表人物，时人尊称“荀卿”，但他总结了各派学说的成就，吸收了其中的积极因素，成为杰出的唯物主义思想家和儒学大师。晚年在兰陵从事著述，现存《荀子》32篇。

荀子认为星坠、木鸣、日月亏蚀、风雨不调、怪星出现、四时代谢等自然现象，是不以人们的意志为转移的，有规律可循的，“天行有常，不为尧存，不为桀亡”。

荀子还提出“制天命而用之”的主张。他认为天没有能力来决定人们的贫、病、祸、凶，这些完全是由人们自己决定的。他指出人如果掌握了自然规律，就可以做到“天地官而万物役”，就能够使天地万物为人服务。荀子的思想反映了新兴地主阶级的意志和利益。

荀子主张人性恶。他认为人的本性是恶的，而仁、义、礼、智等善的品德，是后天人为努力的结果；人之所以为人，是在于人有礼仪，而礼仪是后天人为的；人性虽恶，但每一个人只要通过后天的努力是可以为善的，就可以成为像禹那样的圣人；对待物质欲利问题，应节欲、导欲，不能去欲、寡欲；人成圣的方法，是自身的不断学习和环境、习俗的影响共同作用的结果。

荀子认为礼是国家的根本，提出："人之命在天，国之命在礼"，认为礼事关国家的命运，又说"人无礼不生，事无礼不成，国家无礼不宁"，指出了为人、办事、治国都必须依靠礼。

荀子在强调以德治国时，并不像孔子和孟子那样注重道德的自律、强调仁义，荀子吸收了法家的思想，引礼入法，提出了"重法""慎罚"的思想，认为法律是治理国家的重要手段。他认为对犯法的人不加以严惩，社会就会发生混乱，民心就不服，国家就不稳定。虽然荀子提出重法，但他另一方面又反对滥用刑罚，因此，他提出了慎罚，认为只有合理利用法律的统治者，才能真正发挥法律的治国作用。

墨家代表人物及思想是什么

墨家是战国时期重要学派之一，创始人为墨翟。代表作品是《墨子》。

"尚贤"、"尚同"是墨家的基本政治纲领。墨家与儒家并称"显学"。墨家伦理观提出"兼爱"，主张爱不应有亲疏、上下、贵贱、等级的分别。他认为天下之所以大乱，是由于人不相爱。

墨子画像

政治上主张"尚贤"、"尚同"，提倡选任贤才，消除阶级观念，使天下大治，主张"非攻"，反对一切侵略战争。

经济上反对奢侈的生活，主张节俭，提出"节用"、"节葬"、"非乐"的思想。

墨家在宇宙观上提出"非命"，认为命运不能主宰人的富贵贫贱，强调只要通过后天的努力就可以改变命运。为了求福避祸，他又主张"尊天""事鬼"。

由于墨家从创始人墨子到主要的代表人物，都是社会中底层的学者，所以墨家更能体会到战乱时期社会中劳动人民的凄惨生活，所以相对于儒家的过分讲求礼，墨家更注重刻苦、节俭的生活习惯，而且不吝于做底层的劳动工作，被儒生辱为“淫巧之技”，生活上的偏差，立场上的对立，和思想上比“仁爱”更难遵从的“兼爱”，使得墨家并未得到统治者的支持，日后发展不大。

墨子的主要思想是什么

墨子的学说思想主要包括以下几点：

一是兼爱、非攻。所谓兼爱是要求君臣、父子、兄弟都要兼相爱，“爱人若爱其身”，并认为社会上出现强执弱、富侮贫、贵傲贱的现象，是因天下人不相爱所致。

二是天志、明鬼。宣扬天命鬼神的迷信思想是墨家的一大特点。墨子认为天是有意志的，它不仅决定自然界星辰、四时、寒暑等的运动变化，还对人世的政治起支配作用。因“天之爱民之厚”，君主若违天意就要受天之罚，反之，则会得天之赏。对于鬼神，墨子不仅坚信其有，而且认为它们对于人间君主或贵族也会赏善罚暴。

三是尚同、尚贤。尚同是要求百姓上同于天子。墨子认为，国君是国中贤者，百姓应以君上之是非为是非。他还认为上面了解下情也很重要，因为只有这样才能赏善罚暴。尚贤是要求君上能尚贤使能，即任用贤者而废抑不肖者。墨子把尚贤看得很重，认为是政事之本。他特别反对君主用骨肉之亲，对于贤者则不拘出身，提出“官无常贵，民无终贱”的主张。

四是节用，这是墨子非常强调的一种观点，他们抨击君主、贵族的奢侈浪费，尤其反对儒家看重的久丧厚葬之俗。认为君主、贵族都应像古代大禹一样，过着极为俭朴的生活，而且要求墨徒在这方面也能身体力行。

五是在认识论方面，墨子以“耳目之实”的直接感觉经验为认识的唯一来源，他认为，判断事物的有与无，不能凭个人的臆想，而要以大家所看到的和所听到的为依据。

墨子从这一朴素唯物主义经验论出发，提出了检验认识真伪的标准，即三表：“上本之于古者圣王之事”“下原察百姓耳目之实”“废以为刑政，观其中国家百姓人民之利”，墨子把事、实、利综合起来，以间接经验、直接经验和社会效果为准绳，努力排除个人的主观成见。

在名实关系上，他提出“非以其名也，以其取也”的命题，主张以实正名，名副其实。墨子的认识论也有很大的局限性，他忽视理性认识的作用，片面强调感觉经验的真实性。他曾以有人“尝见鬼神之物，闻鬼神之声”为理由，得出“鬼神之有”的结论。

墨子在政治上提出了兼爱、非攻、尚贤、尚同、节用、节葬、非乐等主张。“兼以易别”是他的社会政治思想的核心，非攻是其具体行动纲领。他认为只要大家“兼相爱，交相利”，社会上就没有强凌弱、贵傲贱、智诈愚和各国之间互相攻伐的现象了。

他对统治者发动战争带来的祸害以及平常礼俗上的奢侈逸乐，都进行了尖锐的揭露和批判。在用人原则上，墨子主张任人唯贤，反对任人唯亲，主张“官无常贵，民无终贱”。他还主张从天子、诸侯国君到各级正长，都要“选择天下之贤可者”来充当；而人民则要服从君上，做到一同天下之义。

墨子也是中国古代逻辑思想的重要开拓者之一。他比较自觉地、大量地运用了逻辑推论的方法，以建立或论证自己的政治、伦理思想。他还在中国逻辑史上第一次提出了辩、类、故等逻辑概念。并要求将辩作为一种专门知识来学习。墨子的辩虽然统指辩论技术，但却是建立在知类明故基础上的，因而属于逻辑类推或论证的范畴。由于墨子的倡导和启蒙，墨家养成了重逻辑的传统，并于后期墨家建立了第一个中国古代逻辑学的体系。

法家代表人物及思想是什么

法家的代表人物是韩非、李斯、商鞅。法家的代表作品是《韩非子》。法家是战国时期的重要学派之一，因主张以法治国，“不别亲疏，不殊贵贱，一断于法”，故称之为法家。春秋时期，管仲、子产即是法家的先驱。战国初期，李悝、商鞅、申不害、慎到等开创了法家学派。至战国末期，韩非综合商鞅的“法”、慎到的“势”和申不害的“术”，集法家思想学说之大成。

法家重视法律，反对儒家的礼，反对贵族垄断经济和政治利益的世袭特权，要求土地私有和按功劳与才干授予官职。法律的作用就是“定纷止争”，也就是明确物件的所有权。“兴功惧暴”，鼓励人们立战功，而使那些不法之徒感到恐惧，兴功的最终目的是为了富国强兵，取得兼并战争的胜利。

法家反对保守的复古思想，主张锐意改革。他们认为历史是向前发展的，一切的法律和制度都要随历史的发展而发展，既不能复古倒退，也不能因循守旧，提出“不法古，不循今”的主张。韩非则集法家大成，提出“时移而治不易者乱”，把守旧的儒家讽刺为守株待兔的愚蠢之人。

商鞅、慎到、申不害三人分别提倡重法、重势、重术，各有特点。韩非提出了将三者紧密结合的思想。法是指健全法制；势指的是君主的权势，要独掌军政大权；术指的是驾驭群臣、掌握政权、推行法令的策略和手段，主要是察觉、防止犯上作乱，维护君主地位。

《汉书·艺文志》著录法家著作有217篇，今存近半，其中最重要的是《商君书》和《韩非子》。

商鞅的主要思想是什么

商鞅专研以法治国，受李悝、吴起等人的影响很大。他听说秦孝公下令国中求贤者，欲收复秦之失地，便携同李悝的《法经》到秦国去。通过秦孝公宠臣景监，商鞅三见秦孝公，提出了帝道、王道、霸道三种君主之策。只有霸道得到秦王的赞许，并成为秦国强盛的根基。公元前359年商鞅任左庶长，开始变法，后升大良造。

公元前359年，正当商鞅辅佐秦孝公酝酿变法时，旧贵族代表甘龙、杜挚起来反对变法。他们认为利不百不变法，功不十不易器。“法古无过，循礼无邪。”商鞅针锋相对地指出：“前世不同教，何古之法？帝王不相复，何礼之循?”“治世不一道，便国不法古，故汤武不循礼而王，夏殷不易礼而亡。反古者不可非，而循礼者不足多。”

商鞅画像

从而主张“当时而立法，因事而制礼”。这是以历史进化的思想驳斥了旧贵族所谓“法古”“循礼”的复古主张，为实行变法作了舆论准备。

商鞅于公元前356年、公元前350年先后两次实行变法，变法内容为“废井田、开阡陌，实行郡县制，奖励耕织和战斗，实行连坐之法”。变法日久，秦民大悦。秦国道不拾遗，山无盗贼。商鞅因功封于商十五邑。

商鞅之法太过刻薄寡恩，设连坐之法，制定严厉的法律，增加肉刑、大辟，有凿顶、抽肋、镬烹之刑。尤其是军功爵制度，造成秦国贵族多怨。秦国公族赵良劝说商君勿积怨太深，宜“归十五都，灌园于鄙”“不贪商、于之富，不宠秦国之教”，商鞅不听。

公元前338年，秦孝公崩，惠文王即位，公子虔告商鞅谋反，商鞅逃亡至边关，欲宿客舍，结果因未出示证件，店家害怕“连坐”不敢留宿，自是“作法自毙”；欲逃往魏国，魏人因商鞅曾背信攻破魏师，亦不愿收留。后来商鞅回到商邑，发邑兵北出击郑国，秦国发兵讨之，杀鞅于郑国黾池，死后被秦惠王处“车裂之刑”于彤，灭商君之族。

慎到的主要思想是什么

慎到是战国时期赵国人，原来学习道家思想，是从道家中分出来的法家代表人物。

慎到认为，君主如果要实行法治，就必须重视权势，这样才能令行禁止。

一方面，慎到主张因循自然，清静而治。另一方面，他又强调法和势。法就是法律、法规，势就是权势。这两者是相辅相成的。势是前提，法是手段。他主张“抱法处势”，把法看成了国家的根本，是维系社会秩序，伦理道德的可靠保证。

慎到认为，有了法，就要真正以法治国，不能只是摆设。什么都要用法来实行、判断、裁定，不能有所遗漏。法有种种作用，所以，法必须不断变化以顺应时代，否则，法就会衰败，就会走向死亡。而君主的责任之一，就是变法。

表面上看来，慎到主张因循自然、清静而治与以法治国是矛盾的，实际上，慎子的意思是在法治的基础上依照事物的本性，顺其自然，法也必须遵循自然本性。很明显，慎到的思想是老庄道学与法家的合流。

申不害的主要思想是什么

申不害所主张的术，是在执行法的前提下使用的，而法又是用来巩固君主统治权的。因此他并不是不讲法与势的。

关于君主的权势，申不害认识得很清楚。在战国诸侯争霸的情形下，君主专制是最能集中全国力量的政权形式，也是争霸和自卫的最佳组织形式。他提出“君必有明法正义，若悬权衡以秤轻重。”为了说明法，他提出“正名责实”的理论。

申不害的名，主要是政治概念，他的名是法的等值概念，是为人君制定的工具。所谓实，也就是君主给臣下规定的责任和职权，是臣下遵从君主的规范。申不害本来是劝诫君主发号施令要慎之又慎的，但其效果是加强了君主的个人专制。申不害找不到如何提高君主权威，而又能制约君主的方法，这是一个二律悖反的问题。

玩弄权术，当然不是自申不害首先提出的，但他是第一个在理论上的系统研究者，这在官场的政治斗争中，很受历代统治者的喜爱。但从本质上说，无补于稳固政权。因为既然有驭臣之术，必有欺君之方，尔虞我诈，你争我斗，加剧了政权的不稳定性。

申不害研究术，有正面的领导控制方法，也有阴谋诡计，我们现在不能说他是否道德，但可以说，他的思想和研究是可以启迪后人的。

名家代表人物及思想是什么

名家的代表人物是邓析、惠施、公孙龙和尹文。代表作品是《公孙龙子》。

名家是战国时以辩论名实问题为核心的一个著名学派。《汉书·艺文志》将其列为“九流”之一。一称“辩者”，又称“刑名家”。汉时称名家”，强调名实相符，“控名指实，参伍不失”。名家对概念有独特的研究，擅长于辩论，其弊流于“苛察缴绕”。

名家着重围绕着概念和事实的关系问题，展开论辩并提出自己的见解。《汉书·艺文志》注录的名家著名代表人物的著作主要有:《邓析子》、《尹文子》、《惠子》、《公孙龙子》等。现除《公孙龙子》之外,其余著作皆早佚。今存《邓析子》、《尹文子》经考证系后人伪作。

对于名家，庄子评价其为“饰人之心，易人之意，能胜人之口，不能服人之心”。名家理论为后期墨家所批判、纠正，秦以后则无续。《庄子》、《墨子》等书中，保存了先秦名家的部分思想。

虽然名家各派的思想均有所偏重，但是他们对先秦的名实论和古代逻辑学的发展超过其他学派，在一定意义上还是具有重要贡献的。

邓析的主要思想是什么

邓析的法律思想主要有反对“刑书”，私造“竹刑”和私家传授法律。《荀子·非十二子》谈到：邓析“不法先王，不是礼义。”他反对将先王作为自己效法的榜样，是我国历史上最早反对礼治的思想家。

邓析

邓析的在改旧制，私造竹刑方面，比当时郑国的国君子产还要激进，他对子产所推行的一些政策不满，曾经“数难子产之政”。甚至对于子产的铸刑书他也多有批评，于是自编了一套更能适应社会变革要求的成文法，将其刻在竹简上，人称竹刑。

晋人杜预说：邓析“欲改郑所铸旧制，不受君命，而私造刑法，书之于竹简，故言竹刑。”对于竹刑的具体内容，虽然不得而知，但从古人的评价即可看出，它是要改变郑国的旧制，既不效法先王，不肯定礼义，也不接受当时国君的命令，只能是体现新兴的统治阶级意志的东西。

邓析还传授法律知识，承揽诉讼。他聚众讲学，向人们传授法律知识和诉讼方法，并帮助别人诉讼。《吕氏春秋》说：邓析“与民之有讼者约，大狱一衣，小狱襦裤。民之献衣而学讼者不可胜数。”相当于收取律师诉讼费，大家发现干这项工作收益不错，于是又纷纷参加他的法律培训班。他擅长辩论，有人称他“操两可之说，设无穷之词”，但广大民众对于他的成功却十分敬佩。

在诉讼的过程中，他敢于提出自己的独到见解，“以非为是，以是为非。”在他的倡导下，郑国出现了一股新的思潮，“郑国大乱，民口欢哗。”对当时的统治者造成了严重威胁。继子产、子大叔而任郑国执政的姬驷歂对付不了这种局面，于是“杀邓析，而用其竹刑。”他们杀其人而用其法，可见其竹刑的合理性。

惠施的主要思想是什么

惠施的命题主要是对自然界的分析，其中有些含有辩证的因素。他说："至大无外，谓之大一；至小无内，谓之小一。"大一是说整个空间大到无所不包，不再有外部；小一是说物质最小的单位，小到不可再分割，不再有内部。这和后期墨家一样认为物质世界是由微小的不可再分割的物质粒子所构成。

万物既然都由微小的物质粒子构成，同样基于小一，所以说"万物毕同"；但是由小一构成的万物形态千变万化，在大一中所处的位置各不相同，因此又可以说"万物毕异"。

在万物千变万化的形态中，有"毕同"和"毕异"的"大同异"，也还有事物之间一般的同异，就是"小同异"。他把事物的异同看作相对的，但又是统一在一起的，这里包含有辩证的因素。

惠施有些命题是和后期墨家有争论的。后期墨家运用数学和物理学的常识，对物体的外表形式及其测算方式作了分析，下了定义。而惠施认为物质粒子不累积成厚度，就没有体积；但是物质粒子所构成平面的面积，是可以无限大的。

后期墨家曾经严格区分空间的"有穷"和"无穷"，《墨子·经说下》说："或不容尺，有穷；莫不容尺，无穷也。"认为个别区域前不容一线之地，这是有穷；与此相反，空间无边无际，这是无穷。

而惠施反驳说，"南方无穷而有穷"，就是说南方尽管是无穷的，但是最后还是有终极的地方。后期墨家认为"中"到相对的两边的终点是"同长"的。《墨子·经上》说："中，同长也。"而惠施反驳说："我知天下之中央，燕之北，越之南是也。"因为空间无边无际，无限大，到处都可以成为中心。

后期墨家认为同样高度叫作"平"，《墨子·经上》说："平，同高也。"而惠施反驳说："天与地卑，山与泽平。"因为测量的人站的位置不同，所看到的高低就不一样。站在远处看，天和地几乎是接近的；站在山顶上的湖泊边沿看，山和泽是平的。

惠施把一切事物看作处于变动之中，例如说："日方中方睨，物方生方死"。太阳刚升到正中，同时就开始西斜了；一件东西刚生下来，同时又走向死亡了。

这种看法在一定程度上认识了事物矛盾运动的辩证过程。但是他无条件地承认"亦彼亦此"，只讲转化而不讲转化的条件，这样就否定了事物的质的相对稳定性，不免陷入到相对主义的泥坑中去。

公孙龙的主要思想是什么

他的著作《公孙龙子》，有一篇《白马论》。其主要命题是“白马非马”。公孙龙通过三点论证，力求证明这个命题。第一点是：“马者。所以命形也；白者，所以命色也。命色者非命形也。故曰：白马非马。”

第一点若用西方逻辑学术语是强调，“马”、“白”、“白马”的内涵的不同。马的内涵是一种动物，白的内涵是一种颜色，白马的内涵是一种动物加一种颜色。三者内涵各不相同，所以白马非马。

第二点是“求马，黄、黑马皆可致。求白马，黄、黑马不可致。故黄、黑马一也，而可以应有马，而不可以应有白马，是白马之非马审矣”。“马者，无去取于色，故黄黑皆所以应。白马者有去取于色，黄、黑马皆所以色去，故唯白马独可以应耳。无去者，非有去也。故曰：白马非马”。若用西方逻辑学术语，马和白马的外延的不同。马的外延包括一切马，不管其颜色的区别。白马的外延只包括白马，有相应的颜色区别。由于马与白马外延不同，所以白马非马。

公孙龙雕像

第三点是“马固有色，故有白马。使马无色，有马如已耳。安取白马？故白者，非马也。白马者，马与白也，白与马也。故曰：白马非马也。”这一点似乎是强调，马这个共相与白马这个共相的不同。马的共相，是一切马的本质属性。它不包涵颜色，仅只是“马作为马”。这样的马的共性与白马的共性不同。也就是说，马作为马与白马作为白马不同。所以白马非马。

公孙龙则属于“离坚白派”，即主张“离坚白”，公孙龙子着重于分析感觉经验和概念，区别个别和一般，具体和抽象。他利用概念和内涵的相异性区分特殊与一般，并把这一区分绝对化而夸大了事物的特殊性，走上与“合同异”派相反的另一个极端，导致过分强调事物的差别性。

他的著名命题有所谓的“白马非马”论。他还认为没有白色的坚石，只有“白石”与“坚石”，坚与白均离于石，不可并存于石。同时还有“狗非犬”、“鸡三足”、“景不徙”等命题。

公孙龙在这里犯了一些逻辑错误。因为由眼睛离开了光不能见物和光本身没有见物作用这样的前提，不能推出，眼睛和光合在一起也不能看见。由这一些话可以清楚地看出来，公孙龙主张像白色这一类共相是客观存在的，因而他是客观唯心主义者。

阴阳家的主要思想是什么

阴阳家是先秦时期重要学派之一，因其中心思想为阴阳五行学说，故名。《汉书·艺文志》称：“阴阳家者流，盖出于羲和之官，敬顺昊天，历象日月星辰，敬授民时，此其所长也。”阴阳家将古代科学知识和占卜巫术相混杂，他们掌握了自然界变化的一些规律，但又以天象来比附人事的吉凶祸福。

阴阳说认为任何事物内部都存在着阴阳两个方面的对立统一，而且其发生和发展变化也是阴阳对立统一的结果。五行说认为万物皆由金、木、水、火、土五种元素组成，并通过它们的相生相胜来说明宇宙万物的起源和变化。到战国时代，阴阳说和五行说逐渐合流，形成一种新的观念模式。

战国时，阴阳五行学说盛极一时。阴阳家以阴阳五行说为理论基础来解释季节变化和农作物生长的规律，以春、夏、秋、冬四时配东、西、南、北四方，认为四季变化是由五行的盛衰决定的。战国末年，阴阳家把阴阳五行说运用于社会发展中，创“五德终始”说，认为历史朝代的嬗变遵守土、木、金、火、水五行相生相胜之道而循环，为新兴的大一统王朝的建立提供理论根据。这套理论后来成为汉代天人感应学说的重要来源。

阴阳家代表人物是邹衍。《汉书·艺文志》载“阴阳二十一家，三百六十九篇”，这些作品今已全部亡佚。

阴阳五行说对中国古代数学、医学、天文学、地理学等都有影响。汉武帝罢黜百家后，其学说部分融入儒家思想体系，部分为原始道教所吸收，作为独立学派的阴阳家便逐渐消失了。

邹衍的主要思想是什么

邹衍以谈天为手段，以服务于当时的政治需要为目的。建立于阴阳五行基础上的“五德终始”说，是他学说的核心所在。

邹衍认为，从天地剖判以来的人类社会都是按照五德，即五行之德转移的次序进行循环的。而五德转移是仿照自然界的五行相克，即土克水、木克土、金克木、火克金、水克火的规律进行的。

人类社会的历史变化同自然界一样，也是受土、木、金、火、水五种物质元素支配的，历史上每一王朝的出现都体现了一种必然性。邹衍说：“五德之次，从所不胜，故虞土、夏木”。《文选·魏都赋》中李善注引《七略》曰：“邹子有终始五德，从所不胜，木德继之，金德次之，火德次之，水德次之。”

邹衍的这种学说为齐闵王称东帝，燕昭王称北帝奠定了理论基础，因而受到他们的礼遇和重用是不难理解的。这种学说后来被秦始皇接了去，为他的称帝及其统治服务。

邹衍的五德终始说认为人类社会是在不断变化的，自有其合理性，然以五行相生相克的理论来解释，就陷入了机械论。至于秦始皇的“水德之治”，错不在邹衍身上。

何为诸子百家中的纵横家

《汉书·艺文志》曰：“纵横家者流，盖出于行人之官。孔子曰：‘诵《诗》三百，使于四方，不能专对，虽多，亦奚以为？’又曰：‘使乎，使乎！’言其当权事制宜，受命而不受辞，此其所长也。及邪人为之，则上诈谖而弃其信。”

这里所谓的行人，是指肩负国家使命的外交官。在周朝有大行人、小行人之分。大行人负责一切外事活动，小行人是外事活动的礼仪备问官。早期的行人是吃皇粮，为本国服务的官吏。到了战国时期，他们的立场发生了根本的变化，奔走在各诸侯国之间，游说各国君王，影响着诸侯国的政治、军事、外交的大政方针。甚至鼓动别国进攻自己的祖国，丧失了起码的人格。

战国纵横派的祖师爷是鬼谷子，他是纵横理论的奠基人。苏秦、张仪是纵横家的重要代表人物。

纵横术是术而不是道，小人能用、君子也能用。事实上，春秋战国时期，用“纵横”做了好事的外交家也不乏其人。“纵横”与《武经七书》兵法书一样，属于谋略学的范畴。

鬼谷子的主要思想是什么

鬼谷子，姓王名诩，一说为春秋时代卫国人；一说为战国时代卫国人；具体生卒日不详，是“诸子百家”之一纵横家的鼻祖，主要著作有《鬼谷子》及《本经阴符七术》。《鬼谷子》是一部研究社会政治斗争谋略权术的书。

最早记载鬼谷子的是司马迁的《史记》。《史记·苏秦列传》中说：“苏秦者，东周洛阳人也。东事师于齐，而习之于鬼谷先生。”道教认为鬼谷先生为“古之真仙”，曾在人间活了百余岁，而后不知去向。《鬼谷子》一书完整地保留在道家的经典《道藏》中。

鬼谷子被喻为纵横家之鼻祖的原因是其下有苏秦与张仪两个叱咤战国时代的杰出弟子。另有孙膑与庞涓亦为其弟子之说。

鬼谷子既有政治家的六韬三略，又擅长于外交家的纵横之术，更兼有阴阳家的祖宗衣钵，预言家的江湖神算，所以世人称鬼谷子是一位奇才、全才。他著有《鬼谷子》一书，又叫作《捭阖策》。民间亦有传说鬼谷子是命理师的祖师爷。

鬼谷子在行医、当家理财、治国方案、外政外交、兵书战策、兵器发明、天文地理、神奇推算、养生教子等可以说达到了登峰造极的地步。

有关鬼谷子的生平故事甚多，主要有文学刻画与民间传奇两类。文学刻画主要有冯梦龙的《东周列国志》，杨景涓的《鬼谷四友志》，寒川子的《战国纵横》等。

苏秦的主要功绩是什么

苏秦相传为鬼谷子的徒弟。战国时期著名的纵横家，提倡联合其他国家对付秦国。

苏秦字季子，东周洛阳轩里人，战国时期的韩国人，是与张仪齐名的纵横家。可谓“一怒而天下惧，安居而天下息”。他出身农家，素有大志，曾随鬼谷子学习纵横捭阖之术多年。

苏秦与赵奉阳君共谋，发动韩、赵、燕、魏、齐诸国合纵，迫使秦国废帝退地，至乐毅破齐前夕，使强秦不敢出函谷关十五年。《汉书·艺文志》著录有

苏秦画像

《苏子》31篇，今佚。帛书《战国策》残卷中，存有其游说辞及书信16篇，与《史记》所载有出入。

苏秦从鬼谷子学成之后，出游数载，一无所成，搞得“妻不下织，嫂不为炊，父母不与言。”苏秦感叹说：“妻不以我为夫，嫂不以我为叔，父母不以我为子，是皆秦之罪也！”乃闭室不出，出其书遍观之。苏秦苦读太公《阴符》之时，每逢困乏欲睡，便用锥自刺其股。这是成语“悬梁刺股”中之“刺股”的由来。

苏秦最为辉煌的时候是劝说六国国君联合，堪称辞令之精彩者。于是他身佩六国相印，进军秦国，可是后来由于六国内部的问题，轻而易举就被秦国击溃。

张仪的主要功绩是什么

张仪作为杰出的纵横家出现在战国的政治舞台上，对列国兼并战争形势的变化产生了较大的影响。

张仪在商鞅变法的基础上，“外连衡而斗诸侯”，与秦国的耕战政策相配合，运用雄辩的口才，诡谲的谋略，纵横捭阖，游说诸侯，建立了诸多功绩，在秦国的政治、外交和军事上成为举足轻重的人物。

他在风云多变的险恶环境中，主要凭借外交手段，采用连横策略，“散六国之从，使之西面事秦”，使秦国的国威大张，在诸侯国中产生了巨大的威慑作用。孟子的弟子景春称赞说：“公孙衍、张仪，岂不诚大丈夫哉！一怒而诸侯惧，安居而天下息”。

张仪使用军事和外交手段，使得秦国“东拔三川之地，西并巴、蜀，北收上郡，南取汉中”，这为秦国的霸业和将来的统一起了积极的作用。

何为诸子百家中的杂家

杂家是战国末期的综合学派。对战国末至西汉初期，折衷和糅合众多学派思想在一起的一些学者，统称为杂家。《汉书·艺文志》列为“九流”之一，并指出杂家学派人物有“兼儒墨，合名法”的特点。其典型的代表著作如吕不韦门客编纂的《吕氏春秋》，西汉淮南王刘安为首编纂的《淮南子》等。

《吕氏春秋》亦称为《吕览》，是战国末期秦相吕不韦集合门客所编写的杂家著作。内容以儒、道思想为主，兼及名、法、农、墨等诸家言论。

《吕氏春秋》汇集了先秦各派学说，为当时秦国统一天下、治理国家提供了思想理论。由于《吕氏春秋》的内容包括了政治、军事、农桑、数术、天文、历法、教育、音乐、礼制、养生等等方面，保存了大量已遗失的文献资料，是研究先秦学术、历史的重要资料。

《淮南子》又称《淮南鸿烈》，是淮南王刘安及其门客苏非、李尚等编著的杂家著作。《汉书·艺文志》著录内21篇，外33篇，内篇论道，外篇杂说。现只流传内21篇。

《淮南子》以道家思想为主，糅合儒、法、阴阳五行等多家思想，并从唯物主义的角度提出了“道”“气”等的学说和观点，同时还包含和保留了许多自然科学史的材料。

吕不韦何以成为奇人

吕不韦，姜姓，吕氏，名不韦。战国末年著名商人、政治家、思想家，后为秦国丞相，卫国濮阳人。

吕不韦是阳翟的大商人，故里在城南大吕街，他往来各地，以低价买进，高价卖出，所以积累起千金的家产。他以“奇货可居”闻名于世，曾辅佐秦庄襄王登上王位，任秦国相邦，并组织门客编写了著名的《吕氏春秋》。

吕不韦的确是一千古奇人。但成功一世的吕不韦，由于利欲心太重，没有像范蠡那样，事业达到顶峰后急流勇退，最后落了个自杀身亡的悲惨结局，这也是吕不韦给那些成功人士留下的最大教训，也最值得那些成功人士三思。

刘安是怎样一个人

刘安是汉高祖刘邦之孙，淮南厉王刘长之子。他是我国豆腐的创始人，著有《淮南子》。

刘安好读书鼓琴，不喜弋猎狗马驰骋，潜心治国安邦，著书立说。刘安爱贤若渴，礼贤下士，淮南国都寿春成了文人荟萃的文化中心。刘安和众门客著成《淮南子》，又名《淮南鸿烈》。

该书内容涉及政治学、哲学、伦理学、史学、文学、经济学、物理、化学、天文、地理、农业水利、医学养生等领域，包罗万象。这本著作中集中体现了道家思想。在《淮南万毕术》中就有“曾青得铁则化为铜”的记载，据考证“曾青”是指铜的化合物，有的科学工作者认为是铜绿，说法不一。

刘安好黄白之术，召集道士、儒士、郎中以及江湖方术之士炼丹制药，最著名的有苏非、李尚、田由、雷被、伍被、晋昌、毛被、左吴，号称“八公”，在寿春北山筑炉炼丹，偶成豆腐。刘安因之被尊为豆腐鼻祖，八公山也因此而得名。

刘安的制国思想是“无为而制”，对道家思想加以改进，不循先法，不守旧章，遵循自然规律制定了一系列轻刑薄赋、鼓励生产的政策，善用人才，体恤百姓，使淮南国出现了国泰民安的景象。

汉武帝非常欣赏刘安的才情，但他强力推行的“罢黜百家、独尊儒术”的统治思想，却和刘安推崇的“无为而治”的道家学说南辕北辙，而父亲刘长之死更成了刘安心中的一个死结。因此，刘安在广置门客进行“学术研讨”的同时，也在不断地积蓄力量，为有朝一日的谋反做着准备。不过，和自己的父亲一样，刘安的谋反还没有来得及实施，便由于门客雷被的告状，以及门客伍被、孙子刘建的告密而画上了句号。

何为诸子百家中的农家

农家是战国时期重要学派之一。因注重农业生产而得名。此派出自上古管理农业生产的官吏。他们认为农业是衣食之本，应放在一切工作的首位。《汉书·艺文志》将农家列为“九流”之一，并注录其代表人物许行和著作如《神农》20篇、《氾胜之》18篇等，但多佚失。对于农家，文献有所间接反映。

许行是农家的代表人物。他是战国时期楚国人，据载他有学生数十人，均穿粗布衣，以打草鞋、织草席来维持生计。其基本主张为人人必须劳动，即使国君也不应例外。反映了中国古代社会中农民的一种理想。

《汉书·艺文志》说：农家者流，盖出自农稷之官。播百谷，劝耕桑，以足衣食，故八政一曰食，二曰货。孔子曰“所重民食”，此其所长也。及鄙者为之，以为无所事圣王，欲使君臣并耕，悖上下之序。《孟子·滕文公上》载有许行其人，认为贤明的统治者应该“与民并耕而食，饔飧而治”。

从《汉书·艺文志》的叙述看，先秦农家可以分为两派：一派其学说的内容带有“官方农学”的色彩;另一派学说则带有“鄙者农学”或“平民农学”的色彩。无论是带有官方农学色彩的农家，还是带有鄙者农学色彩的农家，其学说均应包括两个方面，一方面是关于社会政治的主张，另一方面是关于农业科学技术的知识。如《管子》中《地员》,《吕氏春秋》中的《上农》、《任地》、《辩土》、《审时》等篇，反映了先秦农家对农业科学的认识，以及农家对农业生产技术的总结。

现存属于先秦时的农学文献可以分为三类：第一类是讲农业技术及其原则、原理的，以《吕氏春秋》中《上农》、《任地》、《辩土》、《审时》四篇为代表；二类是讲土和水的，如《尚书·禹贡》、《管子》中的《地员》篇和《度地》篇等；三类是讲农时的，如《夏小正》、《礼记·月令》《吕氏春秋·十二纪》等。

何为诸子百家中的小说家

小说家，先秦九流十家之一，乃采集民间传说议论，借以考察民情风俗。《汉书·艺文志》云："小说家者流，盖出于稗官。街谈巷语，道听途说者之所造也。孔子曰：'虽小道，必有可观者焉，致远恐泥，是以君子弗为也。'然亦弗灭也。闾里小知者之所及，亦使缀而不忘。如或一言可采，此亦刍荛狂大之议也。"

稗官是一种小官，他们专门搜集街谈巷语，记录一些难登大雅之堂的逸事奇闻以供考察民风。在中国古代，"稗官"常与"野史"并列，成为小说家的代称。此类"君子弗为"的"街谈巷语""道听途说""刍荛狂夫之议"，在古代长期不受重视，为正统史家所不屑。

《汉书·艺文志》据西汉刘歆《七略》，将先秦和汉初诸子学派分为儒、道、阴阳、法、名、墨、纵横、杂、农、小说十家，并以为"诸子十家，其可观者九家而已"，此即所谓"九流十家"，而独摒小说家于九流之外。

《汉书·艺文志》录有小说家著作"十五家，一千三百八十篇"，今皆亡佚不存，只能从存目中获知这些著作大体可分为两类，一是依托古人立说，如《伊尹说》、《鬻子说》、《师旷》、《务成子》、《天乙》、《黄帝说》等;二是杂记古事，如《周考》、《青史子》、《虞初周说》、《百家》等。小说家的著作反映的是中国古代平民阶层的思想和生活。

兵家代表人物及主要思想

兵家是中国古代对战略家与军事家的通称，又特指先秦对战略与战争研究的派别。兵家的重要著作有《孙子兵法》、《吴子》、《孙膑兵法》、《司马法》、《六韬》、《三略》和《尉缭子》等。

兵家的代表人物有孙武、孙膑等。

兵家集大成者是孙武的《孙子兵法》。为中国最杰出的兵书，并深受世界各地所重视。中国自古以来兵家一直是受到重视的。兵书在中国的发展源远流长，兵书产生于西周，成熟于春秋。

孙武为齐国人，字长卿，春秋时兵法家。曾以《兵法》13篇见吴王阖闾，经伍子胥的推荐，被任命为将，率吴军攻破楚国。

他认为“兵者，国之大事”，提出“知彼知己，百战不殆”，注重了解情况，全面地分析敌我、众寡、强弱、虚实、攻守、进退等矛盾双方，并通过对战争客观规律的认识和掌握，以克敌制胜。他还提出“兵无常势，水无常形，能因敌变化而取胜，谓之神”，强调了战略战术上的“奇正相生”和灵活运用。

孙膑是孙武的后代，大致与商鞅、孟轲同时，为战国时兵法家。他曾与庞涓同学兵法，当庞涓作魏惠王将军时，忌其才能，把他骗到魏国，处以膑刑，故称孙膑。后经齐国使者秘密载回，被齐威王任命为军师，协助齐将田忌，设计大败魏军于桂陵、马陵。

他继承和发展了孙武的军事理论，把道看作战争客观规律，提出了以寡胜众、以弱胜强的战法，主张以进攻为主的战略，根据不同地形，创造有利的进攻形势，重视对城邑的进攻和对阵法的运用。著有《孙膑兵法》一书。

如何从宏观上把握战争，是兵法的关键。战争是政治的继续，关系到一国或一民族的生死存亡或被人奴役的大事。兵法也可以看成既是一部如何统治国家，制定国家战略的指引；又是一部如何领兵打仗，制定战争战略与策略的书本。

医家代表人物及其成就

中国医学理论的形成，是在公元前5世纪下半叶至公元3世纪中叶，共经历了七百多年。公元前5世纪下半叶，中国开始进入封建社会。从奴隶社会向封建社会过渡，到封建制度确立，在中国历史上是一个大动荡的时期。社会制度的变革，促进了经济的发展，意识形态、科学文化领域出现了新的形势，其中包括医学的发展。

医家泛指所有从医的人。代表人物是扁鹊。

扁鹊是渤海郡郑人，或齐国卢邑人，也有记载为渤海郡州人。扁鹊并非真名实姓。人们把他和黄帝时的扁鹊相比，并且称呼他“扁鹊先生”。连史书也以扁鹊称呼他。扁鹊原姓姬，名越人。生活于公元前407年至公元前310年间，大约和孔子同时。

扁鹊是中国历史上一位著名医学家，也是历史上第一个有正式传记的医学家，著有《内经》和《外经》，发明了四诊法，即望闻问切。

扁鹊能够采取实事求是的态度研究医学，并能吸取民间的医疗经验，在医学上取得了很大成就，在人民群众中享有很高的声望。扁鹊长期在民间行医、走遍齐、赵、卫、郑、秦诸国。

扁鹊画像

公元前310年，忌妒他才能的秦太医令李醯派人在崤山设伏，刺杀扁鹊，终年97岁。

扁鹊的医学成就是什么

扁鹊在诊视疾病中，已经应用了中医全面的诊断技术，即后来中医总结的四诊法：望诊，即看看病人的脸色等；闻诊，即听听病人最近做了什么事情后生病；问诊，即问问有没有干可以导致生病的一些事情；切诊，即看看病人的脉搏。

扁鹊是我国历史上最早应用脉诊来判断疾病的医生，并且提出了相应的脉诊理论。在治疗方面，扁鹊能熟练运用综合治疗的方法。综合疗法为扁鹊行医时的主要治疗措施。他在自己的医疗生涯中，不仅表现出高超的诊断和治疗水平，还表现出高尚的医德。

他谦虚谨慎，从不居功自傲。如他治好虢太子的尸厥症后，虢君十分感激，大家也都称赞他有起死回生之术，扁鹊却实事求是地说："这是患者并没有死，我只不过能使他重病消除，回复他原来的状态而已，并没有起死回生的本领。"

扁鹊十分重视疾病的预防。他认为对疾病只要预先采取措施，把疾病消灭在初起阶段，是完全可以治好的。他曾颇有感触地指出：客观存在的疾病种类很多，但医生却苦于治疗疾病的方法太少。因此，他很注重疾病的预防。

扁鹊对巫术深恶痛绝，认为医术和巫术势不两立。他的这些医疗道德思想，在《史记》中概括归纳为六条戒律，称为“六不治”。这六不治包括：一是依仗权势，骄横跋扈的人不治；二是贪图钱财，不顾性命者不治；三是暴饮暴食，饮食无常者不治；四是病深不早求医者不治；五是身体虚弱不能服药者不治；六是相信巫术不相信医道者不治。这是他治病的信条，由此也反映出他高尚的医疗品德。

扁鹊的医疗经验极其丰富，曾编撰过颇有价值的《扁鹊内经》9卷和《扁鹊外经》12卷，可惜均已失传，这是祖国医学的极大损失。扁鹊无私地把自己的医术传授给门徒，他的徒弟子阳、子豹、子越等人都是有所成就的人。

经、史、子、集指的是什么

经、史、子、集四分法是古代图书分类的主要方法，它基本上囊括了古代所有图书。经部是儒学经典。分为易类、书类、诗类、礼类、春秋类、孝经类、群经总义类、四书类、乐类、小学类、石经类、汇编类，主要是儒家经典和注释研究儒家经典的名著。重要书目如:《周易》、《尚书》、《周礼》、《礼记》、《仪礼》、《诗经》、《春秋左传》、《春秋公羊传》、《春秋谷梁传》、《论语》、《孝经》、《尔雅》、《孟子》等。

史部是指各种体裁历史著作。分为正史类、编年类、纪事本末类、别史类、杂史类、诏令奏议类、传记类、史抄类、载记类、时令类、地理类、职官类、政书类、目录类、史评类、汇编类，重要书目如:《史记》、《汉书》、《后汉书》、《三国志》、《资治通鉴》、《战国策》、《宋元明史纪事本末》等。

子部是指诸子百家及释、道宗教著作。分为儒家类、兵家类、法家类、农家类、医家类、天文算法类、术数类、艺术类、谱录类、杂家类、类书类、丛书类、汇编类、小说家类、释家类、道家类、耶教类、回教类、西学格致类，重要书目如:《老子》、《墨子》、《庄子》、《荀子》、《韩非子》、《管子》、《尹文子》、《慎子》、《公孙龙子》、《淮南子》、《抱朴子》、《列子》、《孙子》、《山海经》、《艺文类聚》、《金刚经》、《四十二章经》等。

集部是指诸子百家及艺术、谱录。分为楚辞类、别集类、总集类、词曲类、闺阁类，重要书目如:《楚辞》、《全唐诗》、《全宋词》、《乐府诗集》、《文选》、《李太白集》、《杜工部集》、《韩昌黎集》、《柳河东集》、《白香山集》等。

以亲九族是什么意思

“以亲九族”语出《尚书·尧典》:“克明俊德,以亲九族。九族既睦,平章百姓。百姓昭明,协和万邦。”

克:能,能够。俊:才智。德:美德,道德。九族:从自己的高祖至自己的玄孙九代。睦:和睦。平:分辨。章:彰明。百姓:百官。协:协和。万邦:众民族。

整句话的意思是说:发扬才智美德,使家族亲密和睦。家族和睦以后,又辨明百官的善恶。百官的善恶辨明了,又使各诸侯国协调和顺。

如何理解以亲九族

上下和睦,百姓安居乐业是儒家思想的理想社会。这段话以颂扬帝尧的功德,强调和的重要性。

我们常说:“家和万事兴。”说的就是人人友爱,家庭和睦,才能万事兴盛。以家见国,以小见大,道理相同。试想,如果家族和睦,国家上下一致和睦,团结一心,社会自然呈现一片太平盛世景象。家和先需人和,要求人人修养道德,友好相处,谦让有礼,自觉遵守道德准则,以仁德感化对方,达到和睦相处的目的。

怎样做到以亲九族

如果是子女对待父母,那么要多存感恩之心,多想想父母的不易,有矛盾的时候多沟通,少发脾气,一般来说父母对子女都是很爱很爱的,所以,比较容易处理好关系。

如果是婚姻中的家庭关系,那么首先要对对方父母好,老人的生日一定要记住,过年过节一定要主动说去看望,给老人买东西不要吝啬。其次是要有一颗包容的心,要多看对方的优点,少抱怨缺点,多沟通,少争吵,尊重对方,遇事多为对方着想,多站在对方的角度想问题,信任对方,不作无谓的猜疑。只要有心,用心去经营,家庭一定会和睦的。

家庭不仅是生活的小天地,而且还是爱情开花结果的绿洲,同时也是教育子女形成完美人格的第一所学校。年轻人和年老人在观念上有差异,老年人不要拿自己的观念看待年轻人,不要看不惯这看不惯那,观念要更新,要与时俱进。时代不同了,年轻人不要太迁就老年人,拉住老年人与时俱进,就可能添补代沟,避免一些冲动，增进家庭和谐。做事大度些，谁也不要斤斤计较。

作为丈夫和儿子的角色就显得很重要，他们对这个幸福家庭起着穿针引线的作用，要根据具体的情况积极想办法把婆媳、姑嫂关系搞好，促进和谐。

婆媳、姑嫂之间要平等相处，互相体贴。这是创造良好家庭气氛、建立幸福美好家庭十分重要的条件。

什么叫作象恭滔天

语出《尚书·尧典》:“静言庸违，象恭滔天。”

静言：静又写作“靖”，巧言。庸：用。滔：通“慆”，怠慢。象恭：外表好像恭敬。

整句的意思是：花言巧语，阳奉阴违，貌似恭敬，实际上对上天轻慢不敬。

如何理解象恭滔天

“静言庸违，象恭滔天”这句话为后人经常引用，以指那些花言巧语，面目伪善，缺乏道德修养的人。

这句话是尧帝对共工的道德品质和行为的评价。尧帝意欲选拔接班人，让大臣们推荐人选，当有人举荐共工时，尧帝发表了如此意见，也说明尧帝审慎地选贤任能，重视德才兼备的选拔人才态度。他的任人唯贤的思想品德值得今天的人们借鉴。

怎样做德才兼备的人

人人都希望能够脱颖而出，能够成才，但如何才算是成才，成才的标准是什么呢？其实，答案很简单，就是做一个德才兼备的人。总结起来就是修德以养才，修才以养德，德才互动，品学兼优。

所谓德，指的是一个人的品德，包括思想品质、道德修养等所有与精神境界有关的内容。落实到具体学习、工作与生活中，这德主要有以下几方面：

一是坚持远大的人生目标，并为之奋斗不懈。没有人生目标的人，不可能成为一个于国于家有用的人，因为他没有成才的内在需要，或只有一种没有行动的空想。有了目标，也不一定就能成才，最要紧的是向着这个目标不断地努力，遇到困难不退缩，碰到挫折要向前。他有前进的方向，更有拼搏的动力，人生路上，一路向前，勇为人先。

二是无论在何时、在何处，都有一种责任感。在家要懂得孝顺父母、尊敬长辈；在社会上，要做一个有益于社会、有益于国家的人。这种责任感，应该是最基本的德，也是最本质的德。具有强烈责任感的人，他就会讲诚信，就会谦恭礼让，就会见义勇为，就会以天下为己任。

三是一个真正的有德之人，不仅注重自我的修身，更注重于群体相处之中，能起文明提升、精神修炼、行为规范的引领作用。古人倡导品德教化，出色的人才不仅是德育教化的接受者，更应该是德育教化的实践者、传播者与施予者。领袖气质的培养正是有意识地在自我成长的过程中，学会以德化人。

什么叫无稽之言，弗询之谋

语出《尚书·大禹谟》："无稽之言勿听，弗询之谋勿庸。"

稽：考证，验证。弗询之谋：不询问众人的谋略。庸：用。

意思是说：没有经过验证的话不轻信，没有征询过众人意见的谋略不轻用。

如何理解无稽之言，弗询之谋

常言道，耳听为虚，眼见为实；三个臭皮匠，顶个诸葛亮。这两句话的意思和"无稽之言勿听，弗询之谋勿庸。"说的是同一个道理。告诫人们，在现实生活中，不能道听途说，轻信妄言，凡事都要深入调查，以事实为根据，善于听取众人意见，集思广益，认真分析参考。只有这样，才不会影响自己的判断能力，不会被不实之言所蛊惑，不会因刚愎自用而决策导致失误，造成不良后果。

怎样提高自己的判断力

判断，对任何人来说都是重要的。准确地判断，有利于我们掌握事物的发展趋势，并作出正确决策。当我们对自己的生活、工作、学习等各方面的事情都有了准确的判断后，我们就如同多了二郎神一样的慧眼，会透过一切迷雾，清晰地看到事物的真实本质。并因此而做到明察秋毫，运筹帷幄。

一是充分的准备工作是判断的前提。不打无准备之仗，不做无把握之事，充分的准备工作是我们做任何事情的前提，是一切事情成功的坚强后盾。你是不是一个有主见的人，这与你是否具有坚强的自信心是分不开的。除了坚强的自信心，还要勤于思考和善于调查研究，这对于我们是否能够准确判断是至关重要的。心急吃不了热豆腐，判断需要一个过程，"事情总会水落石出"，我们应该坚信这一点。

二是搞清楚眼前的事情。生活中，因为面对的事情纷繁芜杂，所以我们必须弄清楚眼前的事情，理清乱麻，才能找到出路。要搞清楚眼前的事情，就要从自己的实际情况出发，认真分析，抓住本质，对事情深思熟虑，然后才能作出判断。凭冲动去做事情，急于求成的做法是不可取的，也是行不通的。

三是洞悉对方的真正目的。洞悉对方的真正目的，才能采取行之有效的应对办法。假象并不可怕，可怕的是看不透假象。只有经过认真的分析研究，才能作出正确的判断，才能采取正确的措施，进而把握主动权。

四是纵观事物的形成过程。从哲学上讲，凡事都有前因后果。事物的发生、发展都有一个合乎逻辑的过程。在生活中，我们不但要学会善于了解，更重要的是要学会全方位地了解事物，对事物的形成过程仔细观察，认真研究，就有利于对事物的发展趋势作出准确的判断。知己知彼，百战不殆。

五是考证事物的真实性。许多事情往往有其复杂性、隐蔽性和多变性，这就使我们很难一眼看清它的真实面目。此时，我们不要被事物的表面所迷惑，要处之坦然，冷静面对。要分析其中哪些成分可靠，哪些成分虚假，即对事物加以认真细致的考察，进而抓住要点，剥丝抽茧，层层深入地掌握事物的本质。当我们洞悉其本质的时候，才能作出准确的判断。

六是分析事情的发展趋势。趋势就是事物的发展方向。事物不是一成不变的，而是迅速向前发展的。我们只有不断分析事物的发展趋势，才能跟着发展正确转换自己的思维，从而作出准确的判断。要想对事物的发展前景有一个准确的判断，就必须了解清楚事物的现实环境和发展趋势，然后再付诸行动。道路是曲折的，前途是光明的，只有那些有发展前途的东西，才值得我们去为之努力奋斗。

七是进行仔细的比较。认真比较能鉴别出人或事物的优劣，给你在选择目标时提供一个正确评估的参照物。不怕不识货，就怕货比货。善于比较，往往能捕捉事物的命脉，作出自己正确的判断，选择一条成功的道路。智者和庸人的区别在于，智者在不断追求，不断探索，乐在其中。庸人却漫无目的，无所作为，虚度光阴。

八是判断事物的可行性。可行性分析是任何一项计划实施前必不可少的。它几乎是每个决策者做决定的最重要的依据。现实生活中，如果你遇到的问题比较复杂棘手，你就要把问题进行详细的分析，逐一找出解决的办法，进而各个击破。

九是养成综合看问题的习惯。综合性分析的过程，其实也是结合自己，给目标定位的过程。过高估计自己，往往将目标定得过大而最终无法实现；过于轻视自己，又会将目标定得过小而缺乏激情。

只要我们善于学习，勤于思考，勇于判断，我们每个人都能成为思维缜密的人，成为一个有所作为的人！

什么是克勤克俭

语出《尚书·大禹谟》："克勤于邦，克俭于家。"

克勤于邦：指为治水的事业竭尽全力。克俭于家：在家生活节俭。

意思是说：能为国家大事不辞辛劳，居家生活俭朴。

如何理解克勤克俭

我国自古以来就以勤俭作为修身、治国、治家的美德。古人以能否克勤克俭，作为关系着国家强弱，存亡的大事，鼓励人们，恪尽职守，勤奋工作，提倡节约，反对浪费。当然在现代文明的今天，物质极大丰富，人们不可能无视了生活的享受，但前提是不铺张浪费。

怎样做到克勤克俭

勤俭败由奢，艰苦朴素是中华民族的传统美德，生活需要勤俭节约，不能大手大脚，铺张浪费，要根据自身的情况，合理适度消费，不要盲目高消费，也不能攀比，更不能成为"月光族"，要量力而行。

要学会过日子，学会理财，学会管理自己的收入与支出，养成良好的记账习惯，对每个月的收入、支出作出明细账，并作出分析，哪些是必须支出的，哪些是不必开销的，以便在下个月注意，要做到心中有数，心中有本账，在节流的同时，也要开源，比如可以投资基金债券、买保险、定期存款等。

要牢固树立过紧日子的思想，从生活的点点滴滴做起，节约每一滴水、每一度电、每一张纸，努力做到循环利用，物尽其用，发挥最大效用。这些事情看起来很不起眼，但久而久之，你就会发现节约会带给你惊喜，你的银行存款也会随之增加的，生活也会过得有滋有味。

怎样理解礼尚往来

礼尚往来，是礼貌待人的一条重要准则。就是说，接受别人的好意，必须报以同样的礼敬。这样,人际交往才能平等友好地在一种良性循环中持续下去。因此,《礼记》说:“礼尚往来，往而不来，非礼也;来而不往，亦非礼也”。

对于受恩者来说，应该滴水之恩，涌泉相报。在古人眼中，没有比忘恩负义更伤仁德。孔子说:“以德报德，则民有所劝”;“以怨报德，则刑戮之民也。可见,“以德报德”，有恩必报，是待人接物的基本道德修养。当然，往来之礼，也该适度。送礼的本意，在于表达敬意答谢之意，所谓礼轻意重，并非越多越好。正如《庄子·山木》篇说所说:“君子之交淡若水，小人之交甘若醴;君子淡以亲，小人甘以绝。彼无故以合者，则无故以离”。

怎样做到礼尚往来

送礼应满足两个基本要求：一是要投其所好，二是要让收礼人感觉到送礼人的心意，此两者相辅相成。怎样体现你的修养、友尚以及尊重？在还礼的时候就要选择得体的还礼形式。如果还礼的形式不对路，还不如不还。

赠送所送的同类物品。比如，你送我书刊，我可以给你影碟。

可以选择和对方相赠礼品价格差不多的物品作为还礼。

可以用某种意在向对方表示尊重的方式来代替，不必非要还礼，一般对方也是非常愿意接受的。比如，在受礼后，口头上或书面向对方致谢等。

何为他山之石可以攻玉

《诗经·小雅·鹤鸣》中说:“他山之石，可以攻玉。”别的山上的石头，能够用来琢磨玉器。原比喻别国的贤才可为本国效力。后比喻能帮助自己改正缺点的人或意见。

北宋鸿儒、一代易学大师邵雍认为，在修身处世方面同样是他山之石，可以攻玉。他把遇到的侵犯、欺凌比作砺石，把品行高尚的人比作美玉。因为要成就美玉必然需要经过砺石的琢磨才行，以此看来，所谓的侵犯、欺凌就成为使自己磨炼成为美玉的好事。

邵雍对“他山之石，可以攻玉”解释道：玉，是温润的物品，如果用两块玉石来互相琢磨，肯定磨不成美玉。必须得用粗糙的砺石，这样才能磨出美玉。

怎样让别人帮助你

首先一定要真诚，只有你真心实意的交朋友，我想他们一定会帮助你的。再有就是要热心，就是在朋友遇到困难，你要尽自己最大的力量去帮助他们，这样，在你遇到困难时，也会得到朋友的帮助。

最后就是让朋友们了解你，发现你的优点，这样你的朋友会以为你是一个不错的人，也许就会帮助你。

如何理解能敬必有德

《左传·僖公三十三年》:“敬，德之聚也。能敬必有德。德以治民，君请用之。”

敬，用于父母即为孝，用于兄弟即为悌，用于君上即为忠，用于朋友必有信，用于家即守礼，用于事则知义，于财能廉，自省即知耻。扩而充之，古圣以德治国，敬于天则得天时，敬于地则获地利，敬于民则人和，万物和谐，故能无为而治。

能敬必有德，这是典型的西周文化的德行论。值得注意的是，在这里已将敬与德联结起来，以敬事为德之则。

德字被《说文》释为“外得于人，内得于己”，外得于人即其“行为”得到别人的肯定和赞许，内得于己是指个人内心具备了善的“品性”。因此，中国古代的德字，不仅仅是一个内在意义上的美德的概念，也是一个外在意义的美行的观念，而“德行”的观念正好将德的这两种意义合并表达出来。

怎样去尊重别人

尊重别人，简单地说，就是尽量不做对方反感的事，但必须基于你自己的原则。人与人之间的交流是出自于自己内心的。要倾听，理解，帮助别人解决困难。

不仅在态度上要尊重别人，还要从礼仪上尊重别人。守时也是一种尊重。和约好聚会，就应当准时赴约。尊重别人要注意场合。只有在心理上有尊重别人的想法，才可能作出尊重别人的行动。

我们必须牢记：每个人在人格上都是平等的。

第九部分 艺术技艺

中国古代书法、绘画艺术辉煌灿烂，它进入到中国文人的文化生活中，成为一门自成体系的艺术类别。

流传下来的大量古代书法、绘画艺术作品为后人提供了相关的佐证。后人正在用现代的艺术眼光审视着这门古老的艺术。

这种跨越千年的文化传承，起始于一根根变幻莫测的神秘线条，而在线条的背后，是这个古老的国度对这个线条构筑的世界深深的迷恋和无休止的追寻。

中国民间文化是世世代代锤炼和传承的文化传统，其中凝聚着民族的性格、民族的精神、民族的真善美。中国民间文化放射着耀眼神奇的光芒，让人感受到中国元素的现代生命力及感染力。

仓颉何以被尊为造字圣人

仓颉，原姓侯冈，名颉，号史皇氏，生于陕西省白水县杨武村鸟羽山。享年110岁，为轩辕黄帝左史官。我国原始象形文字的创造者，我国官吏制度及姓氏的草创人之一。《说文解字》记载：仓颉是黄帝时期造字的史官，被尊为造字圣人。

“昔者仓颉作书而天雨粟，夜鬼哭”！文字一出，人类从此由蛮荒岁月转向文明生活。古籍中称仓颉“龙颜四目，生有睿德。”

《通鉴外纪》上说：“仓颉见鸟兽之迹，体类象形而制字。”《北堂书钞》卷七引《随巢子》又说：“史皇产而能书。”相传当初仓颉也用结绳记事，绳结虽有大小和形状区别，但年久月深，难于辨识，曾造成黄帝同炎帝一次谈判的失利。为此仓颉深感愧疚，遂辞官出游，遍访智者，寻求记事的好方法。

仓颉

几年之后，他返归故里，独居村西深沟之中，仰观奎星环曲走势，俯瞰龟背纹理、鸟兽爪痕、山川形貌和手掌指纹，从中受到启迪，根据事物形状创造了象形文字，揭开了人类文明的新纪元。

传说他仰观天象，俯察万物，首创了“鸟迹书”震惊尘寰，堪称人文始祖。黄帝感他功绩过人，乃赐以仓姓，意为君上一人，人下一君。由于仓颉造字功德感天，玉皇大帝也便赐给人间一场谷子雨，以慰劳圣功，这就是现在的“谷雨”节气。仓颉去世后，当地百姓在其墓葬处修有庙宇，并将这里的村庄取名为“史官村”。

什么是中国古代雅乐

中国古代的雅乐指的是宫廷音乐。雅乐的体系在西周初年制定，与法律和礼仪共同构成了贵族统治的内外支柱。以后一直是东亚乐舞文化的重要组成部分。宫廷雅乐乐谱在中国已失传，只有韩国、日本及越南尚有保存。

周武王建立周朝不久，就命周公姬旦制礼作乐，建立各种贵族生活中的礼仪和典礼音乐，使音乐为其王权统治服务。这一部分乐舞就是所谓的雅乐。它包含了远古图腾及巫术等宗教活动中的乐舞及祭祀音乐，也包含西周初期的民俗音乐。

《周礼》所记载的西周和春秋时期的各种贵族礼仪，其中与雅乐有关的有：郊社，祭天地神明的祭典；尝禘，贵族祭其祖先的祭典；食飨，政治上、外交上的宴会等，包括大飨、燕礼、大射、养老等等；射，乡里中官僚和地主们比射的集会；王师大献，战争胜利时举行的凯旋庆典；行军田役，用于军事演习性质的狩猎。

作为一种统治手段、礼乐教化的工具，乐舞艺术的地位和作用也被提到了前所未有的高度。

在周朝的礼仪活动中，严格规定不同的场合使用不同的音乐。它的主要目的是使参加典礼的贵族受到礼仪教育的感化，造成一种庄严、肃穆、安静、和谐的气氛。

各种主要典礼音乐的歌词，大都载于《诗经》中的大雅、小雅、颂；少数属于南。

随着周朝的衰落和社会的发展，民间音乐逐步代替了雅乐。贵族们对雅乐渐感厌烦而去欣赏俗乐，如《乐记》所载，魏文侯“端冕而听古乐，则唯恐卧;听郑、卫之音，则不知倦。”因此孔子曾感叹地说："礼崩乐坏"。相匹配典礼的雅乐，开始具有浓郁的生活气息，以后逐渐变得庄严神秘而又沉闷呆板。

什么是中国古代俗乐

古代各种民间音乐的泛称。宫廷中宴会时所用的俗乐，称为“燕乐”。雅乐是统治阶级制定的典礼乐舞，寻根究底，几乎都来自民间音乐，只不过改变了它的内容和情调而已。有著名琴曲《广陵散》、《酒狂》、《高山》、《流水》、《梅花三弄》等，琵琶曲《阳春古曲》、《平沙落雁》、《霓裳曲》，丝竹曲《春江花月夜》、《老八板》，广东音乐《旱天雷》、《雨打芭蕉》等，以及大量的寺院音乐、各地各种乐曲，其中不少是我国传统文化中的珍宝。

我国历史上第一支官方组建的俗乐乐队，就是曹操铜雀台上全部由女性组成的乐队。

诗经是最早的诗歌总集吗

《诗经》是我国第一部诗歌总集，收入自西周初年至春秋中叶五百多年的诗歌305篇，又称《诗三百》。先秦称为《诗》，或取其整数称《诗三百》。西汉时被尊为儒家经典，始称《诗经》，并沿用至今。

作为中国文学重要起点、又被奉为儒家经典的《诗经》，对于后代文学的影响，也就非常深远。

《诗经》是以抒情诗为主流的。以后的中国诗歌，大都是抒情诗；而且，以抒情诗为主的诗歌，在之后也成为中国文学的主要样式。

《诗经》中的诗歌，除了极少数几篇，完全是反映现实的人间世界和日常生活、日常经验。后来的中国诗歌乃至其他文学样式，其内容也是以日常性、现实性为基本特征；日常生活、日常事件、日常人物，总是文学的中心素材。

《诗经》在总体上，具有显著的政治与道德色彩。其意义主要在于要求维护合理合度的统治，给予人民以较为宽松、可以维持生存的条件，但这对于社会的发展，当然是有价值的。

诗经六义是什么意思

《诗经》六义指的是风、雅、颂、赋、比、兴，前三个说的是内容，后三个说的是手法。

《风》、《雅》、《颂》三部分的划分，是依据音乐的不同。《风》包括15部分，大部分是黄河流域的民间乐歌，称作“十五国风”共160篇；《雅》分为《小雅》74篇和《大雅》31篇，是宫廷乐歌，共105篇；《颂》包括《周颂》31篇，《鲁颂》4篇和《商颂》5篇，是宗庙用于祭祀的乐歌和舞歌，共40篇。

风的意义就是声调。它是带有地方色彩的音乐古人所谓《秦风》、《魏风》、《郑风》，就如现在我们说陕西调、山西调、河南调。

雅是王畿之乐，这个地区周人称之为夏，雅和夏古代通用。雅又有正的意思，当时把王畿之乐看作是正声，即典范的音乐。周代人把正声叫作雅乐，犹如清代人把昆腔叫作雅部，带有一种尊崇的意味。朱熹《诗集传》曰：“雅者，正也，正乐之歌也。其篇本有大小之殊，而先儒说又有正变之别。以今考之，正小雅，燕飨之乐也；正大雅，朝会之乐，受釐陈戒之辞也。辞气不同，音节亦异。”故而大小雅之异乃在于其内容。

颂是专门用于宗庙祭祀的音乐。《毛诗序》说：“颂者美盛德之形容，以其成功告于神明者也。”这是颂的含义和用途。王国维说：“颂之声较风、雅为缓。”这是其音乐的特点。

赋按朱熹《诗集传》中的说法，“赋者，敷也，敷陈其事而直言之者也”。就是说，赋是铺陈叙述。是最基本的表现手法。如“死生契阔，与子成说。执子之手，与子偕老”，即是直接表达自己的感情。

比，用朱熹的解释，是“以彼物比此物”，也就是比喻之意。《诗经》中用比喻的地方很多，手法也富于变化。如《氓》用桑树从繁茂到凋落的变化来比喻爱情的盛衰；《鹤鸣》用“他山之石，可以攻玉”来比喻治国要用贤人；《硕人》连续用“柔荑”喻美人之手，“凝脂”喻美人之肤，“瓠犀”喻美人之齿，等，都是《诗经》中用比的佳例。

赋和比都是一切诗歌中最基本的表现手法，而兴则是《诗经》乃至中国诗歌中比较独特的手法。兴字的本义是起，因此又多称为“起兴”，对于诗歌中渲染气氛、创造意境起着重要的作用。

兴，用朱熹的解释，是“先言他物以引起所咏之辞”，也就是借助其它事物为所咏之内容作铺垫。它往往用于一首诗或一章诗的开头。有时一句诗中的句子看似比似兴时，可用是否用于句首或段首来判断是否是兴。例如《卫风·氓》中“桑之未落，其叶沃若”就是兴。

最原始的兴，只是一种发端，同下文并无意义上的关系，表现出思绪无端地飘移联想。就像秦风的《晨风》，开头“鴥彼晨风，郁彼北林”，与下文“未见君子，忧心钦钦”云云，很难发现彼此间的意义联系。虽然就这实例而言，也有可能是因时代悬隔才不可理解，但这种情况一定是存在的。就是在现代的歌谣中，仍可看到这样的兴。

兴又兼有了比喻、象征、烘托等较有实在意义的用法。但正因为兴原本是思绪无端地飘移和联想而产生的，所以即使有了比较实在的意义，也不是那么固定僵板，而是虚灵微妙的。

由于兴是这样一种微妙的、可以自由运用的手法，后代喜欢诗歌的含蓄委婉韵致的诗人，对此也就特别有兴趣，各自逞技弄巧，翻陈出新，不一而足，构成中国古典诗歌的一种特殊味道。

先秦历史散文指的是什么

先秦历史散文指的是由各朝、各国史官积累了大量档案资料，经过加工整理编纂成书，记载政治、军事、外交等各方面的事件及统治者和谋臣策士的言论。

先秦历史散文以叙事记言为主。代表作品有《尚书》、《春秋》、《左传》、《国语》、《战国策》等。

《左传》是《春秋左氏传》的简称，是用历史事实来解释《春秋》的著作，相传为鲁国史官左丘明所作。《春秋》是概括的记述历史，而《左传》则详细的记载事件本末细节，此书丰富多彩，叙述了春秋时期各诸侯国政治、军事、外交等方面的情况和历史人物的言行。

《左传》擅长战争描写，它不仅把纷繁复杂的战争有条理的叙述出来，并且从大处着眼，通过人物对话，写出战争的性质，决定胜败的因素等内容。《曹刿论战》和《秦晋崤之战》等篇，都写得非常出色。

《国语》是战国时代出现的一种国别史，记载周王朝和诸侯各国的大事。它的思想性和艺术性远不及《左传》，然而它有的叙事比《左传》更鲜明生动，如《厉王弭谤》和《勾践复国》的文字，就是这样。

《战国策》中的纵横家辩士，还擅长运用寓言进行说理、论证，如狐假虎威、画蛇添足等成语故事，都出自《战国策》。

《左传》和《战国策》对后世的散文家有着深刻影响。司马迁的《史记》，曾经大量采用这两书的材料，并汲取了它们的写作技巧和语言风格。汉代贾谊、晁错等人的政论文章，其雄辩风格得之于这两书也很多。历代史书的编撰，以及唐宋散文家在语言和表现方法上，也都受到先秦散文的影响。

汉赋的特点是什么

汉赋是在汉代涌现出的一种有韵的散文，它的特点是散韵结合，专事铺叙。从赋的形式上看，在于“铺采摛文”；从赋的内容上说，侧重“体物写志”。汉赋的内容可分为五类：一是渲染宫殿城市；二是描写帝王游猎；三是叙述旅行经历；四是抒发不遇之情；五是杂谈禽兽草木。而以前两者为汉赋之代表。赋是汉代最流行的文体。在两汉年间，一般文人多致力于这种文体的写作，因而盛极一时，后世往往把它看成是汉代文学的代表。

汉赋分为大赋和小赋。大赋又叫散体大赋，规模巨大，结构恢宏，气势磅礴，语汇华丽，往往是成千上万言的鸿篇巨制。西汉时的贾谊、枚乘、司马相如、扬雄，东汉时的班固、张衡等，都是大赋的行家。小赋扬弃了大赋篇幅冗长、辞藻堆砌、舍本逐末、缺乏情感的缺陷，在保留汉赋基本文采的基础上，创造出篇幅较小、文采清丽、讥讽时事、抒情咏物的短篇小赋，赵壹、蔡邕、祢衡等都是小赋的高手。

《唐诗三百首》编选背景是什么

乾隆二十八年春，蘅塘退士，即孙洙，与他的继室夫人徐兰英相互商榷，开始编选《唐诗三百首》。编选这本书是有感于《千家诗》选诗标准不严，体裁不备，体例不一，希望以新的选本取而代之，成为合适的、流传不废的家塾课本。他们的选诗标准是“因专就唐诗中脍炙人口之作，择其尤要者”。既好又易诵，以体裁为经，以时间为纬。

《唐诗三百首》于1765年编辑完成，书的题目有的说脱胎于民谚“熟读唐诗三百首，不会做诗也会吟”，有的说取自“诗三百”，说法各不相同。

《唐诗三百首》共选入唐代诗人77位，计310首诗，其中五言古诗33首，乐府46首，七言古诗28首，七言律诗50首，五言绝句29首，七言绝句51首，诸诗配有注释和评点。

从唐代以后的一千二百余年间，每两年即有一本唐诗选本问世。在众多选本中，以《唐诗三百首》流传最广、影响最大，风行海内，老幼皆宜，雅俗共赏，成为屡印不止的最经典的选本之一。

《唐诗三百首》以成功务实的编法、简易适中的篇幅、通俗大众的观点编选而成。入选的精美诗歌打动着读者，成为儿童最成功的启蒙教材、了解中国文化的模范读本，对中国诗歌选编学、中国人的心理构成都有很大的影响。

宋词有哪些派别

宋词主要派别有婉约派和豪放派。

婉约派代表人物有柳永、晏殊、周邦彦、李清照、姜夔。代表作有柳永的《雨霖铃·寒蝉凄切》、《蝶恋花·伫倚危楼风细细》，晏殊的《浣溪沙·一曲新词酒一杯》、《浣溪沙·一向年光有限身》，周邦彦的《兰陵王·柳阴直》、《蝶恋花·月皎惊乌

李清照画像

栖不定》，李清照的《如梦令·常记溪亭日暮》、《醉花阴·薄雾浓云愁永昼》，姜夔的《扬州慢·淮左名都》。

婉约派的特点，主要是内容侧重儿女风情。结构深细缜密，重视音律谐婉，语言圆润，清新绮丽，具有一种柔婉之美。内容比较窄狭。由于长期以来词多趋于宛转柔美，人们便形成了以婉约为正宗的观念。

就以李后主、柳永、周邦彦等词家为“词之正宗”，正代表了这种看法。婉约词风长期支配词坛，直到南宋姜夔、吴文英、张炎等大批词家，无不从不同的方面受其影响。

豪放派代表人物有苏轼、辛弃疾、张元干、张孝祥等。代表作有苏轼的《念奴娇·赤壁怀古》、《江城子·密州出猎》，辛弃疾的《破阵子·为陈同甫赋壮词以寄之》、《永遇乐·京口北固亭怀古》，张元干的《贺新郎·梦绕神州路》，张孝祥的《六州歌头·长淮望断》，岳飞的《满江红·怒发冲冠》。

豪放派的特点，大体是创作视野较为广阔，气象恢弘雄放，喜用诗文的手法、句法和字法写词，语词宏博，用事较多，不拘守音律，北宋黄庭坚、晁补之、贺铸等人都有这类风格的作品。南渡以后，由于时代巨变，悲壮慷慨的高亢之调，应运发展，蔚然成风，辛弃疾更成为创作豪放词的一代巨擘和领袖。豪放词派不但屹然别立一宗，震烁宋代词坛，而且广泛地影响词林后学，从宋、金直到清代，历来都有标举豪放旗帜，大力学习苏、辛的词人。

元曲四大家都是谁

元曲四大家指关汉卿、白朴、马致远、郑光祖四位元代杂剧作家。四者代表了元代不同时期不同流派杂剧创作的成就，因此被称为“元曲四大家”。但历史上还有部分人认为元曲四大家是关汉卿、王实甫、马致远和白朴。

关汉卿，元代杂剧作家。是中国古代戏曲创作的代表人物。号已斋、己斋叟。关汉卿位居“元曲四大家”之首。代表作《窦娥冤》。

马致远，汉族，字千里，晚年号东篱，以示效陶渊明之志。是我国元代时著名大戏剧家、散曲家。代表作《汉宫秋》。

郑光祖，字德辉，汉族，平阳襄陵人。他是元代著名的杂剧家和散曲家，所作杂剧在当时“名闻天下，声振闺阁”。

所作杂剧可考者十八种，现存《周公摄政》、《王粲登楼》、《翰林风月》、《倩女离魂》、《尢堷皱连环》、《伊尹扶汤》、《老君堂》、《三战吕布》八种；其中后三种被质疑并非郑光祖作品。除杂剧外，郑光祖写散曲，有小令六首、套数二套流传。代表作《倩女离魂》。

白朴，原名恒，字仁甫，后改名朴，字太素，号兰谷。汉族，祖籍隩州，即今山西河曲附近，后徙居真定，即今河北正定县，晚岁寓居金陵，即今南京市，终身未仕。他是元代著名的文学家、杂剧家，代表作《墙头马上》。

元曲四大悲剧是什么

元曲四大悲剧是指：关汉卿的《窦娥冤》、马致远的《汉宫秋》、白朴的《梧桐雨》以及纪君祥的《赵氏孤儿》。

关汉卿的《窦娥冤》全称《感天动地窦娥冤》，写窦娥被无赖诬陷，又被官府错判斩刑的冤屈故事。

楚州贫儒窦天章因无钱进京赶考，无奈之下将幼女窦娥卖给蔡婆家为童养媳。窦娥婚后丈夫去世，婆媳相依为命。蔡婆外出讨债时遇到流氓张驴儿父子，被其胁迫。张驴儿企图霸占窦娥，见她不从便想毒死蔡婆以要挟窦娥，不料误毙其父。张驴儿诬告窦娥杀人，官府严刑逼讯婆媳两人，窦娥为救蔡婆自认杀人，被判斩刑。窦娥在临刑之时指天为誓，死后将血溅白绫、六月降雪、大旱三年，以明己冤，后来果然都应验。三年后窦天章任廉访使至楚州，见窦娥鬼魂出现，于是重审此案，为窦娥申冤。

《窦娥冤》是关汉卿的代表作，也是我国古代悲剧的代表作。它的故事渊源于《列女传》中的《东海孝妇》。但关汉卿并没有局限在这个传统故事里，去歌颂为东海孝妇平反冤狱的于公的阴德；而是紧紧扣住当时的社会现实，用这段故事，真实而深刻的反映了元蒙统治下中国社会极端黑暗、极端残酷、极端混乱的悲剧时代，表现了中国人民坚强不屈的斗争精神和争取独立生存的强烈愿望。

它成功地塑造了窦娥这个悲剧主人公形象，使其成为元代被压迫、被剥削、被损害的妇女的代表，成为元代社会底层善良、坚强而走向反抗的妇女的典型。

白朴的《梧桐雨》是他的名作，是一部宫廷爱情悲剧，全名为《唐明皇秋夜梧桐雨》。是描写唐明皇、杨贵妃两人爱情故事的历史剧，以浓郁的抒情性、醇厚的诗味和文辞的华美著称。这一剧本取材于唐代陈鸿的传奇小说《长恨歌传》和白居易的诗歌《长恨歌》。

马致远的《汉宫秋》全名为《破幽梦孤雁汉宫秋》，写西汉元帝受匈奴威胁，被迫送爱妃王昭君出塞和亲。王昭君美貌异常，但因不肯贿赂毛延寿，被他在美人图上点上破绽，因此入宫后独处冷宫。

汉元帝深夜偶然听到昭君弹琵琶，爱其美色，将她封为明妃，又要将毛延寿斩首。毛延寿逃至匈奴，将昭君画像献给呼韩邪单于，让他向汉王索要昭君为妻。

元帝舍不得让昭君和番，但满朝文武怯懦自私，无力抵挡匈奴大军入侵，昭君为免刀兵之灾自愿前往，元帝忍痛送行。单于得到昭君后大喜，率兵北去，昭君不舍故国，在汉番交界的黑龙江投水而死。单于为避免汉朝寻事，将毛延寿送还汉朝处治。汉元帝夜间梦见昭君而惊醒，又听到孤雁哀鸣，伤痛不已，后将毛延寿斩首以祭奠昭君。

纪君祥的《赵氏孤儿》全名《冤报冤赵氏孤儿》，又名《赵氏孤儿大报仇》。内容叙述晋灵公武将屠岸贾仅因其与忠臣赵盾不和与嫉妒赵盾之子赵朔身为驸马，竟杀灭赵盾家三百人，仅剩遗孤被程婴救出。屠岸贾下令将全国一月至半岁的婴儿全部杀尽，以绝后患。

20年后，孤儿长成，程婴绘图历教其史实，终报前仇。作品描写了忠正与奸邪的矛盾冲突，揭露了权奸的凶残本质，歌颂了维护正义、舍己为人的高贵品质，气势悲壮，感人肺腑。

中国古典十大名曲都是什么

中国十大古典名曲指的是《高山流水》、《梅花三弄》、《夕阳箫鼓》、《汉宫秋月》、《阳春白雪》、《渔樵问答》、《胡笳十八拍》、《广陵散》、《平沙落雁》、《十面埋伏》。单单听了这些名字就已经神为之夺，中国韵味之美，由此可见一斑。

据说俞伯牙在江边抚琴，唯钟子期从中听懂山之雄浑、水之幽深；春江明月初升，一叶扁舟，一点渔火，在月下随水漂浮；寒梅迎霜傲雪，疏影弄月，暗香轻度，清奇挺拔。离乡背井的凄凉中夹杂着离别后的思念，如泣如诉；身陷十面埋伏，耳听四面楚歌，空有拔山之力，可惜英雄气短，别姬自刎，痛何如哉；秋月秋风秋夜长，孑影徘徊思故乡，如此寂寞，卿何以堪；自嵇康辞世，从此而绝的广陵散，再现当年聂政刺王的侠肝义胆。凡此种种，今人有幸得见，可谓幸甚。

《高山流水》讲的是什么故事

传说春秋的琴师俞伯牙一次在荒山野地弹琴，樵夫钟子期竟能领会这是描绘“巍巍乎志在高山”和“洋洋乎志在流水”。伯牙惊曰：“善哉，子之心与吾同。”子期死后，伯牙痛失知音，摔琴断弦，终身不操，故有《高山流水》之曲。

《高山流水》取材于“伯牙鼓琴遇知音”，有多种谱本。有琴曲和筝曲两种，两者同名异曲，风格完全不同。

伯牙抚琴雕塑

古代琴曲。战国时已有关于《高山流水》的琴曲故事流传，故亦传《高山流水》系伯牙所作。乐谱最早见于明朝《神奇秘谱》，此谱之《高山》、《流水》解题有：“《高山》、《流水》二曲，本只一曲。初志在乎高山，言仁者乐山之意。后志在乎流水，言智者乐水之意。至唐分为两曲，不分段数。至来分高山为四段，流水为八段。”两千多年来，《高山》、《流水》这两首著名的古琴曲与伯牙鼓琴遇知音的故事一起，在民间广泛流传。

随着明清以来琴的演奏艺术的发展，《高山》、《流水》有了很大变化。《神奇秘谱》本不分段，而后世琴谱多分段。明清以来多种琴谱中以清朝唐彝铭所编《天闻阁琴谱》中所收川派琴家张孔山改编的《流水》尤有特色，增加了以“滚、拂、绰、注”手法作流水声的第六段，又称“七十二滚拂流水”，以其形象鲜明，情景交融而广为流传。

据琴家考证，在《天闻阁琴谱》问世以前，所有琴谱中的《流水》都没有张孔山演奏的第六段，全曲只八段，与《神奇秘谱》解题所说相符，但张孔山的传谱已增为九段，后琴家多据此谱演奏。

另有筝曲《高山流水》，音乐与琴曲迥异，同样取材于“伯牙鼓琴遇知音”。现有多种流派谱本。而流传最广，影响最大的则是浙江武林派的传谱，旋律典雅，韵味隽永，颇具“高山之巍巍，流水之洋洋”貌。

山东派的《高山流水》是《琴韵》、《风摆翠竹》、《夜静銮铃》、《书韵》四个小曲的联奏，也称《四段曲》、《四段锦》。

河南派的《高山流水》则是取自于民间《老六板》板头曲，节奏清新明快，民间艺人常在初次见面时演奏，以示尊敬结交之意。这三者与古琴曲《高山流水》之间毫无共同之处，都是同名异曲，风格也完全不同。

《高山流水》一曲被录入金唱片上，于1977年8月22日发射到太空，向宇宙星球的高级生物传道中华民族的智慧和文明信息。

《广陵散》讲的是什么故事

据《琴操》记载：战国聂政的父亲，为韩王铸剑，因延误日期，而惨遭杀害。聂政立志为父亲报仇，入山学琴十年，身成绝技，名扬韩国。韩王召他进宫演奏，聂政终于实现了刺杀韩王报仇的夙愿，自己毁容而死。后人根据这个故事，谱成琴曲，慷慨激昂，气势宏伟，为古琴著名大曲之一。

广陵散是古琴曲。又名《广陵止息》，据《战国策》及《史记》中记载：韩国大臣严仲子与宰相侠累有宿仇，而聂政与严仲子交好，他为严仲子而刺杀韩相，体现了一种“士为知己者死”的情操。这是一种比较普遍的看法，《神奇秘谱》关于此曲的标题就是源于这个故事。

东汉蔡邕的《琴操》谈到与该曲相关的历史故事：聂政是战国时期韩国人，其父因为韩王铸剑，违了期限，被韩王所杀。聂政为父报仇行刺失败，但他知道韩王好乐后，遂毁容，入深山，苦学琴艺十余年。身怀绝技返韩时，已无人相识。于是，找机会进宫为韩王弹琴时，从琴腹内抽出匕首刺死韩王，他自己当然也是壮烈身亡了。近代琴家杨时百，其所编《琴学丛书》的《琴镜》中就认为此曲源于河间杂曲《聂政刺韩王曲》。

《平沙落雁》抒发了怎样的心胸

明朝此曲称《落雁平沙》。曲调悠扬流畅，通过时隐时现的雁鸣，描写雁群降落前在天空盘旋顾盼的情景。

《平沙落雁》是一首古琴曲，有多种流派传谱，其意在借鸿鹄之远志，写逸士之心胸。

平沙落雁：古琴曲，最早刊于明代《古音正宗》又名《雁落平沙》。自其问世以来，刊载的谱集达五十多种，有多种流派传谱，仅1962年出版的《古琴曲集》第一集就收入了六位琴家的演奏谱，关于此曲的作者，有唐朝陈立昂之说；宋朝毛敏仲、田芝翁之说，又有说是明代朱权所作。因无可靠史料，很难证实究竟出自谁人之手。

《平沙落雁》的曲意，各种琴谱的解题不一。《古音正宗》中说此曲："盖取其秋高气爽，风静沙平，云程万里，天际飞鸣。借鸿鹄之远志，写逸士之心胸也。通体节奏凡三起三落。初弹似鸿雁来宾，极云霄之缥缈，序雁行以和鸣，倏隐倏显，若往若来。其欲落也，回环顾盼，空际盘旋；其将落也。息声斜掠，绕洲三匝，其既落也，此呼彼应，三五成群，飞鸣宿食，得所适情:子母随而雌雄让，亦能品焉。"这段解题对雁性的描写极其深刻生动。全曲委婉流畅，隽永清新。

《十面埋伏》是描述垓下之战的吗

曲描写公元前202年楚汉战争在垓下最后决战的情景。项羽自刎于乌江，刘邦取得胜利。《十面埋伏》是著名琵琶传统大套武曲，前身是明代的《楚汉》。描绘了楚汉相争中垓下之战的情景，故事性极强。

曲谱最早见于1818年华秋苹的《琵琶谱》，而在此谱之前，只有描绘同样题材的《楚汉》。

明代王猷定《汤琵琶传》中，记有被时人称为"汤琵琶"的汤应曾弹奏《楚汉》时的情景："当其两军决战时，声动天地，瓦屋若飞坠。徐而察之，有金声、鼓声、剑弩声、人马辟易声，俄而无声，久之有怨而难明者，为楚歌声；凄而壮者，为项王悲歌慷慨之声、别姬声。陷大泽有追骑声，至乌江有项王自刎声，余骑蹂践争项王声。使闻者始而奋，既而恐，终而涕泣之无从也。"

从这段描述可看出，汤应曾弹奏的《楚汉》与《十面埋伏》在情节及主题上一致，由此可见早在16世纪之前，此曲已在民间流传。

《渔樵问答》抒发怎样的情怀

《渔樵问答》是一首流传了几百年的古琴名曲，反映的是一种隐逸之士对渔樵生活的向往，希望摆脱俗尘凡事的羁绊。

《渔樵问答》曲谱最早见于《杏庄太音续谱》："古今兴废有若反掌，青山绿水则固无恙。千载得失是非，尽付渔樵一话而已"。

《渔樵问答》是一首流传了几百年的名曲，现在的谱本有多种。《琴学初津》云此曲："曲意深长，神情洒脱，而山之巍巍，水之洋洋，斧伐之丁丁，橹声之欸乃，隐隐现于指下。"由于音乐形象准确、生动，因此近几百年来在琴家中广为流传。

乐曲开始曲调悠然自得，表现出一种飘逸洒脱的格调，上下句的呼应造成渔樵对答的情趣。主题音调的变化发展，并不断加入新的音调，加之滚拂技法的使用，至第七段达到高潮。

乐曲刻画出隐士豪放无羁，潇洒自得的情状。其中运用泼刺和三弹的技法造成的强烈音响，应和着切分的节奏，使人感到高山巍巍，樵夫咚咚的斧伐声。第一段末呈现的主题音调经过移位，变化重复贯穿于全曲，给人留下了深刻的印象。

《汉宫秋月》表现怎样的幽情

《汉宫秋月》意在表现古代受压迫宫女幽怨悲泣情绪，唤起人们对她们不幸遭遇的同情。原为崇明派琵琶曲，现流传有多种谱本及演奏形式，乐曲表现了古代宫女哀怨悲愁的情绪及一种无可奈何、寂寥清冷的生命意境。

《汉宫秋月》由一种乐器曲谱演变成不同谱本，且运用各自的艺术手段再创造，以塑造不同的音乐形象，这是民间器乐在流传中常见的情况。汉宫秋月现流传的演奏形式有二胡曲、琵琶曲、古筝曲、江南丝竹等。主要表达的是古代宫女哀怨悲愁的情绪及一种无可奈何、寂寥清冷的生命意境。

《梅花三弄》表现梅花什么品格

《梅花三弄》是一首古琴曲，由笛曲改编而来，全曲表现了梅花洁白，傲雪凌霜的高尚品性。梅花三弄又名《梅花引》、《玉妃引》，是中国传统艺术中表现梅花的佳作。《神奇秘谱》记载此曲最早是东晋桓伊所奏的笛曲。

郭茂倩《乐府诗集》卷第二十四南朝宋鲍照《梅花落》解题称，"《梅花落》本笛中曲也”，“今其声犹有存者”。今存唐诗中亦多有笛曲《梅花落》的描述，说明南朝至唐间，笛曲《梅花落》较为流行。

关于《梅花三弄》的乐曲内容，历代琴谱都有所介绍，南朝至唐的笛曲《梅花落》大都表现怨愁离绪的情感。

明清琴曲《梅花三弄》多以梅花凌霜傲寒,高洁不屈的节操与气质为表现内容，“桓伊出笛吹三弄梅花之调,高妙绝伦,后人入于琴”、“梅为花之最清,琴为声之最清,以最清之声写最清之物，宜其有凌霜音韵也”、“三弄之意，则取泛音三段，同弦异徽云尔”。从这里可看出，它首先是一首笛曲，后来才改编成古琴曲。

此曲结构上采用循环再现的手法，重复整段主题三次，每次重复都采用泛音奏法，故称为《三弄》。1972年王建中改编成钢琴曲，音调取自此曲，表现的主题则是毛泽东词《咏梅》。

曲中泛音曲调在不同徽位上重复三次，故称“三弄”。乐曲通过歌颂梅花不畏寒霜、迎风斗雪的顽强性格，来赞誉具有高尚情操之人。

《阳春白雪》是写初春美景的吗

《阳春白雪》为琵琶套曲。相传为春秋时期的晋国师旷或齐国刘涓子所作。现存琴谱中的《阳春》和《白雪》是两首器乐曲,《神奇秘谱》在解题中说 :“《阳春》取万物知春，和风淡荡之意 ;《白雪》取凛然清洁，雪竹琳琅之音。”阳春白雪表现的是冬去春来,大地复苏,万物欣欣向荣的初春美景。旋律清新流畅,节奏轻松明快。

《阳春白雪》由民间器乐曲牌《八板》的多个变体组成的琵琶套曲。是“八板头”变体的循环再现，各个《八板》变体组合在一起形成变奏的关系，后又插入了《百鸟朝凤》的新材料，因此它是一首具有循环因素的变奏体结构。

《阳春白雪》流传有两种不同版本，即《大阳春》和《小阳春》。《大阳春》指李芳园、沈浩初整理的十段、十二段乐谱。《小阳春》是汪昱庭所传，又名《快板阳春》，流传很广。

《胡笳十八拍》是谁的作品

《胡笳十八拍》原是一首琴歌，据传为蔡文姬作，由18首歌曲组合的声乐套曲，由琴伴唱，表现了文姬思乡、离子的凄楚和浩然怨气。现以琴曲流传最为广泛。

东汉末大乱，连年烽火，蔡文姬在逃难中被匈奴所掳，流落塞外，后来与左贤王结成夫妻，生了两个儿女。在塞外她度过了12个春秋，但她无时无刻不在思念故乡。曹操平定了中原，与匈奴修好，派使邪路用重金赎回文姬，于是她写下了著名长诗《胡笳十八拍》，叙述了自己一生不幸的遭遇。

琴曲中有《大胡笳》、《小胡笳》、《胡笳十八拍》琴歌等版本。曲调虽然各有不同，但都反映了蔡文姬思念故乡而又不忍骨肉分离的极端矛盾的痛苦心情。音乐委婉悲伤，撕裂肝肠。

唐代琴家董庭兰以擅弹此曲著称。李颀的《听董大弹胡笳》诗中有：“蔡女昔造胡笳声，一弹一十有八拍，胡人落泪沾边草，汉使断肠对客归。”在琴曲中，文姬移情于声，借用胡笳善于表现思乡哀怨的乐声，融入古琴声调之中，表现出一种浩然的怨气。

此曲全段都离不开一个凄字，被改编成管子独奏，用管子演奏时那种凄切哀婉的声音直直的透入人心，高则苍悠凄楚，低则深沉哀怨。

蔡文姬作的《胡笳十八拍》被郭沫若称为“一首自屈原《离骚》以来最值得欣赏的长篇抒情诗”。

元曲四大爱情剧是什么

关汉卿

元曲四大爱情剧是指：王实甫的《西厢记》、关汉卿的《拜月亭》、白朴的《墙头马上》、郑光祖的《倩女离魂》。关汉卿的《拜月亭》也称《王瑞兰闺怨拜月亭》、《蒋世隆拜月亭》。事写在战乱逃亡之中，王瑞兰与母亲失散，书生蒋世隆也与妹瑞莲失散。世隆与瑞兰相遇，共同逃难中产生感情，私下结为夫妇。瑞莲则与瑞兰的母亲结伴同行。瑞兰的父亲偶然在客店遇到瑞兰，嫌弃世隆是个穷秀才，门户不相称，催逼瑞兰撇下生病的世隆，跟自己回家，在路上又与老妻及瑞莲相遇。瑞兰一直惦念着世隆，焚香拜月，祷祝世隆平安，心事被瑞莲撞破。两人得知情由，姐妹之外又成姑嫂，愈加亲密。蒋世隆与逃难途中的结义兄弟分别高中文武状元，被势利的瑞兰之父招为女婿。世隆与瑞兰相见，知她情贞，夫妻终于团聚。瑞莲则与世隆的结义兄弟成婚。

王实甫的《西厢记》全名《崔莺莺待月西厢记》。《西厢记》最突出的成就是从根本上改变了《莺莺传》的主题思想和莺莺的悲剧结局，把男女主人公塑造成在爱情上坚贞不渝，敢于冲破封建礼教的束缚，并经过不懈的努力，终于得到美满结果的一对青年。

这一改动，使剧本反封建倾向更鲜明，突出了“愿普天下有情人都成眷属”的主题思想。在艺术上，剧本通过错综复杂的戏剧冲突，来完成莺莺、张生、红娘等艺术形象的塑造，使人物的性格特征生动鲜明，加强了作品的戏剧性。

《西厢记》的曲词华艳优美，富于诗的意境，可以说每支曲子都是一首美妙的抒情诗。曹雪芹在《红楼梦》中，通过林黛玉的口，称赞它“辞藻警人，余香满口”。

白朴的《墙头马上》是一部具有浓厚喜剧色彩的爱情戏。属于杂曲之中的言情剧。此剧的素材，源于白居易的《井底引银瓶》一诗。白诗记述一个婚姻悲剧故事：一个女子爱上了一位男子，同居了五六年，但被家长认为“聘则为妻奔则妾”，于是被逐出家门。

在“始乱终弃”的社会风气中，白居易对这不幸的女子给予同情，并对世人提出“寄言痴小人家女，慎勿将身轻许人”的告诫。白朴在戏中所写的内容，大致与《井底引银瓶》一诗相同，但它表现的思想倾向，则与原诗迥异。整个剧本，洋溢着火热的激情。它描绘女子大胆地追求爱情，勇敢地向封建家长挑战，成为一曲歌颂婚姻自由的赞歌。

郑光祖的《倩女离魂》全名《迷青琐倩女离魂》，是根据唐代传奇《离魂记》改编而成的。唐朝时期，衡阳郡张镒的女儿倩娘十分漂亮，爱上了她的表哥王宙。张镒忘记他的承诺而将倩娘另嫁。王宙痛苦地离开衡阳，夜晚倩娘追他而去，与他一起逃到四川成都家。十几年才回衡阳，回来发现一起去成都的只是倩娘的灵魂。

文房四宝有什么讲究

中国独有的文书工具，即笔、墨、纸、砚。文房四宝之名，起源于南北朝时期。历史上，“文房四宝”所指之物屡有变化。在南唐时，“文房四宝”特指诸葛笔、徽州李廷圭墨、澄心堂纸，江西婺源龙尾砚。自宋朝以来“文房四宝”则特指湖笔，即浙江省湖州所制的笔；徽墨，即安徽省徽州所产的墨；宣纸，即安徽省宣州所造的纸；端砚，即广东省肇庆所雕的砚，肇庆古称端州。

文房四宝之笔：最早的毛笔，大约可追溯到两千多年之前。西周以上虽然迄今尚未见有毛笔的实物，但从发现的史前彩陶来看，我国的书写用笔起源很早。根据未经刀刻过的甲骨文字判断，夏商时期就已经有原始的笔了。如果再从新石器时期彩陶上面的花纹图案来看，笔的产生还可以追溯到五千多年以前。到春秋战国时期，各国都已经制作和使用书写用笔了。那时笔的名称繁多：吴国叫“不律”，燕国叫“弗”，楚国叫“幸”，秦国叫“笔”。秦始皇统一全国以后，笔就成了定名，一直沿用至今。

古笔的品种较多，从笔毫的原料上来分，就曾有兔毛、白羊毛、青羊毛、黄羊毛、羊须、马毛、鹿毛、麝毛、獾毛、狸毛、貂鼠毛、鼠须、鼠尾、虎毛、狼尾、狐毛、獭毛、猩猩毛、鹅毛、鸭毛、鸡毛、雉毛、猪毛、胎发、人须、茅草等。从性能上分，则有硬毫、软毫、兼毫。从笔管的质地来分，又有水竹、鸡毛竹、斑竹、棕竹、紫檀木、鸡翅木、檀香木、楠木、花梨木、况香木、雕漆、绿沉漆、螺细、象牙、犀角、牛角、麟角、玳瑁、玉、水晶、琉璃、金、银、瓷等，不少属珍贵的材料。

文房四宝之墨：墨给人的印象似稍显单一，但却是古代书写中必不可缺的用品。

在人工制墨发明之前，一般利用天然墨或半天然墨来作为书写材料。史前的彩陶纹饰、商周的甲骨文、竹木简牍、缣帛书画等到处留下了原始用墨的遗痕。文献记载，古代的墨刑、墨绳、墨龟也均曾用墨。

经过这段漫长的历程，至汉代，终于开始出现了人工墨品。这种墨原料取自松烟，最初是用手捏合而成，后来用模制，墨质坚实。据东汉应劭《汉官仪》记载：“尚书令、仆、丞、郎，月赐愉麋大墨一枚，愉麋小墨一枚。”愉麋在今陕西省千阳县，靠近终南山，其山古松甚多，用来烧制成墨的烟料，极为有名。

从制成烟料到最后完成出品，其中还要经过入胶、和剂、蒸杵等多道工序，并有一个模压成形的过程。墨模的雕刻就是一项重要的工序，也是一个艺术性的创造过程。

墨之造型大致有方、长方、圆、椭圆、不规则形状等。墨模一般是由正、背、上、下、左、右六块组成，圆形或偶像形墨模则只需四板或二板合成。内置墨剂，合紧锤砸成品。款识大多刻于侧面，以便于重复使用墨模时，容易更换。墨的外表形式多样，可分本色墨、漆衣墨、漱金墨、漆边墨。

文房四宝之纸：纸是中国古代四大发明之一，曾经为历史上的文化传播立下了卓著功勋。传统的宣纸手工纸依然体现着它不可替代的作用，焕发着独有的光彩。古纸在留传下来的古书画中尚能一窥其貌。

在纸张发明之前的很长一段时间内，人们是采用什么来作为记事材料的呢？根据文献和实物资料，最早的人们是采用结绳来记事的，遇事打个结，事毕解去。后来又在龟甲、兽骨上刻辞，所谓“甲骨文”。

在青铜产生以后，又在青铜器上铸刻铭文，即“金文”或“钟鼎文”。再后，将字写在用竹、木削成的片上，称“竹木简”，如较宽厚的竹木片则叫“牍”。同时，有的也写于丝织制品的缣帛上。先秦以前，除以上记事材料外，还发现了刻于石头上的文字，比如著名的“石鼓文”。

西汉初年，政治稳定，思想文化十分活跃，对传播工具的需求旺盛，纸作为新的书写材料应运而生。从迄今为止的考古发现来看，造纸术的发明不晚于西汉初年。

从出土古纸自身的年代顺序，可以分别排列为：西汉早期的放马滩纸，西汉中期的灞桥纸、悬泉纸、马圈湾纸、居延纸，西汉晚期的旱滩坡纸。这些纸不但都早于蔡伦纸，而且有些纸上还有墨迹字体，说明已用于文书的书写。

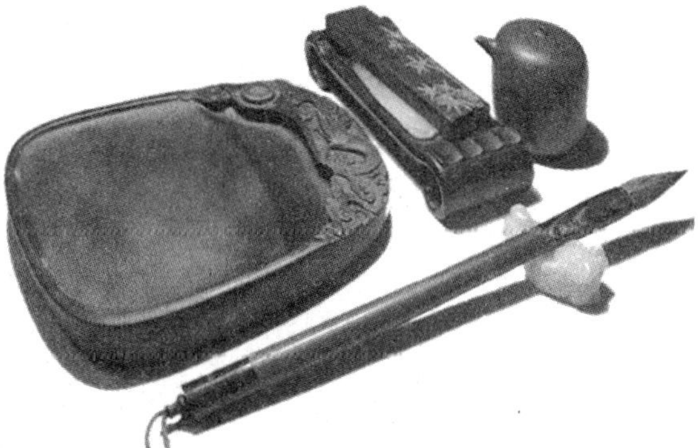

文房四宝

文房四宝之砚：砚，也称

“砚台”，被古人誉为“文房四宝之首”。因为墨须加水发磨始能调用，而发墨之石刑则是砚。

最著名的是广东肇庆的端砚、安徽的歙砚、山东鲁砚、江西龙尾砚、山西澄泥砚。砚台讲究的是：质细地腻、润泽净纯、晶莹平滑、纹理色秀、易发墨而不吸水。有的有乳，有的有眼，有的有带，有的有星，以产于临山近水之地为佳。

如端砚之出于斧柯，浴在江渭端溪之渚坑中。虽同出一地，其石质也有所不同，如有青花、天青者、蕉叶白、鱼脑冻、冰纹金星、罗纹、眉子、红丝、燕子、紫金石、龟石、等。石佳还须工精，砚台的雕工制作早已形成了一门艺术，从取石、就料、开型、出槽、磨平，雕花等都可运其匠心。有的精品砚已不实用，以其名贵只能作古董观赏、珍藏，而舍不得濡水发墨了。砚的名贵，有以石质贵者，有以制作贵者，有以名人用而贵者等。

砚需常洗，不然会沾染尘垢，每发墨必须砚净水新。墨锭则愈古旧愈好，因时间愈久其胶自然消解，但水不能储旧，而必须加新。如恐沾油，洗时可用莲蓬或旧茶叶刷涤。加水以微温为好，切勿以滚水加之，以防爆裂。所以书家不但应懂得用砚，还应会养砚。

笔、墨、纸、砚，各有各的用途，各有各的讲究，所谓“名砚清水，古墨新发，惯用之笔，陈旧之纸”，合起来是整个一套，再写出我们的文字，综合成为我们独特的传统书法艺术。它不但为我们自我欣赏，而是越来越得到了世界各国人们的瞩目、珍爱。

中国绘画六大要素是什么

一是线条。中国画的主要造型手段是使用中国书法的线条，至少写意画用的是行书或草书甚至是狂草的线条，工笔画常用的很工整的线条是楷书的线条，当然比起楷书文字笔画来要长的多，但笔法是一样的。

二是造型，准中求质。中国画中的造型应该是指画什么要像什么，即使是变形与夸张，也要在写实的基础上进行，也就是把“写形”作为“写神”的一种手段。造型是一种提升，是对形与神的综合塑造与传达。

三是结构。中国画的基本结构法起源于书法结构，所以中国画的基本结构法就是中国书法的结构法。中国画的构图法“置陈布势”与中国书法中字的结构法“结体布局”有密切联系。前者来源于后者，画的用笔与书法用笔相同，故有“书画同源”之说。但画之有法后于书，而不同于书。俗话说，书法家不一定是画家，画家却一定会书法。

四是明暗。中国古典绘画中的光，大都是表现明暗分布的。现代中国画中的光，不仅表现明暗分布，而且成为刻画形象、突出主题、表现画家情感的新艺术语言。现代中国画家的这种创造，对中国画的革新与发展功不可没。

五是空间。画山水画的时候，有高远、平远、深远这三远之说，这是处理空间的基本方法，并且用三远作为基础，拿来灵活地处理其它特殊画幅形式的空间。例如，张择端的《清明上河图》就运用散点透视的方法，好像从高处望下来似的鸟瞰法，形形色色的人物、船只、车马、店铺等都历历可见，这种方法也是中国画家灵活处理空间的一种天才创造。

六是色彩，重墨色轻颜色与重颜色轻墨色。中国画根据不同的描绘对象、时间、地点，使用不同的色彩。中国画喜欢用固有色，即物体本来的颜色，虽然也讲究一定的变化，但变化较小。

什么叫绘画的写生

写生是直接面对对象进行描绘的一种绘画方法，基本有风景写生、静物写生、人像写生等多种根据描绘对象不同的分类。一般写生不作为成品绘画，只是为作品搜集素材，但逐渐也有画家直接用写生的方法创作，尤其是印象派的画家，经常利用风景写生，直接描绘瞬间即逝的光影变化，所以有时也被称为“外光派画家”。

中国画家一般主要依靠看和记忆，有的画家也“临渊摹笔”，但绝大部分古代画家虽然也强调写生“师法自然”，但只是饱览名山大川，回家以后凭记忆下笔。主要也是因为中国绘画工具不易携带和野外使用。现代的中国画家也重视写生，应用现代的速写工具搜集素材。

写生对描绘细节和光影变化非常重要，人不可能记住所有这些细节，经常写生对研究色彩学的规律也非常有启发。写生也是开始学习绘画时最重要的训练方法。

什么叫绘画的素描

素描通常意味着可于平面留下痕迹的方法，如蜡笔、炭笔、钢笔、铅笔、色粉笔、乌墨褐、墨水及纸张，其它还包括在濡湿的陶土，沾了墨水的布条、金属、石器、容器或布的表面所造成的磨损。素描是一切绘画的基础，这是研究的过程中所必须经过的一个阶段。

轮廓和线条是素描的一般称谓。素描具备了自然律动感，观者从欣赏过程中可感受这一点。不同的笔触营造出不同的线条及横切关系，并包括节奏、主动与被动的周围环境，平面，体积，色调，及质感。

素描是一种正式的艺术创作，可以用单色线条或涂抹成面等方式来表现直观世界中的事物，可以表达思想、概念、态度、感情、幻想、象征甚至抽象形式。它不像绘画那样重视总体和色彩，而是着重结构和形式。

科学、严格的方法步骤不仅能够保证素描作业顺利进行，而且可以培养我们的整体观察能力和描绘能力。

确立构图：推敲构图的安排，使画面上物体主次得当，构图均衡而又有变化，避免散、乱、空、塞等弊病。

画出大的形体结构：用长直线画出物体的形体结构，要求物体的形状、比例、结构关系准确，再画出各个明暗层次的形状位置。

逐步深入塑造：通过对形体明暗的描绘逐步深入塑造对象的体积感，对主要的、关键性的细节要精心刻画。

调整完成：深入刻画时难免忽视整体及局部间的相互关系，这时要全面予以调整，做到有所取舍、突出主体。

什么是丹青技法

我国古代绘画常用朱红色、青色，故称画为“丹青”。《汉书·苏武传》：“竹帛所载，丹青所画。”杜甫《丹青引赠曹将军霸》：“丹青不知老将至，富贵于我如浮云”。

民间称画工为丹青师傅。丹青也泛指绘画艺术，如《晋书·顾恺之传》：“尤善丹青。”按社会地位来分有：民间画工、宫廷画工。从工种来分有：壁画工、漆画工、瓷画工、年画工、灯扇画工、雕刻画工等。画工画是民族绘画传统的重要组成部分。

什么是帛画

帛画指古代绘在丝织品上的图画，是中国画的一种。传世帛画年代最早的有湖南长沙出土的战国楚墓帛画三幅：一幅四周绘有奇异的动植物图像，中写文字，多不可识，称“缯书”；次幅绘一长袖细腰女子，侧身合掌而立，上有搏斗的凤、龙；第三幅绘一高冠长袖的男子，侧身驾驭一巨龙，龙身若舟。

建国后陆续发掘出土的西汉帛画墓地有：1972年1月湖南长沙马王堆一号汉墓；1973年11月同一地区的三号汉墓；两墓中均有覆盖在内棺上的彩绘帛画，作“T”形，名为“非衣”。

画面基本分三部分：天上、人间、地下各种景象。1976年5月山东临沂金雀山九号汉墓出土的为长方形旌幡，内容和上二图相同，只是“人间”部分比重增大。三图均属西汉初期作品。当时厚葬之风很盛，这些帛画即为随葬品。

内容为古代神话传说；人物造型带有风俗画性质；写实和装饰工巧相结合，线描规整劲利，色彩绚烂谐调，显示当时有相当高的艺术水平，是我国绘画现实主义传统的发轫。后来的北魏司马金尤墓中漆画与东晋顾恺之的《女史箴图》卷，与之一脉相承。

什么是漆画

绘画的一种。是用油漆所绘成的一种工艺性的装饰图画。商代已有漆器工艺，战国时这种工艺趋于发达。湖南、湖北、河南等地，均有漆器出土。长沙楚墓出土的漆器，花纹工细。有的漆奁，描绘舞乐、狩猎情景，富有生趣。湖北云梦城关西部睡虎地出土漆器多件，纹样精致，线条流利，状态生动，其中漆盂一只是现存唯一的秦代漆绘作品。

什么是水墨画

中国画的一种。指纯用水墨所作之画。基本要素有三：单纯性、象征性、自然性。相传始于唐代，成于五代，盛于宋元，明清及近代以来续有发展。

以笔法为主导，充分发挥墨法的功能。“墨即是色”，指墨的浓淡变化就是色的层次变化，“墨分五彩”，指色彩缤纷可以用多层次的水墨色度代替之。北宋沈括《图画歌》云：“江南董源传巨然，淡墨轻岚为一体。”就是说的水墨画。

唐宋人画山水多湿笔，出现“水晕墨章”之效，元人始用干笔，墨色更多变化，有“如兼五彩”的艺术效果。唐代王维对画体提出“水墨为上”，后人宗之。长期以来水墨画在中国绘画史上占有重要地位。

什么是院体画

简称院体、院画，是中国画的一种。一般指宋代翰林图画院及其后宫廷画家比较工致一路的绘画。亦有专指南宋画院作品，或泛指非宫廷画家而效法南宋画院风格之作。

这类作品为迎合帝王宫廷需要，多以花鸟、山水，宫廷生活及宗教内容为题材，作画讲究法度，重视形神兼备，风格华丽细腻。因时代好尚和画家擅长有异，故画风不尽相同而各具特点。鲁迅说：“宋的院画，萎靡柔媚之处当舍，周密不苟之处是可取的。”

什么是文人画

文人画亦称士夫画。是中国画的一种。泛指中国封建社会中文人、士大夫所作之画。以别于民间画工和宫廷画院职业画家的绘画，北宋苏轼提出士夫画，明代董其昌称道“文人之画”，以唐代王维为其创始者，并目为南宗之祖。但旧时也往往借以抬高士大夫阶层的绘画艺术，贬低民间画工及院体画家。

唐代张彦远在《历代名画记》曾说：“自古善画者，莫非衣冠贵胄，逸士高人，非闾阎之所能为也。”此说影响甚久。近代陈衡恪则认为“文人画有四个要素:人品、学问、才情和思想，具此四者，乃能完善。”

通常文人画多取材于山水、花鸟、梅兰竹菊和木石等，借以抒发“性灵”或个人抱负，间亦寓有对民族压迫或对腐朽政治的愤懑之情。他们标举“士气”“逸品”，崇尚品藻，讲求笔墨情趣，脱略形似，强调神韵，很重视文学、书法修养和画中意境的缔造。

姚茫父的《中国文人画之研究·序》曾有很高的品评：“唐王右丞援诗入画，然后趣由笔生，法随意转，言不必宫商而邱山皆韵，义不必比兴而草木成吟。”历代文人画对中国画的美学思想以及对水墨、写意画等技法的发展，都有相当大的影响。

什么是年画

年画是中国画的一种。大都用于新年时张贴、装饰环境，含有祝福新年吉祥喜庆之意，故名。传统民间年画多用木板水印制作。

年画主要产地有天津杨柳青、苏州桃花坞和山东潍坊等，上海有“月份牌”

年画，其它还有四川、福建、山西、河北以至浙江等地。旧年画因画幅大小和加工多少而有不同称谓。

整张大的叫“宫尖”，一纸三开的叫“三才”。加工多而细致的叫“画宫尖”“画三才”。颜色上用金粉描画的叫“金宫尖”“金三才”。六月以前的产品叫“青版”，七八月以后的产品叫“秋版”。年画画面线条单纯、色彩鲜明、气氛热烈愉快，如春牛图、岁朝图、嘉穗图、戏婴图、合家欢、看花灯，胖娃娃等，并有以神仙、历史故事、戏剧人物作题材的。

颇多作为门画张贴之用，夹杂着“神祇护宅”的观念，如“神荼郁垒”“天官”“秦琼敬德”等，体裁有门画、四屏条和横竖的单开独幅等。宋代已有关于年画的记载，目前见到最早的一幅木版年画是南宋刻印的《随朝窈窕呈倾国之芳容》。清代中期，年画尤见盛行。建国后，年画在传统的基绌卜推陈出新，丰富多彩，更为人民群众所喜爱。

什么是连环画

连环画是绘画的一种，指用多幅画面连续叙述一个故事或事件的发展过程。实际上应称连续画。兴起于20世纪初叶的上海。是根据文学作品故事，或取材于现实生活，编成简明的文字脚本，据此绘制多页生动的画幅而成。一般以线描为主，也有彩色等。

中园古代的故事壁画、故事画卷中，五代南唐顾闳中的《韩熙载夜宴图》，南宋李唐的《晋文公复国图》，南宋陈居中的《胡笳十八拍图》）及小说戏曲中的“全相”等，都具有连环画的性质。现代风行的连环画，俗称小人书或小书，也有将电影，戏剧等故事用摄影形式编成连环画的。

什么是指头画

指头画简称指画，是中国画技法名称。即特用指头、指甲和手掌蘸水墨或颜色在纸绢上作画，所成之画称“指头画”。清代方薰《山静居论画》：“指头画起于张璪，璪作画或用退笔，或以手摸绢素而成。”实则唐代张璪专以秃笔作画，偶以手指涂抹绢素而已。

据可查考资料，指头画始于康熙年间的高其佩，其侄孙高秉著有《指头画说》。高其佩亲承弟子有甘怀园、赵成穆、李世倬等，之后，工指头画有特殊成绩的画家有萨克达、俞珽、觉罗西密。杨阿、瑛室等。乾隆、嘉庆以后，兼工指头画者益见增多。现代潘天寿的指头画有很高成就，独具风格。

画分十门是什么意思

画分十门是中国画名词。指中国画的分科，唐代张彦远《历代名画记》分六门，即人物、屋宇、山水、鞍马、鬼神、花鸟等。

北宋《宣和画谱》分十门，即道释门、人物门、宫室门、番族门、龙鱼门、山水门、畜兽门、花鸟门、墨竹门、蔬菜门。南宋邓椿《画继》分八类，即仙佛鬼神、人物传写、山水林石、花竹翎毛、畜兽虫鱼、屋木舟车、蔬果药草、小景杂画。

十三科是什么意思

十三科是中国画术语。指中国画的分科，唐代张彦远《历代名画记》分为六门；北宋《宣和画谱》分为十门；南宋邓椿《画继》分为八类。

元代汤垕《画鉴》说:“世俗立画家十三科,山水打头,界画打底。”明代陶宗仪《辍耕录》所载“画家十三科”是：“佛菩萨相、玉帝君王道相、金刚鬼神罗汉圣僧、风云龙虎、宿世人物、全境山林、花竹翎毛、野骡走兽、人间动用、界画楼台、一切傍生、耕种机织、雕青嵌绿。”

什么是人物画

人物画是绘画的一种。是以人物形象为主体的绘画之通称。中国的人物画，简称“人物”，是中国画中的一大画科，出现较山水画、花鸟画等为早；大体分为道释画、仕女画、肖像画、风俗画、历史故事画等。

人物画力求人物个性刻画得逼真传神、气韵生动、形神兼备。其传神之法，常把对人物性格的表现，寓于环境、气氛、身段和动态的渲染之中。故中国画论上又称人物画为“传神”。

历代著名人物画有东晋顾恺之的《洛神赋图》卷，唐代韩滉的《文苑图》，五代南唐顾闳中的《韩熙载夜宴图》，北宋李公麟的《维摩诘像》，南宋李唐的《采薇图》、梁楷的《李白行吟图》，元代王绎的《杨竹西小像》，明代仇英的《列女图》卷、曾鲸的《侯峒嶒像》，清代任伯年的《高邕之像》，以及现代徐悲鸿的《泰戈尔像》等。在现代，人物画更强调“师法化”，还吸取了西洋技法，在造型和布色上有所发展。

什么是道释画

道释画是人物画的一种。是以道教、佛教为内容的绘画。魏晋南北朝以来，宗教画极盛，名家辈出，所作以壁画为多。

维摩诘像

佛教画如东晋顾恺之、戴逵在建业瓦官寺画的《维摩诘像》；南朝宋陆探微、谢灵运画的《菩萨像》，唐会昌五年（845年）灭佛后堆置于甘露寺；南朝梁张僧繇在上都定水寺画的《二神》、《三帝释》；隋代展子虔在洛阳天女寺画的《菩萨像》，杨契丹在长安宝刹寺画的《佛涅槃变》；唐代尉迟乙僧在长安慈恩寺画的《千钵文殊》，吴道子在兴唐寺画的《金刚变相》；五代杜敬安在成都大圣慈寺画的《无量寿佛》等。

道教画如唐代张素卿画的《天官像》；五代丘文播画的《二十四化神仙》；北宋孙知微在成都寿宁院画的《慧远送陆道士图》，武宗元在洛阳三圣宫画的《太乙像》；还有元代《永乐宫壁画》等。寺院壁画或年久失修，或禁教破坏，所存无几。石窟壁画则保存尚，如敦煌壁画。也有卷轴画，如传为北宋李公麟的《维摩天女》、武宗元的《朝元仙仗图》、南宋梁楷的《高僧故实》、元初颜辉的《李仙像》等。

什么是风俗画

风俗画是人物画的一种。是指以社会生活风习为题材的人物画。始于汉代，如辽阳、望都等地墓室壁画和画像石、画像砖等。

唐代韩滉《田家风俗图》、五代李群《孟说举鼎》、北宋张择端《清明上河图》、南宋左建《农家迎妇图》、朱光普《村田乐事图》、苏汉臣《货郎图》等，均为古代名作。南宋时在临安流行一种“堂画”,亦称“风俗画”。清末吴友如《点石斋画报》中有很多作品，均属风俗画。年画中的《姑苏万年桥》、《大庆丰年》、《万家村》等图，也属之。建国后的风俗画，反映了新的题材、新的人物。

什么是肖像画

肖像画是人物画的一种。指描绘人物形象之画。可分头像、半身像、全身像、群像等。中国肖像画传统称谓有传神或写真。

写真是中国肖像画的传统名称。绘写人像要求形神肖似，故名。杜甫《丹青引赠曹将军霸》诗："将军善画盖有神，偶逢佳士亦写真。"如清代丁皋著的肖像画法称《写真秘诀》。亦称传神、写照。

传神是中国肖像画的传统名称。南朝宋刘义庆《世说新语·巧艺》："顾长康画人，或数年不点目睛。人问其故，顾曰："四体妍蚩，本无关于妙处，传神写照，正在阿堵中。"图绘人物，当求其能表达出神情意态，故称传神。清蒋骥著《传神秘要》，论述肖像画颇详。

什么是青绿山水

青山绿水是山水画的一种。指用矿物质石青、石绿作为主色的山水画。有大青绿、小青绿之分。前者多勾廓，少皴笔，着色浓重，装饰性强；后者是在水墨淡彩的基础上薄罩青绿。清代张庚说："画，绘事也，古来无不设色，且多青绿。"

元代汤垕说："李思训着色山水，用金碧辉映，自为一家法。"南宋有两赵，以擅作青绿山水著称。中国的山水画，先有设色，后有水墨。设色画中先有重色，后来才有淡彩。

什么是浅绛山水

浅绛山水是山水画的一种。指在水墨勾勒皴染的基础上，敷设以赭石为主色的淡彩山水画。《芥子园画传》说："黄公望皴，仿虞山石面，色善用赭石，浅浅施之，有时再以赭笔勾出大概。王蒙复以赭石和藤黄着山水，其山头喜蓬蓬松松画草，再以赭色钩出，时而竟不着色，只以赭石着山水中人面及松皮而已。"

这种设色特点，始于五代董源，盛于元代黄公望，亦称"吴装"山水。

中国画颜料中的金碧是什么

金碧是指中国画颜料中的泥金、石青和石绿。凡用这三种颜料作为主色的山水画，称"金碧山水"，比"青绿山水"多泥金一色。泥金一般用于勾染山廓、石纹、坡脚、沙嘴、彩霞，以及宫室、楼阁等建筑物。

但明代唐志契《绘事微言》中另持一说："盖金碧者：石青石绿也，即青绿山水之谓也。后人不察，加以泥金谓之金笔山水，夫以金碧之名而易以金笔之名可笑也！”

中国画颜料中的青绿是什么

青绿是指中国画颜料中的石青和石绿。也指以这两种颜料为主色的着色方法。

清代王翚说：“凡设青绿，体要严重，气要轻清，得力全在渲晕，余于青绿法静悟三十年，始尽其妙。”恽寿平也说：“青绿重色，为秾厚易，为浅淡难，为浅澹矣，而愈见秾厚为尤难。运以虚和，出之妍雅，秾纤得中，灵气惝恍，愈浅淡愈见秾厚，所谓绚烂之极，仍归自然，画法之一变也。”阐述了青绿设色的要旨。

何为四君子、岁寒三友、五清

四君子是中国画术语。指以梅、兰、竹、菊四种花卉为题材的总称。花鸟画之分支。宋元若干画家好画竹、梅，加上松树，称“岁寒三友”。

元代吴镇在“三友”外加画兰花，名“四友图”。明神宗万历年间，黄凤池辑《梅竹兰菊四谱》，陈继儒称“四君”，后即名四君子。

后人又加上松树合称“五清”或“五友”。清代王概编《芥子园画传》第三集，即为梅、兰、竹、菊四谱。

这类题材，能象征高洁的品格和正直、坚强、坚忍、乐观以及不畏强暴的精神，历代画家久画不衰。

什么叫作湿笔

湿笔与干笔对称。是中国画技法名。指笔含较多水分。湿笔作画，兴于唐代张璪。古诗云：“山路元无雨，空翠湿人衣。”杜甫亦有“元气淋漓章犹湿”之句。都是言水墨山水进入“水晕墨章”之妙境。

唐代项容笔法枯硬而少温润，被讥为“顽涩”。五代荆浩自称：“笔尖寒树瘦，墨淡野云轻”。所谓轻，就是用水分充沛的湿笔。北宋郭熙说：“墨色不滋润，谓之枯，枯则无生意。”也主张画中须有湿笔。明代王行题画诗云：“北苑貌山水，见墨不见笔；继者唯巨然，笔从墨间出。”

清代张庚晚年始悟其意。他说：“湿笔难工，干笔易好。”论及董源藏骨于肉，巨然肉透于骨。后者以“骨易见笔，肉难征墨”。一时争趋干笔，反以湿笔为俗工而弃之。秦祖永所论最为突出："作画最忌湿笔，锋芒全为墨华淹渍，便不能着力矣！去湿之法，莫如用干。"但现代黄宾虹说："有干才有湿，有湿才知有干。"干湿互用，方能谓之"水晕墨章"。

什么是干笔、枯笔、焦笔

干笔亦称渴笔。与湿笔对称，是中国画技法名。指笔含较少水分。

干笔作画，兴于元代，行于明清，迄今不衰。清代秦祖永说："作画最忌湿笔，锋芒全为墨华淹渍，便不能着力矣！去湿之法，莫如用干，取其易于着力，可以运用从心。大痴老人松字诀，唯能用干笔。"又云："沈、唐（寅）干笔皴擦，勾勒松秀。"亦可称"干皴""枯笔""焦笔""渴笔"，《谈艺录》指出："李营丘惜墨如金，董宗伯常有言，作画不唯惜墨，亦当惜水，古人皆以渴笔取妍，今人乃以为云林一家法，不然也。"

什么是颤笔

颤笔是中国画技法名。作画时画出一种抖曲颤动的墨线。元代夏文彦《图绘宝鉴》谓："孙尚子善为颤笔，见于衣服、手足、木叶、川流诸处，皆若颤动。"

画水流、木叶、衣服用颤笔，线条须力求流畅自然、曲折有致，不可流于折若锯齿、曲如蚯蚓。北宋《宣和画谱》谓："后主（南唐李煜）金错刀书用一笔三过之法，晚年变而为画，故颤掣乃如书法。"

什么叫作皴法

皴法是中国画技法名。指用以表现山石和树皮的纹理。

山石的皴法主要有披麻皴、直擦皴、雨点皴、卷云皴、解索皴、牛毛皴、荷叶皴、铁线皴、长斧劈皴、小斧劈皴、大斧劈皴、带水斧劈皴、鬼脸皴、米芾拖泥带水皴、弹涡皴、括铁皴、折带皴、泥里拔钉皴、骷髅皴、破网皴、刺梨皴、马牙皴、马牙钩。表现树身表皮的皴法，有鳞皴、绳皴、交叉麻皮皴。点擦横皴、横皴。

上述皴法，乃历代画家根据山石的地质结构外形，树木的表皮状态，而创造的表现形式。后人认为随着自然界的变迁改造和绘画技法的演进，各种皴法将不断发展。

什么叫作三远六远

三远六远是山水画技法名。北宋郭思纂集的《林泉高致》载其父郭熙之说："山有三远：自山下而仰山颠，谓之。高远；自山前而窥山后，谓之深远；自近山而望远山，谓之平远。"

韩拙《山水纯全集》又增一说："郭氏谓山有三远，愚又论三远者：有近岸广水，旷阔遥山者，谓之阔远；有烟雾溟漠，野水隔而仿佛不见者，谓之迷远；景物至绝，而微茫缥缈者，谓之幽远。"

后人合称为"六远"。元代黄公望《山水诀》参合两家之说，谓"山论三远，从下相连不断，谓之平远；从近隔间相对，谓之阔远；从山外远景，谓之高远。"

什么是山水林石

山水林石是山水画术语。古人谓千岩万壑，片石疏林，皆山水也。传统习惯，前者指为山水；后者称作林石。

明代李日华说："古人林木窠石，本与山水别行，大抵山水意境高深回环，备有一时气象，而林石则草草逸笔中，见偃仰亏蔽与聚散历落之致而已。李营丘特妙山水，而林石更造精微，倪迂源本营丘，故所作萧散闲逸，盖林木窠石之派也。"

什么是没骨技法

没骨技法是中国画技法名。不用墨笔为骨，直接用彩色描绘物象。相传为南朝梁张僧繇所创。

唐代杨升擅此画法，用青、绿、朱、赭、白等色，堆染出丘壑树石的山水画，称"没骨山水"。明代董其昌、蓝瑛等仿之。五代黄筌画花勾勒较细，着色后几乎隐去笔迹，遂有"没骨花枝"之称。北宋徐崇嗣效学黄筌，所绘花卉，摒去墨线勾勒，只用彩色画成，名"没骨图"；后人称这种画法为"没骨法"。清代唐于光、恽寿平等仿之。

什么叫作落墨

中国画技法名。始于南唐徐熙。即用墨笔把花卉的全部连勾带染地同时描绘出来，然后略加颜色，使枝、叶、蕊、萼，既有生态，又有立体感。

徐熙自称："落墨之际未尝以傅色晕淡细碎为工。"当时徐铉亦云："落墨为格，杂彩副之，迹与色不相映隐。”北宋沈括解说：“徐熙以墨笔为之，殊草草，略施丹粉而已。”李廌云：“根、干、节、叶，皆用浓墨粗笔，其间栉比略以青绿点拂，而其梢萧然有拂云之气。”此乃唐末五代间水墨画确立后，由徐熙独创的以水墨为主，着色为辅，两相糅合的新形式。

什么叫作破墨

中国画技法名。始见南朝梁萧绎《山水松石格》：“或离合于破墨。”唐代张彦远《历代名画记》谓曾见王维、张璪的破墨山水。

现代画家黄宾虹说：“破墨之法，淡以浓破，湿以干破。皴染之法，虽有不同，因时制宜可耳。”又说：“齐白石作花卉草虫，深得破墨之法，其多以浓墨破淡墨，少见以淡墨破浓墨。”潘天寿认为用墨：“在干后重复者，谓之积，在湿时重复者，谓之破。”作画用破墨法，目的在于使墨色浓淡相互渗透掩映，达到滋润鲜活的效果。

什么叫作泼墨

中国画技法名，相传唐代王洽，以墨泼纸素，脚蹴手抹，随其形状为石、为云、为水，应手随意，图出云霞，染成风雨，宛若伸巧，俯观不见其墨污之迹。

唐代张彦远认为：泼不能过甚，有“吹云泼墨”之说，明代李日华《竹懒画滕》：“泼墨者用墨微妙，不见笔迹，如泼出耳。”清代沈宗骞《芥舟学画编》：“墨曰泼墨，山色曰泼翠，草色曰泼绿，泼之为用，最足发画中气韵。”后世指笔酣墨饱，或点或刷，水墨淋漓，气势磅礴，皆谓之泼墨。现代亦有以彩色为主的纵笔豪放的画法称为泼彩。

黄公望像

什么叫作积墨

中国画技法名。指山水画用墨由淡而浓、逐渐渍染的方法。

北宋郭熙《林泉高致》：“用淡墨六七加而成深，即墨色滋润而不枯。”

元代黄公望《写山水诀》：“作画用墨最难，但先用淡墨积至可观处，然后用焦墨、浓墨分出畦径远近，故在生纸上有许多滋润处。”

清代恽格《南田画跋》：“昔北苑尝写风溪谷雨，峰峦晦明，树石林泉，烟霏云绕。又画落照图，近视若无物，远视村落杳然深远，悉是晚景，远峰之顶，宛有返照之色。巨然宗之，每积墨数十层，空淡若无墨，峰峦云雾，无迹可寻。”

什么叫作宿墨

中国画技法名。初见于北宋郭熙《林泉高致》，有“用墨七法”之说。宿墨是七法之一。指砚中隔宿之墨，当宿墨开始脱胶之际，既粘而又浓黑，含水旁沖，笔痕犹存，自有一种烟雨氤氲之气。

山水画家用之以醒画面精神。现代黄宾虹也将用墨归纳为：“浓、淡、破、渍、泼、焦、宿”，其晚年善用宿墨，在浓黑处，再积染一层墨，或点上极浓的宿墨，亦称亮墨。

什么叫作点簇

中国画技法名。用笔作点画而簇聚成物象的画法。

唐代朱景玄《唐朝名画录》：“韦偃居闲尝以越笔点簇鞍马，其小者或头一点，或尾一抹。”后多指不用勾勒的点笔花卉画法，又称点垛。在江南地区，对随意挥洒作画，俗称“点点簇簇”。

点簇亦称点垛。即不用勾勒，而以笔端蘸墨或颜色，笔毫落纸突糊铺开，一笔之中就分浓淡；或先蘸甲色，再蘸乙色，下笔点垛就出现具有甲色、乙色或甲乙混合色。主要用以表现花卉的叶和花瓣。有时也用于大写意的人物和山水画。“点垛”，乃江南一带口语，似从“点掷”一词变异而来。也有把点垛写成“点虱”。

什么叫作点苔

中国画技法名。用毛笔作出直、横、圆、尖或破笔或如“介”“个”等字的点子，表现山石、地坡、枝干上和树根旁的苔藓杂草，以及峰峦上的远树等，在山水画构图经营中广为应用。

历代画家重视点苔，明代唐志契《绘事微言》说：“画不点苔，山无生气。昔人谓：‘苔痕为美人簪花’，又谓：‘画山容易点苔难’。”清代方薰《山静居画论》曰：“古画有全不点苔者，有以苔为皴者，疏点密点。尖点圆点、横点竖点、及介叶水藻点之类，各有相当，斟酌用之，未可率意也。”

原济则提出："点有雨雪风晴，四时得宜点，有反正阴阳衬贴点。有夹水夹墨一气混杂点，有含苞藻丝璎珞连牵点，有空空洞洞干燥没味点，有墨无墨飞白如烟点，有胶似漆邋遢透明点，更有两点，未肯向学人道破，有没天没地当头劈面点，有千岩万壑明净无一点，噫！法无定相，气概成章耳。"现代潘天寿补充："点上积点之法"说："醒目点；糊涂点；错杂纷乱点。此三种点法，工于积墨者，自能知之。"

何为中国绘画的渲染

中国画技法名。用水墨或颜色烘染物象，分出阴阳向背，增添质感和立体感，加强艺术效果。亦可作"设色"解。清代恽寿平谓："俗人论画，皆以设色为易，岂知渲染极难，画至着色，如入炉钩，重加锻炼，火候稍差，前功尽弃。"

何为中国绘画的烘托

中国画技法名。用水墨或淡彩在物象的外廓渲染衬托，使其明显突出。如烘云托月，以及画雪景、雨景、雾景、晨昏、流水、白色的花鸟和白描人物等，一般采用外罩、围染的烘托方法。

什么叫作拓墨法

古称墨池法。中国画技法名。始见于唐代段成式《酉阳杂俎》："范阳山人于厅上掘地为池，方丈余，深尺余，泥以麻灰，日汲水满之，候水不耗，其丹青墨砚，先后笔叩齿良久，乃纵笔水上就视，但见水色浑浑耳。经二日搨以绢四幅，食顷，举出观之，古松怪石、人物花木无不备也。"

20世纪50年代间，出现试用中国画水墨传统结合西方绘画的光色变化，以纸拓、布拓、水拓等技术，翻印出各种不同的线条或色块，视其形迹，循其自然，加以笔饰和彩墨渲染，使之呈现毛笔难能达到的某种艺术效果。尚有采用特制的纸筋粗棉纸，先上水墨。然后剔除纸上的粗纸筋，留下未渗的白痕，形成自然而奇妙的山石皴斮。此法过多侧重技术手段，有人认为有损中国画的传统笔墨，故画坛行家，褒贬不一。

什么叫作水法

中国画技法名。用水与用笔、用墨一样具有独特作用。有水调墨、水带墨、水破墨、渍水、泼水、铺水等法。使绘画表现达到"润含春雨"、和谐画面、虚实结合等艺术效果。古人作画在用笔、用墨、用色的同时就注意用水。

北宋韩拙在《山水纯全集》中提到：水破墨、是先画墨。而后破之以水。即水法之一种。米芾父子、徐渭、董其昌、原济、朱耷等，都善于用水。现代黄宾虹深谙水法，一是用以留水渍，二是用以接气生韵，三是用以统一画面。

水法中的铺水，即在作画全局笔墨将完成，大体已干之际，再在画面的需要处敷铺上一层清水，目的在于使整幅的笔墨趋向统一、和谐。

水法中的渍水，即在笔端含水，落笔纸上，全笔头稍作逗留，就留下水渍痕，有漶漫、渗透、用笔多变的韵味。为水法中的重要技法。

什么是绘宗十二忌

中国画术语。谓山水画的十二忌病。元代饶自然在《山水家法》提出此说：一布置迫塞；二远近不分；三山无气脉；四水无源流；五境无夷险；六路无出入；七石止 面；八树少四枝；九人物伛偻；十楼阁错杂；十 滃淡失宜；十二点染无法。

山水画中布置楼阁，错杂曲折，反可顾盼生姿，饶氏以为忌者，乃指以界画楼阁为主的画材而言。

何为八格

中国画术语。北宋韩拙《山水纯全集》提出："凡画有八格：石老而润，水净而明，山要垂巍，泉宜洒落，云烟出没，野径迂回，松偃龙蛇，竹藏风雨也。"

何为七候

中国画术语。清代戴熙《习苦斋画絮》提出：作画必须得七候：一精楮；二笔与手称；三色墨净；四新游山水，或新见名迹；五索画者工赏鉴；六意兴；七工夫当不生不熟之际。

何为六气

中国画术语。清代邹一桂《小山画谱》提出："画忌六气：一曰俗气，如村女涂脂；二曰匠气，工而无韵；三曰火气，有笔仗而锋芒太露；四曰草气，粗率过甚，绝少文雅；五曰闺阁气，苗条软弱，全无骨力，六曰蹴黑气，无知妄作，恶不可耐"。

何为六长

中国画术语。对绘画技法所举的六种长处。有两说：

北宋刘道醇《圣朝名画评》提出识画之诀，在乎明六要而审六长，"所谓六长者：粗鲁求笔一也，僻涩求才二也，细巧求力三也，狂怪求理四也，无墨求染五也，平画求长六也”。

清代王昱《东庄论画》：“画有六长：气骨古雅、神韵秀逸、使笔无痕、用墨精彩、布局变化、设色高华是也，六者一有未备，终不得为高手”。

何为六要

中国画术语。对绘画创作提出的六个要求。有两说：

五代梁荆浩《笔法记》：“夫画有六要：一曰气，二曰韵，三曰思，四曰景，五曰笔，六曰墨。”“气者，心随笔运，取象不惑；韵者，隐迹立形，备仪不俗；思者，删拔大要，凝想形物；景者，制度时因，搜妙创真；笔者，虽依法则，运转变通，不质不形，如飞如动；墨者，高低晕淡，品物浅深，文采自然，似非因笔。”

北宋刘道醇《圣朝名画评》提出识画之诀，在乎明六要而审六长，“所谓六要者，气韵兼力一也，格制俱老二也，变异合理三也，彩绘有泽四也，去来自然五也，师学舍短六也”。

何为六法

中国画术语。品评人物画的六项标准，南朝齐谢赫《古画品录》所举“六法”为：气韵生动、骨法用笔、应物象形、随类赋彩、经营位置、传移模写。

唐张彦远《历代名画记》将“气韵生动”“骨法用笔”列为首要之法。清代邹一桂《小山画谱》则认为“以六法言，当以经营为第一，用笔次之，赋彩又次之，传模应不在内，而气韵则画成后得之，一举笔即谋气韵，从何着手？以气韵为第一乃赏鉴家言，非作家法也。”其后论者益众，并逐渐应用到山水、花鸟等画科，且已习惯地成为“中国画”的代名词。

现代作家钱钟书重新作了标点：“六法者何？一气韵，生动是也；二骨法，用笔是也；三应物，象形是也；四随类，赋彩是也；五经营，位置是也；六传移，模写是也”。

何为四难

中国画术语，清代盛大士《溪山卧游录》谓：“画有四难：笔少画多，一难也；境显意深，二难也；险不入怪，平不类弱，三难也；经营惨淡，结构自然，四难也”。

何为三到

中国画术语。清代盛大士《溪山卧游录》谓："画有三到：理也，气也，趣也。非是三者，不能入精妙神逸之品，故必于平中求奇，纯棉裹铁，虚实相生。"

何为三病

中国画术语，指用笔的三种疵病。北宋郭若虚《图画见闻志》卷一《论用笔得失》，"画有三病，皆系用笔，所谓三者：一曰版，二曰刻，三曰结。版者腕弱笔痴，全亏取与，状物平褊，不能圆浑也；刻者运笔中疑，心手相戾，勾画之际，妄生圭角也：结者欲行不行，当散不散，似物凝碍，不能流畅也"。

何为三品

中国画术语。指品评书画艺术的三个等级，即神品、妙品。能品。唐代张怀瓘《书断》评历代书法家，立神、妙、能三品，源于南朝梁庾肩吾《书品》的上、中、下三等。

什么叫作立意

中国画术语。指画家对客观事物反复观察而获得丰富的主题思想。唐代王维说："凡画山水，意在笔先。"张彦远也说："意在笔先，画尽意在。""骨气形似，皆本于立意。"立意有高低深浅之分。清代王原祁说："如命意不高，眼光不到，虽渲染周致，终属隔膜。"

什么叫作起结

中国画术语。指绘画构图时起手要宽以起势，紧以归结，有全局观点，不局限于一角，务得通盘贯气的局势。清代王昱《东庄论画》说："凡画之起结，最为紧要。

一起如奔马绝尘，须勒得住，而又有住而不住之势。一结如万流归海，收得尽，而又有尽而不尽之意。"张风论画："善棋者落落布子，声东击西，渐渐收拾，遂使段段皆赢，此弈家之善用松也。画也莫妙于用松，疏疏布置，渐次逐层点染，遂能潇洒深秀。"

胸有成竹是什么意思

中国画术语。北宋文同主张画竹必先"胸有成竹"。苏轼在《文与可画筼筜谷偃竹记》中说："画竹，必先得成竹于胸中"，自称系"与可之教予如此。"又在《书晁补之所藏与可画竹三首》诗中，赞曰："与可画竹时，见竹不见人。岂独不见人，嗒然遗其身。其身与竹化，无穷出清新。

"晁补之在《赠文潜甥杨克一学文与可画竹求诗》中，也有"与可画竹时，胸中有成竹"之句。

所谓"胸有成竹"，乃言画家创稿之前，对形象塑造、构图布局已有成熟的构思，故能"一发而得其妙解"。

迁想妙得是什么意思

中国画术语。东晋顾恺之《魏晋胜流画赞》："凡画，人最难，次山水，次狗马，台榭一定器耳，难成而易好，不待迁想妙得也。"

此与西晋陆机《文赋》中所谓"浮藻联翩"含意相若。但"迁想"比之"联想"更广泛，更有目的性，画家的"想象力"出于"迁想"，也是画家"神思"的基础。故历来论中国画学的"气韵生动"，赖"迁想妙得"有以致之。

惜墨如金是什么意思

中国画术语。意即用墨要恰如其分，不可任意挥霍，尽可能做到用墨不多而表现丰富。相传北宋山水画家李成"惜墨如金"，所画寒林，以渴笔画枯枝，树身只以淡墨拖抹，但在画面上，仍然获得"山林薮泽、平远险易"的效果。

清代吴历曾说："泼墨、惜墨，画家用墨之微妙，泼者气磅礴，惜者骨疏秀。"钱杜说："云林惜墨如金，盖用笔轻而松，燥锋多，润笔少，以皴擦胜渲染耳。夫渲染可以救枯瘠，生云烟，迂翁又何尝顷刻离是法哉！特不肯用湿笔重墨耳。"都阐述了惜墨如金的含义和作用。

意到笔不到是什么意思

中国画术语。指画贵含蓄，笔虽未到，却能在意境中得之。唐代张彦远论吴道子画："意在笔先，画尽意在，虽笔不周而意周也。"北宋苏轼跋赵云子画："笔略到而意已俱。"清代恽寿平说："今人用心在有笔墨处，古人用心在无笔墨处，倘能于笔墨不到处观古人用心，庶几拟议神明，进乎技已。"

意与笔的关系即虚与实的关系，用笔实处见虚，虚处见实，乃臻"通体皆灵"之妙。

什么是形似和神似

形似和神似相对称。形似指艺术作品的外在特征。战国荀况有“形具而神生”之说。南朝齐范缜亦有“形存则神存，形谢则神灭”之说。形似与神似是统一的。南朝宋宗炳虽主“万趣融其神思”，仍然坚持以形写形、以色貌色。东晋顾恺之说得更明确，即所谓“以形写神”。清代邹一桂说：“未有形不似反得其神者。”

故形似为绘画的始基。但于形似中求神采，仍为艺术造型之终极。

神似指主客观相统一，由事物的表象到意象的深化。即“神者形之用，形者神之质”。北宋苏轼有“论画以形似，见与儿童邻”之说。其气韵即神似。晁以道、杨慎、李贽等，皆有阐述，“画不徒写形，正要形神在”。故形神兼备是绘画艺术的定论。

不似之似是什么意思

中国画术语。指画家笔下的艺术形象，不只是照搬客观物象，而且有所概括、取舍、调节，以求收到比生活更高的艺术效果。初见于明代沈颢《画麈》：“似而不似，不似而似。”清代石涛题诗亦有：“名山许游未许画，画必似之山必怪，变幻神奇懵懂间，不似似之当下拜。”齐白石说“不似之似”，即石涛说的“不似似之”。黄宾虹说：“绝似物象者与绝不似物象者，皆欺世盗名之画，唯绝似又绝不似于物象者，此乃真画”傅抱石曾列作画程序：不似——似——不似。

什么叫作临摹

中国书画术语。学习书画的一种手段和过程。南朝齐谢赫《古画品录》序言提出“六法”，第六条为“传移模写”，唐代张彦远说：“古时好搨画，十得七八，不失神彩笔踪。”北宋黄伯思《东观余论》认为：临与摹有严格区别，“两者迥殊，不可乱也”。

说临摹是对着他人之作，观其形势而照着写或画。故置字帖于旁，仿其笔画，称之为“临帖”；若置古画于旁，仿其用笔用色称之为“临画”。摹是以薄纸覆在他人作品上，随其细大而搨之。

后人对临摹用语，大都含这两种意思，不强调“临”与“摹”的区别。明末唐志契说：“临摹最易，神气难得，师其意而不师其迹，乃真临摹也。”清代笪重光说："画工有其形而气韵不生，士夫得其意，而位置不稳。"故师古人之意而未必拘其迹，斯称善临摹者。

书画同源怎样理解

中国书画术语。意为中国绘画和中国书法关系密切，两者的产生和发展，相辅相成。

在画史上，以先秦诸子的所谓"河图洛书"为书画同源的依据，唐代张彦远《历代名画记·叙画之源流》中说："颉有四目，仰观垂象。因俪鸟龟之迹，遂定书字之形，造化不能藏其秘，故天雨粟；灵怪不能遁其形，故鬼夜哭。是时也，书画同体而未分，象制肇始而犹略。无以传其意，故有书;无以见其形，故有画。"

此为最早的书画同源说。《殷契》古文，其体制间架，既是书法，又是图画，近人郑午昌说"是可谓书画混合时代"。

什么是款识和题跋

款识是古代钟鼎彝器上铸刻的文字。《汉书·郊祀志下》："今此鼎细小，又有款识，不宜荐见于宗庙。"颜师古注："款，刻也；识，记也。"此外还有三说；一、款是阴字凹入者，识是阳字挺出者。二、款在外，识在内。三、花纹为款，篆刻为识。均见《通雅》卷三十三所引。

后世在书、画上标题姓名，也称款识、题款或款题。画上款识，唐人只小字藏树根石罅，书不工者多落纸背，至宋代，始记年月，也仅细楷，书不两行。唯苏轼有人行楷，或跋语三五行。元人从款识姓名年月发展到诗文题跋，有百余字者。至明清题跋之风大盛，至今不衰。

题跋指的是，写在书籍、字画、碑帖等前面的文字叫题，后面的文字叫跋。清代段玉裁《说文解字注·足部》谓："题者，标其前，跋者，系其后也。"一般乃指书、画、书籍上的题识之辞，内容为标题、品评、考订、记事之类，体裁有散文、诗、词等。

元代以来，在画上题书诗文已成为中国画作品上增添诗情画意的一种艺术手段。

什么是绘画的装潢

装潢即装裱。古代书画用潢纸装裱，故名。《唐六典》："崇文馆有装潢匠五人，秘书省有装潢匠十人。”也有将“潢”作水池解，因为书画边缘镶饰绫锦，其本身如被圈围的水池，故名。《通雅·器用》:“潢，犹池也，外加缘则内为池，装成卷册，谓之装潢，即表背也。”

什么是立轴中堂大轴

中国书画装裱的一种式样。中称“画心”，上称“天头”，下称“地脚”上下又有“隔水”。装裱尺寸有大有小，四尺以上的画幅，称“大轴”，俗称“中堂”，特大者称“大堂”或“大中堂”、三尺以下的画幅称立轴。

有三色、两色、一色三种绫裱。也有绢裱的。上装天杆,下装轴。有的天头贴“惊燕带”，此种格式盛行于北宋宣和时，后从之。初惊燕带不贴实，能飘动，后贴实，纯为装饰。“画心”上下端可加镶锦条，称“锦眉”，亦称“锦牙”。

什么是屏条

中国书画装裱的一种式样，由于画身狭长，为四尺或五尺宣纸对开，故能装裱成屏条形式。屏条单独挂的称“条屏”，四幅并排悬挂的称“堂屏”或“四季屏”。亦有四幅以上多至12幅甚至16幅，紧挂相连，成双数的完整画面，称“通景屏”或“通屏”。又称“海幔”。

什么是横披

中国书画装裱的一种式样。画心竖短横长，左右边称“耳”，尺寸相同，并装对称的木杆一副，腹背有包首，贴有签条。

什么是对幅

中国书画装裱的一种式样。通常两幅成对悬挂。如书法对幅，称“字对”，或称、“对联”。明清绘画，有所谓“画对”，两幅大小相等的屏条，悬挂方式与“字对”同。亦有三联幅，对幅中间加立轴，如南宋法常有《猿、观音、鹤》三联幅。通常厅堂正中挂大幅中堂画，两边分挂字对。相传明代收藏家项子京家，“中堂为书法，两边挂画对”，乃属特殊格式。又有木版年画门神，两门各贴一幅，亦称对幅。

什么是黄荃画派

中国画流派之一。为五代花鸟画派的一支，代表画家黄筌。黄筌画派居西蜀画院统治地位，入宋后，画风延续将近一百年，当时花鸟画无不以“黄家体制为准”。

北宋郭若虚在《图画见闻志》中“论黄、徐体异”时说：“黄家富贵，徐熙野逸。”并指出黄派之画多写禁中珍禽瑞鸟，奇花怪石，用笔工整，设色堂皇。此派画法，以细挺的墨线勾出轮廓，然后填彩，即所谓“钩填法”。后人评为“钩勒填彩，旨趣浓艳”。

什么是徐熙画派

中国画流派之一。为五代花鸟画派的一支，代表画家徐熙。北宋郭若虚在《图画见闻志》中“论黄、徐体异”时说：“黄家富贵，徐熙野逸。”又说：“徐熙江南处士，多状江湖所有，汀花野竹，水鸟渊鱼。”此派多作粗笔浓墨，略施杂彩，而笔迹不隐，素有“落墨花”之称。

什么是北方山水画派

国画流派之一。中国山水画至北宋初，始分北方派系和江南派系，郭若虚《图画见闻志》说：“唯营丘李成、长安关仝、华原范宽，智妙入神，才高出类，三家鼎峙，百代标程。”又说：“夫气象萧疏，烟林清旷，毫锋颖脱，墨法精微者，营丘之制也；石体坚凝，杂木丰茂，台阁古雅，人物悠闲者，关氏之风也；峰峦浑厚，势状雄强，抢笔俱均，人屋皆质者，范氏之作也。”李、关、范的画风，风靡齐鲁，影响关陕，实为北方山水画派之宗师。

什么是南方山水画派

亦称“江南山水画派”。中国画流派之一。北宋沈括《梦溪笔谈》说：“董源，工秋岚远景，多写江南真山，不为奇峭之气；建业僧巨然祖述董法，皆臻妙理。”米芾《画史》也说：“董源平淡天真多，唐无此品。”

此派以董源和巨然为一代宗师，世称“董巨”。惠崇和赵令穰的小景，为此派支流。米芾父子的“米派云山”，画京口一带景色，显出此派新貌。南宋末法常和若芬等，皆属南画体系，至元代而大盛。

什么是米派

中国画流派之一。指宋代米芾、米友仁父子所绘之画。画史上称大米、小米，或名二米。米芾尝与李公麟论古今山水，少有出尘格者，因信笔作之。自称“无一笔李成、关仝俗气”。

中国的传统山水画，用笔多以线条为主，米芾则以卧笔横点成块面，称“落茄法”，打破了线条成规。其特点是，能表达烟雨云雾、迷茫奇幻的景趣，世称“米氏云山”。

友仁继承和发展家传，善画无根树、朦胧云，每喜自题“元晖戏笔”。因父子均居襄阳和镇江，对潇、湘两水和金、焦两山自然景色特别陶醉，故能画出水汽蒸郁、烟雾弥漫的妙趣。此派为大写意风格，南宋牧溪、元代高克恭、方从义等皆师之，对后世影响甚大。

什么是湖州竹派

中国画流派之一。画竹原以唐代萧悦、五代丁谦最有名，但无画迹传世。北宋文同、苏轼以画竹著于时。

1078 年文同奉命为湖州太守，未到任，病故陈州；苏轼接任湖州太守，未几坐狱贬黄州。他们虽籍隶四川，但画史上皆谓为“湖州竹派”始祖。米芾论及:文、苏画竹特点：“以浓墨为面，淡墨为背。”元代画竹成风，李衎、赵孟頫、高克恭、吴镇、柯九思等，都是湖州竹派继承者，对后世影响很大。明代莲儒撰《湖州竹派》一卷，系辑录《画史》、《画继》、《图绘宝鉴》等书而成。

什么是常州画派

亦称毗陵画派、武进画派。中国画流派之一，毗陵、武进皆为江苏常州的古地名。始于北宋居宁，南宋于青言，元代于务道，明代孙龙，清代唐于光、恽寿平等，皆属之。祖述徐崇嗣、赵昌的没骨法，以草虫、花卉写生为胜。居宁画迹不复可见，据梅尧臣诗：“宁公实神授，坐使群辈伏。”居宁草虫似属禅林墨戏一路。孙龙受其影响。

于氏祖孙画迹亦失传，日本知恩院藏有南宋于子明《莲花图》对幅，钤有“毗陵于子”印，或即于青言之作。恽寿平与唐于光实源出于氏。恽寿平尝言：“余与唐匹士研思写生，每论黄筌过于工丽，赵昌未脱刻画，徐熙无径辙可得，殆难取则。”恽、唐花卉写生，多空灵之感，是徐崇嗣没骨法的继承者，世称“恽派”，对后世影响甚大。

什么是浙江画派

中国画流派之一。明代画家戴进，钱塘人，山水、人物取法南宋画院体格，从学者甚多，著名的有吴伟、张路、夏芷等。曾和戴进同为待诏的李在，风格亦有相近处。遂有浙派之称。稍后，蒋嵩出，专弄焦墨枯笔，点染粗糙。其后蓝瑛的画风虽与戴进不同，但通常被列作“浙派”殿军。吴伟、张路等又称江夏画派，属浙派支流。

什么是新安画派

中国画流派之一。以明末清初渐江为先路，与查士标、孙逸、汪之瑞合称“新安派四大家”。渐江为歙县人，查士标、孙逸、汪之瑞为休宁人，两县皆属徽州府治，晋唐时属新安郡治，故名。亦称“海阳四家”，海阳本名休阳，三国吴置，避讳改海阳。

四家的特点宗法倪瓒、黄公望，多写生黄山云海松石之景，着墨无多，用笔坚洁简淡。属于此派者尚有程邃、戴本孝、郑旼，风格沈郁苍古，现代黄宾虹师之。师渐江者有江注、吴定、姚宋、祝昌，被称为渐江的“四大弟子”。

什么是黄山画派

中国画流派之一。以清初宣城梅氏一家为嫡系，梅清、梅翀、梅庚、梅蔚等，与流寓宣城的石涛，都是长期深入黄山，既师造化又师古人的画家。新安画派主要亦师黄山，故有人主张归入黄山画派，但风格不同，正如渐江与程邃各有特色。

什么是虞山画派

中国画流派之一。清代山水画家王翚，先后师王鉴、王时敏，并取法宋元诸家，画名盛于圣祖康熙间，主要学生有杨晋、顾昉、李世倬、上睿、胡节。金学坚等，翚为江苏常熟人，常熟有虞山，因此有虞山画派之称。其崇古摹拟风尚，影响颇大。

什么是娄东画派

中国画流派之一。清代山水画家王原祁，继其祖父王时敏家法，并仿黄公望法，名重于圣祖康熙年间，一时师承者甚多，以族弟王昱、侄王愫，弟子黄鼎、王敬铭、金永熙、李为宪、曹培源、华鲲、温仪、唐岱等为著；其后有曾孙王宸、族侄王三锡，以及盛大士、黄均、王学浩等。娄江东流经过太仓，故称“娄东派”此派崇古保守的画风，与“虞山画派”相依托，对后世影响颇大。

什么是江西画派

中国画流派之一。以清初画家罗牧为代表。罗牧系宁都人，居南昌，画山水初得魏石床传授，后学黄公望，笔意空灵，在江淮地区颇有学之者。

什么是海上画派

中国画流派之一。鸦片战争后，上海辟为商埠，各地画人流寓上海日众，上海成为绘画活动的中心，在这里形成了海上画派。

其特点：在传统基础上能破格创新，流派自由，个性鲜明；重品学修养；和民间艺术有联系，能达到雅俗共赏；善于借鉴吸收外来艺术；画会兴起，切磋成风。

代表画家有赵之谦、虚谷、任颐、吴昌硕、黄宾虹。尚有任熊、蒲华、胡公寿、张熊、吴友如、程璋、吴庆云、任薰、钱慧安、沙馥、黄山寿倪墨耕、赵子云、王一亭、冯超然、郑午昌等。《海上墨林》所记多达七百余人。

什么是岭南画派

中国画流派之一。广东地处五岭之南，明清以来，画家不下千人。著名的明代有林良，擅长水墨写意花鸟画，笔墨简括劲挺，豪纵爽辣，开岭南一带画风。宗其法者有高俨、陈瑞；黎简、李魁，着重描绘广东山川的特色，前者苍润似吴镇，淡远近倪瓒，后者乃一画工，而技艺精能。清乾隆间有苏六朋、苏长春，善人物，苏六朋以人民生活和市井风俗作题材，苏长春虽常绘神仙佛像，却以南方的凡人作模型。清末有居巢、居廉，善花鸟虫鱼，学恽寿平。

现代的番禺高剑父、高奇峰、陈树人早年均师事居廉。高氏兄弟和陈树人后曾留学日本，进修画艺，引进西画技法，作品题材多写中国南方风物，在运用中国画传统技法基础上，融合日本南画和西洋画法，注重写生，创立了色彩鲜艳明亮，水分淋漓饱满，晕染柔和匀净的现代岭南画派的新风格。

六朝四家指的是谁

六朝指三国的东吴，东晋，南朝的宋、齐、梁、陈，皆以建康为首都。四家，画史上指东吴曹不兴、东晋顾恺之、南朝宋陆探微、南朝梁张僧繇。唐代张怀瓘评六朝画谓："张得其肉，陆得其骨，顾得其神。"六朝画罕见，尤以曹不兴之迹无存。元代汤厚认为曹不兴《兵符图》一卷，"笔意神采，疑是唐末宋初人所为"。

南宋四家指的是谁

南宋院体山水画家李唐、刘松年、马远、夏圭四人的合称。属豪纵简略一路画风。初无此称，元代汤垕谓："南宋画院诸人得名者，若李唐、周曾、马远、夏圭、李迪、李安忠、楼观、梁楷之徒，仆于李唐差加赏识，其余亦不能尽别也。"

倡此说者为明代唐寅题刘松年《春山仙隐图》，有所谓"李、刘、马、夏"之称。其后屠隆说："李唐、刘松年、马远、夏圭，此南渡以后四大家也。"张丑认为："南宋刘松年为冠，李唐、马远、夏圭次之。"张泰阶则曰："刘、李、马、夏，俱负重名，而李、马为最。"

元四家指的是谁

元代山水画的四位代表画家的合称。主要有两说：一是指赵孟頫、吴镇、黄公望、王蒙四人，见明代王世贞《艺苑卮言·附录》。二是指黄公望、王蒙、倪瓒、吴镇四人，见明代董其昌《容台别集·画旨》。第二说流行较广。

元六家指的是谁

元代赵孟頫、高克恭、黄公望、吴镇、倪瓒、王蒙的合称。

明四家指的是谁

明代中叶沈周、文征明、唐寅、仇英四人的合称。他们之间有师友关系，画艺各具风格特点，对后世颇有影响。沈、文画风较近，后来发展形成了吴门派，四人又合称为"吴门四家"。明代卓然成家，前期有戴进，中期有林良、吴伟、吕纪，后期有陈洪绶等，沈、文、唐、仇并不能代表整个明代绘事。

金陵八家指的是谁

明末清初龚贤、樊圻、高岑、邹哲、吴宏、叶欣、胡慥、谢荪八人的合称。他们的绘画题材和风格不尽相同，因聚居金陵，皆有一定时誉，故称。见清代张庚《国朝画征录》。另指陈卓、吴宏、樊圻、邹哲、蔡霖沧、李又李、武丹、高岑为"金陵八家"，见乾隆《上元县志》。

清六家指的是谁

清初山水画家王时敏、王鉴、王翚、王原祁、吴历、恽寿平六人的合称。亦称"四王、吴、恽"。他们继明代董其昌之后享有盛名，领导画坛，左右时风，当时被视为"正统"。

四王指的是谁

“清六家”中王时敏、王鉴、王翚、王原祁四人的合称。他们之间有师友或亲属关系，在绘画风尚和艺术思想上，直接或间接受董其昌影响。技法功力较深，画风崇尚摹古，不少作品趁于程式化。王翚、王原祁一度出入宫禁，烜赫南北。

前者综合宋元各家各派，缔造一套体例完备的画格；后者把元代黄公望一系，糅合实质，融化精神，亦一成就。四王对清代和近代山水画有深远影响。康熙至乾隆年间有王昱、王愫、王玖、王宸；其后又有王三锡、王廷元、王廷周、王鸣韶，画山水俱师法四王，“只是遵循前规，并无创新突破。前者称小四王，后者称后四王。

清初四高僧指的是谁

即弘仁、髡残、八大山人、石涛。皆明末遗民，八大山人和石涛，系明宗室，后出家为僧。均深通禅学，寄情书画，各有独特造诣。

扬州八怪指的是谁

清乾隆年间寓居江苏扬州的八位代表画家的总称。一般指汪士慎、黄慎，金农、高翔、李鱓、郑燮、李方膺、罗聘。实际上不止八人，有换汪士慎、高翔、罗聘为高凤翰、边寿民、杨法者，或换高翔、李方膺为闵贞、高凤翰者，也有将陈撰或李葂列入者。

作画多以花卉为题材，亦画山水、人物，主要取法于陈道复、徐渭、朱耷、原济等人，能不拘前人陈规。破格创新，抒发真实情感；又都能诗，擅书法或篆刻，讲究诗、书、画的结合，和当时流行画坛的尚古模拟之风有所不同，被时人目为“偏师”“怪物”，遂有“八怪”之称。

汪鋆是“正统”画风维护者，曾评说：“另出偏师，怪以八名，画非一体。似苏、张之捭阖，偭徐、黄之遗规。率汰三笔五笔，复沓嫌怫；胡诌五言七言，打油自喜。非无异趣，适赴歧途。示崭新于一时，只盛行乎百里。”其实此派不仅对近代写意花卉画的意趣和技法有相当大的影响，而且直至现代的齐白石、陈师曾、徐悲鸿、潘天寿、来楚生等，都从某个侧面对之有所汲取。

洛神赋图的内容是什么

《洛神赋图》，北京故宫博物院馆藏珍品。原《洛神赋图》卷是东晋著名画

洛神雕塑

家顾恺之绘制。这幅画根据曹植著名的《洛神赋》而作，为顾恺之传世精品。

《洛神赋》是三国时期魏国著名文学家曹植写的的浪漫主义名篇。原名《感甄赋》，曹植用“其形也，翩若惊鸿，婉若游龙，荣曜秋菊，华茂春松。仿佛兮若轻云之蔽月，飘飖兮若流风之回雪”来形容洛神。

宋摹本《洛神赋图》在一定程度上保留了顾恺之艺术的若干特点，千载之下，亦可遥窥其笔墨神情。全卷分为三个部分，曲折细致而又层次分明地描绘着曹植与洛神真挚纯洁的爱情故事。人物安排疏密得宜，在不同的时空中自然地交替、重叠、交换，而在山川景物描绘上，无不展现一种空间美。

全画用笔细劲古朴，恰如“春蚕吐丝”。山川树石画法幼稚古朴，所谓“人大于山，水不容泛”，体现了早期山水画的特点。

此图卷无论从内容、艺术结构、人物造型、环境描绘和笔墨表现的形式来看，都不愧为中国古典绘画中的瑰宝之一。

步辇图是描绘婚姻题材的吗

《步辇图》，北京故宫博物院馆藏珍品。绢本，设色，纵38.5厘米，横129.6厘米，为唐代著名画家阎立本所绘，线条流利纯熟，富有表现力，是一件具有重要历史价值和艺术价值的作品。

《步辇图》是以641年吐蕃首领松赞干布与文成公主联姻的历史事件为题材，描绘唐太宗接见来迎娶文成公主的吐蕃使臣禄东赞的情景。

图卷右半是在宫女簇拥下坐在步辇中的唐太宗，左侧三人前为典礼官，中为禄东赞，后为通译者。唐太宗的形象是全图焦点。作者煞费苦心地加以生动细致的刻画，画中的唐太宗面目俊朗，目光深邃，神情庄重，充分展露出盛唐一代明君的风范与威仪。

从绘画艺术角度看，作者的表现技巧已相当纯熟。衣纹器物的勾勒墨线婉转流畅中时带坚韧，畅而不滑，顿而不滞；主要人物的神情举止栩栩如生，写照之间更能曲传神韵；图像局部配以晕染，如人物所着靴筒的折皱等处，显得极具立体感；全卷设色浓重淳净，大面积红绿色块交错安排，富于韵律感和鲜明的视觉效果。此图一说为宋摹本，但摹绘较精，仍不失原作之真。幅上有宋初章友直小篆书的有关故事，还录有唐李道志、李德裕“重装背”时题记两行。

《唐宫仕女图》展示了唐代盛况吗

唐代作为封建社会最为辉煌的时代，也是仕女画的繁荣兴盛阶段。中国古代仕女众生相，“倾国倾城貌，多愁多病身”，唐代仕女画以其端庄华丽，雍容典雅著称，《唐宫仕女图》展示着“回眸一笑百媚生”的唐代美女众生相。

其中最杰出的代表莫过于张萱的《虢国夫人游春图》、《捣练图》和周昉的《簪花仕女图》、《挥扇仕女图》以及晚唐的《宫乐图》。它们所表现的贵族妇女生活情调，成为唐代仕女画的主要艺术特征。

张萱、周昉是唐代最具盛名的仕女画大家，驰誉丹青。张萱在盛唐时画贵族人物最负时誉，不仅能够表现上层社会妇女的姿容情态，而且善于巧妙地刻画出“金井梧桐叶落黄”这种宫女被冷落的凄凉情调。周昉出身显贵，多画宫廷妇女，其风格为优游闲逸，容貌丰肥，衣榴劲简，色彩柔丽，独树一帜。

《五牛图》何以成为孤品

《五牛图》，北京故宫博物院馆藏珍品。麻纸本，纵20.8厘米，横139.8厘米，无款印。作者是唐代著名的宰相韩滉。韩滉字太冲，长安人，少师休之子。那时，韩干以画马著称，韩滉以画牛著称，后人称为“牛马两韩”。

这幅《五牛图》，是韩滉最为传神的一幅。五头健硕的老黄牛，在这位当朝宰相笔下被“人格化”了，传达出注重实际、任劳任怨的精神信息。

它问世后，收藏者包括赵构、赵伯昂、赵孟頫、乾隆皇帝等著名人物。在明代，它几易其主。清兵入关后一度下落不明，直到乾隆年间，才被从民间收集到宫中珍藏。1900年，八国联军洗劫紫禁城，《五牛图》被劫出国外，从此杳无音讯。20世纪50年代，它被一位寓居香港的爱国人士发现。

1950年初，周恩来收到这位爱国人士的来信，信中说，唐代韩滉的《五牛图》曾在香港露面，画的主人要价十万港币，自已无力购买，希望中央政府出资尽快收回国宝。

周恩来立即给文化部下达指示，鉴定真伪，不惜一切代价购回，并指示派可靠人员专门护送，确保文物安全。文化部接到指示后，立即组织专家赴港，鉴定《五牛图》确系真迹，经过多次交涉，最终以六万港元成交。《五牛图》回到故宫时，画面洞孔累累，残破不堪。故宫博物院组织专家，用了几年时间，才将它修复完好。

这幅《五牛图》，其用笔之细，描写之传神，牛态之可掬，几可呼之欲出。它的珍贵还在于，中国古代留存今世的多为花鸟人物，以牛入画，且如此生动者，《五牛图》堪称孤品。

韩熙载夜宴图中的宴会场景

《韩熙载夜宴图》是五代大画家顾闳中所作。北京故宫博物院馆藏珍品。绢本纵27.9厘米，横69厘米。作品以连环长卷的方式描摹了南唐巨宦韩熙载家开宴行乐的场景。以用笔细润圆劲，设色浓丽，人物形象清俊、娟秀，栩栩如生而名闻中外。是今存五代时期人物画中最杰出的代表作。

《韩熙载夜宴图》共分五段，每一段画面以屏风相隔。

第一段描绘韩熙载在宴会进行中与宾客们听歌女弹琵琶的情景，生动地表现了韩熙载和他的宾客们全神贯注侧耳倾听的神态。

第二段描绘韩熙载亲自为舞女击鼓，所有的宾客都以赞赏的神色注视着韩熙载击鼓的动作，似乎都陶醉在美妙的鼓声中。

第三段描绘宴会进行中间的休息场面，韩熙载坐在床边，一面洗手，一面和几个女子谈话。

第四段是描绘韩熙载坐听管乐的场面。韩熙载盘膝坐在椅子上，好像在跟一个女子说话，另有五个女子做吹奏的准备，她们虽然坐在一排，但各有各的动作，毫不呆板。

第五段是描绘韩熙载的众宾客与歌女们谈话的情景。

这幅画卷不仅仅是一幅描写私人生活的图画，更重要的是它反映出那个特定时代的风情。由于作者的细微观察，不放过任何一个细节，把韩熙载生活的情景描绘得淋漓尽致，画面里的所有人物的音容笑貌栩栩如生。

此画卷据传系宫廷画家顾闳中奉后主李煜之命而画，此画卷中的主要人物韩熙载是五代时北海人，字叔言，后唐同光年进士，其文章书画，名震一时。

其父亲因事被诛，韩熙载逃奔江南，投顺南唐。初深受南唐中主李璟的宠信，后主李煜继位后，当时北方的后周威胁着南唐的安全，李煜一方面向北周屈辱求和，一方面又对北方来的官员百般猜疑、陷害，整个南唐统治集团内斗争激化，朝不保夕。

在这种环境之中，官居高职的韩熙载为了保护自己，故意装扮成生活上腐败，醉生梦死的糊涂人，好让李后主不要怀疑他是有政治野心的人，以求自保。

但李煜仍对他不放心，就派画院的“待诏”顾闳中和周文矩到他家里去，暗地窥探韩熙载的活动，命令他们把所看到的一切如实地画下来交给他看。

大智若愚的韩熙载当然明白他们的来意，韩熙载故意将一种不问时事，沉湎歌舞，醉生梦死的形态来了一场酣畅淋漓的表演。顾闳中凭借着他那敏捷的洞察力和惊人的记忆力，把韩熙载在家中的夜宴过程默记在心，回去后即刻挥笔作画，李煜看了此画后，暂时放过了韩熙载等人，一幅传世精品却因此而流传下来。

《千里江山图》是山水画巨制吗

《千里江山图》，北京故宫博物院馆藏珍品。绢本，设色，纵51.5厘米，横1191.5厘米，为中国北宋青绿山水画作品。作者王希孟。王希孟18岁为北宋画院学生，后被召入禁中文书库，曾得到宋徽宗赵佶的亲自传授，历时半年即创作了《千里江山图》。可惜年寿不永，20余岁即去世，是一位天才而又不幸早亡的优秀青年画家。

画中描写岗峦起伏的群山和烟波浩渺的江湖。依山临水，布置以渔村野市，水榭亭台，茅庵草舍，水磨长桥，并穿插捕鱼、驶船、行路、赶脚、游玩等人物活动。形象精细，刻画入微，人物虽细小如豆，而意态栩栩如生，飞鸟虽轻轻一点，却具翱翔之势。

山石皴法以披麻与斧劈相结合，综合了南、北两派的特长。设色继承了唐以来的青绿画法，于单纯统一的蓝绿色调中求变化。用赭色为衬托，使石青，石绿颜色在对比中更加鲜亮夺目。整个画面雄浑壮阔，气势磅礴，充满着浓郁的生活

清明上河图局部

气息，将自然山水，描绘得如锦似绣，分外秀丽壮美，是一幅既写实又富理想的山水画作品，是中国传统山水画中少见的巨制。卷后有当时蔡京的题跋，证明此画是真迹无疑。

《清明上河图》因何具有史料价值

《清明上河图》是北宋画家张择端唯一存世的一幅清明上河图精品。是传世名作、一级国宝。北京故宫博物院馆藏珍品。绢本设色，宽24.8厘米，长528.7厘米。

《清明上河图》是中国绘画史上最著名的作品之一，不但艺术水平高超，而且围绕着它还流传下来许多有趣的故事。这幅画描绘的是汴京清明时节的繁荣景象，是汴京当年繁荣的见证，也是北宋城市经济情况的写照。

通过这幅画，我们了解了北宋的城市面貌和当时各阶层人民的生活。《清明上河图》具有极高的史料价值。

《清明上河图》以精致的工笔记录了北宋末叶、徽宗时代首都汴京郊区和城内汴河两岸的建筑和民生。该图描绘了清明时节，北宋京城汴梁以及汴河两岸的繁华景象和自然风光。

作品以长卷形式，采用散点透视的构图法，将繁杂的景物纳入统一而富于变化的画面中，画中人物五百多，衣着不同，神情各异，其间穿插各种活动，注重戏剧性，构图疏密有致，注重节奏感和韵律的变化，笔墨章法都很巧妙。全图分为三个段落。

首段，汴京郊野的春光：在疏林薄雾中，掩映着几家茅舍、草桥、流水、老树、扁舟。两个脚夫赶着五匹驮炭的毛驴，向城市走来。一片柳林，枝头刚刚泛出嫩绿，使人感到虽是春寒料峭，却已大地回春。路上一顶轿子，内坐一位妇人。轿顶装饰着杨柳杂花，轿后跟随着骑马的、挑担的，从京郊踏青扫墓归来。

环境和人物的描写，点出了清明时节的特定时间和风俗，为全画展开了序幕。

中段，繁忙的汴河码头：汴河是北宋国家漕运枢纽，商业交通要道，从画面上可以看到人烟稠密，粮船云集，人们有在茶馆休息的，有在看相算命的，有在饭铺进餐的。还有"王家纸马店"，是扫墓卖祭品的，河里船只往来，首尾相接，或纤夫牵拉，或船夫摇橹，有的满载货物，逆流而上，有的靠岸停泊，正紧张地卸货。

横跨汴河上的是一座规模宏大的木质拱桥，它结构精巧，形式优美。宛如飞虹，故名虹桥。有一只大船正待过桥。船夫们有用竹竿撑的；有用长竿钩住桥梁的；有用麻绳挽住船的；还有几人忙着放下桅杆，以便船只通过。

邻船的人也在指指点点地象在大声吆喝着什么。船里船外都在为此船过桥而忙碌着。桥上的人，也伸头探脑地在为过船的紧张情景捏了一把汗。这里是闻名遐迩的虹桥码头区，车水马龙，熙熙攘攘，名副其实地是一个水陆交通的会合点。

后段，热闹的市区街道：以高大的城楼为中心，两边的屋宇鳞次栉比，有茶坊、酒肆、脚店、肉铺、庙宇、公廨等。

商店中有绫罗绸缎、珠宝香料、香火纸马等的专门经营，此外尚有医药门诊，大车修理、看相算命、修面整容，各行各业，应有尽有。大的商店门首还扎"彩楼欢门"，悬挂市招旗帜，招揽生意，街市行人，摩肩接踵，川流不息。

有做生意的商贾，有看街景的士绅，有骑马的官吏，有叫卖的小贩，有乘坐轿子的大家眷属，有身负背篓的行脚僧人，有问路的外乡游客，有听说书的街巷小儿，有酒楼中狂饮的豪门子弟，有城边行乞的残疾老人，男女老幼，士农工商，三教九流，无所不备。交通运载工具：有轿子、骆驼、牛马车、人力车，有太平车、平头车，形形色色，样样俱全。绘色绘形地展现在人们的眼前。

在五米多长的画卷里，共绘了五百五十多个各色人物，牛、马、骡、驴等牲畜五六十匹，车、轿二十多辆，大小船只二十多艘。房屋、桥梁、城楼等也各有特色，体现了宋代建筑的特征。张择端的《清明上河图》是一幅描写北宋汴京城一角的现实主义的风俗画，具有很高的历史价值和艺术水平。

《富春山居图》是描绘江边秋景吗

《富春山居图》，纵33厘米，横636.9厘米，纸本，水墨。始画于元代至正七年（1347年），于至正十年（1350年）完成。该画于清代顺治年间曾遭火焚，断为两段。

字是元代画坛宗师、“元四家”之首黄公望晚年的杰作，也是中国古代水墨山水画的巅峰之笔，在中国传统山水画中所取得的艺术成就，可谓空前绝后，历代莫及。

元至正七年，黄公望开始创作这卷山水画名作，历时多年方始告竣。它以长卷的形式，描绘了富春江两岸初秋的秀丽景色，峰峦叠翠，松石挺秀，云山烟树，沙汀村舍，布局疏密有致，变幻无穷，以清润的笔墨、简远的意境，把浩渺的江南山水表现得淋漓尽致，达到了“山川浑厚，草木华滋”的境界。

这卷名画在此后的数百年间流传有绪，历尽沧桑。从画上题跋看，此画最初是为无用禅师所得。一百多年后的明成化年间，为著名画家沈周所得。至明万历年间，又归大书画家董其昌所有。但不久就转手为宜兴吴之矩所藏。吴又传给其子吴洪裕。吴洪裕特意在家中建富春轩藏之。

吴洪裕爱此画若宝，临终之际，竟想仿唐太宗以《兰亭序》殉葬之例，嘱人将此画投入火中，焚以为殉。幸得其侄子吴子文眼明手快，以另一卷画易之，将《富春山居图》从火中抢出，才免遭“火殉”。但画的前段已烧去寸许，从此分为长短两段。前半卷被另行装裱，重新定名为《剩山图》，现藏浙江省博物馆。被誉为浙江博物馆镇馆之宝。

画的后段画幅较长，称为“无师用卷”，此卷从吴家流散后，曾历多人收藏，于清乾隆十一年（1746年）流入清宫。有意思的是，号称风雅的乾隆皇帝居然不识宝，认定它是赝品，而对另一卷他人临摹的《富春山居图》大加赏赞，又是题跋又是钤印。但也幸而如此，那卷真迹倒借此得以“全璧”，后在解放前夕被运往台湾，归台北故宫博物院收藏。

《汉宫春晓图》描绘的是宫中嫔妃吗

《汉宫春晓图》，中国重彩仕女第一长卷。绢本重彩，尺幅很大，横2038.5厘米，纵37.2厘米，作为装饰性绘画来说属于巨制。汉宫春晓是中国人物画的传统题材，主要描绘宫中嫔妃生活。

仇英字实父，一作实甫、号十洲，江苏太仓人，移家吴县。存世画迹有《玉洞仙源图》、《桃村草堂图》、《剑阁图》、《松溪论画图》等。

仇英是明代有代表性的画家之一，与沈周，文征明和唐寅被后世并称为“明四家”，亦称“天门四杰”。沈、文、唐三家，不仅以画取胜，且佐以诗句题跋，就画格而言，唐，仇相接近，仇英在他的画上，一般只题名款。

仇英在绘画上以“重彩仕女”著称于世，《汉宫春晓图》是仇英重彩仕女画的杰出代表。此图勾勒秀劲而设色妍雅，画家借皇家园林殿宇之盛，以极其华丽的笔墨表现出宫中嫔妃的日常生活，极勾描渲敷之能事。不仅是仇英平生得意之作，在中国重彩仕女画中也独树一帜，独领风骚。

仇英擅人物画，尤工仕女，重视对历史题材的刻画和描绘，吸收南宋马和之及元人技法，笔力刚健，特擅临摹，粉图黄纸，落笔乱真。至于发翠豪金，综丹缕素，精丽绝逸，无愧古人，尤善于用粗细不同的笔法表现不同的对象，或婉转流畅，或顿挫劲利，既长设色，又善白描。

人物造型准确，概括力强，形象秀美，线条流畅，有别于时流的板刻习气，直趋宋人室，对后来的尤求、禹之鼎以及清宫仕女画都有很大影响，成为历代仕女美的典范，后人评其工笔仕女，刻画细腻，神采飞动，精丽艳逸，为明代之杰出者。杰出作品有《人物故事图》、《汉宫春晓图》、《供职图》等。

《百骏图》是谁的作品

《百骏图》，该稿本为纸质，纵102厘米、横813厘米。目前保留在台北故宫博物院。意大利人郎世宁1715年他以传教士的身份远涉重洋来到中国，后被重视西洋技艺的康熙皇帝召入宫中，从此开始了长达五十多年的宫廷画家生涯。

《百骏图》

在绘画创作中，郎世宁融中西技法于一体，形成精细逼真的效果，创造出了新的画风，因而深受康熙、雍正、乾隆器重。《百骏图》是他的代表作之一。

清代是中国宫廷绘画的顶

峰，来自意大利的传奇画家郎世宁，是清代宫廷绘画的领袖，正是在他中西合璧绘画技法的影响下，才形成了别具一格的清代宫廷画风。

郎氏善画马，《百骏图》是其平生百余幅马作品中的杰作。此图描绘了姿态各异的骏马百匹放牧游息的场面。全卷色彩浓丽，构图复杂，风格独特，别具意趣。

郎世宁年轻时在欧洲学习绘画，曾为教堂绘制圣像。清康熙五十四年（1715年），他作为天主教耶稣会的修道士来中国传教，到京后约于雍正元年（1723年）进入如意馆，成为宫廷画家。

他很好地融合了中西绘画技法，既讲究西方绘画中的立体效果，注意透视和明暗，又重视写实和结构准确的合理性。由于他能画并精通建筑学，曾参与增修圆明园建筑工事。擅画肖像、走兽、花果、翎毛，尤善画马。

所作大多以西画法入绢纸，略参中法，以写实为工，专注形似。他将欧洲的绘画品种和方法传授给中国的宫廷画家，为中西文化艺术的交流作出了积极贡献，颇得皇家青睐。他去世后，葬于北京阜成门外。存世作品有《聚瑞图》、《嵩献英芝图》、《百骏图》、《弘历及后妃像》、《平定西域战图》等。

怎样欣赏中国绘画

欣赏一幅中国画作品，对于一般人来说，常常是能否“看懂”作为评判标准。欣赏步骤是：画的是什么？画得像不像？画家画这种形象的寓意是什么？如果都回答出来了，便认为是看懂了，如果回答不出来，便认为是看不懂。

这种方法就是一种传统的讲故事的方法，对于绘画作品的欣赏往往过多借助文学性的描述。用这种方法来欣赏中国画，一般来说，工笔的、写实的作品就容易欣赏，因为它是具体、真实的，属于看得懂的范畴。

当然，要从画中去体验到一种神韵却并不是一件容易的事，那不但需要一定的审美能力、艺术修养，也还需要具备一定的国画基本知识，特别是通过画而训练出来的一种感觉。所以要很好地欣赏国画，还得具备多方面的才能和艺术修养。

艺术欣赏需要经过审美感知、审美理解和审美创造三个阶段，中国画也是如此。

审美感知就是要求我们直观地去感知审美对象，即艺术作品本身，我们可以去感知作品上画的是什么？画得像或是不像，色彩是鲜明的或是灰暗的，线条是流畅的或是笨拙的，表现手法是工笔的或是写意的等，总之要亲自地平心静气地进行直观的感受。

在审美感知的基础上进行审美理解。即在直观感受的基础上，进行理解和思考，把握作品的意味、意义和内涵。这种理解包括对作品的艺术形式和艺术技巧的理解；对作品表现的内容和表达的主题的理解；以及对作品的时代背景和时代精神的理解等等，这就需要充分调动我们的思考能力。

我们可以一步步地想下去：作品画的内容要表现什么？是怎样表现的？所采用的艺术手段是否恰当？能否充分地表达出主题？

透过作品的画面，猜测作者的心思，是热情地歌颂或是辛辣地讽刺；透过画面的气氛，体验画面的情调：是深沉或是豪放，是乐观或是悲伤。还可以根据已有的知识结构，结合作者的身世、创作特点和所处的时代背景等进行分析。

到了这一步，艺术的审美欣赏并没有完结，还有一个审美创造阶段。就是通过审美的感知和审美的理解后，在对作品审美的基础上进行再创造，通过自己积累的审美经验、文化知识、生活阅历等进行丰富的联想、升发开去，再创造出一个新的意象来。

怎样学习中国绘画

对一个初学者来说，最主要的是从临摹画得比较好的国画开始。临摹是学习中国画的重要手段之一，对于祖国绘画优良传统的认识和吸取前人技法经验具有实际意义。国画中许多优良的传统技法是历史画家创造的总结，是许多宝贵经验的积累。我们从临摹中去学习、理解、吸取其精华，古为今用。

中国画和油画在某种程度上是相似的，都讲究临摹的重要性，也就是一个造型能力的问题，尤其在早期学习中国画过程中，这一点尤其重要。

学习好与坏直接关系到以后中国画的研究与创作，但是临摹的时候我们也要讲究方法，不能盲目的临摹，也要有目的去寻找适合自己的路子去临摹，要仔细而认真的研究古今各个大师的作品。

要选一些精品和代表作，也就是说起点要高，对于小名家，在某种程度上可以忽略不计，同时也要注意写生的重要性，经常游览名山大川，提高自己的感性认识能力。向古人学习的同时也要向自然学习，才能创造出好的中国画。

什么叫作书法

中国传统艺术之一。是以毛笔书写汉字的方法，来表达作者精神美的艺术。它的基本要求有：一是使用柔软的毛笔，二是书写形象丰富的汉字。

因此，其有两义：一指毛笔字书写的法则，主要包括执笔、用笔、点划、结构、分布等方法；一指以书写汉字来表达作者精神美的艺术。就是借助于精湛的技法、生动的造型来表达出作者的性格、趣味、学养、气质等精神因素，其为侧重于“心画”。两者相融合，便构成了中国的书法艺术。

从书法构成的要素来说，包括了三个方面：一是笔法，要求熟练地执使毛笔，还握正确的指法、腕法、身法、用笔法、用墨法等技巧；二是笔势。要求妥当地组织好点画与点画之间、字与字之间、行与行之间的承接呼应关系；三是笔意。要求在书写过程中表现出书者的气质、情趣、学素和人品。

从书体、风格上说，更是多姿多态，美不胜收。我国的书法艺术有三千多年的历史，之所以成为一门艺术，主要取决于中国人善于把实用的东西上升为美的艺术，同时与中国独特的文字和毛笔关系密切有关。

其文字以像构思、立象尽意的特点酝酿着书法艺术的灵魂，而方块构形，灿然于目的姿质又构成书法艺术的形式基础。其工具，“唯笔软则奇怪生焉”，可生出方圆藏露、逆顺向背的韵味，轻重肥瘦、浓淡湿涩的情趣，抑扬顿挫、聚散疏密的笔调。

断连承接、刚柔雄秀的气势；再辅以专门制作的纸墨，使书法艺术更趋变幻莫测。韵味无穷。书法不仅成为表达最高意境与情操的民族艺术，而且居于所有艺术之首。

书法在中国不仅举世同好，千古一风，而且早已走出国门，成为传播友谊的媒介，在东方世界颇有影响，也备受西方世界的瞩目。

什么是书法的院体

书法术语。宋太祖时曾置御书院，书院成员都是学习王义之的字，以用于书写当时朝廷的各种文告敕令。这种字，体轻势弱，多呆板无神，了无高韵，人称院体。后来，人们不管其书者为谁，书为何体，凡无骨力、无神韵的书法皆被人称为“院体”。故这一书法术语用以对书法气格的品评，一般含有贬义。

什么是书法的钩填

书法术语。复制法书的一种方法。以较透明的纸蒙在法书上，先以细笔双勾，后用墨廓填故称。亦称“双勾廊填”。南宋姜夔《续书谱》谓：“双勾之法，须得墨晕不出字外，或廓填其内、或朱其背，正得肥瘦之本体。”

什么是书法的法帖

亦称“帖”。指古代名人的墨迹，摹刻在石版或木板上的法书及其拓本，称为“法帖”,即可供效法者。宋太宗淳化三年（992 年）,命侍书学士王著摹刻秘阁所藏法书，编为十卷。《淳化阁帖》，又名《淳化秘阁法帖》，有“法帖之祖”之誉，其法帖之名相传由此始行。《法帖谱系》称：“熙陵留意翰墨，出御府历代所藏真迹，命王著摹刻禁中，厘为十卷，此历代法帖之祖。”

什么是书法的结体

结体亦称结字、间架、结构。指每个字点划间的安排与形势的布置。汉字尚形，书法又是“形学”故结体尤显重要。元赵孟頫《兰亭跋》：“书法以用笔为上，而结字亦须用工。”

汉字各种字体，皆由点划联结，搭配而成。笔划的长、短、粗、细、俯、仰、缩、伸，偏旁的宽、窄、高、低、欹、正，构成了每个字的不同形态，要使字的笔划搭配适宜、得体、匀美，研究其结体必不可少。

正如清冯班在《纯吟书要》中所云：“先学间架，古人所谓结字也；间架既明，则学用笔。间架可看石碑，用笔非真迹不可。结字，晋人用理，唐人用法，宋人用意。”又云：“书法无他秘，只有用笔与结字耳。”可见，结字在书法中占有重要地位。

什么是书法的笔锋

笔毫的尖铁。姜夔《续书谱·用墨》云：“笔欲锋长劲而圆，长则含墨，可以运动，劲则有力，圆则妍美。”字的锋芒，也叫“笔锋”。能将笔之锋尖保持在字的点划之中者，叫“中锋”；能藏在点划中间的不出角者，叫“藏锋”；将笔之锋尖偏在字的点划一面者，叫“偏锋”。

一般以偏锋为书法之病。清周星莲《临池管见》云：“能将此笔正用、侧用、顺用、逆用、重用、轻用、虚用、实用，擒得定，纵得出，遒得紧，拓得开，浑身都是解数，全仗笔尖毫末锋芒指使，乃为合拍。”

什么是书法的飞白

亦称草篆。一种书写方法特殊的字体。笔画是枯丝平行，转折处笔路毕显。相传东汉灵帝时修饰鸿都门，工匠用刷白粉的帚子刷字，蔡各得到启发而作飞白书。

唐代张怀瓘《书断》载："飞白者，后汉左中郎将蔡邕所作也。王隐、王愔共云：'飞白变楷制也'。本是宫殿题署，势既寻丈，字宜轻微不满，名曰飞白。"北宋黄伯思称"取其若丝发处谓之白，其势飞举谓之飞。"

明代赵宧光称"白而不飞者似篆，飞而不白者似隶。"今人将书画的干枯笔触部分泛称为飞白。传世的唐宋御制碑多以飞白题额，如《晋祠铭》、《升仙太子碑》等。清张燕昌、陆纪曾有《飞白录》二卷。

书法的章法是什么意思

指安排布置整幅作品中，字与字、行与行之间呼应、照顾等关系的方法。亦即整幅作品的"布白"。亦称"大章法"。习惯上又称一字之中的点画布置，和一字与数字之间布置的关系为"小章法"。

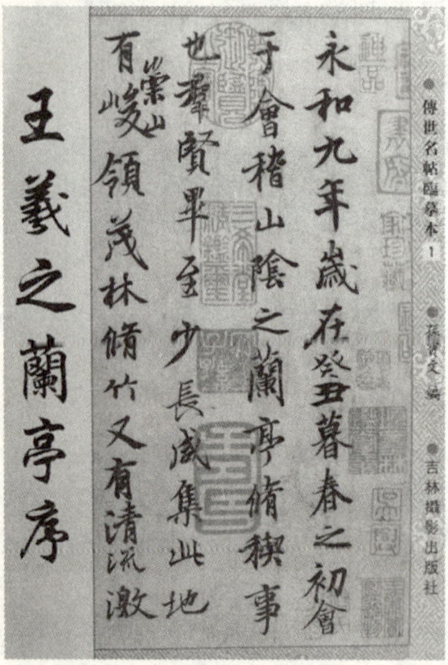

《兰亭序》影印件

明张绅《书法通释》云："古人写字正如作文有字法、章法、篇法，终篇结构首尾呼应。故云：'一点成一字之规；一字乃终篇之主'。"

明董其昌《画禅室随笔·评书法》云："古人论书以章法为一大事，盖所谓行间茂密是也。余见米痴小楷，作《西园雅集图记》，是纨扇，其直如弦，此必非有他道，乃平日留意章法耳。右军《兰亭序》，章法为古今第一，其字皆映带而生，或小或大，随手所如，皆入法则，所以为神品也。"

可见，章法书在一件书法作品中显得十分重要，书写时必须处理好字中之布白、逐字之布白、行间之布白，使点画与点画之间顾盼呼应，字与字之间随势而安，行与行之间递相映带，如是自能神完气畅，精妙和谐，产生“字里金生，行间玉润”的效果。

布白的形式大体有三：一是纵有行横有列，二是纵有行横无列，三是纵无行，横无列，它们或有“镂金错采”的人工美，或具“芙蓉出水”的自然美。

书法的墨法是什么意思

亦称血法。一曰：用墨之法。前人谓水墨者，字之血也。故临地作书时极为讲究。墨过淡则伤神采，太浓则滞笔锋。必须做到“浓欲其活，淡欲其华。”

宋姜夔《续书谱·用墨》云:“凡作楷,墨欲乾,然不可太燥。行、草则燥润相杂,以润取妍,以燥取险。墨浓则笔滞,燥则笔枯,亦不可知也。”清包世臣《艺舟双辑·述书下》云:“画法、字法，本于笔，成于墨，则墨法尤书艺一大关键已。笔实则墨沉，笔飘则墨浮。”

用墨作风，一方面往往因时因人而异。如北宋浓墨实用，南宋浓墨活用；刘墉喜用浓墨，梦楼专尚淡墨。另一方面，又常因书体风格、纸张性能的不同而有所区别。

二曰：磨墨之法。宋苏易简《文房四谱·墨谱》云：“研墨如病，盖重其调匀而不泥也。”研墨要凉，凉则生光。墨不宜热，热则生沫。盖忌其研急而墨热。又李阳冰曰：“用者旋研，无令停久，久时尘埃相污，胶力隳亡。如此泥钝不任下笔矣。”

元陈绎曾《翰林要诀·肉法》云：“磨墨之法，重按轻推，运行近折。”“凡磨墨不得用砚池水，令墨滞笔沍，须以水滴汲新水临时斟酌之”，“凡书不得自磨墨，令手颤、筋骨大强，是大忌也”。

书法的笔法是什么意思

写字作画用笔的方法。中国书画主要都以线条表现，所用工具都是尖锋毛笔，要使书画的线条点画富有变化，必先讲究执笔，在运笔时掌握轻重、快慢、偏正、曲直等方法，称为“笔法”。

唐张怀瓘道《玉堂禁经·用笔祛》云：大凡笔法，点画八体，备于“永”字。故元赵孟頫于《兰亭跋》中云：“盖结字因时相传，用笔千古不易。”

中国古代最著名书法家有哪些

中国古代有许多著名书法家，其中以王羲之、欧阳询、颜真卿、柳公权、苏轼、黄庭坚、褚遂良最为出色。

王羲之，汉族，字逸少，号澹斋。原籍琅琊临沂，后迁居山阴，官至右军将军，会稽内史，是东晋伟大的书法家，被后人尊为“书圣”。

代表作品有:《乐毅论》、《黄庭经》、《十七帖》、《姨母帖》、《快雪时晴帖》、《丧乱帖》、《兰亭序》等。精研体势，心摹手追，广采众长，冶于一炉，创造出“天质自然，丰神盖代”的行书。

欧阳询，字信本，潭州临湘人。欧阳询楷书法度之严谨，笔力之险峻，世无所匹，被称之为唐人楷书第一。代表作楷书有《九成宫醴泉铭》、《皇甫诞碑》、《化度寺碑》、《兰亭记》行书有《行书千字文》。后人以其书于平正中见险绝，最便初学，号为“欧体”。

颜真卿，字清臣，琅琊孝悌里人，唐代中期杰出书法家。初学褚遂良，后师从张旭得笔法，又汲取初唐四家特点，兼收篆隶和北魏笔意，完成了雄健、宽博的颜体楷书的创作，树立了唐代的楷书典范。

他创立的颜体楷书与赵孟頫、柳公权、欧阳询并称“楷书四大家”。和柳公权并称:“颜筋柳骨”。《颜氏家庙碑》，书法筋力丰厚，也是他晚年的得意作品。传世墨迹有《争座位贴》、《祭侄文稿》、《刘中使帖》、《自书告身帖》等。

柳公权，字诚悬，京兆华原人。官至太子太师，世称柳少师，是唐朝最后一位著名书法家。由于他也被皇帝封为河东郡公，因此后人也称他柳河东。他是颜真卿的后继者，后世以颜柳并称他们，成为历代书法的楷模。柳公权一生书碑特多，主要代表作《金刚经刻石》、《李晟碑》、《玄秘塔碑》。

苏轼，眉州人，字子瞻，又字和仲，号“东坡居士”，世人称其为“苏东坡”。祖籍栾城。北宋著名文学家、书画家、词人、诗人、美食家，唐宋八大家之一，豪放派词人代表。其诗，词，赋，散文，均成就极高，且善书法和绘画，是中国文学艺术史上罕见的全才，也是在中国数千年历史上被公认的文学艺术造诣最杰出的大家之一。

苏轼的散文与欧阳修并称“欧苏”;诗与黄庭坚并称“苏黄”;词与辛弃疾并称“苏辛”;书法名列“苏、黄、米、蔡”北宋四大书法家之一;其画则开创了“湖州画派”。苏轼的主要书法代表作有《中山松醪赋》、《洞庭春色赋》、《答谢民师论文帖》、《江上帖》、《李白仙诗帖》、《令子帖》、《怀素自序》等。

褚遂良是唐朝著名书法家。他的书法，初学虞世南，晚年取法钟繇、王羲之，融会汉隶，丰艳流畅，变化多姿，自成一家。与欧阳询、虞世南、薛稷并称初唐四大书家。相传虞世南死后，唐太宗叹息无人可以论书。

魏征称赞说："褚遂良下笔遒劲，甚得王逸少体。"魏征认为，他对王字理解的深刻，有辨认王字真伪的能力。他的传世书迹有楷书《孟法师碑》《雁塔圣教序》《伊阙佛龛》。

怎么理解书法的米字格

米字格的用法历来书法学习者和爱好者在练习书法结构时必须研习的范式。汉字中有很多字都可以用到米字格的规律。

第一类是上半部有两点一竖的字，如"光、尚、当、肖"等字。第二类是下半部有一撇一捺中间一竖的字，如"木、东"等。违反了米字格规律去写这些字，效果一看便知。

汉字结构中有很多雷同之处，如果找到一个结构的规律，又把它推广到别的字，便能更快地掌握更多字的写法。

汉字结构的美感是有规可循的，在认真研究掌握这些规律之前，不要急忙追求创新革旧。在融会贯通了书法的基本功和结构之后，属于你自己的独特的东西是会自然成就的。

如何欣赏书法作品

一幅书法作品，放在我们的面前，怎么评价、怎么读懂、怎么欣赏，是每个初学书法的人、甚至是广大读者都感到困惑而且很想知道的问题。

南朝书家王僧虔在《笔意赞》中说："书之妙道，神采为上，形质次之，兼之者方可绍于古人。"他所强调的是以形写神，形神兼备。在读作品之前，心里首先要明确书法欣赏的审美标准，这是正确进行书法欣赏的基础。其次是要掌握书法欣赏的方法，这是进行书法欣赏的关键所在。

一、书法的审美标准

一般的说，形包括点画线条以及由此而产生的书法空间结构；神主要指书法的神采意味。

书法的点画线条。书法的点画线条具有无限的表现力，它本身抽象，所构成的书法形象也无所确指，却要把全部美的特质包容其中。这样，对书法的点画线条就提出了特殊的要求。要求具有力量感、节奏感和立体感。

力量感是线条美的要素之一。它是一种比喻，指点画线条在人心中唤起的力的感觉。早在汉代，蔡邕《九势》就对点画线条作出了专门的研究，指出藏头护尾，力在字中，令笔心常在点画中行，点画势尽，力收之。要求点画要深藏圭角，有往必收，有始有终，便于展示力度。

需要注意的是，强调藏头护尾，不露圭角，并不是说可以忽略中间行笔。中间行笔必须取涩势中锋，以使点画线条浑圆醇和，温而不柔，力含其中。

但是，点画线条的起止并非都是深藏圭角不露锋芒的大篆、小篆均须藏锋。书法中往往根据需要藏露结合，尤其在行草书中，千变万化。欣赏时，既要注意起止的承接和呼应，又要注意中段是否浮滑轻薄。

节奏感本指音乐中音符有规律的高低、强弱、长短的变化。书法由于在创作过程中运笔用力大小以及速度快慢不同，产生了轻重、粗细、长短、大小等不同形态的有规律的交替变化，使书法的点画线条产生了节奏。

汉字的笔画长短、大小不等，更加强了书法中点画线条的节奏感。一般而言，静态的书体如篆书、隶书、楷书节奏感较弱，动态的书体如行书、草书节奏感较强，变化也较为丰富。

立体感是中锋用笔的结果。中锋写出的笔画，映日视之，画之中心，有一缕浓墨，正当其中，至于折处，亦当中无有偏侧。这样，点画线条才能饱满圆实，浑厚圆润。因而，中锋用笔历来很受重视。

我们不难发现，在书法创作中侧锋用笔也随处可见。除小篆以外，其它书体都离不开侧锋。尤其是在行草书中，侧锋作为中锋的补充和陪衬，更是随处可见。

书法的空间结构。书法的点画线条在遵循汉字的形体和笔顺原则的前提下交叉组合，分割空间，形成书法的空间结构。空间结构包括单字的结体、整行的行气和整体的布局三部分。

单字的结体要求整齐平正，长短合度，疏密均衡。这样，才能在乎正的基础上注意正欹朽生，错综变化，形象自然，于平正中见险绝，险绝中求趣味。

书法作品中字与字上下或前后相连，形成连缀，要求上下承接，呼应连贯。楷书、隶书、篆书等静态书体虽然字字独立，但笔断而意连。行书、草书等动态书体可字字连贯，游丝牵引。此外，整行的行气还应注意大小变化、欹正呼应、虚实对比，以及由此而产生的节奏感。这样，才能使行气自然连贯，血脉畅通。

书法作品中集点成字、连字成行、集行成章，构成了点画线条对空间的切割，并由此构成了书法作品的整体布局。要求字与字、行与行之间疏密得宜，计白当黑；平整均衡，欹正相生；参差错落，变化多姿。其中楷书、隶书、篆书等静态书体以平正均衡为主；行书、草书等动态书体变化错综，起伏跌宕。

书法的神采意味。神采本指人面部的神气和光彩。书法中的神采是指点画线条及其结构组合中透出的精神、格调、气质、情趣和意味的统称。神采为上，形质次之，兼之者方可绍于古人。

说明神采高于形质点画线条及其结构布局的形态和外观，形质是神采赖以存在的前提和基础；因此，书法艺术神采的实质是点画线条及其空间组合的总体和谐。追求神采，抒写性灵始终是书法家孜孜以求的最高境界。

书法中神采的获得，一方面依赖于创作技巧的精熟，这是前提和基础；另一方面，只有创作心态恬淡自如，创作中心手双畅，物我两忘，才能写出真情至性，融进自己的知识修养和审美趣味。

二、书法欣赏的方法

书法欣赏同其它艺术欣赏一致，需要遵循人类认识活动的一般规律。由于书法艺术的特殊性，又使书法欣赏在方法上表现出独特性。

从整体到局部，再由局部到整体。书法欣赏时，应首先统观全局，对其表现手法和艺术风格有一个大概的印象。进而注意用笔、结字、章法、墨韵等局部是否法意兼备，生动活泼。

局部欣赏完毕后，再退立远处统观全局，校正首次观赏获得的大概印象，重新从理性的高度予以把握。注意艺术表现手法与艺术风格是否协调一致，作品何处精彩、何处尚有不足，从宏观和微观充分地进行赏析。

把静止的形象还原为运动的过程，展开联想。书法作品作为创作结果是相对静止不动的。欣赏时应随作者的创作过程，采用移动视线的方法，依作品的前后如语言、时间顺序，想象作者创作过程中用笔的节奏、力度以及作者感情的不同变化，将静止的形象还原为运动的过程。也就是摹拟作者的创作过程，正确把握作者的创作意图、情感变化等。

从书法形象到具体形象，展开联想，正确领会作品意境。在书法欣赏过程中，应充分展开联想，将书法形象与现实生活中相类似的事物进行比较，使书法形象具体化。

再由与书法形象相类似事物的审美特征，进一步联想到作品的审美价值，从而领会作品意境。如欣赏颜真卿楷书，可将其书法形象与荆卿按剑，樊哙拥盾，金刚眩目，力士挥拳等具体形象类比联想，从而可以得出：体格强健——有阳刚之气——富于英雄本色——端严不可侵犯的特征，由此联想到颜真卿楷书端庄雄伟的艺术风格。

了解作品创作背景，正确把握作品的情调。任何一件书法作品都是某种文化、历史的积淀，都是特定历史文化背景下的产物。

了解作品的创作背景包括创作环境，弄清作品中所蕴含的独特的文化气息和作者的人格修养、审美情趣、创作心境、创作目的等等，对于正确领会作者的创作意图，正确把握作品的情调大有裨益。

不论是作者的人格修养、创作心境，抑或是创作环境，都对作品情调有相当的影。加之书法作品受特定时代的书风和审美风尚的影响，更使书法作品折射出多元的文化气息。这无疑增加了书法欣赏的难度，同时更使书法欣赏妙趣横生。

总之，书法欣赏过程中受个性心理的影响，使欣赏的方法没有一个固定的模式。以上所述仅是书法欣赏的一种方法，欣赏过程中可以将几种方法交替使用。

另外，欣赏过程中还必须综合运用各种书法技能、技巧和书法理论知识，极大限度地挖掘自己的审美评价能力，尽力按作者的创作意图体味作品的意境。

努力做到赏中有评、评中有赏，并将作品放在特定的历史环境中去考察，对作品作出正确的欣赏和公正、客观的评价。当然，掌握了正确的欣赏方法以后，多进行欣赏，是提高欣赏能力的重要途径，扬雄谓:“能观千剑，而后能剑;能读千赋，而后能赋。”说的正是这个意思。

怎样学习书法

首先，学书法的关键在于用笔。著名书法家赵孟頫曾说过:“书法以用笔为上。”如起笔、行笔、收笔、提笔、按笔、转笔等。用笔之法有方、圆之分。

所谓起笔就是逆锋起笔。所谓中锋行笔就是将笔的主峰保持在笔画中间，藏头护尾，令笔心藏在点画中行，中锋行笔可使点画饱满、圆润、浑厚而有质感。达到入木三分，力透纸背。

方笔是用逆风折笔必然成侧锋。基本要领是“横画直落笔，直画横落笔”，在落笔后马上转为中锋，在收笔处转为侧锋。方笔落笔要快重按，折以成方，圆笔落笔要慢、轻、提，转以成圆。学会用笔也就掌握了书法的关键。

其次，字的结构。将笔画按照一定的规则组织成字，对一个字的笔画来说，要注意疏密得宜，配合匀称，仰覆向背，适当变化，穿插联络，布置整齐，逊让避扰，彼此相按，形断意连，呼应顾盼，各个笔画之间的搭配才能相辅相成。

对笔画的长、短、粗、细、宽、窄等等就如同阴阳学说，必须要阴阳调和，互相依存，做到即对立又统一，才能使字写得惟妙惟肖。

再次要注意章法，就能把许多字写成篇章。整幅作品的分布，如字距、行距、字的大小、高低、留出天地等。要在书写前就设计好，做到心中有数，使字与字，行与行之间大小适宜，疏密得当，既富于变化而又浑然一体。

领会书法的技法和内在神韵，要通过对字帖进行仿写练习，把学过的各种技法写出来与原帖对照，找出差距，把字帖当作一本故事书进行欣赏阅读，增强对技法的领悟。

书法非一日之功，要想写好书法，要坚持不懈，从不间断地练习，书法一定会有所成就。

什么是礼

礼者，不学礼无以立，《管子・牧民》所谓“仓廪实则知礼节，衣食足则知荣辱”，民间婚嫁、丧娶、入学、拜师、祭祀自古都有礼乐之官。孔子上代屡为司礼之官，孔子少即习礼，“为儿嬉戏，常陈俎豆，设礼容”。

在国家宗庙祭祀方面，古代官方常设太常寺、祠祭署等礼仪衙曹，设立读祝官、赞礼郎、祀丞等礼仪官。如唐代设立有郊社、太乐、鼓吹、太医、太卜、廪牺六个部门，明代则设置太常司，太常司设卿，少卿，丞，典簿、协律郎、博士，赞礼郎。

现代官方则设立外交部礼宾司负责国家之大礼，主管国家对外礼仪事项。涉外酒店则专门设有首席礼宾司职位，负责酒店礼宾事务。正式的首席礼宾司职业，其资格由国际金钥匙组织认证。

古代五礼包括哪些内容

在古代有五礼，包括吉、凶、军、宾、嘉礼五科。

吉礼，即祭祀天神、地祇、人鬼等的礼仪活动；凶礼是对各种不幸事件进行悼念、慰问方面的礼节仪式。

军礼主要内容有大师之礼、大均之礼、大田之礼、大役之礼、大封之礼。此外，军队的车马、旌旗、兵器、军容、营阵、行列、校阅，乃至坐作、进退、击刺等，无不依一定的仪节进行。军队的日常训练，包括校阅、车战、舟师、马政等，都有严格的礼仪规定。得胜之后，又有凯旋、告庙、献俘、献捷、受降、饮至等仪节。

宾礼为了联络感情，彼此亲附，需要有定期的礼节性的会见；嘉礼是饮食、婚冠、宾射、燕飨、脤膰、贺庆之礼的总称。嘉是善、好的意思。

什么是乐艺

有礼则必有庆贺燕飨之乐，有庆贺燕飨之乐，则必有五音宫商角徵羽伴奏，古代政府设立掌管音乐的官吏，并负责负责宫中庆贺燕飨之乐。

乐，是音乐，是舞蹈。在古代，乐和礼是分不开的，各种仪式都要有乐，亦即礼乐。

历史记载孔子主要有三位老师，相传曾“问礼于老聃，学乐于苌弘，学琴于师襄”。师襄，春秋时期鲁国著名乐官，孔子的老师之一，孔子曾向他学习弹琴。

《史记》里说他“以击磬为官，然能于琴”。唐代的梨园则设立乐官，由梨园教坊使、梨园使、梨园判官、梨园供奉官、都都知与都知组成。现代音乐则早已发展为一种文化产业。

乐艺包括哪些内容

乐，古代有六乐，即云门、大咸、大韶、大夏、大濩、大武古乐名。

从历史发展演变的过程看，可以从以下三个方面来把握乐的内涵。第一，乐和诗和礼是分不开的。古代外交，不同的场合及节气，作为礼的一部分，是需要奏乐唱诗的。第二，乐指向各种音乐活动，吹笛、弹琴、鼓瑟、敲钟等。第三，乐还可以指向各种教化人们娱乐百姓的文学文化，诗歌音乐、说书唱戏、相声小品、电影电视等。

现代人就更离不开乐了，有了音乐，我们的生活更美好，音乐让我们放松、主我们陶醉、让我们的精神更高尚，当你引吭高歌时、当你翩翩起舞时，有多少美女在崇拜地倾听你、注视你。热爱音乐是一种积极的生活态度，是一种豁达，音乐就是你的精神寄托。

什么是射艺

射是中国古代六艺之一，孔夫子在《论语》中说过："君子无所争，必也射乎，揖让而升，下而饮，其争也君子。"射不但是一种体育活动，而且是一种修身养性培养君子风度的方法。

中国古代的射艺包含两个主要运动，即射箭和弹弓。春秋时期还发明了弩。其中射箭由于在军事和狩猎活动中具有非常重要的作用，因此在历史上更受人们的重视。考古工作者在山西峙峪文化遗址，曾经发现了一件距今两万八千年前的石箭头，这表明当时人类已经在开始使用弓箭了。

唐代武则天设立了武举制度，在武举制度里规定了九项选拔和考核人才的标准，其中五项是射箭，包括长跺、马射、步射、平射还有筒射等等。

如今的射艺，其实应该综容古今，包含现代的手枪、步枪等实弹射击运动，也应该包括古代的射箭、弹弓和射弩。

射艺有哪些内容

射在古代有五射，即白矢、参连、剡注、襄尺、井仪，是五种不同的射箭技术，也是关于知识能力的学问。

射艺可以从两个方面来理解：第一，射就是军队的操练和演阅。比如军队队列的操练、火炮的应用、导弹的发射等等；第二，除了射箭的含义外，还应该包括习武、剑术、乒乓球、足球等强身健体的运动。

射箭是习武，战火纷争的年代，弓箭是最厉害的武器，可以杀人于百步之外。射，体现了一个民族的武力，显示了国家的强大，那时，不会射箭、不习武的男人找不到老婆。崇武的民族必强大、必扩张，尚文的民族疲于防御、处处被动，文武皆备则不败。射在过去同礼结合，称为礼射。

礼射有严格的礼仪，礼射时有乐伴奏，按严格的等级和步骤进行，是阶级地位的体现。今天的射箭更多是作为一项竞技运动来开展的，练射箭的人身体更健康，性格更坚韧，身姿更挺拔，更优秀。射箭更能表现男人的英雄气概，射箭更能展现女人的婀娜身姿，射箭是行走江湖的必备技能！

什么是御艺

御的范围就是驾驶，无论在现代还是古代，都包含交通工具的驾驶学和政治、领导、和管理学领域的驾驭学。

中国古代著名的案例包括“赵襄王学御于王子朝”和“田忌赛马”，这说明，驾驭之术不仅仅是一种斗勇，更是一种斗智，包含对某一问题在运筹学、驾驭学、领导学方面的综合最优化。

御艺有哪些内容

御在古代有五御，即鸣和鸾、逐水曲、过君表、舞交衢、逐禽左，是各种驾驭车马的技术能力。是关于主事能力的学问。

这里可以理解为人们生存发展的各种技能，比如航船、开飞机、开火车、操作计算机、烹饪、理发等。

御，即骑马、驾车。古代的御，于武、于文都是很重要的。于武，那时的骑兵勇猛无比、无坚不摧。于文，骑上马、驾上车就可以去更远的地方，所谓“行万里路，读万卷书”。

什么是书艺

书在古代有六书，指象形、会意、指事、转注、假借、形声六科，是关于记述能力的学问。

许慎对六书作了比较详细的解说：“周礼：八岁入小学，保氏教国子，先以六书。一曰指事。指事者，视而可识，察而见意，上下是也。二曰象形。象形者，画成其物，随体诘诎，日月是也。三曰形声。形声者，以事为名，取譬相成，江河是也。四曰会意。会意者，比类合谊，以见指伪，武信是也。五曰转注。转注者，建类一首，同意相受，考老是也。六曰假借。假借者，本无其字，依声托事，令长是也。”

六书的又一说即六甲，是古代学童练习写字的材料。因十天干和十二地支依次相配，其中有甲子、甲戌、甲申、甲午、甲辰、甲寅，所以叫六甲。

书，顾名思义，即书画艺术，把书画算作一种技艺就错了，中国的书画不仅是一种高雅技艺，更是一种修身养性的工具和法宝，很多人寄情于书画，不仅仅是锻炼技艺，其实“醉翁之意不在酒”。

书艺有何积极意义

书的内涵可以从以下两个方面来理解。第一，理解为包括了各种历史文化知识，包括了各种文献资料，是人类精神薪火所在。第二，理解为各种刻苦学习社会人文科学知识的活动，比如闻鸡起舞、囊萤映雪、头悬梁锥刺股等。

今天的人必须好好学习，天天进步，才能在这个世界跟上潮流，有文化，爱学习的人才能在竞争中处于不败之地。“拿无知当个性”，虽然死不了，但必然也是让人瞧不起的。

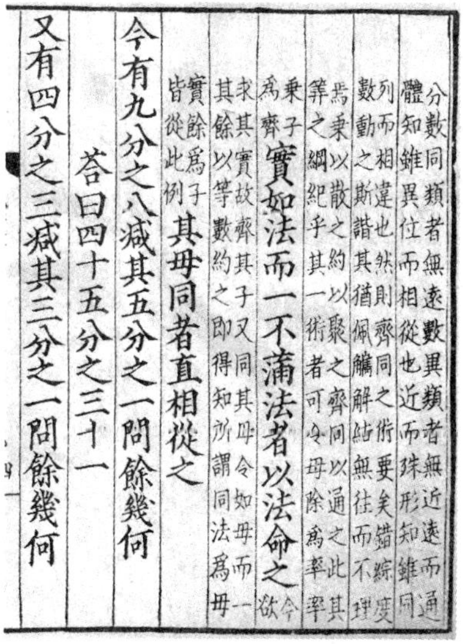

分數同類者無遠數異類者無近遠而通體知雖異位而相從也近而殊形知雖同列而相違也然則齊同之術要矣錯綜度數動之斯諧其猶佩觿解結無往而不理焉乘以散之約以聚之齊同以通之此其筭之綱紀乎其一術者可令母除爲率率乘子爲齊

實如法而一不滿法者以法命之

今欲求其實故齊其子又同其母令如母而一其餘以等數約之即得知所謂同法爲母實餘爲子皆從此例

其母同者直相從之

今有九分之八減其五分之一問餘幾何

荅曰四十五分之三十一

又有四分之三減其三分之一問餘幾何

《九章算术》

什么是数艺

数即数学之数，现代已经延伸为数理化之数。中国古代数学很早就已经很发达，中国古代数学体系的形成以汉代《九章算术》的出现为重要标志。

古代数学家把数学的起源归于《周易》以及“河图洛书”，如宋朝时期著名大数学家秦九韶说：“周教六艺，数实成之。学士大夫，所从来尚矣。爰自河图、洛书闿发秘奥，八卦、九畴错综精微，极而至于大衍、皇极之用，而人事之变无不该，鬼神之情莫能隐矣。”

训练逻辑推理的数艺

数是算术、算法，是逻辑推理。

数在古代是指九数，一种解释为九九乘法表，另一种解释为方田、栗布、差分、少广、商功、均输、盈朒、方程、勾股九科，是关于数算能力的学问。

狭义来看包括了数学、天文、物理、化学等自然科学方面的部分，广义来看涵盖了了建筑、陶铸等方面。

六艺中间的每一艺都不是孤立的，其中多有联系。礼和乐重在伦理道德的教育培养，射和御重在身体能力的教育培养，书和数从人文科学和自然科学的两个方面的知识来教育弟子。

怎样理解古琴的文化内涵

琴，又称瑶琴、玉琴，俗称古琴，一种七弦无品的古老的拨弦乐器。琴，作为一种特殊的文化，概括与代表着古老神秘的东方思想。

古琴，在古代称作琴，还有绿绮、丝桐等别称。虽说“伏羲制琴”、“神农制琴”、“舜作五弦琴”的传说不可信，但它的历史确实是相当悠久了。

琴最早见之于典籍的是我国第一部诗歌总集《诗经》。《诗经·周南·关雎》中的“窈窕淑女，琴瑟友之”，《诗经·小雅·鹿鸣》中的“我有嘉宾，鼓瑟鼓琴”，都反映了琴和人民生活的密切联系。

可见，三千多年前，琴已经流行。后来，由于孔于的提倡，文人中弹琴的风气很盛，并逐渐形成古代文人必备“琴、棋、书、画”修养的传统。

孔子在提倡琴乐之初就教导说君子乐不去身，君子和琴比德，唯君子能乐。操琴通乐是君子修养的最高层次，人与乐合一共同显现出一种平和敦厚的风范。

在孔子的时代，琴乐还不仅仅是后世的君子个人的修身之乐，更是容纳天地教化百姓的圣乐。于琴乐之中，孔子听到了文王圣德之声，师旷听出了商纣亡国之音。

古人相信天地的气象就蕴涵在其中，人们膜拜它，赋予它关于道德的信仰。作为“正音”，琴乐寄寓了中国千年的正统思想和文化。

古琴伴随着人民生活，为我们留下了许多动人的故事：伯牙弹琴遇知音；司马相如与卓文君借助琴来表达爱慕之心；嵇康面临死亡，还操琴一曲《广陵散》；诸葛亮巧设空城计，沉着，悠闲的琴音，智退司马懿雄兵十万；以及陶渊明弹无弦琴的故事等，都为千古传颂。“高山流水”、“焚琴煮鹤”、“对牛弹琴”等妇孺皆知的成语都出自和琴有关的典故。

古琴，目睹了中华民族的兴衰，反映了华夏传人的安详寂静、洒脱自在的思想内涵。在古琴曲中，有一首叫《华胥引》的名曲，记载着这样一个故事。

传说黄帝夜得佳梦，梦中来到一个叫华胥国的地方。其地“国无师长”“民无嗜欲”，其国民“美恶不萌于心，山谷不踬其步，熙乐以生。”黄帝见其国之状况，羡慕不已。华胥国的国民所过的安详自在的生活，正是黄帝心中的理想生活。也可以说，黄帝的华胥之梦，正是他治国的思想境界。

古德先贤的理想，往往通过琴来表达。伏羲、神农、黄帝、虞舜等造琴的传说，在琴界流传很广，而孔子、庄子等大家也都是琴学大家。他们心目中的理想境界，在古琴文化中都表现得淋漓尽致。

如何理解博和弈的文化内涵

弈单指围棋，而博指象棋。班固《弈诣》里有“博行于世而弈独绝”的记载。《孟子・告子上》说道：“今夫弈之为数，小数也。不专心致志，则不得也。弈秋，通国之善弈者也。使弈秋诲二人弈，其一人专心致志，唯弈秋之为听；一人虽听之，一心以为有鸿鹄将至，思援弓缴而射之。虽与俱学，弗若之矣。为是其智弗若欤？曰：非然也。”

围棋为策略性两人棋类游戏，使用格状棋盘及黑白两色棋子进行对弈。围棋起源于中国古代。起源时间大约为公元前6世纪。传说尧的儿子丹朱顽劣，尧发明围棋以教育丹朱，陶冶其性情。

围棋的最早可靠记载见于春秋时期的《左传》。战国时期的弈秋是见于史籍的第一位棋手。棋是指围棋，古称棋，下围棋称为对弈、棋子分黑白两色，规则简单而变化无穷，体现出鲜明的中国文化思想精髓。

华夏族原创文化，春秋时期的文献中即有记载。围棋博大精深，玄妙无穷，绝非人的智慧所能参透。作为神留给人的文化，千古以来，多少帝王将相、文人雅士，市井布衣乐此不疲，也演绎出多少传奇佳话、美文诗赋、乃至兵书演算法、治国方略，成为中华文明史上一朵绚丽的奇葩。

什么是四大江湖排局

四大江湖排局为中国古代象棋四大名局，包括七星聚会、蚯蚓降龙、野马操田、千里独行。载于《百局象棋谱》、《竹香斋象戏谱》、《心武残编》与《渊深海阔象棋谱》等诸多象棋古谱中。

为便于记忆起见，通常又概括成“七星聚会降龙，野马千里独行”两句。由于设计编排精巧，引人入胜，长期以来广泛流行于民间；并经历代棋手悉心钻研，推陈出新，变化丰富多彩。这四个残局着法深奥、变化繁复。既是最典型的江湖排局，又是学习棋艺的经典资料，对于提高象棋实战水平，有着不可低估的作用。

“七星聚会”是清代起广泛流传于民间的四大江湖名局之一。清代出版的著名棋谱几乎都刊有此局，只是局名略有差异：其中《竹香斋象戏谱里》改名为“七星拱斗”,《心武残编》中题之为“七星同庆”,《渊深海阔》中起名为“七星曜彩”。

由于此局图势中红黑双方各有七枚棋子，故局名形象地以“七星”喻之。本局构思精巧，陷阱四伏。乍一看，红方似有胜机，棋摊前的“初生牛犊”常因求胜心切，误中设局人的圈套，故江湖艺人多以此局为谋生的法宝。

本局原谱着法袭用老式编排，重复甚多，读者读谱时往往感到变着零乱。为保持原谱风貌，且便于读者阅读，故先将“七星聚会”原谱着法整理列出，并将编排更合理的“七星聚会”新编着法罗列其后，以飨读者。

“蚯蚓降龙”是三卒单缺象对双车一兵的残局，原谱作者把双车比拟为大海中的蛟龙，而把三个小卒形容为行动缓慢、力量弱小的蚯蚓。由于特定的局势，双车被两外小卒牵制，不得随意活动，黑方得以巧运另一小卒和灵活地变换士、象的位置，苦战成和，这是弱子战和强子的一个典型残局。

蚯蚓降服蛟龙，多么形象的比喻！《竹香斋象戏谱》有“尺蚓降龙”，与本局乃同局异名。

“野马操田”是大型的著名古局之一。其变化十分复杂和深奥。由于它是双车马对双车卒的典型残局，实用价值很大，因此研究此局的棋手很多。原谱为红先和，但经研究，认为此局无论如何变化，只要黑方走出官着，结论应是红先黑胜。

“千里独行”其结尾棋势是一车大战三兵。《心武残篇》以其单车进退纵横，题为“单枪赵云”。此局的另一特点是：双方交锋过程中，车、马、兵和将、士、象，都能各尽所能，充分发挥各自的攻防战斗力，即所谓“将、士、象柔中有刚，车、马、兵攻不忘守。”它是研究残局中的解着、停着的好材料。

如何识别玉器年代

凡玉质坚硬细腻，温润沉重，必入土久远，其性质渐渐发生变化。如何得知玉器年代？有秘术可识：

大概入土中五百余年，玉体发松受沁；千余年则玉质似石膏，两千余年形似枯骨，三千余年烂如石灰，六千余年则不出世，早已烂化如泥了。三代以上旧玉，质已朽烂，玉体松脆，用指爪去掐，即可掐落，此玉通称“老三代”。

如果是秦汉时旧玉，质地烂松，玉性未尽，只有用刀才能削落。如果是晋魏六朝旧玉，质地未变，玉性尚坚，偶有软硬相间的玉器，系南上中的古藏之物。唐宋时的旧玉，质地依然，紧硬如故性，水银也偶尔有沁入玉器之中的。

第十部分 易理术数

本章以比较浅显的语言，通过对生命循环的阐释，来概括阐述易理、术数的概念内涵以及主要的核心内容。

易经是以阴阳符号为基本元素，以阴阳组合为基本框架，以阴阳框架的形态代表万事万物，以阴阳框架的变化代表万事万物的发展变化。

易理就是建立在《易经》基础上，用《易经》为思维公式，在包括《易经》本身所包含的道理的基础上，进行了更广泛的实用性延伸。

术数是指在中华文化中用以推算未来、趋吉避凶的各种方术系统。它运用自己独有的方式方法，揭示了阴阳五行生克制化的运动规律。

它以卜筮、风水、命理、占梦等各种形态的预知方法，推算对象由人、事物、家居、先人墓地，以至地运、国运不等。术数的原理基本是《易经》的八卦与阴阳五行。

什么是韦编三绝

韦编三绝是孔子勤读《易》书的一则典故。《史记 · 孔子世家传》记载："孔子晚而喜易，序《彖》、《系》、《象》、《说卦》、《文言》。读《易》，韦编三绝。曰:"假我数年，若是，我于《易》则彬彬矣。

欧阳修

传统说法，孔子晚年喜欢读《易》，并且撰写了《彖》上下、《象》上下、《系辞》上下、《文言》、《序卦》、《说卦》、《杂卦》，合称"十翼"，又称《易大传》。韦，熟牛皮。古代用竹片写书，再用皮条编缀成册。"三"，指多次。绝，断。孔子勤读《易》书，致使编缀的皮条多次断开。

他还说："如果多给我几年工夫，那么，我对于《易》的知识会更加丰富的。"《论语·述而》载："子曰：'加我数年，五十以学《易》，可以无大过矣。'" 如果 50 岁就开始学习《周易》，那么就可以不犯大错误了。

宋欧阳修作《易童子问》，提出许多疑问，认为"十翼"，"皆非圣人之作"，"亦非一人之言"。以后，《易经》和《易传》的写作年代和作者的问题，成为学术界持久争论的问题。许多人否定孔子与《易传》的关系，进而否定孔子与《周易》的关系。

一般学者认为《易经》作于殷末周初，而《易传》则成于战国时代。《十翼》虽非孔子一人手笔，《易经》、《易传》与孔子的密切关系却难以否定。

《左传》、《国语》记载，春秋时期的人引《易》占卜论事，就有二十余条，通《易》学的人分布于鲁、卫、郑、晋、齐、秦各国，说明当时流行《易》学，学习者甚多，可能还是一种时髦。在这种社会氛围中，作为周游列国的大学者孔子怎么会不学《易》、不谈《易》呢?

马王堆汉墓出土的帛书《周易》残卷附录《易传》六篇，分别是《二三子问》、《系辞》、《易之义》、《要》、《缪和》、《昭力》。据廖名春考证，这些应为战国中、后期的作品，不会晚于《吕氏春秋》和《韩非子》。

在《二三子问》中，记载孔子与子贡等学生讨论《周易》的对话。从以上资料可见，孔子晚年确实喜读《周易》，而认真钻研《周易》，以致韦编三绝。还向学生传授过《周易》。

传统说法，孔子作《十翼》，后人对《十翼》进行研究，发现与传统说法不一致之处，例如《十翼》中常有“子曰”，孔子自己著书，不可能写“子曰”。可以作这样的推测，开始，孔子口讲，经几代传授，到战国中期，传《易》者写于竹帛，才真正成书。

传《易》者采纳了孔子以来历代传《易》者的说法，整理成系统的《易传》，称孔子所传，也是可以理解的。其中包含历代传《易》者的研究成果，也是很自然的。因为有的提法、思想不是孔子所写，就认为《易传》孔子无关，是不妥当的；相反，如果认为它是孔子所传，其中每一句话必定是孔子所写，也未必妥当。

什么叫作干支

干支是指“十个天干”与“十二个地支”。其中支比较容易让人了解。因为支有可代替的动物的名字：子为鼠；午与马；丑为牛等。

十天干、十二地支两者都可以说明季节的变动。

子就是孳，表示万物繁茂的意思。

丑就是纽，是用绳子捆住的意思。

寅就是演或螾，指万物开始伸长的意思。

卯就是茂，为万物茂盛的意思。

辰就是伸或震，也就是万物震动伸长的意思。

巳就是已，指万物已成的意思。

午就是仵，指万物已过极盛之时，又是阴阳相交的时候。

未就是味，是万物已成有滋味。

申就是身，是万物初具形体的意思。

酉就是老或鲍，指万物十分成熟的意思。

戌就是灭，指万物消灭归土的意思。

亥就是核，指万物成种子的意思。

以上为12地支的由来，下面介绍10天干的起源。

甲就是铠甲，指万物冲破其甲而突出的意思。

乙就是轧，指万物伸长的意思。

丙为炳字，指万物茂盛的意思。

丁为壮，指到达壮丁的时候。

戊为茂字，也是万物繁茂的意思。

己为起字，指万物奋然而起。

庚为更字，指万物更新的意思

辛为新字，为万物一新的意思。

壬为任或妊字，为万物被养育的意思。

癸为揆字，指万物萌芽的意思。

以上就天干、地支分别以文字学上的音韵加以说明。

十天干怎样所属五行

甲、乙、丙、丁、戊、己、庚、辛、壬、癸。其中，甲、丙、戊、庚、壬为阳干，乙、丁、己、辛、癸为阴干。

甲乙同属本，甲为阳木，乙为阴木；

丙丁同属火，丙为阳火，丁为阴火；

戊己同属土，戊为阳土，己为阴土；

庚辛同属金，庚为阳金，辛为阴金；

壬癸同属水，壬为阳水，癸为阴水。

甲木为纯阳之木，名为大林之木，有参天之势，其性坚质硬，栋梁之材，故为阳木。

乙木为纯阴之木，名为花卉之木，有娆艳大地之美，其性柔质软，情满人间，故为阴木。

丙火为纯阳之火，名为太阳之火，有光明天地之功，其性猛烈，欺霜侮雪，普照万物，故为阳火。

丁火为纯阴之火，名为灯烛之火，有照千家万户之功，其性柔质弱，为人不为己，故为阴火。

戊为纯阳之土，名为城垣之土，为万物之司命，其性高亢质硬而向阳，生育万物，故为阳土。

己为纯阴之土，名为田园之土，有培木止水之能。其性湿质软，低洼向阴，造福人间，故为阴土。

庚金为纯阳之金，名为剑戟之金，有刚健肃杀之力，其性刚质硬，肃杀万物，故为阳金。

辛金为纯阴之金，名为珠玉，有镶嵌珠宝之用，其性柔弱，质温清润，装饰人间，故为阴金。

壬水为纯阳之水，名为江河湖海之水，通天河而川流不息，其性猛质硬，灌溉万物，故为阳水。

癸水为纯阴之水，名为雨露之水，有气化之神，其性至静至弱，滋生万物，故为阴水。

十天干怎样配四时方位

甲乙东方木，丙丁南方火，戊己中央土，庚辛西方金，壬癸北方水。

甲乙属木，其时春，触地而生产万物，其位东方，故甲乙为东方木。

丙丁属火，其时夏，火炎其上，使成物生长，其位南方，故丙丁为南方水。

戊己属土，其时夏，得皇极之正气，含黄中之德，能包万物，其位内通，故戊己为中央土。

庚辛属金，其时秋，阴气始起万物禁止，其位西方，故庚辛为西方金。

壬癸属水，其时冬，阴化淖濡流施潜行，万物至此终藏，其位北方，故壬癸为北方水。

十天干怎样配人体

十干配身体：甲为头，乙为肩，丙为额，丁为齿舌，戊为鼻面，庚为筋，辛为胸，壬为胫，癸为足。

十干配脏腑：甲为胆，乙为肝，丙为小肠，丁为心，戊为胃，己为脾，庚为大肠，辛为肺，壬为膀胱，癸为肾。

十二地支怎样所属五行

子、丑、寅、卯、辰、巳、午、未、申、酉、戌、亥，为十二地支。其中，子、寅、辰、午、申、戌为阳，丑、卯、巳、未、酉、亥为阴。

寅卯属木，寅为阳木，卯为阴木。

巳午属火，午为阳火，巳为阴火。

申酉属金，申为阳金，酉为阴金。

子亥属水，子为阳水，亥为阴水。

辰戌丑未属土，辰戌为阳土，丑未为阴土。

未戌为干土，丑辰为温土。干土者其中藏火，湿土则其内含水之故。

十二地支怎样配四时方位

寅卯东方木，巳午南方火，申酉西方金，亥子北方水，辰戌丑未四季土。

寅卯辰为春季，巳午未为夏季，申酉戌为秋季，亥子丑为冬季。其中辰戌丑未在每个季的最后一个月，皆因土旺于四季，故为四季土。其四时方位之理，与十干四时方位同。

十二地支怎样配人体

十二支配身体：子为耳，丑为胞肚，寅为手，卯为指，辰为肩、胸，巳为面、咽喉，午为眼，未为脊梁，申为经络，酉为精血，戌为命门、腿为足，亥为头。

什么叫作阴阳

阴阳的概念，源自古代中国人民的自然观。

阴阳是事物的两个方面。有点类似于现在说的矛盾双方，这是从空间意义上对事物的概括。

阳代表事物的刚性、外在、向上、运动、简明、积极的一面，阴象征事物的阴柔、内在、低下、静止、细腻、消极的一面。

阴阳两方可以表现在同一系统两个相互独立的事物上，也可以共存于同一个事物上。

而且阴阳是可以相互转化、也是在不断地运动变化的。比如换个视角，阴则转化为阳，阳又转化为阴。

任何事物都包含正反两方面的因素。一片树叶也有正面与反面。以人为例：

男人为阳、女人为阴；一个人身上，前为阳后为阴，上为阳下为阴，外形为阳内部为阴。

表现在一件事上，则所谓凡事有利必有弊。而且利弊之间也是在不断变化的。塞翁失马，安知非福；塞翁得马，安知非祸。即指此意。

从上述观点上可以看出，阴阳论类似于现在的矛盾论，但远比矛盾论的内涵广。矛盾是敌对的，而阴阳既可以是敌对状态也可以是相容或互补状态。

阴阳是事实整体性的描述，是空间意义上的概括。阴阳五行归纳起来，就是时间与空间的公式。

古人观察到自然界中各种现象，如天地、日月、昼夜、寒暑、男女、上下等，以哲学的思想方式，归纳出“阴阳”的概念。早至春秋时代的易传以及老子的道德经都有提到阴阳。

阴阳理论已经渗透到中国传统文化的方方面面，包括宗教，哲学，历法，中医，书法，建筑堪舆，占卜等。阴阳是“对立统一或矛盾关系”的一种划分或细分，两者是种属关系。阴阳五行是国学之本，看似简单，却知者甚少，知而能守其道者更是少之又少。

如何理解阴阳一体

阴阳互藏交感，交感即交互感应，是指阴阳两气处于相互感应相互作用的运动过程之中。

中国古代哲学家认为：“两气交感，化生万物”。万物的化生源于阴阳之间的相互作用，这一哲学思想始自先秦诸家，如《荀子·礼记》说：“天地和而万物生，阴阳接而变化起。”

又说：“天地感而万物化生。”从而指出阴阳交感是万物化生根本条件，其中的合、接、感应等都具有相互作用，相互影响之意。故又可以说天地阴阳之间的相互作用乃是万物生成和变化的肇始。在宇宙自然界，事物的形成规律亦确是如此。

天之阳气下降，地之阴气上升，阴阳两气交感，化生出万物，并形成雨雾，雷电，雨露，阳光，空气，和谁相互交感，生命体方得以产生。

在阳光雨露的沐浴滋润下，生物得以发育成长。在人类社会，男女构精，新的生命个体得以诞生，代代相传，人类得以繁衍。所以，如果没有阴阳两气的交感运动，就没有自然界，就没有生命。可见，阴阳交感又是生命活动产生的基本条件。

如何理解阴阳互根

阴阳对立即指世间一切事物或现象都存在着相互对立的阴阳两个方面，如上与下、天与地、动与静、升与降等。其中上属阳，下属阴；天为阳，地为阴；动为阳，静为阴，升属阳，降属阴。

对立的阴阳双方又是互相依存的，任何一方都不能脱离另一方而单独存在。如上为阳，下为阴，而没有上也就无所谓下；热为阳，冷为阴，而没有冷同样就无所谓热。

所以可以说，阳依存于阴，阴依存于阳，每一方都以其相对的另一方的存在为自己存在的条件。这就是阴阳互根。

如何理解消长

阴阳之间的对立制约、互根互用并不是一成不变的，而是始终处于一种消长变化过程中的，阴阳在这种消长变化中达到动态的平衡。这种消长变化是绝对的，而动态平衡则是相对的。

比如白天阳盛，人体的生理功能也以兴奋为主；而夜间阴盛，机体的生理功能相应的以抑制为主。从子夜到中午，阳气渐盛，人体的生理功能逐渐由抑制转向兴奋，即阴消阳长；而从中午到子夜，阳气渐衰，则人体的生理功能由兴奋渐变为抑制，这就是阳消阴长。

如何理解阴阳转化

阴阳双方在一定的条件下还可以互相转化，即所谓物极必反。比如，某些急性温热病，由于热毒极重，大量耗伤机体元气，在持续高烧的情况下，可突然出现体温下降，四肢厥冷、脉微欲绝等症状，就是由阳证转化为阴证的表现。

阴阳消长是一个量变的过程，而阴阳转化则是质变的过程。阴阳消长是阴阳转化的前提，而阴阳转化则是阴阳消长发展的结果。

什么是五行

五行指金、木、水、火、土。五行是中国古代的一种物质观。多用于哲学、中医学和占卜方面。五行学说认为大自然由五种要素所构成，随着这五个要素的盛衰，而使得大自然产生变化，不但影响到人的命运，同时也使宇宙万物循环不已。

五行学说认为宇宙万物，都由木、火、土、金、水五种基本物质的运行和变化所构成。它强调整体概念，描绘了事物的结构关系和运动形式。如果说阴阳是一种古代的对立统一学说，则五行可以说是一种原始的普通系统论。

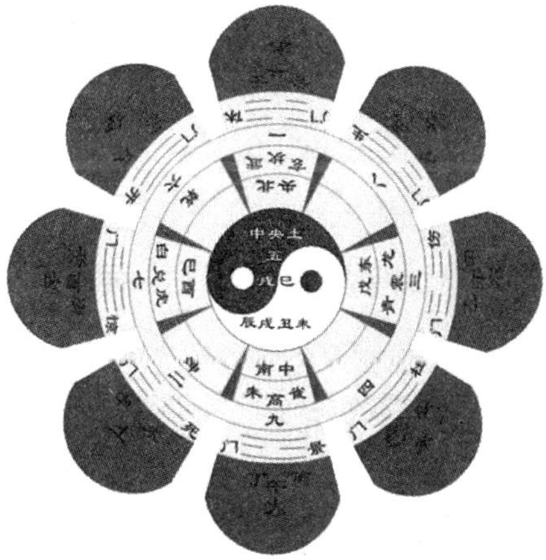

阴阳五行图

五行怎样配方位

金：位置在西，白色。木：位置在东，青色。水：位置在北，黑色。火：位置在南，红色。土：位置在中，黄色。

五行属性及归类方法是什么

五行学说之所以能概括宇宙间的万事万物，其主要的思维方法是按照五行的特性，根据事物的不同性质、作用和形态，采用“比象取类”的方法，将事物或现象分为五大类，分别归属金、木、水、火、土五行之中。并根据五行之间的相互关系及其规律，说明各类事物或现象的联系和变化。

在医学方面则借以阐明人体脏腑组织之间在生理和病理上的复杂关系，以及人体与外在环境之间的密切关系。

原始的五行物质元素说，上升为五行学说之后，基本上已经不是单纯地指五种物质本身，而是作为事物属性的抽象概念来应用。

五行各有其不同的特性，即“水曰润下、火曰炎上、木曰曲直、金曰从革、土爰稼穑”。意思是说，木具有生发之特性；火具有炎热、向上之特性；金具有敛肃、变革之特性；水具有滋润、向下之特性。

根据上述特性，采用比象取类方法，便把需要说明的事物或现象，朴素地分成了五大类，将相似属性的每类事物或现象，分别归属于五行之中，并在五行属性归类的基础上，运用五行生克规律，用以阐释或推演事物及其现象的复杂联系和变化。

五行与人体有何联系

历代医家为了说明人体内外的整体性和复杂性，亦把人体的脏腑组织、生理活动、病理反应，以及与人类生活密切相关的自然界事物作了广泛地联系。

一是以五行之特性，说明五脏之功能。如木性生发条达，肝性喜条达而主疏泄；水性滋润下行，肾藏精而主水。因此，肝属木、肾主水，其他脏腑亦是如此。

二是形成了以五脏为主体，外应五方、五季、五气等，内联五脏、五官、形体、情志等的五个功能活动系统。

三是此五个功能活动系统，说明了人体的内环境与外在自然环境之间也存在着对立统一的联系，如春属木，肝气旺于春，春天多风等。在内则肝与胆相表里，开窍于目，主筋，主怒，在病理上易于化风等。

应当指出上述是该表横的联系，若从纵的方面来看，则表示此五类事物或现象之间具有相生相克和制化胜复的关系。

如何理解五行相乘相侮

相乘与相侮，是五行关系在某种因素作用影响下所产生的反常现象。乘，即乘虚侵袭。侮，即恃强凌弱。相乘，即相克的太过，超过了正常制约的力量，从而使五行系统结构关系失去正常的协调。

此种反常现象的产生，一般有两种情况：一是被乘者本身不足，乘袭者乘其虚而凌其弱。二是乘袭者亢极，不受它行制约，恃其强而袭其应克之行。

应当说明，相克与相乘是有区别的，相克是正常情况下的制约关系；相乘则是正常制约关系遭到破坏以后的过度克伐，是反常现象。在人体，则前者是生理状态，后者则为病理状态。

相侮，即相克的反向，又叫反克。是五行系统结构关系失去正常协调的另一种表现。同样也有两种情况：一是被克者亢极，不受制约，反而欺侮克者。如金应克木，若木气亢极，不受金制，反而侮金，即为木侮金。二是克者衰弱，被克者因其衰而反侮之。如金本克木，若金气虚衰，则木因其衰而侮金，即为木侮金。

所以说：“气有余，则制已所胜而侮所不胜；其不及，则已所不胜侮而乘之，已所胜轻而侮之。”即是说，五行若某一行之气太过，则对其所胜之行过度制约，而发生相乘。而对其所不胜之行发生相侮，即反克。

若某一行之气不足，则克我之行必过度制约而乘之。而己所胜者，即我克之行必因我之不足而反克相侮。例如临床所见的支气管扩张病证，病位在肺，因肝气郁结，气急上逆，化火灼肺，而见咳血，则为木火刑金；肝郁气滞，影响脾胃消化吸收，则为木郁乘土。湿热型高血压，多因湿热困脾，引发肝失疏泄，肝阳亢逆，则为土侮木。至于金乘木证候，临床则为少见。

如何理解五行制化胜复

五行系统结构之所以能够保持动态平衡和循环运动，主要在于其本身客观存在着两种自行调节机制和途径。一种是正常情况下的制化调节；一种则是在反常情况下的胜复调节。

制，即制约。化，是生化。所谓制化调节，主要是指五行系统结构在正常状态下，通过相生和相克的相互作用而产生的调节作用，又称为五行制化。

首先，从五行的整体作用可以明显看出，任何两行之间的关系并不是单向的，而是相互的。五行之中任何一行都具有生我、我生、克我、我克四方面的关系，所以才能保证“制化”关系的正常。

即是说，木能克土，土能生金，金又能克木，从而使木不亢不衰，故能滋养火，而使火能正常生化。

火能克金，金能生水，水又能克火，从而使火不亢不衰，故能滋养土，而使土能正常生化。

土能克水，水能生木，木又能克土，从而使土不亢不衰，故能滋养金，而使金能正常生化。

金能克木，木能生火，火又能克金，从而使金不亢不衰，故能滋养水，而使水能正常生化。

水能克火，火能生土，土又能克水，从而使水不亢不衰，故能滋养木，而使木能正常生化。

可以看出，正是这种相反相成的生克制化，调节并保持了事物结构的相对协调和平衡。

因为相生、相克的过程，也就是事物消长的过程，在此过程中，经常出现的不平衡的消长情况，其本身就是再一次相生、相克的调节，这样就会重复出现再一次的协调平衡。

而正是这种在不平衡之中求得平衡，而平衡又立刻被新的不平衡所替代的循环运动，推动着事物在不断地变化和发展。

所谓胜复调节，主要是指五行系统结构在反常情况下，即在局部出现较大不平衡的情况下，通过相克关系而产生的一种大循环的调节作用。胜复调节可使一时性偏盛偏衰的五行系统结构，经过调节，由不平衡而再次恢复平衡。

所谓胜，即指胜气，是指因为某行之气太过所引起的对“己所胜”之行的过度克制。而胜气的一旦出现,则势必招致一种相反的力量将其压抑下去,即所谓复气。故《素问》又说：“有胜之气，其必来复也。”而且胜气重，复气亦重。胜气轻，复气亦轻。

例如火气太过，作为胜气则过分克金，而使金气偏衰，金衰不能制木，则木气偏胜而加剧制土，土气受制则减弱制水之力，于是水便旺盛起来，而把太过的火气克伐下去，使其恢复正常。

若火气不足，则将受到水的过分克制，但火衰不能制金，引发金气偏盛，金气盛则加强制木，使木衰而无以制土，则必将引起土气盛以制水，水衰则制火力减弱，从而使火气相应得到逐渐恢复，以维持其正常。

如果单纯有胜而无复，也就是说当五行之中的作何一行出现有余而没有另一行的相应制约时，则五行系统结构的协调关系就会被破坏，则会出现紊乱的反常状态，从而产生严重疾病。

综上所述，我们可以把五行关系看作是阴阳关系的逻辑展开和补充。受作用者，通过某些中间环节，反作用于作用者，产生反馈调节效应，从而使系统结构保持相对平衡。

五行与季节有何关系

五行是指气体的五种运动方式。

春天属木，代表气体向四周扩散的运动方式。春天，花草树木生长茂盛，树木的枝条向四周伸展，养料往枝头输送，所以春属木。

夏天属火，代表气体向上的运动方式。火的特点就是向上，夏天各种植物向上生长，长势迅猛，所以夏属火。

秋天属金，代表气体向内收缩的运动方式。金的特点是稳固，秋天收获，人们储蓄粮食为过冬作准备，树叶凋落，所以秋属金。

冬天属水，代表气体向下的运动方式。水往低处流，冬天万物休眠，为春天蓄积养料，所以冬属水。

因有四季而有四行，但夏天和秋天之间要有过渡段，因此便有了土，土代表气的平稳运动。

五行与时辰有何关系

时辰是中国古代的一种计时方法，24小时共分为12个时辰，从晚上23时开始，与12属相相对应：子、丑、寅、卯、辰、巳、午、未、申、酉、戌、亥。

按五行来说：寅、卯、辰属木，主宰春季，代表东方；巳、午、未属火，主宰夏季，代表南方；申、酉、戌属金，主宰秋季，代表西方；亥、了、丑属水，主宰冬季，代表北方；辰、未、戌、丑单个而言都属土，主宰四季最后一个月，代表四方。

五行之间有何生克关系

是五行相生。

金生水，水生木，木生火，火生土，土生金。

金生水：金销熔生水；水生木：水润泽生木；木生火：木干暖生火；火生土：火焚木生土；土生金：土矿藏生金。

二是五行相克。

金克木，木克土，土克水，水克火，火克金。

刚胜柔，故金胜木；因为刀具可砍伐树木；专胜散，故木胜土；因为树木可稳住崩土；实胜虚，故土胜水；因为堤坝可阻止水流；众胜寡，故水胜火；因为大水可熄灭火焰；精胜坚，故火胜金；因为烈火可熔化金属。

三是五行辩证生克。

金赖土生，土多金埋；土赖火生，火多土焦；火赖木生，木多火炽；木赖水生，水多木漂；水赖金生，金多水浊。

金能生水，水多金沉；水能生木，木多水缩；木能生火，火多木焚；火能生土，土多火晦；土能生金，金多土弱。

金能克木，木坚金缺；木能克土，土重木折；土能克水，水多土流；水能克火，火炎水灼；火能克金，金多火熄。

金衰遇火，必见销熔；火弱逢水，必为熄灭；水弱逢土，必为淤塞；土衰逢木，必遭倾陷；木弱逢金，必为斫折。

强金得水，方挫其锋；强水得木，方缓其势；强木得火，方泄其英；强火得土，方敛其焰；强土得金，方化其顽。

易的含义是什么

易的含义有三种。第一是上古筮书的泛称。如《周易》。易的含义一说为简易，认为筮法是一种较龟卜简易的占卜方法；一说为变易，意为以揲蓍数目之变，推求问事之变，借以释疑。

第二专指《周易》、《易经》，不但经文可称《易》，传文也可称。

第三是筮官名。《礼记·祭义》："昔者圣人建阴阳天地之情，立以为《易》。易抱龟南面，天子卷冕北面。虽有明知之心，必进断其志焉。示不敢专，以尊天也。"郑注："易抱龟，易官名。"

三易指的是什么

据《周礼·春官·太卜篇》载，易有三种："掌三易之法：一曰《连山》，二曰《归藏》，三曰《周易》。"

《连山》为夏代之易，据传，夏易以艮卦为首卦，象征"山之出云，连绵不绝"，故称《连山》；

《归藏》为商代之易，据传以坤为首卦，象征"万物莫不归藏于其中"，即万物都以大地为根源，始发端于大地，终又归藏于大地。因其坤为首卦，第二卦为乾卦，故又称《坤乾》；

周代之易叫《周易》，夏、商之易今已失传，仅周易传承至今，即今天所见的《易经》。

三易有一个共同特点，即"其经卦皆八，其别皆六十有四"。

如何理解太极

《易经·系辞传》首先提出的哲学概念，又称太一、大一。大即太，太是至高无上的意思。即整体或绝对唯一的意思。极的本义是房屋的最高处，这里引申为至高的东西。

《周易·系辞上》:“《易》有太极，是生两仪，两仪生四象，四象生八卦。”这是《系辞传》对《易》的宇宙生成图式及《易》的制作过程的描述，即说明太极是天地万物的本原，由太极产生天地阴阳，天地阴阳产生四象即四时，四时又产生出天、地、雷、风、火、水、山、泽八种自然物。

太极是一种阴阳未分的原始混沌状态。《王注》:“夫有必始于无，故太极生两仪也。太极者，无称之称。”以太极为无，体现了王弼“贵无”的哲学思想。

周敦颐《太极图说》:“无极而太极，太极动而生阳，动极而静，静而生阴，静极复动。一动一静，互为其根。”“五行一阴阳也，阴阳一太极也，太极本无极也”。认为阴阳五行均自太极而来，并制定了“太极——二气——五行——万物”的宇宙生成图式。后世对太极的解释众说不一，但一般用来作本体论探讨。

两仪是什么意思

两仪的第一个含义是在《易经》中用以指天地。《周易·系辞上》:“易有太极，是生两仪。”即认为在《周易》成书之前,先有混元未分的太极,太极产生天地两仪。《集解》:“虞翻曰：太极，太一；分为天地，故‘生两仪’也。”

《正义》:“太极，谓天地未分之前，元气混而为一，即是‘太初’、‘太一’也。故《老子》云‘道生一’，即此‘太极’是也。又谓混元即分，即有天地，故曰‘太极生两仪’，即《老子》云‘一生二’也。”

两仪的第二个含义是综合历代易学家理论，有七种说法，即指阴阳、天地、奇偶、刚柔、玄黄、乾坤、春秋，多数指阴阳。

四象的含义是什么

语见《周易·系辞上》:“两仪生四象，四象生八卦。”这是《系辞传》对《周易》宇宙生成图式及成书过程的描述。天、地两仪产生春、夏、秋、冬四象，四象产生八卦。

《周易乾凿度》:“孔子曰：《易》始于太极，太极分而为二，故生天地；天地有春、夏、秋、冬之节，故生四时;四时各有阴阳、刚柔之分，故生八卦。八卦成列，天地之道立，雷、风、水、火、山、泽之象定矣。”从卦形上来看，即两仪的一极阳爻上分别再生一阳或一阴，形成“⚌”即老阳；“⚍”即少阴；另一极阴爻上再分别生出一阳一阴，形成“——”少阳；“--”老阴；按同样的原理，四象生八卦。

所谓四象，或象征春、夏、秋、冬，或金、木、水、火，或东、西、南、北，或阴阳、刚柔，实际上是在阴阳的基础上生出新的阴阳，象征阴阳的进一步变化。

三才是什么概念

一个是以八纯卦之初画、中画、上画分别象征地、人、天，谓之三才。《周易·系辞下》:“《易》之为书也，广大悉备：有天道焉，有地道焉，有人道焉。兼三才而两之，故六。”《易·说卦》:“是以立天之道，曰阴与阳；立地之道，曰柔与刚；立人之道，曰仁与义；兼三才而两之，故《易》六通而成卦”。

大意是构成天、地、人的都是两种相互对立的因素，而卦，是《周易》中象征自然现象和人事变化的一系列符号，以阳爻、阴爻相配合而成，三个爻组成一个卦。“兼三才而两之”成卦，即这个意思。

再一个是重卦六爻位序两两并列，以初爻、两爻象征地，三爻、四爻象征人，五爻、上爻象征天，合天、地、人，谓之三才。

《周易》最早最明确最系统最深刻地提出了“天、地、人”三才之道的伟大学说。这个学说早就深入中华民族之心，贯穿于中华民族的人伦日用之中，牢固地培育了中华民族乐于与天地合一、与自然和谐的精神，对天地与自然持有极其虔诚的敬爱之心。

中华民族与天地和谐相处的高智慧，对于今后改进、调整、理顺、整合、协调人与天地即自然环境的平衡和谐发展的关系，以及人与社会、人心与人身的平衡和谐发展的关系，即使三态中生态、世态、心态都得到同步平衡、和谐发展，对树立和落实科学发展观，对实现世界和平发展，对创造人类更美好的明天，必将具有巨大的启迪。

什么是八卦

八卦亦称经卦、单卦或八纯卦，是《周易》中的八种基本符号。由最基本的构成单位“—”阳爻和“——”阴爻组成卦形，每一卦各有卦名，即乾、震、坎、艮、坤、巽、离、兑。又每一卦各由三爻组成，故又称“三画卦”。

《易传》认为，八卦主要象征天、地、雷、风、水、火、山、泽八种自然现象，每卦又可象征多种事物。

关于八卦的起源，有种种传说和猜测，如伏羲作八卦说、男根女阴说、原始文字说、龟卜说、结绳说、竹筹蓍草说、天地说、土圭测影说、日月星象说、宫室建筑说、筮数说等。

八卦图

八卦的由下往上排列出于《说卦》。以乾坤为父母卦，各统率三男三女，前四卦为阳卦，后四卦为阴卦。每一卦又叫一宫，每一宫又统帅七卦，各卦中所属之卦，各有自己所处的地位，前五个卦分别称为 世、二世、三世、四世、五世，第六卦称为“游魂”，第七卦为“归魂”。

八卦象征八类事物，《说卦》云:“乾，健也。坤，顺也。震，动也。巽，入也。坎，陷也。离，丽也。艮，止也。兑，说也。”“乾为首，坤为腹，震为足，巽为股，坎为耳，离为目，艮为手，兑为口”。

太极八卦图有什么含义

八卦图衍生自中华古代的《河图》与《洛书》，传为伏羲所作。其中《河图》演化为先天八卦，《洛书》演化为后天八卦。八卦各有三爻，“乾、坤、震、巽、坎、离、艮、兑”分立八方，象征“天、地、雷、风、水、火、山、泽”八种性质与自然现象，象征世界的变化与循环，分类方法如同五行，世间万物皆可分类归至八卦之中，亦是二进制与电子计算机的古老始祖。

《太平御览》:“伏羲坐于方坛之上，听八风之气，乃画八卦。”以“—”为阳，以“——”为阴，组成八卦:乾为天、坤为地、震为雷、巽为风、坎为水、艮为山、离为火、兑为泽，以类万物之情。八卦分据八方，中绘太极之图。

《易传》认为八卦主要象征天、地、雷、风、水、火、山、泽八种自然现象，并认为乾和坤两卦在八卦中占特别重要的地位，是自然界和人类社会一切现象的最初根源。八卦最初是上古人们记事的符号，后被用为卜筮符号。古代常用八卦图作为除凶避灾的吉祥图案。

八卦的卦，是一个会意字，从圭从卜。圭，指土圭，开始以泥作成土柱测日影。卜，测度之意。立八圭测日影，即从四正四隅上将观测到的日影加以总结和记录，这就形成八卦的图像。

八卦的最基本的单位是爻，多是记述日影变化的专门符号。爻有阴阳两类，阳爻表示阳光，阴爻表示月光。每卦又有三爻，代表天地人三才。三才的天部，包括整个天体运行和气象变化，这些星象之学，古称天文。

地部指观测日影来计算年周期的方法，用地之理了解生长化收藏的全过程。人部指把天文、地理和人事结合，以便按照这些规律进行生产和生活。每卦的次序是自下而上的，最下一横叫初爻，中一横叫二爻，上一横叫三爻。

八卦代表八种基本物象：乾为天，坤为地，震为雷，巽为风，艮为山，兑为泽，坎为水，离为火，总称为经卦，由八个经卦中的两个为一组的排列组合，则构成六十四卦。

八卦图有伏羲八卦图、先天八卦图、后天八卦图、立体八卦图。几千年以来，八卦图在排列组合严密逻辑性就像数学公理一样不可以更改。

人们对于《周易》和八卦图的解释和理解方面存在着不同时期、不同流派思想的说明文字。从古至今八卦图的成因始终是一个谜团，没有人能够拿出有科学依据的事实来解析八卦图完整的起源。

六十四卦包括哪些

《事物纪原·经籍艺文部》:“《帝王世纪》曰:‘炎帝重八卦之数，究八八之体，为六十四卦。’《史记·周本纪》曰:‘西伯囚羑里，盖益《易》之八卦为六十四卦。’”

六十四卦由八卦排列组合而成，分上、下经，上经三十卦，下经三十四卦。上经的名称依次为：乾、坤、屯、蒙、需、讼、师、比、小畜、履、泰、否、同人、大有、谦、豫、随、蛊、临、观、噬嗑、贲、剥、复、无妄、大畜、颐、大过、坎、离。

下经的名称依次为：咸、恒、遁、大壮、晋、明夷、家人、睽、蹇、解、损、益、夬、姤、萃、升、困、井、革、鼎、震、艮、渐、归妹、丰、旅、巽、兑、涣、节、中孚、小过、既济、未济。

什么是周易的爻

爻是《易》卦的基本构成单位，阳爻又称刚爻，用九表示。爻题中阴爻又称柔爻，爻题中用六表示。八卦、六十四卦均由这两种爻组合而成。三爻合成一卦，是为八卦，八卦两两相重，即以六爻为一组，可以排列组合六十四种不同的图像。

八卦传为伏羲所画，六十四卦传为文王所作。爻还有交错变化之义。《说文解字》："爻，交也，象《易》六爻头交也。"后人注曰："交者，交错之义，六爻为重体，故作重爻象之。"

爻的另一个意思是爻辞的省称。《周易·系辞上》："爻者，言乎变者也。""圣人有以见天下之动，而观其会通，以行其典礼，系辞焉以断其吉凶，是故谓之爻"。《正义》："谓爻下之辞。"

《周易》六十四卦均由八卦两两相重合成，六十四卦的每一卦均含有两个八卦即两个三画卦，则有六画，故称为"六爻"。《周易乾凿度》："易气从下生。"谓六爻位次的排列顺序象征事物生长变化的规律，即由低级向高级发展。因此，六爻所居位次自下而上依次称为初、二、三、四、五、上。

同时，六爻位次还有阴阳、奇偶之分，即初、三、五爻为奇，二、四、上爻为偶，奇居阳位，偶居阴位。

六十四卦分三百八十四爻，凡阳爻居阳位，凡阴爻居阴位，则称当位或得位、得正；凡阳爻居阴位，阴爻居阳位，则称不当位或失位、失正。

六爻所居位次，第二爻居下卦之中，第五爻居上卦之中，《易》例称中。凡阳爻居中谓之刚中，阴爻居中谓之柔中；凡阴爻居二位，阳爻居五位，是即中且正，称为中正。

由于六爻在卦中所处等次不同，所以其象征意义也各不相同，一般是：初爻象征事物发端萌芽，主潜藏勿用；二爻象征事物崭露头角，主适当进取；三爻象征事物功业小成，主慎行防凶；四爻象征事物新进高层，主警惧审时；五爻象征事物圆满成功，主处盛戒盈；上爻象征事物发展终尽，主穷极必反。

还有二多誉、四多惧的说法。《易经·系辞传》："二与四同功而异位，其善不同：二多誉，四多惧。三与五同功而异位，三多凶，五多功。"

主要是由于二爻是阴位，居于下卦之中，中而位正，故多誉；四爻位是阴位，但居上卦之下，位正而不中，故多惧；三爻位是阳位，又居下卦之极，阳刚而不处中，所以多凶，五爻位是阳位，又居上卦之中，中而位正，所以多功。此处还有以六爻之位分贵贱等。

什么是爻辞

爻辞是说明《周易》六十四卦每卦各爻要义的文辞。六十四卦每卦六爻，每爻有爻题和爻辞。如乾卦初九:“潜龙勿用。”坤卦初六:“履霜,坚冰至。”皆为爻辞。

什么是爻象

爻象亦称爻位之象，是指每卦的六个爻画分别代表某种具体事物。卦由爻组成，每爻为卦的一部分。卦有卦象，爻有爻象。

爻象包括爻的阴阳和位次所体现的具体事物的意义。阳爻象征阳刚之物，雄性之物，高亢之物，动态之物；阴爻象征阴柔之物，雌性之物，低弱之物，静态之物。

如以初爻为庶民，以二爻为士人，以三爻为大夫，以四爻为公侯，以五爻为天子，以上爻为太庙。六个爻位中，以第五爻为最重要。封建社会中称天子为“九五之尊”即源于此。但要知道，这套“爻位之象”多用于占筮，对解释《易经》经文并汉有什么特殊意义。

爻变是怎么回事

占筮时由于所筮的卦某一爻或几爻发生性质的变化，或由阴之阳、或由阳之阴，卦的性质也随之发生变化，由一卦而变成了另一卦，其过程称为爻变。

《周易》筮数有六，即老阴、七，即少阳、八，即少阴、九，即老阳四种，七八为不变之数，六九为可变之数。筮数为九六的爻，便需变化，爻变便是九由阳变阴，六由阴变阳。爻变思想是占易的核心内容。唐明邦《汉代<周易>象数学的思维模式剖析》:“占筮就是通过偶然的爻变，求得爻辞，因以指导言行。”

什么是卦象

卦象也叫卦体。《易经》古经的内容分符号和文字两部分，其符号部分即六十四卦卦象，文字部分即卦爻辞。构成卦象的基本要素是爻象“—”与“——”，这两种符号的不同排列而组合成的卦画，就叫卦象。如三阳卦的卦象：震、坎、艮；三阴卦的卦象：巽、离、兑。

从卦象可知，三阳卦均为一阳两阴，故有“阳卦多阴”之说，而三阴卦则为一阴二阳，故称“阴卦多阳”。

什么是卦辞

《周易》六十四卦每卦都有卦义，用来说明卦义的文字叫卦辞。

每卦卦形下皆有卦名和卦辞。如旅卦卦形下有“旅小亨，旅贞吉”之语，即是卦辞。大过卦卦形下云：“大过：栋桡，利有攸往，亨。”晋卦卦形下云：“晋：康侯用锡马藩庶，昼日三接。”这里的“晋”即卦名，余为卦辞。

什么是本卦

筮时所得的卦称为本卦或正卦，所变的卦称为之卦或变卦。本卦又称为贞，变卦又称为悔。

《左传·庄公二十二年》：“周史有以《周易》见陈侯者，陈侯使筮之，遇《观》之《否》。”观卦为本卦或正卦，周史本是筮得观卦，其第四爻发生爻变，由阴之阳，变成了否卦，否卦为之卦、变卦。又《左传·僖公二十五年》：“公曰：‘筮之。’筮之，遇《大有》之《睽》。”大有卦为奉卦或正卦。其第三爻发生爻变，由阳而阴，变成睽卦，睽卦为之卦或变卦。

怎样进行断卦

依据卦推断吉凶祸福。其法大体是：根据占问对象的易卦归属，取对象所属之卦的卦象、卦辞进行占断；根据占问对象的爻性、爻位归属，分析此爻与他爻之间的乘、承、比、应、据等关系，是否得位，是否得中，并进而依据相应的爻辞进行占断；根据占问对象所属易数推断相关数据进行占断；根据占问对象的五行归属，分析对象所属五行以及五行之间的生克等关系进行占断。

总之，要寻找卦中与所占对象有联系的各种因素，如卦象、卦辞、爻象、爻辞、易数等，联系越多，对诸因素间的关系分析越透彻，推断出的结论就愈具有准确性和可信性。

然而实际断卦时，并无不变的法则，必须视具体情况而定，但应遵循两个原则：综合性和灵活性。如运用卦辞断卦：秦穆公接纳了流亡的晋国公子重耳，并表示愿意帮助他重返晋国。

后董因迎接重耳返晋做国君，并占一卦，预测能否成功，遇到《泰》卦，未变。董因先释泰卦卦象，说是天地相配，上坤下乾，天在下而欲升于上，地在下而将降于下，为大地交通之象；然后又根据《泰》卦卦辞“亨，小往大来”，说明重耳将失去小的，得到大的。董因遂据此断定重耳要走亨通之运，必定反得晋国。

常用的还有用爻象断卦、爻辞断卦等。

乾的含义是什么

含义一是，《周易》八卦之一，《说卦传》:“乾，天也。”“乾，健也”。乾象为天，阳性，有刚健义。

含义二是，六十四卦之一，乾下乾上，卦形为。乾卦与坤卦同为六十四卦之首，两者相互作用，不可分离，但首乾次坤的卦序又明确表明乾具有更为重要的地位，是作用的主要方面。这也是今本《周易》和《归藏易》的根本区别之所在。

《象传》:“大哉乾元，万物资始，乃统天。”谓盛大无极的乾阳元始之气，开创万物，统领自然。《象传》:“天行健，君子以自强不息。”谓乾卦下体上体都是天，天的运行刚劲强健，君子观此卦象则不断激励自己，发愤图强。

含义三是，《说卦传》:“战乎乾，乾西北之卦也，言阴阳相薄也。”谓乾卦是象征西北的卦，宜于阴阳交配结合。《正义》:“以乾是西北方之卦，西北是阴地，乾是纯阳而居之，是阴阳交薄之象也。”《说卦传》又以乾象征多种事物和属性，如君、马、首、父、玉、金、寒、冰等。

坤的含义是什么

含义一是，《周易》八卦之一，《说卦传》:“坤，地也。”“坤，顺也”。坤象为地，阴性，有顺承义。

含义二是，六十四卦之一，卦形为三，与乾卦同为六十四卦之首，两者互相作用，不可分离，但坤处于次要地位。《象传》:“至哉坤元，万物滋生，乃顺承天。”谓大地生养万物，其德美善至极，并顺承天的法则运行。

《象传》:“地势坤，君子以厚德载物。”谓坤卦下体上体都是地，其气势厚实和顺，君子观此卦象则增厚自己的美德，容载万物。

含义三是，《说卦传》:“坤也者，地也，万物皆致养焉，故日致役乎坤。”《正义》:“以坤是象地之卦，地能生养万物，是有其劳役，故云‘致役乎坤’。郑云：

‘坤不言方者，所言地之养物不专一也。’”《说卦传》又以坤象征多种事物和属性，如藏、腹、地、母、布、吝啬、均、子母牛、大舆、文、众、柄等。

巽的含义是什么

含义一是，八卦之一，阴卦。《易传》以巽代表顺服、谦逊，象征风，象征长女。《易·说卦》：“巽，入也。”“巽为木，为风，为长女，为绳直”。

含义二是，六十四卦之一。由八卦之巽重叠而成，卦形为☰。《易·巽》：“小亨，利有攸往。利见大人。”《象》曰：“重巽以申命，刚巽乎中正则志行。”《易·序卦》：“旅而无所容，故受之以《巽》。《巽》者，入也。”旅客无所容身，另入于一处，故《旅》卦后为《巽》卦。

坎的含义是什么

含义一是，八卦之一。阳卦。《易传》以坎代表陷坑，象征水，象征中男。《易·说卦》：“坎，陷也。”“坎为水，为沟渎，为隐伏，为矫楺”。

含义二是，六十四卦之一。由八卦之坎重叠而成，卦形为☰。《易·坎》：“有孚维心，亨，行有尚。”《象》曰：“习坎，重险也。水流而不盈，行险而不失其信。维心亨，乃以刚中也。行有尚，往有功也。”《易·序卦》：“物不可以终过，故受之以坎。坎者，陷也。”人不可以终有过行，有过行，则将遇坎坷，遭险难，所以《大过》卦后为《坎》卦。

艮的含义是什么

含义一是，八卦之一。阳卦。《易传》以艮代表静止，象征山，象征少男。《易·说卦》：“艮，止也。”“艮为山，为径路，为小石，为门阙”。

含义二是。六十四卦之一。由八卦之艮重叠而成，卦形为“☰”；《易·艮》：“艮其背，不获其身，行其庭，不见其人，无咎。”《象》曰：“兼山，《艮》。君子以思不出其位。”《易·序卦》：“《震》者，动也。物不可以终动，止之，故受之以《艮》。《艮》者，止也。”事物有运动，也有静止，所以在《震》卦后即为《艮》卦。

震的含义是什么

含义一是，八卦之一。阳卦。《易传》以震代表运动，象征雷，象征长子。《易·说卦》：“震，动也。”“震为雷，为龙，为玄黄，为旉，为大涂，为长子”。

含义二是，六十四卦之一。由八卦之震重叠而成，卦形为主，《易·震》:“亨，震来虩虩，笑言哑哑，震惊百里，不丧匕鬯。”《象》曰：“游雷，震。君子以恐惧修省。”《易·序卦》:“主器者莫若长子，故受之以《震》。”鼎为宝器，为国、邑权力的象征，一般由长子继承，所以《鼎》卦后为《震》卦。

离的含义是什么

含义一是，八卦之一。阴卦。《易传》以离代表附丽，象征火，象征中女。《易·说卦》:“离，丽也”、“离为火，为日，为电，为中女，为甲胄，为戈兵”。

含义二是，六十四卦之一。由八卦之离重叠而成。卦形为三。《易·离》:“利贞。亨，畜，牝牛。吉。”《象》曰：“离，丽也。日月丽乎天，百谷草木丽乎土。重明以丽乎正，乃化成天下，柔丽乎中正，故‘亨’，是以‘畜，牝牛吉’也。”《易·序卦》:“陷必有所丽，故受之以《离》。《离》者，丽也。”人遇坎坷，遭险难，必附丽他人以为援，所以《坎》卦之后为《离》卦。

兑的含义是什么

含义一是，八卦之一。阴卦。《易传》以兑代表喜悦，象征沼泽，象征少女。《易·说卦》:“兑，说也。”“兑为泽，为少女，为巫，为口舌”。

含义二是，六十四卦之一。由八卦之兑重叠而成，卦形为三。《易·兑》:“亨，利贞。”《象》曰：“丽泽，兑，君子以朋友讲习。”《易·序卦》:“人而后说之，故受之以《兑》。《兑》者，说也。”旅客人于一处，所得栖宿，则喜悦之，故《巽》卦之后继之以《兑》卦。

十二月卦是什么意思

又称月卦，即以十二辟卦代表一年的十二个月，其顺序如下：《复》卦，十一月中，冬；《临》卦，十二月中，冬；《泰》卦，正月中，春；《大壮》卦，二月中，春；《夬》卦，三月中，春；《乾》卦，四月中，夏；《姤》卦，五月中，夏；《遯》卦，六月中，夏；《否》卦，七月中，秋；《观》卦，八月中，秋；《剥》卦，九月中，秋；《坤》卦，十月中，冬。此十二卦代表一年节气中的中气。

十二卦共七十二爻，代表七十二候。所以选此十二卦代表十二月，因为其中刚柔二爻的变化，体现了阴阳二气的消长过程。前六卦，从复到乾，表示阳爻逐渐增加，以下往上增长。

复卦一阳生，临卦二阳生，泰卦三阳生，大壮卦四阳生，夬为五阳生，乾为六阳生，表示阳气极盛，此为阳息的过程，也为阴消的过程；后六卦，由媚而坤，表示阴爻逐渐增加，阴气逐渐增长，姤卦一阴生，避卦二阴生，否卦为三阴生，观卦为四阴生，剥卦为五阴生，坤卦为六阴生，表示阴气极盛，此即为阴息，亦为阴消的过程。

这十二辟卦又象征二十四节气和七十二候的变化，因而又被称为十二消息卦。复卦初九爻表示阳气始动，为十一月冬至次候；到乾卦六爻皆阳，表示阳气盛极，为四月不满次候；姤卦初六爻表示阴气始动，为五月夏至次候；到坤卦六爻皆阴，表示阴气极盛，为十月小雪次候。有《十二消息图》表示。

《文王后天八卦方位图》有何含义

文王后天八卦方位图是北宋邵雍后天易学的图式之一。《说卦传》第五章："万物出乎震，震，东方也。齐乎巽，巽，东南也，齐也者，合万物之结齐也。离也者，明也，万物皆相见，南方之卦也"。"坤也者，地也"。"兑，正秋也"。"乾，西北之卦也。坎者，水也，正北方之卦也"。"艮，东北之卦也"。

因此，方位图起震终艮，离南坎北，震东兑西，坤西南，乾西北，巽东南艮东北，以坎离兑震为四正卦，以乾坤巽艮为四维卦，实际上是汉易中的八卦卦气图。

文王姬昌

《伏羲八卦方位图》有何含义

《伏羲八卦方位图》又叫《小圆图》。是北宋邵雍所提出的《先天图》之一。见于朱熹《周易本义》。

此图所含内容是：乾坤始交为震，震为阳生，表示阴消而阳生。巽为阴生，表示阳消而阴生。兑为二阳生，表示阳长，艮为二阴，表示阴长。左半圈表示天始生万物，有交泰之义，所以震兑两卦象，皆阴爻在上，阳爻在下。

右半圈表示地成万物，所以巽艮两卦象，皆阴爻在下，意味着阳尊而阴卑。乾上坤下，离左坎右，即乾南坤北，离东坎西。乾为天，左半圈自下而上，表示阳气生长，辟户而施万物；坤为地，右半圈由上而下，表示阴气增长，阖户而收藏万物。离为日，日起于东方；坎为月，月生于西方。天地捭阖，形成四时运行，日月出入形成昼夜长短与晦朔玄望。

将八卦方位与四时变化相联系，主要是以此说明天时与节气变化的规律性，即其理论意义在于说明一年四季变化是阴阳二气互为消长的过程。

数有什么含义

数是卜筮常用语，筮数、数理。《周易》的数把自然之数和天、地、人时空体系结合在一起考察和研究，形成了独特的易经数理哲学。大衍之数为五十，是用来演绎起卦的蓍草数目。

先取一根在旁不用表示太极。任取左右两份象征两仪。取一策悬左手小指间象征天地人三才，每束四策地揲算以象征四季，把右边揲算剩下的策夹在左手无名指间象征闰月，五年出现两个闰月，所以再把左边算剩的夹在左手无名指间，而后别起一卦反复揲算。

天的数字象征有一三五七九，五个奇数，地的象征有二四六八十，五个偶数。天数之和二十五，地数之和三十，天地之数为五十五。故又有人以五十五为大衍之数。

象有什么含义

象是卜筮用语，有现象、意象、法象、象征等含义。《系辞上传》:“圣人有以见天下之赜，而拟诸其形容，象其物宜，是故谓之象。”

《系辞下传》:“八卦成列，象在其中矣；因而重之，爻在其中矣；刚柔相推，变在其中矣；系辞焉而命之，动在其中矣；吉凶悔吝者，生乎动者也。”

这就是说，易的产生是从对宇宙间万事万物形象的观察提炼人手，而通过抽象性的卦爻象，概括为宇宙图式，以表达万物运动变化的规律，而卦爻辞正是根据爻象来写的。

“设卦观象”“进退之象”等则是指人通过自然社会现象而进行的由此及彼的意会、想象等思维活动，称意象；通过现象、意象而进行的取象比类抽象思维活动，即法象。

几者之间的关系可理解为：通过观察各种现象，用形象思维的方式概括出用以分析事物的一个类概念，它借卦爻符号系统和文字系统进行取象比类的思维。每一卦象一经产生，即不再是具体物象，而是用以象征各种思维，是进行抽象思维的象征。

贞的含义是什么

贞的含义一是占问之意，即以筮卦形式占问吉凶。利贞即利于占卜。《周易·乾文言》："贞者事之干也""贞固足以干事。"《周易口诀义》："贞者正也，于时配冬，冬以物之终，纳干正之道。"《周易古经今注》："贞皆贞卜之贞。"

含义二是，指内卦或下卦。《尚书·洪范》："七稽疑，择建立卜筮人，乃命卜筮，曰雨、曰霁、曰蒙、曰驿、曰克、曰贞、曰悔、凡七。卜五，占用二。《孔安国传》："内卦曰贞。"《左传·僖公十五年》："蛊之贞风，其悔，山也。"按《蛊》卦上艮下巽，巽为风，故知贞为下卦。

含义三是，指本卦。《国语·晋语》："公子亲筮之，曰：'尚得晋国！'得贞屯、悔豫，皆八也。"得贞屯悔豫，犹云调屯之豫，本卦为屯，贞即本卦。

亨的含义是什么

亨是通达顺畅的意思，卜筮常用术语。《周易·乾文言》："亨者，嘉之会也。"唐史徵《周易口诀义》："亨，通也，于时配夏，夏以通畅合其嘉美之道。"近人高亨《周易古经今注》："亨皆享祀之享。"

《易经》中共出现三十余处，如"小过，亨""既济，亨""旅，小亨"等。个别地方爻辞中亨字用作享，是通假，并非占语。元亨，大为通达之意。

利的含义是什么

利的含义是利益，卜筮常用术语。《周易·乾文言》："利者义之和也。"《正义》："利，和也。"《周易口诀义》："利者义也，于时配秋，秋以成实得其利物之宜。"《周易古经今注》："利皆利益之利。"

《易经》中出现四十多处，如"否，之匪人，不利君子""豫，利建侯行师""贲，亨，小利有攸往"。

吉的含义是什么

吉祥，福祉，卜筮常用语。《说文》:“吉，善也。”《广雅·释诂》:“吉，善也。”事有善果为吉，故吉训善。善果者，福祥也，故吉可称吉祥。

《周易》中吉字共有七十五处，其用法有吉、中吉、终吉、贞吉、大吉、吉、引吉等。

悔的含义是什么

含义一是，悔恨，《周易》中常用占休咎之语《广雅·释诂》:“悔，恨也。”悔恨之情较悲痛为轻，悔恨之事不如咎、凶之重。《系辞上传》:“悔吝者，忧虞之象也。”“悔吝者，言乎其小也”。

《周易》中悔字的用处有悔、有悔、悔有悔、无悔、悔亡等。

含义二是，指外卦或上卦。孔安国《尚书·洪范传》:“外卦曰悔。”《左传·僖公十五年》:“蛊之贞，风也。其悔，山也。”按《蛊》卦上艮下巽，艮，为山，故知悔为上卦。

含义三是，指之卦或变卦。《国语·晋语》:“公子亲筮之，得贞屯，悔豫，皆八也。”按得贞屯悔豫，犹云遇屯之豫，之卦为悔。

什么是《奇门遁甲》

《奇门遁甲》是中华民族的经典著作，也是奇门、六壬、太乙三大秘宝中的第一大秘术，是易经最高层次的预测学，号称帝王之学，又为夺天地造化之学，也是论天体、人和地球运动规律的科学巨著，而地球的磁场就隐藏在奇门遁甲之中，进而使其揭示宇宙间事物发展变化的自然规律也最为深奥，最为精确实用。

奇门遁甲的含义是由奇、门、遁甲三个概念组成。奇就是乙、太极八卦图丙、丁三奇；门就是休、生、伤、杜、景、死、惊、开八门；遁即隐藏，甲指六甲，即甲子、甲戌、甲申、甲午、甲辰、甲寅，甲是在十干中最为尊贵，它藏而不现，隐遁于六仪之下。

六仪就是戊、己、庚、辛、壬、癸。隐遁原则是甲子同六戊，甲戌同六己，甲申同六庚，甲午同六辛，甲辰同六壬，甲寅同六癸。另外还配合蓬、任、冲、辅、英、芮、柱、心、禽九星。

奇门遁甲的占测主要分为天门地三盘，象征三才。天盘的九宫有九星，中盘的八宫布八门，地盘的八宫代表八个方位，静止不动，同时天盘地盘上，每宫都分配着特定的奇仪。这样，根据具体时日，以六仪、三奇、八门，九星排局，以占测事物关系、性状、动向，选择吉时吉方。

因为奇门遁甲是一种时空交替的磁场表现，以前封建时代皇室用以来遣兵调将出奇制胜。现在我们则用以推算出某个时间的吉方。当然，奇门遁甲产生于自然，因此，其理论功能不可能超出自然。人们如果想借用奇门达到自我欲望中超自然的目的，是不可能实现的。而作为对自然的认识工具，存在一定的价值。

另外，奇门遁甲用时盘来占卜推算事情更是出神入化，快速又准确。如果研究的人能够掌握其中奥秘，使用起来那是神奇非凡。当然，除了以上叙述之外奇门遁甲还有很多其它用途，全看使用者巧妙不同。但这其中也带有一定的迷信成分。

什么是九宫

九宫属于中国传统文化范畴。九宫包括乾宫、坎宫、艮宫、震宫、中宫、巽宫、离宫、坤宫、兑宫。其中，乾、坎、艮、震属四阳宫，巽、离、坤、兑属四阴宫，加上中宫共为九宫。

九宫在奇门遁甲中代表地，大地为奇门遁甲之基，是不动的，奇门遁甲分为天、地、人、神四盘,四盘之中唯有地盘是不动,为坐山。汉代徐岳《术数记遗》:“九宫算，五行参数，犹如循环。”北周甄鸾注曰：“九宫者，即二四为肩，六八为足，左三右七，戴九履一,五居中央。”

九宫之法用之多端。汉代时有九宫占、九宫术、九宫算、九宫八风、太　下行九宫、太一坛等，是于占、术、算、医、纬、建等方面的应用。

什么是五色

五色即五种颜色：青、白、赤、黑、黄。

五行学说术语。指青、赤、黄、白、黑五种颜色，按照五行学说，青属木属肝，赤属火属心，黄属土属脾，白属金属肺，黑属水属肾。但以此来诊断疾病时，必须结合实际，与病史和脉证合参，不能机械地硬套。

青、赤、黄、白、黑五种病色所主的病症，以五色配五脏。青主肝病，赤主心病，黄主脾病，白主肺病，黑主肾病。但必须结合病理实际，不宜机械套用。参见五色命脏条以五色辨疾病性质。青主风、主惊、主寒、主痛；赤主热；黄主湿；白主血虚、主寒；黑主痛、主血瘀、主劳伤。

四柱的含义是什么

四柱即人的出生年、月、日、时之干支组合，共八个字，俗称八字。四柱是我们的祖先两千多年前就开始了的，被现在医学称为人体遗传基因的研究，只不过其研究方法不同罢了。

我们的祖先当时由于受科技条件的限制，用宏观的方法，通过仰观天象，俯察地理，发现人与自然界协调发展的密不可分的生存关系，总结出了人生老病死的一些基本自然规律。

那时候也没有人体遗传基因这个词，我们的祖先称之为“人的命运”。易医同源，《黄帝内经》一书，就是全面论述人体生老病死规律以及人体养生、疾病预测、疾病防治的百科全书。

周易的太极八卦原理，以及以历几个朝代总结完善至北宋初年徐子平著的《四柱命理学》一书，则是一部更加全方位预测人体生命节律的著作。它不仅能预测一个人的生老病死规律，还能预测人的智商、能力的高低、人的品质、性格特点、行为方式，并能预测人的荣禄兴衰、贫富贵贱、婚姻家庭状况以及与本人有血缘关系的人的基本情况。

四柱中储存着人的一生命运的信息，因此根据四柱干支组合情况来分析它与自然界的信息的生、克、刑、冲等等错综复杂的关系，便可推断出人在某个时期的吉凶祸福，从而预测其一生的命运。四柱预测能提供人的命运的先天信息。

怎样正确理解周易

易经是万经之首，自古以来被称为经典中的经典，哲学中的哲学，科学中的科学，用来揭示事物内在的发展规律。

易经的三大原则，即简易，万事万物都是非常简单的；变易，万事万物都是随时变化的；不易，万事万物的变化有一定的规律可循，世上只有一件事物是不变的，那就是能变出万物的那个东西，或称为上帝，或称为耶稣，或称为阿拉，或称为如来，或称为玉皇大帝，或称为本体，或称为太极。

第一个原则是全息对应论。万事万物都是相互对应的，没有单独存在的道理，一件事情的发生，往往预示着另一件事情也会发生，事情变化往往是内部先变，然后才导致外部变化，如果要改变一个人，必须先要改变他的思想，透过一个思想的变化可以改变一个人的一生。

第二个原则是五行生克制化论：万事万物都可以归类到五类元素：既：金、木、水、火、土，一物生一物，一物克一物，没有最强者，也没有最弱者。身体进补要在冬至与小寒之间，每一份私下的努力都会有倍增的回报。

第三个原则是阴阳论：万事万物都分阴阳，阳中有阴，阴中有阳，纯阳纯阴的事物是不存在的，阳久必阴，阴久必阳，阴阳是互相转化的，万事不能做得太绝，太绝对了容易出问题，要穷寇莫追，要网开一面。做人做事要走曲线，不能太直了。

第四个原则是时空论：万事万物的旺衰都随着时间空间的变化而变化，时间或空间变了，事物的旺衰也会随着变化，做事情不可冒进，也不可畏缩不前，不仅要逢时，还要逢位。

第五个原则是因果报应论：今世的果由前世做的因来决定，今世做的因决定了来生得到的果。善有善报，恶有恶报，不是不报，是时候未到。

第十一部分 养生保健

我国的传统养生学有着悠久的历史，早在春秋战国时期的中医学经典著作《黄帝内经》中就全面地总结了先秦时期的养生经验，明确地指出“圣人不治已病治未病，不治已乱治未乱。夫病已成而后药之，乱已成而后治之，譬犹渴而穿井，斗而铸锥，不亦晚乎！”的养生观点，为我国传统预防医学和养生学的发展奠定了基础。

数千年来，历代的中医药学家和养生学家不断地积累和总结流传于民间的养生保健经验，并著有大量的养生学专著，促进了我国传统养生学的发展。

我国的传统养生学说很多，主要有精神、动形、固精、调气、食养、药饵等。各养生学说自有体系，各有所长，又兼收并蓄，形成了我国独具特色的养生保健方法。

什么是谷气和食气

谷气、食气又称水谷精微，泛指各种饮食所提供的精微物质，是饮食营养的主要来源。

关于饮食在人体内的代谢过程，《素问·经脉别论》有比较详尽的阐述："食气入胃，散精于肝，淫气于筋。食气入胃，浊气归心，淫精于脉。脉气流经，经气归于肺，肺朝百脉，输精于皮毛。毛脉合精，行气于府。府精神明，留于四藏，气归于权衡。"

指出了食物的消化、吸收、输布过程，即食物经过胃的受纳腐熟之后，转化为水谷精微，通过脾的"散精"作用，将水谷精微输布于五脏六腑、筋经皮毛，对各脏腑组织进行滋润濡养。

其中，"饮入于胃，游溢精气，上输于脾。脾气散精，上归于肺，通调水道，下输膀胱；水精四布，五经并行，合于四时五藏阴阳，揆度以为常也"。

指出了水饮在人体的输布代谢过程，即水饮进入胃腑，通过脾的散精作用，将水饮精微上输于肺，通过肺朝百脉的作用，宣发水液以濡润周身，肃降水液以下输膀胱，如此水饮精微布达一身上下内外，全面地对人体进行滋养。

怎样理解脾主运化

脾主运化。运，即转运输送；化，即消化吸收。脾主运化的生理功能包括运化水谷精微和运化水液两个方面。

运化水谷精微，即是指对饮食物的消化和吸收，并转输其精微物质的作用。中医认为，饮食物经脾、胃消化吸收后，须赖于脾的运化功能，才能将水谷转化为精微物质，并依赖于脾的转输和散精功能，才能将水谷精微布散于全身，从而使五脏六腑、四肢百骸等各个组织、器官得到充足的营养，以维持正常的生理功能。

脾的运化水谷精微功能旺盛，则饮食水谷方能化为精微，生成精、气、血、津液，以充养人体，进行正常生理活动。反之，若脾失健运，则出现食欲不振、腹胀、消化不良，以至倦怠，消瘦等气血生化不足的病变。

脾的运化水液，是指脾对水液的吸收、转输和布散作用。脾的这一功能正常，能防止水液在体内停滞，也就防止湿、痰、饮等病理产物的生成。反之，就会导致水液在体内的停滞，而产生湿、痰、饮等致病因素而发生多种疾病如水肿、泄泻等。

脾主升清。升即上升之意。清是指水谷精微等营养物质。脾主升清概括了脾的生理功能特点，体现在以下两方面：

一是将水谷精微物质上输于心、肺，通过心肺的作用化生气血，以营养全身。

二是主升提，以维持机体内脏的正常位置。所以若脾失升清，则水谷精微上升布散失职，则可出现神疲乏力，头目眩晕，腹胀腹泻等症，故《素问·阴阳应象大论》说："清气在下，则生飧泄。"脾气下陷，则可引发内脏下垂，如胃下垂、子宫脱垂等或久泄脱肛等病症。

脾主统血，是指脾能统摄、控制血液，使之正常地循行于脉内，而不溢出于脉外。如脾气虚弱失去统血的功能，则血不循经而溢于脉外，可出现某种出血证，如便血、皮下出血、子宫出血等，并伴有一些脾气虚的症状。

脾开窍于口，其华在唇。饮食口味及食欲的正常与否与脾的运化功能有密切关系。脾气健运，则口味和食欲正常。反之，若脾失健运，则可出现食欲的减退或口味的异常，如口淡无味、口甜、口腻等。口唇的色泽与全身的气血是否充盈有关，而脾胃为气血生化之源，所以口唇的色泽是否红润，实际是脾运化功能状态的外在体现。

脾在体合肌肉，主四肢。人体有赖于脾所运化的水谷精微的营养，才能使肌肉丰满发达，四肢活动有力。因此脾的运化功能健全与否，往往直接关系到肌肉的壮实与瘦削以及四肢功能活动正常与否。若脾虚不健，肌肉失其营养则逐渐消瘦或痿软松弛，四肢则痿废不用。

何为气血精津液学说

气血精津液学说是关于人体生命物质的产生、分布、形态、运行及其机能等的中医生理学说。这一学说发端于春秋，形成于战国。集中地体现在《内经》一书中。

《内经》把人体内的一切精微物质统称为气。进而又把气区分为性质各异的六种。分别称之为精、津、液、血、脉。据《内经》有关内容可知：狭义的精是指主殖之精，即肾精。《内经》认为肾精是由五脏六腑之精气汇集而成，当人发育到一定的阶段，肾精满溢，两性交合，便可妊育新生命，故精是生成新的生命体的基始物质，所谓“人始生，先成精。”

狭义的气是指由上焦宣发出来，呈雾露状的、对人体有充养作用的水谷精微物质。《内经》认为，气在人体中无休止的运行着。《灵枢·脉度》所云：“气之不得无行也，如水之流。其流溢之气，内溉脏腑，外濡腠理。”气的流行不已，才能对身体各组织器官发挥滋润濡养作用。

《内经》确立了气、血、精、津、液学说的基本理论，一直为后世医家所遵循。

饮食进入人体，经过胃纳脾运的消化吸收后，转变成水谷精微，水谷精微进一步化生为气、血、精、津、液等营养物质，对人体进行滋养，使生命活动得以延续，所以气、血、精、津、液是发挥营养作用的基本物质。

气、血、精、津、液都是人体的精微物质，它们各自的功能不同，但并没有特别明显的界线。它们相互之间是可以转化的，气可以变血、变精、变津，血可以化气、变精、生津。精、津也可以转化成气、血。而且在气、血、精、津的生成和相互转化的过程中，人体的各个脏腑都发挥了各自的作用。

怎样理解中医学所讲的气

气是构成人体和维持人体生命活动的最基本物质，气的营养作用，主要指气为人体脏腑功能活动提供营养物质的作用，“上焦开发，宣五谷味，熏肤、充身、泽毛，若雾露之溉，是谓气”，气具有温养肌肉、筋骨、皮肤、腠理的作用，营气更是富含营养精微的水谷精气。

如果把身体比作一辆汽车，脏腑、筋骨、四肢、皮毛等就像发动机、传动杆、车轮、底盘等各种零件，经络就像各种电线、输油管道等，把各个零件串联在一起，组成了一个有机整体。

但是，如果没有电，没有汽油、机油，没有冷却液，这辆汽车再漂亮也跑不起来。电油水这些细微的东西，才是汽车各种功能正常发挥的能量，是汽车动力的根本来源。那么人体生命的电油和水是什么呢？就是中医学所说的气血精津液。

古代哲学认为，自然界万物都是由一种最基本的微细物质构成的，也就是气。人的形体也是由气构成的。

中医学所讲的气，广义上指一切构成人体的物质。这和哲学上讲的气有点接近。但最常见的还是狭义上的气。它是指人体内一种不断运动着的具有很强活力的精微物质。可以说，人体绝大部分生命活动都是通过它的参与和推动实现的。

人体内的气，无处不在。它好像一支军队，保护着整个国家。但军队内部也有分工不同，行军布阵更要有章法，所以气在人体中也不是作用同一和平均分布，而是有分工、有层次、分重点的工作。

如：驻守在体表的，称为卫气，有抵御外来病邪的作用，是边防部队；驻守在血脉之内的，称为营气，作用是推动血液运行，是押运粮草的后勤部队；驻守在经络的，称为经气，有沟通脏腑联系途径的作用，是通信部队；驻守在脏腑的，称为脏腑之气，如心气、肝气、脾气等，负责维持各脏腑功能的正常运作，是重点城市的守城部队等。各处驻军是一个整体，互相支持，有机配合，共同维持生命活动。

一是先天之精气。这种精气先身而生，是生命的基本物质，禀受于父母，故称之为先天之精。先天之精是构成生命和形体的物质基础，精化为气，先天之精化为后天之气，形成有生命的机体，所以先天之气是人体之气的重要组成部分。

二是后天之精气。后天之精包括饮食物中的营养物质和存在于自然界的清气。因为这类精气是出生之后，从后天获得的，故称后天之精。气由精化，后天之精化而为后天之气。

三是呼吸之清气。通过人体本能的呼吸运动所吸入的自然界的新鲜空气，又称清气、天气、呼吸之气。人体呼吸运动，使体内的气体在肺内不断交换，实行吐故纳新，参与人体气的生成。故曰："天食人以五气，五气人鼻，由喉而藏于心肺，以达五脏"。

不同地方驻守的气，其主要任务各不相同，但综合起来看则可归纳成几个方面：

一是推动作用。就是说气可以促进人体生长发育，激发各脏腑组织器官的功能活动，推动血液、津液的生成和运行。气虚而推动不力，就可影响到人体的生长发育，或使脏腑、经络等器官的生理活动减弱，血液或津液生成不足、运行迟缓等。

二是温煦作用。中医学认为，气的运动是人体热量的来源，维持并调节着人体的正常体温，保证人体各脏腑及经络的生理活动正常进行，并使血液和津液始终流动着而不致凝滞、停聚。如果温煦作用减弱，可出现体温偏低、畏寒、四肢不暖，当然过强又会造成体温升高、发生各种热病。

三是防御作用。气具有抵御邪气的作用。一方面，气可以护卫肌表防止外邪入侵；另一方面，气又可以与入侵的邪气作斗争，驱邪外出，使病体康复。就像古代战场打仗一样，需要配备盔甲和武器，而人体的气就同时具备了武器和盔甲两方面的功能。有了它，人在与病邪的战争中就有了胜算。气一亏虚，防御作用减弱，则抵抗力下降，易于感受外邪而发病，而在发病后正不敌邪，还可能使病情由轻转重。

四是固摄作用。就是说气可以保持脏腑器官位置的相对稳定；统摄血液防止溢出于脉外；控制和调节汗液、尿液、唾液、精液等体液的分泌和排泄，防止不正常的流失。如果气的固摄功能失常，气不摄血，可导致多种出血症；气不摄津，可导致多汗、多尿、口水多等症；气不摄精，可出现遗精。

五是气化的功能。气化作用即气自身的变化，也就是气的形成以及发挥作用的过程。如通过气化作用，饮食中的营养物质被吸收，转化成气、血、精、津、液等各种精微物质，气、血、精、津、液之间根据人体生命活动需要又互相转化，这些精微物质在各自发挥作用的过程中又消耗、转化或排泄。

怎样理解中医学所讲的血

血，即血液，是循行于脉中的富有营养的红色的液态物质，是构成人体和维持人体生命活动的基本物质之一。血主于心，藏于肝，统于脾，布于肺，根于肾，有规律地循行脉管之中，在脉内营运不息，充分发挥灌溉一身的生理效应。

脉是血液循行的管道，又称血府。在某些因素的作用下，血液不能在脉内循行而溢出脉外时，称为出血，即“离经之血”。由于离经之血离开了脉道，失去了其发挥作用的条件，所以，就丧失了血的生理功能。

血同样来源于水谷精微，由中焦脾胃运化而来。“中焦受气取汁，变化而赤，是为血”。《难经》概括血的功能为“血主濡之”，即血在脉的“壅遏营气”作用下，循行于脉道之中。

通过经络系统，将营养物质输送到全身各脏腑组织，使“目得之而能视，耳得之而能听，手得之而能摄，掌得之而能握，足得之而能步，脏得之而能液，腑得之而能气。是以出入升降，濡润宣通者，由此使然。”所以血是人体营养不可缺少的物质，同时，血还是神志活动的物质基础。

水谷精微是化生血液的最基本的物质，故曰是谓血。有脾胃为“气血生化之源”的说法。饮食营养的优劣，脾胃运化功能的强弱，直接影响着血液的化生。因此，长期饮食营养摄入不足，或脾胃的运化功能长期失调，均可导致血液的生成不足而形成血虚的病理变化。

心主血脉，一则行血以输送营养物质，使全身各脏腑获得充足的营养，维持其正常的功能活动，从而也促进血液的生成。二则水谷精微通过脾的转输升清作用，上输于心肺，在肺吐故纳新之后，复注于心脉化赤而变成新鲜血液。

肺主一身之气，参与宗气之生成和运行。气能生血，气旺则生血功能亦强，气虚则生血功能亦弱。气虚不能生血，常可导致血液衰少。肺通过主一身之气的作用，使脏腑之功能旺盛，从而促进了血液的生成。

肺在血液生成中的作用，主要是通过肺朝百脉、主治节的作用而实现的。脾胃消化吸收的水谷精微，化生为营气和津液等营养物质，通过经脉而汇聚于肺，肺的呼吸，在肺内进行气体交换之后方化而为血。

脾为后天之本，气血生化之源。脾胃所化生的水谷精微是化生血液的最基本物质。若中焦脾胃虚弱，不能运化水谷精微，化源不足，往往导致血虚。可见，中医学已认识到血液与营养物质的关系，也已认识到脾是一个造血器官。

肝主疏泄而藏血。肝脏是一个贮血器官。因精血同源，肝血充足，故肾亦有所藏，精有所资，精充则血足。另外，肝脏也是一个造血器官。

肾藏精，精生髓。精髓也是化生血液的基本物质，故有血之源头在于肾之说。中医不仅认识到骨髓是造血器官，肾对血液的生成有调节作用，而且也认识到肾精是通过肝脏的作用而生成血液的。

血的作用有：一、血能营养滋润全身。血的营养作用是由其组成成分所决定的。血循行于脉内，是其发挥营养作用的前提。血沿脉管循行于全身，为全身各脏腑组织的功能活动提供营养。

血的濡养作用可以从面色、肌肉、皮肤、毛发等方面反映出来。血的濡养作用正常，则面色红润，肌肉丰满壮实，肌肤和毛发光滑等。当血的濡养作用减弱时，机体除脏腑功能低下外，还可见到面色不华或萎黄，肌肤干燥，肢体或肢端麻木，运动不灵活等临床表现；

二、血是神志活动的物质基础。血的这一作用是古人通过大量的临床观察而认识到的：无论何种原因形成的血虚或运行失常，均可以出现不同程度的神志方面的症状。心血虚、肝血虚，常有惊悸、失眠、多梦等神志不安的表现，失血甚者还可出现烦躁、恍惚、癫狂、昏迷等神志失常的状况。可见血液与神志活动有着密切关系，所以说“血者，神气也”。

怎样理解中医学所讲的精

精也是构成人体和维持人体生命活动的基本物质。精分为先天之精和后天之精，先天之精是与生俱来的生殖之精，后天之精是脾胃化生的水谷之精。

精是胚胎形成和发育的物质基础，人出生后，有赖于精的充养，才能维持人体生长发育。肾藏精，精生髓，脑为髓之海。肾又主骨，齿为骨之余。所以肾精充足，则脑髓充足，骨髓盈满，骨骼得到髓的滋养而强健有力，运动敏捷。牙齿得到髓的滋养，则坚固而有光泽。

精在中医学上，其义有：精泛指构成人体和维持生命活动的基本物质。精包括先天之精和后天之精。禀受于父母，充实于水谷之精，而归藏于肾者，谓之先天之精；由饮食物化生的精，称为水谷之精。水谷之精输布到五脏六腑等组织器官，便称为五脏六腑之精。

总之，在中医学的精气血津液学说中，精或称精气是一种有形的，多是液态的精微物质。其基本含义有广义和狭义之分。广义的精，泛指构成人体和维持生命活动的精微物质，包括精血津液在内。

精是构成人体和维持人体生命活动的精微物质，其生理功能主要体现在四方面：

一是繁衍生殖。生殖之精与生俱来，为生命起源的原始物质，具有生殖以繁衍后代的作用。精是繁衍后代的物质基础，肾精充足，则生殖能力强；肾精不足，就会影响生殖能力。故补肾填精是临床上治疗不育、不孕等生殖机能低下的重要方法。

二是生长发育。人之生始于精，由精而成形，精是胚胎形成和发育的物质基础。人出生之后，犹赖月精的充养，才能维持正常的生长发育。

三是生髓化血。肾藏精，精生髓，脑为髓海。故肾精充盛，则脑髓充足而肢体行动灵活，耳目聪敏。精盈髓充则脑自健，脑健则能生智慧，强意志，利耳目，轻身延年。故防治老年性痴呆多从补肾益髓入手；

四是濡润脏腑。人以水谷为本，受水谷之气以生。饮食经脾胃消化吸收，转化为精。水谷精微不断地输布到五脏六腑等全身各组织器官之中，起着滋养作用，维持人体的正常生理活动。其剩余部分则归藏于肾，储以备用。肾中所藏之精，既贮藏又输泄，如此生生不息。

中医学的津液是什么意思

津液是人体一切正常水液的总称。津液包括各脏腑组织的正常体液和正常的分泌物，胃液、肠液、唾液、关节液等。习惯上也包括代谢产物中的尿、汗、泪等。津液以水分为主体，含有大量营养物质，是构成人体和维持人体生命活动的基本物质。在体内，除血液之外，其它所有正常的水液均属于津液范畴。

津液广泛地存在于脏腑、形体、官窍等器官组织之内和组织之间，起着滋润濡养作用。同时，津能载气，全身之气以津液为载体而运行全身并发挥其生理作用。津液又是化生血液的物质基础之一，与血液的生成和运行也有密切关系。所以，津液不但是构成人体的基本物质，也是维持人体生命活动的基本物质。

津与液虽同属水液，但在性状、功能及其分布部位等方面又有一定的区别。一般的说，性质清稀，流动性大，主要布散于体表皮肤、肌肉和孔窍等部位，并渗入血脉，起滋润作用者，称为津；其性较为稠厚，流动性较小，灌注于骨节、脏腑、脑、髓等组织器官，起濡养作用者，称之为液。“津液各走其道，故三焦出气，以温肌肉，充皮肤，为其津；其流而不行者，为液”。

津液的生成、输布和排泄，是一个涉及多个脏腑一系列生理活动的复杂的生理过程。津液来源于饮食，通过脾、胃、小肠和大肠消化吸收饮食中的水分和营养而生成的。其具体过程是：脾胃腐熟运化胃为水谷之海，主受纳腐熟，赖游溢精气而吸收水谷中部分精微。

津液的生成是在脾的主导下，由胃、小肠、大肠的参与而共同完成的，但与其他脏腑也不无关系。总之，津液的生成取决于两方面的因素：一是充足的水饮类食物，这是生成津液的物质基础；二是脏腑功能正常，特别是脾胃、大小肠的功能正常。其中任何一方面因素的异常，均可导致津液生成不足，引起津液亏乏的病理变化。

津液的输布主要依靠脾、肺、肾、肝、心和三焦等脏腑生理功能的综合作用而完成的。脾气散精脾主运化水谷精微，通过其转输作用，一方面将津液上输于肺，由肺的宣发和肃降，使津液输布全身而灌溉脏腑、形体和诸窍。另一方面，又可直接将津液向四周布散至全身，即脾有“灌溉四旁”之功能。津液的输布与五脏皆有密切关系，但主要是由脾、肺、肾和三焦来完成的。脾将胃肠而来的津液上输于肺，肺通过宣发肃降功能，经三焦信道，使津液外达皮毛，内灌脏腑，输布全身。

津液的排泄与津液的输布一样，主要依赖于肺、脾、肾等脏腑的综合作用，其具体排泄途径为：汗、呼气肺气宣发，将津液输布到体表皮毛，被阳气蒸腾而形成汗液，由汗孔排出体外。

肺主呼吸，肺在呼气时也带走部分津液。尿液为津液代谢的最终产物，其形成虽与肺、脾、肾等脏腑密切相关，但尤以肾为最。肾之气化作用与膀胱的气化作用相配合,共同形成尿液并排出体外。肾在维持人体津液代谢平衡中起着关键作用，所以说：“水为至阴，其本在肾”。大肠排出的水谷糟粕所形成的粪便中亦带走一些津液。腹泻时，大便中含水多，带走大量津液，容易伤津。

总之，津液代谢的生理过程，需要多个脏腑的综合调节，其中尤以肺、脾、肾三脏为要，若三脏功能失调，则可影响津液的生成、输布和排泄等过程，破坏津液代谢的平衡，从而导致津液生成不足，或环流障碍，水液停滞，或津液大量丢失等病理改变。其中，尤以肾的功能最为关键。

津液生成不足或大量丢失而伤津化燥，甚则阴液亏虚，乃至脱液亡阴，其治宜滋液生津、滋补阴液、敛液救阴。津液停聚则为湿、为饮、为水、为痰，其治当以发汗、化湿、利湿、逐水、祛痰为法。

精、血、津、液四者在人之身，血为最多，精为最重，而津液之用为最大。

内而脏腑筋骨，外而皮肤毫毛，莫不赖津液以濡养。分布于体表的津液，能滋润皮肤，温养肌肉，使肌肉丰润，毛发光泽。体内的津液能滋养脏腑，维持各脏腑的正常功能。

脏腑之阴的正常与否，与津液的盛衰是分不开的。人体根据体内的生理状况和外界环境的变化，通过津液的自我调节使机体保持正常状态，以适应外界的变化。

气、血、津液、精等均是构成人体和维持人体生命活动的基本物质，均赖脾胃化生的水谷精微不断地补充，在脏腑组织的功能活动和神的主宰下，它们之间又相互渗透、相互促进、相互转化。在生理功能上，又存在着相互依存、相互制约和相互为用的密切关系。

何为中医营养学之四气

四气又称四性，即寒、热、温、凉四种不同的性质，其中寒与凉，热与温有其共性，只是程度上的不同，温次于热，凉次于寒。寒、热、温、凉四性，是与病性的寒、热相对而言的。

《素问・至真要大论》曰："寒者热之，热者寒之。"这是治疗用药之大法，同样也是选择食物时的重要依据。从常见食物来看，平性食物居多，温热性次之，寒凉性更次之。温热性质食物多有温经、助阳、活血、通络、散寒、补虚等作用，适合寒症等选用，如生姜、韭菜、辣椒、羊肉、狗肉、鸡肉、龙眼、橘子；寒凉性质食物多有滋阴、清热、泻火、凉血、解毒作用，适合热症等选用，如西瓜、白菜、冬瓜、萝卜、苦瓜、丝瓜、梨、绿豆等。

何为中医营养学之五味

五味指酸、苦、甘、辛、咸五种不同的味道。中医认为五味入于胃，分走五脏，以对五脏进行滋养，使其功能正常发挥，不同的食物对脏腑的选择性迥异。

中医标出腑脏的铜像

《灵枢・五味》说："五味各走其所喜，谷味酸，先走肝。谷味苦，先走心。谷味甘，先走脾。谷味辛，先走肺。谷味咸，先走肾。"这种五味的划分，不仅适用于五谷，同样也适用于五果、五畜、五菜、五色等，这是中医饮食营养的理论基础。

中医的五味学说还包含五味与五脏的密切关系。如《素问·宣明五气篇》说："五味所入，酸入肝，辛入肺，苦入心，咸入肾，甘入脾。"《灵枢·五味论》说："五味入于口也，各有所走，各有所病。肝病禁辛，心病禁咸，脾病禁酸，肾病禁甘，肺病禁苦。"

中医理论认为，肺主气，心主血脉，肝主筋，脾主肉，肾主骨，饮食五味用之适宜，对人体则有益，若因过分偏嗜则可发生疾病。或在五脏有病之时，也应适当调整饮食五味。

中医理论的饮食物五味，直接关系到人体的健康长寿。饮食物的五味宜忌，不仅要与食物的四气、归经相结合，还要考虑到季节变化、病情性质和身体素质，成为一种综合性的五味宜忌理论。

中医理论的食物五味理论，是指导传统饮食宜忌的重要依据。五味调和，脏腑得益，人体健康；五味偏嗜，或不遵宜忌，将导致五脏失调，形成疾病。

食物中五味的不同，与药物一样具有不同的作用，因此，从五味的角度，又是考察食物功效的一个重要方面。如《素问·至真要大论》中指出的："辛甘发散为阳，酸苦涌泄为阴，咸味涌泄为阴，淡味渗泄为阳。"

这将不同功效的五味，按阴、阳不同属性归纳为两大类，即辛甘淡味属阳；酸苦咸味属阴。在《素问·藏气法时论》说："辛酸甘苦咸，各有所利，或散、或收、或缓、或急、或坚，四时五藏，病随五味所宜也。"这里进一步明确阐述了由于五味的不同，才有了或散、或收、或缓等功效上的差别。

怎样解读阴平阳秘营养观

《素问·生气通天论》曰："阴平阳秘，精神乃至；阴阳离决，精气乃绝。"阴平阳秘意为阴气平和，阳气固密，阴阳平和协调，保持相对平衡，则身体健康，精神愉快。这就是中医学用阴阳学说对人体正常生理状态的概括，是人体健康态的表征。

中医学认为，人体组织结构的上下、内外、表里、前后各部分之间，以及内脏之间，无不包含着阴阳的对立统一。人体的生理功能也是阴阳两个方面的保持着对立的协调关系的结果，如果某种原因导致阴阳偏胜或偏衰，机体就表现出病理过程。由于疾病的发生发展的内在原因是阴阳失调，所以任何疾病，尽管它的临床表现错综复杂，千变万化，但都可以用阴阳来加以概括，治疗疾病的根本原则也是调整阴阳，使阴阳恢复相对的平衡。

中医常根据天人合一的整体营养观运用食物来达到补虚、泻实，调整阴阳的目的。自古以来，养生益寿、防治疾病的古代道、佛、儒、医各家学说，无不用人体内部与自然界的协调统一的理论来阐释人体的生、老、病、死规律。

同时也无不用天人相应的法则来制定各种体逸劳作，饮食起居措施，对须臾不可离的饮食内容，以及进食方式方法提倡既要注意全面膳食，同时又主张因时、因地、因人、因病之不同，饮食内容也应有所变化，做到“审因用膳”、“辩证用膳”。

分析历代食养与食疗著作不难看出，掌握阴阳变化规律，围绕调理阴阳进行食事活动，使机体保持“阴平阳秘”，乃是传统营养学理论核心所在。饮食养生的治疗和康复手段，也是在调理阴阳这一基本原则指导下确立的。

怎样理解药食同源营养观

《黄帝内经》上说：“五谷为养，五果为助。”实际上我们平常的膳食多数都有药的功效。比如都很熟悉的红糖姜汤可以解表散寒，治风寒感冒初起；薏米粥可以清热健脾，祛除面部黄褐斑；西瓜可以解暑止渴，被称为天然白虎汤；木耳可以解毒清热，清除体内粉尘垃圾。还有茴香可以温胃散寒，百合可以宣肺止咳等。在不同的时令，针对不同的体质体态，吃不同的食品，可以起到防病、祛病的作用。

所谓药食同源，大致包含有两个方面的意义。

一是食品本身可以属于药物的一部分。比如最早的中药书《神农本草》到清代的《本草纲目》，都把食品包含在药物书中，在中医书籍中，也有食疗和药膳方。

但是，食品和药品毕竟不同，食品虽有一定的治疗作用，但其治疗功能有限，往往只能起辅助作用。药品可以治病，但不能长期应用，而食品则可以经常食用。此外，药品总有不良反应，食品则与之不同。

另一方面，中药和食品都可以在中医理论中找到依据。食品也和中药一样，也有四气、五味的不同，也可以按照寒、热、温、凉的不同，辨证食用。人们都知道梨可以止咳。常有感冒咳嗽的患者，自己购梨食用，或者将梨和冰糖炖服，可以止咳化痰。

其实这个方法只对风热感冒有用；因受寒而引起的感冒，服了不会有效，有时反而会拖延感冒、咳嗽的时日。因此，要运用食疗、药膳，也要知道一些中医理论，知道一些中药的药性理论。药食同源，也同源于这个中医药理。

食物和药物同属于天然产品，性能相通，具有同一味质等特性。因此，中医单纯使用食物和药物，或食物和药物相结合来进行营养保健，或治疗康复的情况是极其普遍的。

食药同用，除基于两者同一来源的原因外，主要基于食物和药物的应用皆有同一理论指导，也就是药食同理。数千年来，医药同宗，食药同源，食药同理，食药同用已成为中医饮食营养学的一大特点。

在众多的本草、方剂典籍中不难发现食药同用的例证，如乌鸡、羊肉、驴皮、鸟卵、葱、姜、枣等为补益阴阳气血之用，或调补胃气之用，以达到防治疾病之功效。而大量古代食谱、菜谱、茶谱中又不难发现其中的不少药物，如枸杞、怀山药、黄芪、丁香、豆蔻、桂皮之类，从而提高食品保健强身和防治疾病的功效。

什么叫作因人施膳

因人施膳：由于人的性别、年龄、体质、生活习惯的不同，在组方施膳上应有区别。

古代饮食养胎法：我国南北朝时期医家徐之才曾著有《逐月养胎法》，即按孕妇的不同阶段调剂孕妇的饮食。如，孕初期强调应食“酸美”之物，以清淡为主；妊娠中后期，给予滋味美食，强调补肾精养血的原则。

青少年青春发育期食养以调养肾气为要：在这一时期是性发育日渐成熟阶段，调养原则强调补肾填精，充养天癸。适当食用鱼虾、瘦肉、禽肉、禽蛋、牛奶等。

中年人的饮食原则主张合理少食、适当多动：人至中年，往往容易发胖，应适当减少碳水化合物和脂肪的摄入量；限制能量密度高、营养成分含量低的食物，如蔗糖、肥肉、曲酒等；适当多摄入那些能量密度低、营养成分含量高的食物，如蔬菜、瓜果等。

老年人的饮食应多样、营养丰富、偏于清补：老年人的饮食宜多样化，适当多补充钙质，根据其生理特点，遵循“三多三少”的“清补”原则，即蛋白质多、维生素多、纤维多，脂肪少、糖类少、盐少。

不同体质的人饮食应有所选择。中医的食养是从阴阳平衡作为出发点的。因此，体质不同，应适当注意饮食的选择。

例如，体形肥胖的人，应少吃肥甘油腻之品；形瘦火旺之人，应少吃辛辣之品；荔枝味甘、性温，有美容作用，可使皮肤白皙、面色红润，但如果吃多了，容易上“火”。炒花生、葵花子、红枣干，吃多了也易上“火”，口唇起泡，咽痛等。体壮火旺之人，不可食大热大补之品；脾胃虚寒之人，应忌食生冷粘腻之品等。

什么叫作因时施膳

自然界四季变化的特点是春生、夏长、秋收、冬藏。根据中医的理论，四时养生的基本法则是“春夏养阳，秋冬养阴”。因此，四时饮食调养也应遵循这一原则。

春天饮食原则是减酸宜甘、选用辛温之品。饮食宜清淡可口，忌酸涩和油腻生冷之物，适当多摄入黄、绿色菜蔬。

夏天饮食多具有酸味、辛香之品，少寒凉、节冷饮。选用清淡爽口，少油腻易消化的食物。“夏令进补”要温阳调阴。

秋天的饮食原则是少辛增酸、防燥护阴。例如，少食葱、姜、蒜、韭、椒等辛味之品，多一点酸味果蔬。适当多食芝麻、核桃、蜂蜜、糯米、乳品等。

冬天的饮食原则是减咸增苦、保阴潜阳。适当摄入龟、鳖、藕、胡麻、木耳等。冬令进补要以养阴护阳为主。

什么叫作因地施膳

同一种食物，如果生长在不同的地区，就会对人体产生不同的食用价值。

例如，湖南、四川食用一定量的辣椒对身体有一定的保健作用。因为这些地区潮湿多阴雨，当地人多吃一些辛辣食物，使腠理开泄以排除潮流、驱除湿气，这样，机体就可适应气压低、湿度大的自然环境。如果生活在北方干燥地区的人，过食辣椒就会给身体带来损害。

什么叫作因病施膳

中医有食药同源、医食同宗的理论，食物也同药物一样，有一定的偏性。由于饮食失调引起的疾病越来越严重地危害着人类的健康，这些病在国外被称为“生活习惯病”。

所以欧美国家很多学者就大声疾呼：“不要用自己的牙齿为自己挖掘坟墓”，现在人们已经认识到食源性疾病的危险性。换个角度看，利用食物不同的属性，科学合理配膳，调节阴阳平衡，就可有效的防治某些疾病。

中医自古以来就非常重视食养、食疗的作用。《养老寿亲书》指出：“善治病者，不如善慎疾；善治药者，不如善治食。”由此可见，食疗的实用价值。

对一些慢性病更应重视食疗作用，俗话说：“三分在药，七分在养”。其中的养就包括食疗和滋补。例如，糖尿病的食疗方法要根据上消症、中消症、下消症的特点来确定饮食原则。

据调查发现，三分之一的癌症与不科学的饮食习惯有关。易引起癌症的不良饮食习惯，如过食烧烤类食物、被污染类的食物、油炸类食物及高脂肪类食物等。

治疗癌症的食疗原则，一般有如下几点：选用扶正祛邪，增强免疫功能的食物；选用具有软坚化痰作用的食物；选用具有活血化瘀作用的食物；选用具有清热利湿、解毒作用的食物等。

怎样理解中医素食养生

《黄帝内经》说：“五谷为养，五果为助，五畜为益，五菜为充。”中医历来主张食物要多样化和基本食素。

素食中含有人体所必需的糖、蛋白质、脂肪、矿物质和丰富的维生素，它们对推迟衰老，预防老年性疾病的发生，增进身体健康具有重要作用。蔬菜、水果为碱性食物。

人们通常摄入酸性食物较多，易引起体内酸碱平衡失调，有损健康。素食对人体健康十分有益，但多吃素食并不等于不吃荤食，合理的饮食调理应当做到“素为基础，荤素并用”，方能延年益寿。

从健康的角度来讲，素食在养生方面实在益处多多。

第一、因植物食品中不含有对心血管构成威胁的有害物质，因此素食可减少血管疾病的发生。

第二、植物性饮食，包括：全壳类、豆类、蔬菜及水果，有保护人体，降低罹患癌症机会的作用。

第三、素食可减轻肾脏负荷，对肾功能不健全的肾脏病患者来讲，能起到让肾脏“休息”的作用。

第四、素食对预防骨质疏松症亦有好处。众所周知，维生素C有利于钙质的吸收。很多植物食品如“绿色蔬菜”西红柿和某些瓜果等含维生素C丰富。

第五、许多研究显示健康的素食能减少罹患心脏病、高血压、糖尿病和肥胖等慢性退化性疾病。

素食者最需要注意的是营养均衡。单纯素食因为无法得到只有从荤食中才能获得的维生素B12，会导致记忆力下降等不良后果。只有坚持荤素搭配的饮食原则才会让营养更全面，如果彻底选择素食，则应该定期进行身体营养检测，并服用一些必要的膳食补充营养品。

另外，营养学家们还提醒，素食者应该尽可能多吃未加工或未精加工过的谷类食品。对于想要加入素食者队伍的新人而言，转变过程要循序渐进，逐渐减少肉类，以防营养失调。

怎样理解平衡膳食

平衡膳食即均衡膳食，其基本原则是平衡、多样和适量。古人言：“饮食有节，身必无灾。”中医认为“食物是最好的药物”，平衡膳食是健康的基础。

中医把人每天吃的食物分成五大类，只要按类别选购食用，就能基本保证营养平衡。这五类食物是：谷类、薯类等主食；豆类和豆制品，牛奶或奶制品；鱼肉禽蛋等动物性食物；蔬菜、水果；油脂类。甜食、糖果、酒等没有列入，它们对膳食平衡作用不大，吃得越少越好。

如何维持平衡膳食，保证健康

一是营养素的平衡。主食和副食的平衡是十分重要的，一定要比例适当。所食动物性食物不应超过植物性食物。自古以来中华民族从生活实践中已认识到五谷杂粮是不可离的主食。可见主副食比例适当是保证营养平衡的前提。

二是食物杂与精的平衡。人体需要的营养是多方面的，从人类的进化历史看，必须有众多来源的食物才能满足营养的需要，由于微量元素等微营养素只能从外界摄取，体内不能自身合成或产生，因此杂食的重要性不言自明。

三是酸碱度平衡。瓜果、蔬菜是食物中的碱性食品，而富含蛋白质的鸡、鸭、鱼、肉类等属于酸性食品。无论日常生活或节假日，餐饮中都应掌握膳食酸碱的平衡，两者不可偏颇，要注意菜肴的荤素搭配，只有平衡方可益补得当。

四是冷热平衡。生冷、凉食进食过多会损伤脾胃和肺气，微则为咳、甚则为泄，体虚胃寒的人，特别是老人和儿童，夏日更应慎重。反之，饮食也不可太热，否则易伤胃脘、咽喉。

五是四性的平衡。根据我国药食同源的传统理论，膳食寒、热、温、凉四性必须保持平衡组合。如体质偏热者，尤其是发烧、急性炎症患者，应忌吃羊肉、狗肉等热性食物。吃寒性食物时必需搭配些热性食物；再如螃蟹属寒性，生姜属热性，吃螃蟹时要佐以姜末等。破坏摄食食物四性的寒热平衡自然有损健康。

六是五味的平衡。日常膳食中，甘、酸、苦、辛、咸五味调配得当，可增进食欲，有益健康，反之则会带来弊端。如甜食有补气血、解除肌肉紧张和解毒功能，但食糖过多易影响食欲；酸味可增加食欲、健脾开胃，且可增强肝脏功能，提高钙、磷的吸收率，但过食酸味会使消化功能紊乱。

七是饥与饱的平衡。古人主张“先饥而食，先渴而饮”；饥不可太饥，饱不可太饱。这就是饥与饱的平衡原则。同时饮食时间要有规律，即“饮食以时”。我国传统的一日三餐制是符合科学道理的，早餐应保证，废止朝食论是不可取的。

八是动与静的平衡。就餐前后动与静的平衡同样也是很重要的，因为人们每天饮食中所摄入的营养与其身体的热量消耗间需要保持平衡。古人主张食前及食中宜静而专致，不可分心，以利纳谷和消化。

九是快与慢的平衡。咀嚼是帮助摄食及消化的重要环节。进食时缓嚼慢咽，能使唾液大量分泌。唾液中的淀粉酶可帮助食物消化，溶菌酶和一些分泌性抗体可帮助杀菌解毒。而缓食又能使胃、胰、胆等消化腺得到和缓的刺激，令其逐渐分泌消化液。近年来还发现，细嚼慢咽有利于减肥。

十是心理情绪的平衡平静愉快的情绪有利于消化功能正常进行，食前和食中保持这种情绪，对于健康有重要的意义。与此相反的情绪，则会危害脾胃。

怎样理解中医的饮食适宜

孙思邈在《千金要方·食治》中所说：“不知食宜者，不足以存生也。”那么，饮食在什么情况下适宜又益体呢?

第一，食物搭配适宜：

一是把性能基本相同或某一方面性能相似的食物相互配合，能够不同程度地增强原有食疗功效和可食性。如菠菜猪肝汤，菠菜与猪肝均能养肝明目，合而为汤，可增强补肝明目之效。

孙思邈画像

二是当两种食物同时用时，一种食物的毒性或副作用能被另一种食物降低或消除，如大蒜可防治蘑菇中毒等。

三是两种食物同用的，由于相互牵制，而使原有的功能降低甚至丧失。如食银耳、百合、梨之类养阴生津润燥的食物，又食辣椒、生姜等，前者的功能会被减弱。

四是两种食物同用时，能产生毒性反应或明显的副作用。如蜂蜜反生葱、反蟹等，所以我们一定在掌握有关食物搭配的正确知识。

第二，饮食与年龄适宜：人的一生当中，在不同的年龄段有着不同的生理状态和生理需求。因此，中医认为，饮食应该适应不同年龄阶段的生理特点和需要。

婴儿时期，身体各方面都很稚嫩，同时也是发育最旺盛的时期。饮食要以流食为主，熟食为主，力求食物温度均匀适中，味清淡，有适宜的营养，易于消化。人乳是人体气血所化生，营养全面，温度均衡，阴阳平和，最适合一岁以内婴儿的需要。过早或过多给婴儿添加水果、肉类副食或补品，往往会损伤脾胃，导致“疳积”。

青年时期，生理处于旺盛阶段，学习和工作负担较重，因此食物宜广而杂，力求营养全面而丰富，但不适宜过饱，必要时可适当加餐。

中年以后饮食相对清淡一些，油腻厚味食品必须减少，尤其要尽量少吃大鱼大肉。老年人脏腑功能逐渐减弱，活动消耗相对减少。饮食宜清淡、多用流食、食量宜少、可以适当加餐。要做到：大渴不大饮，大饥不大食。切忌肥甘厚味，生冷油腻，忌饮白酒。

第三，饮食与季节适宜：春季是万物生长之始，阳气生发之时。此时易反复感冒者、有哮喘病史者、冬季患过病而体弱者、中老年人等应多食清淡的蔬菜、豆类、豆制品等，还可进补一些人参银耳品，黄芪生脉饮等，且忌辛辣、油腻、生冷之食物。这样有利于调节中枢植物神经系统和内分泌系统，增强免疫机能及抵抗力。

夏季炎热，多雨高温，出汗过多易耗伤气阴，应补气养阴，清热祛湿防暑，可食用鸭肉、西瓜、绿豆、扁豆，还可吃些海参、海带梨蜂蜜等，忌贪冷饮，免伤脾胃。另外，多吃大蒜还能帮助杀菌，预防肠道传染病。

秋天干燥萧瑟，要防燥养阴，防口干咽干，皮肤干燥，以“滋阴润肺”为主，要多吃芝麻核桃仁蜂蜜乳品等，多吃山楂、豆腐等酸性食物。秋天易干咳或气管炎复发，应多吃雪梨、鸭梨，以清肺火，止咳祛痰。

冬季气候寒冷，进行适当的户外活动，可增强抗寒能力，但要注意保暖，以防冻伤。冬季可食羊肉、狗肉、牛肉、虾、辣椒、红枣、胡萝卜等，这些食物可增强抗寒能力，减少感冒的发生。冬季容易发生口唇干裂、口角炎，要多吃蔬菜、水果。

第四，饮食与疾病适宜：饮食不慎容易导致脏腑功能失调产生疾病，也可以加重已有的疾病，中医认为，饮食与人体健康和疾病发生、发展有着十分密切的联系，饮食应与疾病相适应。

冬季风寒伤肺引起咳嗽，可食用具有散风寒的食物，如茭白、洋葱、大蒜、萝卜、胡萝卜、桔梗、杏仁等。

秋季风燥伤肺引起的干咳，可食用具有散风润肺的食物，如百合、梨、葫芦、木耳、银耳等。

平时脾胃虚弱，大便经常稀溏，可食具有补益脾胃作用的薏米、荷叶、山药、莲子、栗子、芡实、牛肉、银鱼、鲳鱼、黄花鱼等。

患黄疸湿痹的人须忌南瓜与羊肉同食，否则会加重病情。

第五，饮食要适量：食量要因人而异，勿太过或不足。食量太过，运化不及，反损伤脾胃，对健康不利；食量不足，机体得不到水谷精微之品，易导致正气不足，无以驱邪，久之会导致气血亏损而病生。

第六，饮食要软硬相宜：食物的软硬应根据病人脾胃功能酌定。大多数病人，脾胃功能低下，应给以软精细的食物为原则，即使与病证相宜的，也应适当控制，以免加重脾胃的负担，而使余邪难清或愈而复发。

第七，中医的饮食习惯相宜：中医对饮食讲究“简、少、俭、谨、忌”五字。饮食品种宜恰当合理，进食量不宜过饱，每餐所进肉食不宜品类繁多。要十分注意良好的饮食习惯和讲究卫生，做到先饥而食，食不过饱，未饱先止；先渴而饮，饮不过多，并慎戒夜饮等。此外，过多偏食、杂食也不相宜。

第八，中医的其它饮食适宜：中医多讲究早食常宜早，晚食不宜迟，夜食反多损的原则。食宜细嚼缓咽，忌狼吞虎咽；宜善选食和节制饮食，对腐败、腻油、荤腥、粘硬难消、香燥炙炒、浓醇厚味的饮食更宜少进；淡食最宜人，以轻清甜淡食物为好；食宜暖，但暖亦不可太烫口，以热不灼唇，冷不冰齿为宜；坚硬或筋韧、半熟之肉品多难消化，食宜熟软。

药膳有何功效和做法

药膳的医疗功效有：

滋补强身。此类药膳是供无病但体弱的人食用的，它主要是通过调理脏腑器官和组织的功能，使之协调，从而达到增强体质，增进健康的目的。主要包括：十全大补汤、人参汤圆、豆蔻馒头、茯苓包子等。

治疗疾病。此类药膳是针对病人的病情需要而制作的一种起治疗作用或辅助治疗作用的膳食。它可以通过长期服用而达到治疗疾病的目的，最适宜于慢性病犯者。他的种类按其具有功能来分主要有：解表药膳、泻下药膳、清热药膳、祛寒药膳、消导化积药膳、补益药膳、理气药膳、理血药膳、祛痰止咳药膳、熄风药膳等。

保健益寿。此类药膳是根据用膳者的生理、病理特点而制作的一种属于药性平和、起增进健康和抗衰老作用的膳食。它主要是通过提高机体免疫功能和协调功能，从而达到促进发育、调理气血或抗老延年的目的。

可分为儿童保健药膳、妇女保健和老年保健药膳。常用的药膳有：人参防风粥、参麦团鱼、虫草鸭子、银耳肴、杜仲腰花、乌鸡白凤汤、血藤河蟹、小儿八珍糕、芡实粥等。

药膳食品的一般制作方法有：

炖，有隔水炖和不隔水炖之分。隔水炖是加好汤和料封口，把容器放入锅中，武火炖三小时即可。不隔水炖为直接武火煮沸，撇去浮沫，再用文火炖至酥烂。

熬，先在锅内加底油烧热后，放入主料稍炒，再加汤及调味品，后用文火煮烂。

烩，将多种原料用汤和调料混合烹制成的一种汤汁菜。

氽，将汤和水用武火煮沸，投下药料及食料，加以调味即可。

焖，先在锅内放油，将食物和药物同时放入，炒成半成品，加姜、葱、花椒、汤及调味品，盖锅盖，用文火焖烂。

烧，将原料放入有少量油的锅中加调料煸炒，进行调味调色，待颜色转深放入调味品及汤或水，用文火烧酥烂后，武火收汤稍加明油即可。

蒸，就是将食物与药物拌好调料后，放入碗中，利用水蒸气加热烹熟的方法。

煮，将原料放入锅内，加适量汤或水，先用武火烧开，改文火烧熟即可。

卤，先调好白卤或红卤，然后将原料加工，放入卤汁中，用文火煮烂，使渗透卤汁至酥烂。

炸，将油用猛火烧至七八成熟，再将原料下锅，注意翻动，防止过热烧焦，通常炸至橘黄色即可。

药膳食品的通常做法是：

以米、面粉为基本原料，制成的馒头、面条、米饭、汤圆、包子、馄饨等各种饮食；

以肉菜为基本原料，可以制成冷菜、蒸菜、炖菜、炒菜、榨菜、卤菜等各种食品；

以米、麦、豆等为基本原料，加入其它成分，如枸杞子、山楂、百合等煮成的半流体饮食；

以糕点的制作方法制成糕点类，花样繁多。如茯苓饼、栗子膏、核桃酥等；

以肉、蛋、奶、海味品等原料为主，煮、炖、煲而成的较稠厚的汤液；

将药物和食物浸泡和压榨，煎煮或蒸馏制成的一种专供饮用的液体。如山楂汁、秋梨汁、萝卜汁等；

将药物直接冲泡而成的液体，如菊花茶、决明子茶、山楂茶等；

以植物的干、鲜果实或果皮为原料，经药液煎煮后，再加入适量的蜂蜜或白糖而制成。

药粥有何功效和做法

粥，古时称饘、糜、酏，俗称稀饭，是以适量的米谷和药物同煮，再加入一定具有药效作用的配料，即成了具有食疗作用的药粥。

一是预防疾病。以药粥预防疾病。唐代孙思邈在《千金翼方》中就载有用米皮糠煮粥，预防脚气病复发；明代李时珍在《本草纲目》中的胡萝卜粥，可以用来预防高血压。

应用药粥预防疾病，既包含着药物预防的效果，同时，又起到扶助正气，增强人体抗病力的作用，具有“祛邪安正、扶正祛邪”的双重意义。

应用药粥预防疾病，还具有单纯使用中西药物所不可能有的优点。因为药粥是米与药煮成的稀粥，老幼咸宜，易于服食，既不受疗程的限制，又便于长久服食，且无副作用，寓预防于平素饮食之中。

二是可作为急性病的辅助治疗。古代有不少药粥，就是专门用以治疗急性病的食疗方。例如《圣济总录》中的竹叶粥，治疗“发背痈疽，诸热毒肿”的急性外科粥方；《粥谱》茵陈粥是用于“疗黄病”专治急性传染性肝炎的粥方；《老老恒言》中的枳椇粥治疗酗酒醉卧。这些药粥都是治疗急性病的效方。既可单独使用，也可作为治疗急性病的辅助食疗。

三是慢性病人自我调养的好方法。有些慢性病单纯依靠药物，也是不能收到预期效果的。如能配合药粥作为辅助食疗方法，并能坚持长期服食，慢慢自我调理，可达到药半功倍的目的，甚至能收到意想不到的效果。

四是用于病后及妇女产后的调理。无论妇女病后或产后，都会全身机能减退，胃肠薄弱，消化力降低。米粥不仅营养丰富，而且极易消化吸收，又能补充能量。

五是养生延年。在我国宝贵的药粥数据中，绝大部分选用的是味甘性平的滋养强壮药。这些中药都有很好的抗老防衰，延年益寿的作用，如山药、枸杞、首乌、苁蓉等。

有些中药对预防老年病的形成也颇有裨益，如山楂可防止高血脂、高血压，冬瓜预防老年肥胖，柏子仁预防老人便秘等等，运用这些中药同米煮粥，经常服食，确实能起到补益抗老，延年长寿的效果。

六是养颜美容。药粥不仅用防病治病，而且还具有养颜美容的作用，如首乌粥可以治疗白发脱发；荷叶粥可以防治肥胖；浮萍粥可以防治黄褐斑；枇杷清肺粥可以治疗面部痤疮；天门冬粥具有抗老防皱的作用。

常用的药粥煮制方法简介如下：

一是中药与米谷同煮法。中药与米谷加水一同煮熬成粥即可。一般来讲，可以直接食用的中药如大枣、枸杞、百合、核桃等，均可切碎或捣成粗粒与米谷同煮。

二是药末与米谷同煮法。将中药研末，再与米谷同煮成粥糊。这类药物有菱角肉、莲肉、芡实、白茯苓、川贝等。

三是药汁与米谷同煮法。把中药煎取浓汁后去渣，再与米谷一同煮粥。这类中药有黄芪、党参、麦冬、枣皮等。

四是药汁兑入米粥法。把中药煎取浓汁备用，待米谷即将煮成粥时，兑入药汁后再煮一会即可服食。质地滋腻的块根类或芳香类中药煮粥多采用此法。如熟地、黄精、人参等，可用文火久煎取浓汁。若为藿香、佩兰、薄荷、菊花等，则宜用武火急煎取汁。

五是原汁与米粥拌和法。待米粥煮至熟时，把药物原汁直接兑粥中，搅拌片刻即成。如牛奶、羊奶、蜂蜜、萝卜汁、甘蔗汁以及龟、鹿、驴胶等均可采用此法。

药羹的功效和做法

所谓汤羹，即既汤亦羹，是含较多水量菜肴的总称。

一是增强食欲。药羹比一般汤羹更具有消激食欲、帮助消化的作用。含有丰富的脂肪、蛋白质、维生素、无机盐类和某些药物成分，其中的谷氨酸可刺激胃液分泌，增强食欲。

二是利于消化。药羹餐后食用，无疑能帮助消化，平衡膳食，促进胃肠功能和加强消食疏积。

三是强身健体。因用于药羹的药物和食物都系滋补品，如人参、黄芪、当归、阿胶、枸杞、山药、大枣、鸡、鸭等，都能起到滋补脏腑、补气血、壮阴阳的作用。可改善人体新陈代谢、调节内分泌功能、增强免疫力、提高大脑反应的灵活性、加强抗病的能力。

四是防病治病。药羹性平而效缓，所以妇、病、幼等虚弱者均适宜饮用。患者服用药膳，可增进人体内水盐代谢，保持机体电解质平衡，促进胃肠蠕动，起到排毒、解毒的作用。

药羹在备料和制作技巧上有以下要求

一是选料精细。药羹选料要新鲜，无腥膻气味。常用的原料是兽禽之瘦肉，常用清汤和白汤为基础勾成浓汁。清汤、白汤选用鸡、鸭、猪肉、排骨、猪蹄等制作。药膳汤羹选料为汤羹加上滋补药品。制作配料要严格，即确保原料货真价实，不能以次充好，必须选择上等优质品。同时保证原料清洁卫生，禁忌夹带泥沙一类的东西。

二是讲究用水。汤羹要用多量的水，水的品质、纯度对汤羹的质量起重要作用。做汤羹用自来水、井水均可，如有泉水、矿泉水则更好。

做汤羹时水量要适中，一次加足，中间不宜加水，因为中间加水会使原料骤然受冷收缩，外层蛋白凝固使内部的各种氨基酸不能大量溶于水，影响营养物质的溢出，这样的汤羹就不会鲜美可口。同理，也不应水沸后再投入原料。

三是掌握火候。制作汤羹要善于根据不同的原料品质、形态，采用不同的烹调制作方法。在各种汤羹的制作中，可用汆、炖、烩、熬、煨等法。在制作汤羹时，其火候通常先用旺火，后用慢火。目的是先迅速提高冷水温度，原料在水温逐渐升高时，因系由外向内受热升温，可使营养物质大部分溢出到汤羹内。

然后改为慢火，可使原料内部的尚余的养分继续溶解于水。否则，如果继续旺火，则原料内部的蛋白质发生凝固，不易溢出营养物质，将会影响汤羹的鲜度。

四是调味得当。要把味调得恰如其分，必须在咸、酸、甜、辣味中巧妙搭配，使其分量恰到好处。

调味有基本调味，即在原料下锅加热前放入调味料，即去腥膻味、油腻味；有正式调味，在加热过程中投入主调味品，完成其调味；有辅助调味，因已作的调味处理有时未完全达到要求，则需要补加一些原料。

调味中常规律有三：一是不能先在汤内放盐；二是葱、姜、料酒不能多放；三是酱油不能早加，更不能多加。否则，会影响色泽和鲜味。总之要根据汤羹的需要，搭配得当，使单一味变成酸甜、甜咸、辣咸、香辣、麻辣、怪香味等各种浓郁复合味，以满足不同口味的需要。

药火锅的功效和做法

药火锅是把药物同食物结合，运用“火锅”这一烹调形式，烹制出的美味佳肴，对人体能起到营养、健身、祛病的作用。或直接、间接使病人康复，起辅助治疗作用。

如用猪肺、牛胫骨、猪胫骨、羊胫骨、四川豆瓣、豆豉、江米甜酒等制作成的肺片火锅，可以补肺益肾，开胃醒脾。可用于阴阳两虚型肺结核的辅助食疗。

干菊花、冬菇、豆腐、油面筋、油菜心、白萝卜、冬笋、蘑菇、鲜菊花等制作成的菊花火锅，有解表祛寒，消炎退热的作用，可用于治疗伤风感冒。

火锅底料的原料一般有豆瓣、豆豉、干辣椒、花椒、老姜、大蒜、醪糟、食盐、冰糖、料酒、味精、鸡精、胡椒等。香料一般有甘菘、丁香、八角、小茴香、草果、砂仁、三奈、灵草、排草、白豆蔻、肉豆蔻、孜然、香叶等。炒制火锅底料时，不仅要掌握好各种原料的用量和比例，而且要掌握好正确的炒制方法。

在选用这些底料的原材料时，要有所取舍，若用火锅作为强身健体时，可根据自己的喜爱选择，但用来作为疾病的辅助治疗时则要根据自己病情的情况来选择。

将各种原料入锅，用大火烧开后，转用小火熬至汤色乳白，打去料渣不用，即得鲜汤。一般有鸡汤、牛肉汤、素汤等。如果是需要各种中药用以保健或食疗应该提前放入，待烧沸数分钟后，即可动手涮烫各种原料了。

可以将洗净的中药或各种菜直接放于锅中。也可以将肉或菜切成薄片，用洗净的竹签，将它们串成约三四十克一串。

小碟蘸料按人头准备，基本处理：每个碗内放自己认为适量的蘸料，如麻油、花椒盐、蒜蓉等。将蘸料盛在小碗中。

将盛满火锅底料的锅置旺火上，使之保持小沸，将各类菜用串好的竹签烫制，根据不同菜肴的火候烫制成熟。

烫制熟的菜肴放在装有蘸料的盘内，根据自己的口味需要蘸辣椒和盐后食用。或蘸或不蘸，或多或少由自己决定。

药茶有何功效和做法

药茶，又称药剂，即将中草药或食物与茶叶配用或代茶冲泡、煎煮饮用，以治疗疾病或保健养生。

药茶的医疗功效可提神，如枸杞子、淫羊藿、沙苑子、五味子、山芋肉等制作的提神茶；安神，如用黑豆、浮小麦、莲子、红枣等制作的麦豆宁神茶；明目，如用枸杞子、杭菊等制作的杞菊明目茶；

清头目，如苦丁茶；止渴生津，如用西瓜皮、冬瓜皮、天花粉制作的双瓜花粉茶；清热，如用人参须、麦冬、熟地制作的参须清热茶；消暑，如用金银花、菊花制作的菊花消暑茶；解毒，如用白竹、双兰等制作的白竹解毒茶；

消食，如用神曲、山楂、陈皮等制作的健胃消食茶；醒酒，如用葛根、砂仁、绿茶等制作的醒酒养肝茶；去肥，桔皮、茶叶制作的桔皮茶；下气，如用款冬花制作的款冬花茶；

利水，如用红茶、红糖制作的利水茶；通便，如用火麻仁、决明子、桑葚子、莱菔子制作的老人通便茶；治痢，如用马齿菜制作的马齿治痢茶；去痰，如乌龙茶；祛风解表，如用荆芥、绿茶制作的疏风解表茶；

坚齿，如铁观音茶；治心痛，如用青茶、茉莉花、石菖蒲制作的茉莉加味茶；疗疮痔瘘，如野菊花茶；益气力，如用浓茶、牛奶、糖制作的牛奶茶；延年益寿，如用灵芝、蜂蜜制作的灵芝茶。

药茶的制作方法可根据医生处方要求，将所需的中草药饮片放置茶杯或热水瓶中，将煮沸的开水沏入，搅匀，盖好茶杯或瓶盖，焖泡15至30分钟即可，如茶法饮用，以味淡为度。

若需要煎煮的药物，用砂锅煎药汁，加水煎两至三次，合并煎液过滤，装入保温瓶中，代茶频频饮用。

将药物粉碎成粗末，加入黏合剂，混合均匀，揉成团块，再分成方块，置通风阴凉处，晾至微干；再晒干或低温烘干；最后以防潮性能较好的纸张分块包装，置密闭容器内，或包装于石灰缸内贮存。使用时根据需要冲泡或煎煮后代茶饮用。

将药物粉碎成粗末，按配方要求，用纸或布袋分装，将分装的茶剂置于干燥处保存，需用时再泡饮。

成品药茶，一般家庭不需掌握配制工艺和方法，可以根据自己的需要，在市场茶叶商店或生产药茶的厂家选购，按照说明书服用。它适于携带和家庭备用。对于较为复杂的病证，最好在医生的指导下进行对症选购服用。

药酒有何功效和做法

药酒，是由酒与药物配制而成。药酒的作用，包含有“酒的作用和药物功效”的双重作用。由于每种药酒都配入了不同的中药材，因此药酒的作用也随之而异。

一是药材处理。制备酒剂的药材一般都要切成薄片或捣碎成粗颗粒。根据医生处方购于药店的中药，多已加工炮制无须特殊处理。来自民间验方的中药，首先要弄清其品名、规格，要防止因同名异物或异名同物而搞错药材，更要警惕假冒伪劣中药材。鲜药、生药往往还需先行加工炮制。

二是所选之酒，应根据个人身体情况选择。一般认为浸泡药酒以50度至60度的米酒及优质烧酒较适合。因为酒的浓度过低，有效成分不易浸出，会影响治疗效果，而且药酒易变质。

但酒的浓度过高，药材所含的少量水分反被吸收，使药料质变坚硬，有效成分亦难析出。对于不善饮酒者，亦可用低度白酒、黄酒和米酒，但浸出时间及数宜适当延长和增加。

三是药酒的配制方法。配制药酒的方法概括起来，目前一般常用的有冷浸法、热浸法、煎煮法、酿酒法、渗漉法等。

孔子有何养生之道

儒家学说的奠基人是孔子。孔子不但博学多才，精通六艺，而且也长于养生之道。

从《论语·乡党》中看到，孔子在饮食起居方面的清规戒律多，如“食不厌精，脍不厌细。食壶素馔。鱼馁而肉败，不食。色恶，不食。臭恶，不食。不时，不食，割不正，不食。不得其酱，不食。肉虽多，不使胜食气”。接着又说：“祭于公，不宿肉。祭肉不出三日，出三日，不食之矣。”

用今天的话来说，就是粮米不嫌精制，鱼肉不嫌细嫩。粮米霉烂变质，鱼肉腐败发臭不吃。食物颜色不正常不吃，气味难闻不吃，烹调拙劣不吃，不该进食时不吃，不合礼仪规定宰割的不吃，没有调味解秽的酱不吃。席桌上的肉即使很多，但进食的量不超过饭食。斋食时虽不撤掉姜，却也并不多吃。国家祭祀典礼的肉不放过夜。其它祭祀用的肉也不放过三天，如果放过了三天，就不要再去吃了。

孔子认为，非但人们饮食的选料要讲究新鲜，并且在烹调上也要来一番斟酌取舍，这是因为饮食选料如果粗恶甚至变质，吃了不仅口感不佳，弄得不好还会引起肠胃疾患，危及身体健康；再之，烹调的食品如果美味可口，可以促进食欲，并不只是一种口福而已。

除了讲究饮食、衣食、起居等干净卫生外，孔子还提了“君子有三戒：少之时，血炁未定，戒之在色；及其壮也。血炁方刚，戒在斗：及其老也，血炁既衰，戒之在得。”因此“知者乐，仁者寿。”《论语·李氏》孔子已经意识到从少、壮、老三阶段不同身心状况出发，提出了相应的养生之道，堪称开创养生理论之先河。

孔子提出了“知者乐，仁者寿”的养生主张。孔子思想的核心就是一个仁字。孔子将仁学说成是一种善行、善举，并以此调整人与人之间的关系。他提出“知者乐，仁者寿”，意为只有成为一个仁者，才能长寿，这种观点比《黄帝内经》早了几百年。

孔子认为：养生要从养德开始，要修身发扬人的善性，以清除心理上的障碍，取得心理的平衡，即“有大德者必得其寿”。

孟子有何养生之道

孟子在养生方面也有自己独到的见解。《孟子·公孙丑上》说:“夫志,气之帅气;炁，体之充也。”从而颇富创见地提出，一个人要想身心健康，那就只有“善养吾浩然之气”。

至于如何老能养“炁”，孟子提出两点带有鲜明儒家色彩的独到养生方法：其一是“配义之道，无是，馁也”，也就是说一切都要从儒家的道义出发，理直炁壮，从而使身体保持旺盛的精神状况；其二是“行有不慊于心，则馁矣！”意思是说养炁必须培养良好的状态，心地要光明坦荡，一定不要邪念存心。

对于心性上的修养，儒家经典《孟子·尽心上》另有这样的阐述：“尽其心者，知其性也；知其性，则知天矣。存其心，养其性，所以事天也。夭寿不贰，修身以俟之，所以立命也。”

这里孟子自我介绍说，能够充分扩展善良本心的人，就是懂得人的本性的人。懂得人的本性，就懂得了人的天命。保持人的本心，培养人的本性，这就是我用来对待天命的方法。因此不管命短命长，我都将矢志不移，修养身心以等待天命的降临，这就是我安身立命的方法。

“我善养吾浩然之气”，这是孟子在心性修养上的一大贡献，出处见《孟子·公孙丑上》。这种“浩然之气”和它的培养方法，按照孟子自己的说法，就是其气至大至刚，平时需要用正义去培养它而不加伤害，并且与义和道配合在一起，如果脱离了义和道，那就没有力量了。

所以说，浩然之气是由平时正义行为的积累而产生的，并不是靠一时突击的正义行为所能取得的。如果做了有愧于心的事，那么其气就疲软了。毫无疑问，这种浩然之气，既包含了儒家平时所积极倡导的正义之气，同时也包含了人身的真元之气。

总之，孟子的养生思想具有一种明显的道德色彩，堪称道德情操以养生流派的一员。

荀子的养生观点是什么

荀子则在其养生思想中提出动静结合的观点。“养者而动时，则天不能使之病”，“养略而动罕，则天不能使之全”。指出人身体好坏与寿命长短，决定于后天各种保养条件是否完备，以及是否因时而运动，而不取决于先天的命运，强调运动对人体健康的意义，与流传至今的“动以养生”的健身养生观念一致。同时，荀子继承了孔子关于“六艺”的思想，指出应奖励善于射箭的人才和善御者。

此外，荀子还总结出治气养心之术，“血气刚强，则柔之以调和”的辩证法则。

如何理解食不语寝不言

“食不语，寝不言”语出《论语·乡党第十》。所谓食不语就是要求吃饭的时候最好不要交谈，具体原因是：

其一，吃饭说话会影响消化。因为进食后，身体需要调动更多的血液流向消化系统的不同部位，以便使肠道获得更多的能量去分解、消化、吸收食物。

吃饭时谈话，会使本该流向胃的血液流向了脑，就会影响胃的消化功能。此外，一边吃饭一边说话，还会分散吃饭的注意力，影响咀嚼和消化液的分泌，食物未嚼烂，又不能拌入足够的消化液，必然会增加胃的负担。而且说话延长了吃饭时间，饭菜凉了对胃也是不良刺激。

其二，吃饭时说话，还可能会引起呛噎。因为咽喉部是一个四通八达的通道，向上可通鼻腔、口腔，向下后可通食道，向前则可通气管。吞咽食物时，为了保证食物通路的顺畅，吞咽反射会进行一系列的复杂动作。

一是小舌头上抬，正好盖住鼻腔后部，防止食物进入鼻腔；二是咽部一些小肌肉收缩，防止食物往前流入口腔或误入耳咽管；三是喉头上提，使会厌软骨盖住气管。这样，四通八达的咽喉就只剩下食道，保证了食物能乖乖沿食管进入胃。而如果吃饭时说话，大声吵嚷或哈哈大笑，都可能干扰到这一过程，使食物误入“歧途”，进入鼻腔或气管，引发咳嗽等问题。

寝不言的道理就很简单了。在睡觉的时候，大脑需要安静下来，但如果继续谈话，讨论问题，就会使大脑兴奋起来，导致失眠多梦，影响睡眠质量。

心宽体胖作何解释

《礼记·大学》中说：“富润屋，德润身，心广体胖，故君子必诚其意。”对此，朱熹《四书章句集注》解释：“胖，安舒也。”“故心无愧怍则广大宽平，而体常舒泰”。

儒家认为，有修养的君子平时心胸开阔，所以体貌安泰舒展，悠哉游哉。追本穷源，这句话的本意并不一定全落在养生上，可到后来，却一直为谈论养生的人们奉作经典格言。

孟子和《大学》中的这种养生法，对后世有着很深的影响，后来的儒生们还悟出了“学道、养生本是一串事”的警策见解。

儒家有何环境养生观

对于个人居处，儒家本不看得十分重，因为在居处和个人修养中，后者总是占着主导地位。《论语·雍也篇》载孔子的话说：“贤哉回也！一箪食，一瓢饮，在陋巷，人不堪其忧，回也不改其乐，贤哉回也！”但是，如果居处能够整洁安舒，那当然就更好。《论语·述而篇》说：“子之燕居，申申如也，夭夭如也。”

孔子平时在家闲居，各方面都弄得舒舒齐齐，并且神情愉悦，常抱乐观态度，所以即使他生活颠沛，一生不得志，却也活到了七十余岁的高龄。为了提高健康水平，对于居处的洁净卫生，也是儒家所留意的。

清代朱柏庐《治家格言》是儒者修身齐家的名作，文中他说：“黎明即起，洒扫庭除，要内外整洁。”

其实，这种对居处洁净的要求，还可在《礼记》的有关篇章中找到答案：“鸡初鸣，洒扫室堂及庭。”后来，为了除害灭病的需要，民间还有端午节挂菖蒲剑，焚烧苍术、白芷，用雄黄酒浇洒屋角的习俗。这种习俗，名为除邪，但就其实质来说，确有杀菌防疫作用，完全符合现代医学科学的原理。

颜氏家训中有何养生指导

《颜氏家训》是北齐徘徊于释、道之间的“专儒”颜之推所撰论著。其书卷五曾专辟《养生》一篇，篇中说，学道教养生法的人多得像牛毛，而学成的人却少得像麟角一样，所以不希望自己的子孙专精于此。而对于“若其爱养神明，调护气息，慎节起卧，均适寒暄，禁忌食饮，将饵药物”等养生方法，由于能够“遂其所禀，不为夭折”，所以他自己也一直行之而不止息。

这里，颜之推的可贵之处是，他虽然无情地摒弃了道家的修炼成仙不死之法，可是对于道家的其他一些行之有效的养生法，却能有选择地为我所用，从而扩大并充实了儒家养生法的内容。

书中举例说明，作者曾经生过齿痛，发作时“摇动欲落，饮食冷热，皆苦疼痛”。后来当他看到《抱朴子》的“牢齿之法”，就坚持试行每天叩齿三百下，结果要不了几天，齿痛就痊愈了。

在书中，颜之推还别出心裁地提出了“养生者必须虑祸”的论点，原因是

“全身保性，有此生然后养之，勿徒养其无生也”。接着他列举了单豹被饿虎吃掉，嵇康因傲物而受刑，石崇因贪溺而取祸的教训，从而提出要“虑祸”以达到全身保命的目的。

然而颜之推毕竟是个儒者，为此他在提出“夫生不可不惜”的同时，又认为“生”又“不可苟惜”。不可不惜的是：“涉畏险之途，干祸难之事，贪欲以伤生，谗慝而致死，此君子之所惜哉。”不可苟惜的是：“行诚孝而见贼，履仁义而得罪，丧生以全家，泯躯而济国，君子不吝也。”

由此看来，颜之推养生虽说提倡“虑祸”，但是为了贯彻行诚孝、履仁义的儒家风范，他又积极主张在必要时可以豁出性命而毫不怜惜。

朱熹有何饮食养生之道

南宋理学家朱熹，他介绍自己的养生经验时曾说过这样的话，就是：“毋求饱，毋贪味，食必以时，毋耻恶食。”总之是，饮食要朴素、简单、定时，不吃得过饱。

据说一次朱熹去女儿家里做客，因为去得突然，而女婿又不在家中，于是女儿只得端出简朴得不能再简朴的葱汤麦饭来招待父亲。不料朱熹吃后，不但不责备女儿的怠慢，反而兴冲冲地作诗一首。可见朱熹不仅懂得饮食养生，同时，他又是位懂得心理养生的人。

宋儒们还提出气上成性、气便是命、养气即是养心的主张。宋儒们在讨论问题时，大都主张对性作两种区分。一是所谓天地之性，另一是所谓气质之性。张载首先明确提出天地之性与气质之性的区分，主张变化气质，气上成性，这就符合儒家养生的意义。程颐提出“气便是命”的命题，其中就包含了性命双修的功夫。

朱熹

二程主要发展了孟子的养气说，认为：“人乃五行之秀气，此是天地清明，纯粹气所生也。”同时指出养气应谨守“勿忘勿助”之法，“养气要谨在有事与勿忘上，工夫自到。又不可责近效，所谓大段着力不得也。着力则气壹动志，前功不保矣”。

李侗认为养心要落实到养气上，以养气代替养心。“理不可见，见之于气。性不可见，见之于心。心即气也，心失其养，则狂澜横溢，流行而失其序矣。养气即是养心”。

老子何以又是养生大家

老子说“多言致穷，不如守中”，意即言多必行不通，还不如保持适中。他还说“飘风不终期，骤雨不终日”，意即狂风刮不到一早晨，暴雨下不到一整天，所以还是守中好，守中才能长久，才能长寿，狂风暴雨式的生命总是短暂的。

老子认为，应该“去甚，去奢，去泰”，意即应该去掉那些极端的、奢侈的和过分的东西。他要求做到“方而不剖割，廉而不刿，直而不肆，光而不耀。”

意即要做到方正而不显得生硬勉强，有棱边而不至于把人划伤，正直而不至于无所顾忌，明亮而没有刺眼的光芒。这就是说，我们养生的时候做任何事都不要过，这样生命才不会受过多的损失。

老子的养生学说，两千多年来一直被历代养生家所继承、发展。如中国南朝大养生家陶弘景就说过:“莫大忧愁，莫大哀思，此所谓中和，能中和者必久寿也。”儒家董仲舒也说 :“能以中和养身者，其寿极命。”

老子说 :“祸莫大于不知足，咎莫大于欲得。”这就是说，灾祸莫过于不知足，罪过莫过于贪欲太大，身体的大祸恐怕就要临头了。

健康长寿，除了身体外，精神也要健康。人们只知道保养身体，不知道保养精神，只知道爱护身体，不知道爱护精神就好像载有精神的车一样，精神一去，人就死了。要健康长寿，既要讲究饮食、睡眠、生活环境等物质条件，还要重视人的思想和情绪等精神条件，两者缺一不可。

老子说 :“致虚极，守静笃，万物并作，吾以观复。夫物芸芸，各复归其根。归根曰静。”这句话的意思是 : 尽量使心灵虚寂，要切实坚守清静 ; 万物都在生长发展，我观察它们的循环往复，事物尽管变化纷纭，最后都各自回到它们的出发点，回到出发点，叫作静。这成了后世人们经常引用的最古老、最经典的诀窍。

老子在其著作中反复强调，要养生长寿，就要习静。他的这种见解，也被中国道家继承下来，如庄子、抱朴子、孙思邈，甚至苏东坡、白居易、陆游等大文学家在这方面都有文字记载留传于世。所以，老子不仅是大哲学家、思想家，而且也是大养生家。

怎样理解道家的藏气守精

《老子·章句》第五十九章："深藏其气，固守其精，使无漏泄，深根固蒂者乃长生久视之道。"

意思是说：深深地藏纳真气，固守其精，不使漏泄，深培其根，加固其蒂，才是长生的正途。气之所守，随神所在。神在则气在，神去则气去。

深藏其气即深深地藏纳真气。常人呼吸之气从喉出入，炼气士则认为要使气深达于足踵，行于四肢。精：此指精液。根、蒂：喻根本，蒂，或写作柢。此借指气与精。

怎样理解道家的精气神

《道德经》的宇宙模式图为："道生一，一生二，二生三，三生万物"。由此，我们可以把生命模式图写为：心——神——气——精——身。可以把人看作是心和身两部分，当然这里的心不是指心脏，可以把道看成心，心是一个概念，它也无形无象，但人却不能否认它的存在；接下去把一看作神，二是气，三就是精了。

所以，由道至万物的生成变化过程，具体到人，就是由心主宰一切行为，心能生神，神生气，气生精，精变化出人的身体及其行为，这是大致的脉络。

精，是构成生命之体的始基，是生命活动的物质基础，故有"人始生，先成精。""精者，身之本也"之说。从广义而讲，精血津液皆为之精，分布于人体各个部分；但狭义之精，则专指藏于肾中之精。精源于先天而充养于后天，先天之精又称"元精"，藏之于肾；后天之精则主要指由脾胃所化生之水谷之精，敷布贮藏于五脏六腑。

《素问·上古天真论》说："肾者，主五脏六腑之精而藏之，故五脏盛乃能泻。"故后天之精可涵养肾中之无精。但道家认为，元精并非肾所藏之生殖之精，故强调"炼精者，炼元精，非淫交感之精。"

气，是不断运动着的充养人体的一种无形物质，是维持生命活动的动力和功能，故有"气者，人之根本也""人之生，气之聚也"之说。人的生命活动是由气的运动变化而产生的，气的升降就是生命运动的基本形式。

气也源于先天而养于后天。先天之气称为元气，存于丹田；后天之气则指呼吸之气与水谷之气，两者相传于胸中而称为宗气。元气启动了生命活动，为后天之气的摄入奠定了基础，而后天之气又不断培补先天元气，故两者相辅相成，密不可分。除元气、宗气外，根据气在人体内分布的部位、作用、性质不同，还有管气、卫气、脏腑之气、经络之气等名。气功特别强调元气的培育，故说："炼气者，炼元气，非口鼻呼吸之气。"

神，是生命活动现象的总括，"得神者昌，失神者亡。"故神在体外则成为生命的象征，在体内则成为生命的主宰，所以《淮南子·原道训》说："神者，生之制也。"

人的生命活动是十分复杂的，其生理活动和心理活动都是在神的主宰下进行的。而狭义之神又专指精神意识思维活动而畜。神藏心中，故"心者，五脏六腑之大主也，精神之所舍也"，后世又发展有"脑为元神之府"说。

从气功学角度，神也有先天和后天之别，先天之神称为元神。与生俱来，为人之先天元性；后天之神则于出生后感受外景事物而逐渐形成发展，敞又称为识神、欲神。

两者作用不同，元神不受精神意识支配而主宰人的生命活动；识神则主要主宰人的精神意识思维活动。两者对立统一、相互为用，共同维持人的正常生命活动。气功锻炼就是通过收敛识神而解放元神，以发挥元神的潜在作用，故说："炼神者，炼元神，非思虑欲念之神。"

道家的炼养以精气神三者为本，故精气神又有"三宝""三奇""三业"之称。其实，一切气功锻炼方法，都是以"宝精、爱气、啬神"为原则的，其目的都是为了固养精、气、神，以求健康长寿。

金元时期，王重阳所倡导的全真教炼养派，其宗旨就是通过气功锻炼以达"全精、全气、全神"，故名"全真"。内丹术以精气神为内炼成丹的药物，有"上药三品，神与气精"之说。

内丹术派别虽多，但其中心都离不开"炼精化气，炼气化神，炼神还虚"。《紫清指玄集》说："能固其精，宝其气，全其神，三田精满，五脏气盈，然后谓之丹成。"

因此所谓炼成“内丹”。

内丹理论认为，人出生之前，先天精、气、神相互团聚，是一种“三元合一”的状态，内孕强大的生命力；出生后，后天的精、气、神是由团聚状态解体而一分为三，它意味着耗散。内丹本着锻炼要则，就是使精、气、神由后天的耗散状态，复归为“三元合一”的先天团聚状态，此即所谓“返本还元”。

什么是道家养生气功

道家养生功的创始人是老子，传承至今已有两千多年的历史。道家养生气功以收心求静为基础，这叫作修性；以养精固本为归宿，这叫作养命。修性必须落实到养命之上，故此功称为性命双修养生功。这是本功区别于其它气功的根本之点，也是它有特殊养生功效的原因所在。

道家养生功既能使人转弱为强，且能返老为少；不但可驱除疾病，恢复健康，而且能补脑养神，增长智慧。

“收心求静”一法，可使大脑中枢神经得到充分的休息，身体机能得到全面的调整，对治疗神经衰弱、失眠等疾病有独到的功效，久练可使人神清目明，智力得到恢复和开发；

“开通奇经八脉”一法，可舒经活络，使百脉畅通，保持皮肤润滑光泽，对关节炎、脉管炎宰多种疾病有较好的防治作用；

“田精关门”一法，可使人精足肾健，精力旺盛，对梦遗滑精、阳痿肾虚等病有独到的疗效。

什么是佛教的养神

包括心理和精神的调养，情趣爱好和道德的调养。

聆听中国佛教音乐也是一种精神养生的方法之一，佛教音乐清新典雅，超凡脱俗，其音意幽远深长，唱者，身心合一，忘物忘我。闻者，胸襟豁然，神意情动，仿佛进入极乐的仙境世界。

佛教音乐具有镇定大脑活动，舒缓脉络的作用。可以调节人体的精神状态，起到降低血压，镇静安神的作用。

佛教强调：养心莫善寡欲，至乐无如读书。读书属于养生的内容，也是养神的方法。

什么是佛教的养行

佛教的养行包括衣、食、住、行等生活起居行为的调养，属于佛教养生的范畴。

佛教节俭自足，僧侣们要靠自己的劳动获取粮食和蔬菜，以自给自足。佛教中有一日不做，一日不食之规矩，实践证明人体一定的劳动对于增加血液循环，降低血脂，疏通脉络，从而促进机体的新陈代谢功能。

另外，学习佛教理论，学习佛学思想，通过动脑的劳动，锻炼自己的身体，以利养生。佛教养生有衣食具足，闲居静处，息诸劳作，近善行事的养生行为准则。

什么是佛教的养德

佛家讲究慈善为本，修行者大都性格温和，心情平静，此乃佛家养心养生的一大重要内容，亦是高僧长寿的原因之一。出家人看破红尘，淡泊名利，在行为情绪上平淡温和，心胸豁达，处事宽容。

按照现代人的理论讲人际关系较好，以乐观和理智的态度去对待人生，所以品德高尚与养生学有着密切的关联。佛教中的仁者寿，是指宅心仁厚，宽于待人会有好的报应。佛教认为，长寿的因是仁爱心，承受的缘是心平气和。

怎样理解禅功与养生

所谓禅，也叫禅定和禅功。是梵文略称。其意为深思、静虑，思维修，守一，心一境性，制心一处，是佛家气功。

《圆觉经》说："无碍清净慧，皆因禅定生。"由于禅定明心见性，开发智慧的作用，所以为佛门，尤其为禅宗僧人所必修。修习禅法之人，应该对五事进行良好的调节。调五事即调节饮食、调整睡眠、调身、调息、调心。

调节饮食：饮食与养生关系非常密切。坐禅之人必须保证充足而适量的饮食。

调整睡眠：坐禅者不应贪睡，应适量减少睡眠时间，以使神清气和，心念明净。

调身：主要是指掌握正确的禅定姿势，修习禅定可以采用坐、立、行、卧等多种姿势，而佛教界修禅者，主要以坐姿为主，因而常被称为坐禅。

调息：佛教认为，生命在呼吸间，呼吸与心念相互影响，有非常密切的关系，若呼吸不调，心念则必然不调；要想调心，则必先调整呼吸。

调心：调心是修禅的主要法则，贯彻于修禅的始终。佛教的养生之道认为，除了施食外，静坐得法也可以延年益寿，佛教称静坐为参禅，功称禅定。

佛教的禅功有涅槃寂静的理论体系的内容。坐禅与人体生理关系密切，定真法师在探讨坐禅与生理的关系时指出：人体的构造，是非常复杂精妙的，它能够成为一个完整的个体，主要是依靠神经系统，尤其是大脑的作用。

坐禅影响人的心理活动，人身有生理和心理两个方面，从事修养固然两方面都不可偏废，但心理方面其实更重要。静坐不但在生理方面可以使人大有裨益，从心理方面也能使全身精神归于统一集中，而促使心理现象向健康更进一步发展。

禅功是我国传统养生学的宝贵遗产，通过静坐可使阴阳平衡，经络疏通，气血顺畅，从而达到延年益寿的目的。佛家认为人的情绪波动和无穷思虑，在很大程度上破坏了人体的阴阳平衡，从而对生理机体有所干扰，所以要参禅打坐，以常静虑，力求清净，排除杂念，安定情绪。

怎样理解行善与养生

佛教提倡诸恶莫做，众善奉行，诸恶莫做就是一切恶不做，众善奉行就是一切善去奉行，当你只做善事，必然会得到很好的回报，自然使你感到心情愉快，愉快的心情是长寿的基础，是养生的良方。

佛教法门众多，养生方法众多，无论是坐禅，还是念佛，还是持咒，还是修观，都是为了降伏其心，降伏种种妄想与杂念。心清静故，世界清静，心染污故，世界染污，心清静故，身体轻安，心染污故，身体不调，心乃诸法之源，社会有贪污、腐败、杀人、放火、抢劫等种种恶行，都是心理环境的不和谐，都是犯罪行为，所以说和谐世界从心开始，和谐的心理环境是构建和谐社会的根本，和谐的心理环境就是佛教长寿、养生的秘诀！

怎样理解节食与养生

中国古代总结出来：长寿之道，在于养生；养生之本，在于饮食；饮食之要，在于节食。

如何节食，其实就是要遵守佛门的五戒，遵循过午不食。俗话说，病从口入，其实古人的寓意就是少吃。现代人理解为吃饭要注意卫生。吃饭以吃素食为主，佛家弟子最好是素。吃饭吃六成饱最为合适。晚上不吃主食，只喝一些粥。

如何理解中国茶文化内涵

中国是茶的发源地，是产茶大国，又是饮茶大国，中国人已有两千多年的饮茶史。它以中国文化为依托，由品茗升华为茶道，并以民族传统美德为追求目标。

所谓茶道乃以茶载道。道寓于饮茶之中，所以，茶道的形成必须具备两个条件：一是茶的广为种植，二是茶的品饮及方式。勤劳智慧的中国人民在产茶、饮茶过程中有所感悟，有所发现，有所创造，形成了独具风采的茶文化，由琢磨出博大精深的中国茶道。

青花盖碗茶

茶道是一种文化艺能，是茶事与茶文化的完美结合，是修养和教化的手段。它不仅重视饮茶艺能，还重视饮茶时的自然环境、人际关系和茶人心态。具体地说，茶道的构成有五个方面：茶艺，茶人，主题，程序，环境。

茶艺指制茶、烹茶、饮茶的技术，技术达到炉火纯青就变成了一门艺术，它包括精茶、洁水、活水、妙器。茶人是茶道的角色，包括烹茶的人和饮茶的人，茶人当有资格标准。茶道要有主题，可严肃，可轻松，但友谊是茶道永恒的主题。

茶道的过程就是程序，也就是茶道进行的整个过程，在这一过程中，人们应受到礼法教育，获得道德修养。中国茶道重视品饮的环境、茶室的格局和内部装饰顺乎自然，追求人与自然的和谐，达到“天人合一”的境地。

中国茶道吸收了古代哲学家的思想精华。儒家的中庸、和谐在中国茶道中表现为以茶励志，沟通人际关系，积极入世；道家强调的天人合一，精神与物质的统一的自然观、哲学观、美学观以及佛教朴素的思想境界都在中国茶道中体现得更加充分，这些无疑形成了中国茶道丰富的精神内涵。

中国茶道与文化艺术、地域民俗的契合使其内容更加丰富多彩，形式多种多样，表现出鲜活的个性风俗。有茶为“诗魂”之誉，以茶助文思，以茶雅趣，以茶歌舞；有茶俗，茶礼，茶仪等内容。中国茶道自始至终无不贯穿着强烈的民族色彩，浓郁的文化气息。

茶艺对容貌有何要求

每个人的容貌非自己可以选择，天生丽质是靠父母的遗传之福，但并不一定能做到艺美。正如俗话说：聪明面孔笨肚肠，有的人由于动作的协调性及悟性水平很低，给人的感觉是紧张，并不觉得美。而有的人虽相貌平平，但因为有较高的文化修养，得体的行为举止，靠自己的勤奋，以神、情、技动人，显得非常自信，灵气逼人。

茶艺表演者应适当修饰仪表。如果真正的天生丽质，则整洁大方即可。一般的女性可以淡妆，表示对客人的尊重，以恬静素雅为基调，切忌浓妆艳抹，有失分寸。茶艺更看重的是气质，来自内心世界的美才是最高境界的。

茶艺对姿态有何要求

首先是坐姿。坐在椅子或凳子上，必须端坐中央，使身体重心居中，否则会因坐在边沿使椅子翻倒而失态；双腿膝盖至脚踝并拢，上身挺直，双肩放松；头上顶下颌微敛，舌抵下颚，鼻尖对肚脐；

女性双手搭放在双腿中间，左手放在右手上，男性双手可分搭于左右两腿侧上方。全身放松，思想安定、集中，姿态自然、美观，切忌两腿分开或跷二郎腿还不停抖动、双手搓动或交叉放于胸前、弯腰弓背、低头等。

其次是跪姿。跪坐，即双膝跪于座垫上，双脚背相搭着地，臀部坐在双脚上，腰挺直，双肩放松，向下微收，舌抵上颚，双手搭放于前，女性左手在下，男性反之；

盘腿坐时，男性除正坐外，可以盘腿坐，将双腿向内屈伸相盘，双手分搭于两膝，其他姿势同跪坐；单腿跪蹲时，右膝与着地的脚呈直角相屈，右膝盖着地，脚尖点地，其余姿势同跪坐。

客人坐的桌椅较矮或跪坐、盘腿坐时，主人奉茶则用此姿势。也可视桌椅的高度，采用单腿半蹲式，即左脚向前跨一步，膝微屈，右膝屈于左脚小腿肚上。

再次是站姿。在单人负责一种花色品种冲泡时，因要多次离席，让客人观看茶样、奉茶、奉点等，忽坐忽站不甚方便，或者桌子较高，下坐操作不便，均可采用站式表演。

另外，无论用哪种姿态，出场后，都得先站立后再过渡到坐或跪等姿态，因此，站姿好比是舞台上的亮相，十分重要。站姿应该双脚并拢，身体挺直，头上顶下颌微收，眼平视，双肩放松。

女性双手虎口交叉，置于胸前。男性双脚呈外八字微分开，身体挺直，头上顶上颌微收，眼平视，双肩放松，双手交叉，置于小腹部。

最后是行姿。女性为显得温文尔雅，可以将双手虎口相交叉，右手搭在左手上，提放于胸前，以站姿作为准备。行走时移动双腿，跨步脚印为一直线，上身不可扭动摇摆，保持平稳，双肩放松，头上顶下颌微收，两眼平视。

男性以站姿为准备，行走时双臂随腿的移动可以在身体两侧自由摆动，余同女性姿势。转弯时，向右转则右脚先行，反之亦然。出脚不对时可原地多走一步，待调整好后再直角转弯。

如果到达客人面前为侧身状态，需转身，正面与客人相对，跨前两步进行各种茶道动作，当要回身走时，应面对客人先退后两步，再侧身转弯，以示对客人尊敬。

茶艺对风度有何要求

风度泛指美好的举止姿态。

在茶道活动中，各种动作均要求有美好的举止，评判一位茶道表演者的风度良莠，主要看其动作的协调性。

其实各种姿态，实际都是采用静气功和太极拳的准备姿势，目的是为人体吐纳自如，真气运行，经络贯通，气血内调，势动于外，心、眼、手、身相随，意气相合，泡茶才能进入“修身养性”的境地。

茶道中的每一个动作都要圆活、柔和、连贯，而动作之间又要有起伏、虚实、节奏，使观者深深体会其中的韵味。

怎样行茶艺鞠躬礼

茶道表演开始和结束，主客均要行鞠躬礼。有站式和跪式两种，且根据鞠躬的弯腰程度可分为真、行、草三种礼。真礼用于主客之间，行礼用于客人之间，草礼用于说话前后。

站式鞠躬：真礼以站姿为预备，然后将相搭的两手渐渐分开，贴着两大腿下滑，手指尖触至膝盖上沿为止。同时上半身由腰部起倾斜，头、背与腿呈近九十度的弓形，略作停顿，表示对对方真诚的敬意。

然后，慢慢直起上身，表示对对方连绵不断的敬意，同时手沿脚上提，恢复原来的站姿。鞠躬要与呼吸相配合，弯腰下倾时作吐气，身直起时作吸气，使人体背中线的督脉和脑中线的任脉进行小周天的循环。行礼时的速度要尽量与别人保持一致，以免尴尬。

行礼要领与真礼同，仅双手至大腿中部即行，头、背与腿约呈一百二十度的弓形。草礼只需将身体向前稍作倾斜，两手搭在大腿根部即可，头、背与腿约呈一百五十度的弓形，余同真礼。

坐式鞠躬：若主人是站立式，而客人是坐在椅子上的，则客人用坐式答礼。真礼以坐姿为准备，行礼时，将两手沿大腿前移至膝盖，腰部顺势前倾，低头。

头、颈与背部呈平弧形，稍作停顿，慢慢将上身直起，恢复坐姿。行礼时将两手沿大腿移至中部，余同真礼。草礼只将两手搭在大腿根，略欠身即可。

跪式鞠躬：真礼以跪坐姿为预备，背、颈部保持平直，上半身向前倾斜，同时双手从膝上渐渐滑下，全手掌着地，两手指尖斜相对，身体倾至胸部与膝间只剩一个拳头的空当，身体呈四十五度前倾，稍作停顿，慢慢直起上身。

同样行礼时动作要与呼吸相配，弯腰时吐气，直身时吸气，速度与他人保持一致。行礼方法与真礼相似，但两手仅前半掌着地，身体约呈五十五度前倾；行草礼时仅两手手指着地，身体约呈六十五度前倾。

怎样行茶艺伸掌礼

这是茶道表演中用得最多的示意礼。当主泡与助泡之间协同配合时，主人向客人敬奉各种物品时都简用此礼，表示的意思为：请和谢谢。

当两人相对时，可伸右手掌对答表示，若侧对时，右侧方伸右掌，左侧方伸左掌对答表示。

伸掌姿势就是：四指并拢，虎口分开，手掌略向内凹，侧斜之掌伸于敬奉的物品旁，同时欠身点头，动作要一气呵成。

怎样行茶艺寓意礼

在茶道活动中，自古以来在民间逐步形成了不少带有寓意的礼节。如最常见的为冲泡时的“凤凰三点头”，即手提水壶高冲低斟反复三次，寓意是向客人三鞠躬以示欢迎。

茶壶放置时壶嘴不能正对客人，否则表示请客人离开；回转斟水、斟茶、烫壶等动作，右手必须逆时针方向回转，左手则以顺时针方向回转，表示招手“来！来！来！”的意思，欢迎客人来观看，若相反方向操作，则表示挥手“去！去！去！”的意思。

另外，有时请客人选点茶，有“主随客愿”之敬意；有杯柄的茶杯在奉茶时要将杯柄放置在客人的右手面，所敬茶点要考虑取食方便。

什么是酒文化

酒文化是指酒在生产、销售、消费过程中所产生的物质文化和精神文化总称。酒文化包括酒的制法、品法、作用、历史等酒文化现象。既有酒自身的物质特征，也有品酒所形成的精神内涵，是制酒饮酒活动过程中形成的特定文化形态。

酒文化在中国源远流长，不少文人学士写下了品评鉴赏美酒佳酿的著述，留下了斗酒、写诗、作画、养生、宴会、饯行等酒神佳话。

酒作为一种特殊的文化载体，在人类交往中占有独特的地位。酒文化已经渗透到人类社会生活中的各个领域，对文学艺术、医疗卫生、工农业生产、政治经济各方面都有着巨大影响和作用。

如何理解酒文化内涵

酒文化作为一种特殊的文化形式，在传统的中国文化中有其独特的地位。在几千年的文明史中，酒几乎渗透到社会生活中的各个领域。

中国是一个以农业为主的国家，而中国的酒绝大多数是以粮食酿造的，酒紧紧依附于农业，成为农业经济的一部分。粮食生产的丰歉是酒业兴衰的晴雨表，各朝代统治者根据粮食的收成情况，通过发布酒禁或开禁，来调节酒的生产，从而确保民食。

中国是酒的王国。酒，形态万千，色泽纷呈；品种之多，产量之丰，皆堪称世界之冠。中国又是酒人的乐土，地无分南北，人无分男女老少，饮酒之风，历经数千年而不衰。

中国是酒文化的极盛地，饮酒的意义远不止生理性消费，远不止口腹之乐；在许多场合，它都是作为一个文化符号，一种文化消费，用来表示一种礼仪，一种气氛，一种情趣，一种心境。酒与诗，从此就结下了不解之缘。

李白画像

不仅如此，中国众多的名酒不单给人以美的享受，还给人以美的启示与力的鼓舞。每一种名酒的发展，都包容劳动者一代接一代的探索奋斗，英勇献身，因此名酒精神与民族自豪息息相通，与大无畏气概紧密相接。这就是中华民族的酒魂！

酒已不仅仅是一种客观的物质存在，而是一种文化象征，即酒神精神的象征。

酒是一个变化多端的精灵，它炽热似火，冷酷像冰；它缠绵如梦萦，狠毒似恶魔，它柔软如锦缎，锋利似钢刀；它无所不在，力大无穷，它可敬可泣，该杀该戮；它能叫人超脱旷达，才华横溢，放荡无常；它能叫人忘却人世的痛苦忧愁和烦恼到绝对自由的时空中尽情翱翔；它也能叫人肆行无忌，勇敢地沉沦到深渊的最底处，叫人丢掉面具，原形毕露，口吐真言。

在中国，酒神精神以道家哲学为源头。庄周主张，物我合一，天人合一，齐一生死。庄周高唱绝对自由之歌，倡导“乘物而游”“游乎四海之外”“无何有之乡”。庄子宁愿做自由的在烂泥塘里摇头摆尾的乌龟，也不做受人束缚的昂首阔步的千里马。追求绝对自由、忘却生死利禄及荣辱，是中国酒神精神的精髓所在。

在文学艺术的王国中，酒神精神无所不往，它对文学艺术家及其创造的登峰造极之作产生了巨大深远的影响。因为，自由、艺术和美是三位一体的，因自由而艺术，因艺术而产生美。

因醉酒而获得艺术的自由状态，这是古老中国的艺术家解脱束缚获得艺术创造力的重要途径。“志气旷达，以宇宙为狭”的魏晋名士、第一“醉鬼”刘伶，斗酒诗百篇的李白，“醉里从为客，诗成觉有神”的杜甫，“一杯未尽诗已成，涌诗向天天亦惊”的苏轼等，“至人”境界就是中国酒神精神的典型体现，酒醉而成传世诗作在中国诗史中俯拾皆是。

不仅为诗如是，在绘画和中国文化特有的艺术书法中，酒神的精灵更是活泼万端。画家中，郑板桥的字画不能轻易得到，于是求者拿狗肉与美酒款待，在郑板桥的醉意中求字画者即可如愿。

“吴带当风”的画圣吴道子，作画前必酣饮大醉方可动笔，醉后为画，挥毫立就。“元四家”中的黄公望也是“酒不醉，不能画”。“书圣”王羲之醉时挥毫而作《兰亭序》，“遒媚劲健，绝代所无”，而至酒醒时“更书数十本，终不能及之”。

李白写醉僧怀素：“吾师醉后依胡床，须臾扫尽数千张。飘飞骤雨惊飒飒，落花飞雪何茫茫。”

怀素酒醉泼墨，方留其神鬼皆惊的《自叙帖》。“草圣”张旭“每大醉，呼叫狂走，乃下笔”，于是有其“挥毫落纸如云烟”的《古诗四帖》。

酒的常识有哪些

一是酒的化学知识。酒是多种化学成分的混合物，酒精是其主要成分，除此之外，还有水和众多的化学物质。这些化学物质可分为酸、酯、醛、醇等类型。决定酒的质量的成分往往含量很低，但种类却非常多。这些成分含量的配比非常重要。

二是酒在人体内的吸收。酒精无需经过消化系统而可被肠胃直接吸收。酒进入肠胃后首先被血液带到肝脏，在肝脏过滤后，到达心脏，再到肺，从肺又返回到心脏，然后通过主动脉到静脉，再到达大脑和高级神经中枢。酒精对大脑和神经中枢的影响最大。

三是酒的度数。酒的度数表示酒中含乙醇的体积百分比，通常是以20摄氏度时的体积比表示的，如50度的酒，表示在100毫升的酒中，含有乙醇50毫升。表示酒精含量也可以用重量比，重量比和体积比可以互相换算。

啤酒的度数则不表示乙醇的含量，而是表示啤酒生产原料，也就是麦芽汁的浓度，以12度的啤酒为例，是麦芽汁发酵前浸出物的浓度为12%。麦芽汁中的浸出物是多种成分的混合物，以麦芽糖为主。

啤酒的酒精是由麦芽糖转化而来的，由此可知，酒精度低于12度。如常见的浅色啤酒，酒精含量为3.3%至3.8%；浓色啤酒酒精含量为4%至5%。

四是干酒和甜酒。葡萄酒和黄酒，常常分为干型酒和甜型酒，在酿酒业中，用“干”表示酒中含糖量低，糖分大部分都转化成了酒精。还有一种“半干酒”，所含的糖分比干酒较高些。甜的话，说明酒中含糖分高，酒中的糖分没有全部转化成酒精。还有半甜酒，浓甜酒。

五是酒瓶上的英文标记。酒瓶上往往有一些英文标记，表明酒的品质，不同的国家有不同的表示方法。

六是饮葡萄酒的规则。葡萄酒一般是在餐桌上饮用的，故常称为佐餐酒。在上葡萄酒时，如有多种葡萄酒，哪种酒先上，哪种酒后上，有几条国际通用规则。即先上白葡萄酒，后上红葡萄酒；先上新酒，后上陈酒；先上淡酒，后上醇酒；先上干酒，后上甜酒。

七是饮酒的最佳温度。黄酒温度约为45度至50度左右；白酒一般是在室温下饮用，但是，稍稍加温后再饮，口味较为柔和，香气也浓郁；

白葡萄酒和桃红葡萄酒是 8 度至12度；香槟酒、汽酒和甜型白葡萄酒是 6 度至 8 度；新鲜红葡萄酒是12度至14度；陈年红葡萄酒是15度至18度；啤酒较适宜的饮用温度在7度至10度之间，有的甚至在5度左右。如果喝黑啤酒，温度更低些。

八是开胃酒和佐餐酒。适合于开胃酒的酒类品种很多，传统的开胃酒品种大多是味美思、雪利酒，现代的开胃酒大多是调配酒，用葡萄酒或烈性酒作酒基，加入植物性原料的浸泡物或在蒸馏时加入这些原料；佐餐酒主要是白兰地和利口酒。

九是鸡尾酒和长饮。鸡尾酒和长饮都是混合酒，以烈性酒为基酒，加入香料酒、鸡蛋、果汁、冰块和糖水等混合而成；长饮是用烈性酒、果汁、汽水等混合而成的低酒精饮料，配料中酒较少，饮料较多，比鸡尾酒淡，可放置较长时间。

十是金酒。金酒是一种再制酒，它是用高度酒的中性酒为酒基，加入桧属植物的浆果或其它风味料，再次蒸馏后得到的产品。配制的金酒无须再次蒸馏，是用桧属植物的香油或其它风味料调配而成的。

怎样饮酒最养生

饮酒养生的经验，可以概括为以下几点：

一是常饮质量好、度数低的酒。清代学者顾仲在《养心录》中论到："酒以陈者为上，愈陈愈妙。暴酒切不可饮，饮必伤人。"发酵而成的黄酒是中国最古老的酒之一。含有丰富的氨基酸、多种糖类、有机酸、维生素等，发热量较高。

自古至今一直被视为养生健身的"仙酒"、"珍浆"，深受人们喜爱。这也是绍兴等黄酒从春秋战国至今一直盛行不衰，甚至成为宫廷和国宴用酒的重要原因。至于葡萄酒、桂花酒、菊花酒、椒柏酒、菖蒲酒、枸杞子酒、莲花酒、人参酒、茯苓酒等等滋补酒，也均是养生益寿的好酒。

二是饮酒适量。饮酒的目的在于"借物以为养"，而不能"身为物所役"，饮酒必须量力而行，适可而止。酒再好，如果不加以节制，也会损害身体的健康。

鉴于独饮滥饮的害处，古人一直致力于用法律的手段来禁酒，用道德训诫来劝人们自觉节饮和戒酒。《易经》、《诗经》等儒家的经典里都有劝告人戒酒或节饮的箴规。

饮酒过量，不仅会使人的知觉、思维、情感、智能、行为等方面失去控制，飘飘然忘乎所以。还会摧残人的肌体，导致营养障碍、精神失常、胃肠不适、肝脏损伤，甚至引起心脏、癌症等多种病变和中毒身亡的严重后果。

长期过量饮酒者的患病率极高，死亡率也大。如果一个人长期过量饮酒：他的寿命便会缩短十年至十二年。

三是饮法得当。人们不仅注重酒的质量和强调节制饮酒，而且还十分讲究饮酒的环境和方法，如什么时候能饮、什么时候不宜饮、在什么地方饮酒、饮什么酒、如何饮酒等，都有许多规矩和讲究。具体而言，饮酒的经验和方法主要表现在饮时心境要好，选择合适的时间，选择合适的场合，与亲朋聚饮。

四是温酒而喝。古人饮酒多温热了喝，商周时期的温酒器皿等，便是有力的证明。

酒为什么要温了喝呢？因为酒中除乙醇外，还含有甲醇、杂醇油、糠醛、丁醛、戊醛、乙醛、铅等有害物质。用沸水或酒精火加热，这些有害物质就会变成气体蒸发掉。当然，酒的温度也不能加得太高，酒过热了饮用，一是伤身体，二是乙醇挥发的太多，再好的酒也没味了。

五是饮必小咽，正确的饮法应该是轻酌慢饮。喝酒不宜太多大急，否则会损伤肠胃和肺。肺是心、肝、脾、肾、肺五脏中最重要的部分，好比帝王车子的车盖，特别不能损伤。徐坷也认为："急盥非所宜"，吃饭、饮酒都应慢慢地来，这样才能品出味道，也有助于消化，不至于给脾胃造成过量的负担。

六是勿混饮。元人贸铭在《饮食须知》中说："饮食藉以养生，而不知物性有相反相忌，纵然杂进，轻则五内不和，重则立兴祸患，是养生者亦未尝不害生也。"酒不可杂饮。饮之，虽善酒者亦醉，乃饮家所忌。

七是空腹勿饮。唐孙思邈《千金食治》中也提醒人们忌空腹饮酒。因为酒进入人体后,乙醇是靠肝脏分解的。肝脏在分解过程中又需要各种维生素来维持辅助，如果此时胃肠中空无食物，乙醇最易被迅速吸收，造成肌理失调、肝脏受损。因此，饮酒时应佐以营养价值比较高的菜肴、水果，这也是饮酒养生的一个窍门。

八是勿强饮。饮酒时不能强逼硬劝别人，自己也不能赌气争胜，不能喝硬要往肚里灌。《茶余客话》说："文人儒雅，概有斯致。夫唯府井仆役，以通为恭敬，以谵为慷慨，以大醉为欢乐。"言语中虽有轻侮劳动之意，但反对强饮是可取的。

九是酒后少饮茶。李时珍说："酒后饮茶，伤肾脏，腰脚重坠，膀胱冷痛，兼患痰饮水肿、消渴挛痛之疾。"现代科学已证实了他们所说的酒后饮茶对肾脏的损害。据古人的养生之道，酒后宜以水果解酒，或以甘蔗与白萝卜熬汤解酒。

中餐有什么特色

数千年来，中餐积累了精湛的烹调技艺，仅烹调的操作方法就有：烧、炸、烤、烩、熘、炖、爆、煸、熏、卤、煎、氽、贴、蒸等近百种，从而形成了各式各样、千差万别、风味各异的采系和品种。据不完全统计，现在全国有各式菜肴约一万多种。

著名的清宫廷宴席菜肴"满汉全席"，仅此一桌的冷热大菜就有一百二十余种。以这种大菜为代表的中国食文化，显示出华丽、气派的"天朝"和"帝王"心态，表现出中国传统文化的普遍特点。

中餐的菜肴以色艳、香浓、味鲜、型美而著称于世。其型美，尤以花式冷拼盘最为突出。它造型别致、五彩缤、栩栩如生，呈现出富有意境的景色和图案。

那山川树木、亭台楼阁、花鸟鱼虫、珍禽异兽，尽收盘中。仿佛是一幅美丽的图画，给人以享受。

而且中餐每套都以双数为单位，四六八十等成为一般的规则，俗话说：“两个盘子待客，三个盘子待鳖”，追求双数恰恰表现出中国文化注重“十全十美”，讲求偶数为利的心理习惯。

中餐的菜肴名称也别具特色，富有中国传统文化特色，给人以美好的回味。如游龙戏珠、阳春白雪、银珠牡丹、金玉围翠、玉手摘桃、宫门献鱼等等，五花八门，应有尽有。充满了诗情画意，有时就是一种立体的诗配画。

中国各地的饭店、酒家、餐馆、食摊比比皆是。尤其是各大中城市，仅在一地，就可以品尝到南北各地的饮食风味，荤素名菜，点心面粥，应时小吃。即使在国外，中式餐馆也有很多，几乎遍布世界各地。

并且这些中餐馆常常是宾客满座，应接不暇，生意十分兴隆。在美国，中餐馆更是多得惊人。仅纽约一个城市，就有五千家以上。

必须指出的是，食文化与饮食文化不相同，其满足口福的单纯生理需要并不占有主要地位，它是通过食的过程而感受到其背后的文化意味和历史风情的，并由此而了解这一地域或国家。

当代饮食文化具有更加鲜明的时代色彩，食的对象发生了明显的变化，环境意识、动物保护意识和无公害意识被越来越多的人所认同。因此，那些以山珍野味为主要对象的中国食文化也必须发生变革，否则不仅不会得到相应的收益，反而会因此而受到旅游者的批评。

什么是食文化

中国是具有五千年历史的文明古国，它的饮食文化与烹调技艺是它的文明史的一部分，是中国灿烂文化的结晶。

中国疆域辽阔，气候多样，热带、亚热带、温带、亚寒带兼而有之；地形多样，江河湖海，山川平原，无一不备，这样就为中国的饮食与烹调提供了不同种类、不同品质的鱼肉禽蛋、山珍海味、瓜果蔬菜等丰富的动植物原料、调料。

中国幅员辽阔，是世界上最重视“吃”的民族，经过几千年的发展，形成了博大精深的食文化。长期以来，各地由于选用不同的原料，不同的配料，采用不同的烹调方法，因而形成了各自的独特风味和不同的菜系。其中，较为著名的八大菜系指川菜、粤菜、苏菜、湘菜、闽菜、徽菜、浙菜、鲁菜，各个风味独特，别具一格。

怎样纠正不良饮食习惯

不良饮食习惯包括炒菜时多放油、糖、盐，讲美食不讲营养；肉类消费猛增加，饮食结构西方化；明知油炸食品不健康却贪图味美照吃不误；早餐太少晚餐太饱，一日三餐分布不均。

炒菜时多放油、糖、盐，讲美食不讲营养。现在很多饭店或者居民，总是强调口味，光讲美食而不讲营养。为了口味好，很多人在炒菜时多放油多放糖，或者用油炸、油煎食物。

当前我国每人平均每天摄入40克油，而我国发布的《中国居民平衡膳食宝塔》中规定，油脂的摄入量每人每天不超过25克，而油脂和糖的摄入量过多会导致肥胖、高血压等慢性疾病。

盐的摄入量过多也是当前我国人群面临的一个问题，世界卫生组织发布的标准是每人每天盐的摄入量不超过六克，中国营养学会发布的标准是每人每天盐的摄入量不超过十克，北方居民喜欢口味重，盐的摄入量更多。而盐的摄入量过高会直接导致高血压等慢性疾病。

肉类消费猛增加，饮食结构西方化。在20世纪80年代，我国居民的饮食结构还是属于标准的东方膳食结构，居民的饮食中，粗粮、豆类、薯类、肉类食物都有一定的摄入量；但现在居民的饮食结构却出现了严重的西方化倾向，肉类、蛋类的消费剧增。现在居民的饮食中，肉类所占的比例至少比20年前高出一倍。肉类是高能量和高脂肪食物，摄入过多往往会引起肥胖，且是某些慢性病的诱发因素。

明知油炸食品不健康却贪图味美照吃不误。经过高温或者熏烤后，油条、麻花等油炸食品，烤羊肉串、熏鱼、熏肉等烘烤食品会含有很多致癌物质，其中最具有代表性的致癌物质就是苯并芘；

苯并芘是一种强烈的致癌物质，在人体任何部位都可引发肿瘤，毒性非常大，苯并芘可以通过胎盘侵害胎儿，可以通过乳汁侵害婴幼儿，还能引起心脑血管疾病等。

早餐太少晚餐太饱，一日三餐分布不均。平衡膳食要注意一日三餐分配要合理，一般早、中、晚餐的能量分别占总能量的30%、40%和30%。

怎样搭配适合自己的食物

据《中国居民平衡膳食宝塔》介绍，平衡膳食宝塔共分五层，包含每天应吃的主要食物种类。

宝塔各层位置和面积不同，这在一定程度上反映出各类食物在膳食中的地位和应占的比重。谷类食物位居底层，每人每天应该吃300克至500克；蔬菜和水果占据第二层，每天应吃400克至500克和100克至200克；鱼、禽、肉、蛋等动物性食物位于第三层，每天应该吃125克至200克；奶类和豆类食物合占第四层，每天应吃奶类及奶制品100克和豆类及豆制品50克。第五层塔尖是油脂类，每天不超过25克。

每一个人可根据平衡膳食宝塔，根据自己的情况确定自己的食物需要量，比如年轻人、劳动强度大的人需要能量高，应适当多吃主食，老年人、活动少的人需要能量少，可少吃些主食。

平衡膳食宝塔建议的各类食物摄入量是一个平均值和比例，每日膳食中应当包括宝塔中的各类食物，各类食物的比例也应基本同膳食宝塔一致。日常生活中重要的是一定要遵循宝塔各层各类食物的大体比例，同类互换，调配丰富多彩的膳食，合理分配三餐食量，养成习惯，长期坚持。

怎样确定不同人群膳食标准

《中国居民膳食指南》对不同人群的膳食标准提出了不同的要求。

婴儿膳食：鼓励母乳喂养，母乳喂养四个月后逐步添加辅助食品。

幼儿与学龄前儿童膳食：幼儿与学龄前儿童要每日饮奶，养成不挑食、不偏食的饮食习惯；幼儿每日饮奶或相应的奶制品不少于350毫升，还要注意吃蛋和蛋制品、半肥瘦的禽畜肉、肝类、加工好的豆类以及切细的蔬菜类，每周可吃一些动物和海产品类食物;学龄前儿童食物的分量要增加，并且逐步进食一些粗粮类食物。

学龄儿童膳食：要保证吃好早餐，少吃零食，饮用清淡饮料，控制食糖；学龄儿童可以接受成人的大部分饮食，男孩子的食量不低于父亲，女孩子不低于母亲，尤其要吃好早餐，食量相应于全日量的三分之一，食物要粗细搭配，多吃富含蛋白质的鱼、禽、蛋、肉、奶类及豆类，不要挑食。

青少年膳食：青少年要多吃谷类，供给充足的体能，保证鱼、肉、蛋、奶、豆类和蔬菜的摄入，避免盲目节食；青少年每日摄入的蛋白质应有一半以上是优质蛋白质，因此，膳食中应含有充足的动物性和大豆类食物；

青少年每日摄入一定量奶类和豆类食品，能补充生长发育所需的钙，增加维生素C的摄入能促进铁的吸收，青春发育期的女孩，要常吃海产品增加碘的摄入。

孕妇膳食：孕妇从第四个月起必须增加能量和各种营养素，满足新陈代谢的需要；我国推荐膳食营养素供给量规定，孕妇中期每日的能量、蛋白质、钙、铁和其它营养素如碘、锌、维生素 A、D、E、B1、B2、C 等都要相应增加，膳食中要增加鱼、肉、蛋等富含优质蛋白质的动物性食物，含钙丰富的奶类食物、含无机盐和维生素丰富的蔬菜、水果等。

乳母膳食：我国推荐膳食营养素供给量建议乳母每日要增加蛋白质、钙和能量的摄入，因此乳母每日要饮牛奶、多吃肉类食物和大豆制品、水产品。

老年人膳食：老年人必须从膳食中获得足够的微量营养素，食物不宜过精，主食要粗细搭配，保证纤维和各种微量元素等的需要。

第十二部分 近现代著名国学大师简介

俞樾（1821～1907），字荫甫，号曲园，浙江德清人，晚清著名文学家、教育家、经学家、书法家，著名国学大师。

俞樾一生孜孜不倦致力教育，辛勤笔耕，著有五百余卷学术巨著《春在堂全集》，除《群经平议》50卷、《诸子平议》50卷、《茶香室经说》16卷、《古书疑义举例》7卷外，其《第一楼丛书》31卷、《曲园俞楼杂纂》共百卷，并颇资考证。

俞樾长于经学和诗词、小说、戏曲的研究，所作笔记搜罗甚广，包含有中国学术史和文学史的珍贵资料。

孙诒让（1848～1908），幼名效洙，又名德涵，后名诒让，字仲颂，别号籀庼，浙江瑞安人。

孙诒让是我国近代著名的一代经师，由于他的学术研究极为朴实，故又被称为朴学家，并被誉为“有清三百年朴学之殿”，他 13 岁就著成《广韵姓氏刊误》，18 岁写成《白虎通校补》，一生著作达 35 种，在经学、史学、诸子学、文字学、考据学、校勘学等方面都有卓越的成就。孙诒让的三十余种著作，以《周礼正义》、《墨子间诂》、《札迻》、《古籀拾遗》、《契文举例》、《名原》、《温州经籍志》、《籀庼述林》尤负盛名。

孙诒让主要著作《周礼正义》是解释周礼最精审详备之作，《墨子间诂》为训诂名著，被誉为“现代墨子复活”，《契文举例》是考释殷墟文字最早的著作。

杨守敬（1839～1915），字惺吾、号邻苏，晚年自号邻苏老人，湖北省宜都市陆城镇人，清末民初杰出的历史地理学家、金石文字学家、目录版本学家、书法艺术家、泉币学家、藏书家，有83种著作传世，驰名中外。

杨守敬用毕生的精力和学识，运用金石考古等多种方法研究《水经》、《水经注》，历经四、五十年，集我国几百年水经研究之大成，撰写有代表巨著《水经注疏》、编绘有《历代舆地沿革图》、《历代舆地沿革险要图》和《水经注图》等。

杨守敬对目录版本学的造诣也颇深，撰著有《湖北金石志》、《日本金石志》、《望党金石录》等。编辑有《寰宇贞石图》、《三续寰宇访碑录》等。目录版本方面的著作《日本访书志》，与人合辑的《古逸丛书》等，都颇受当时学者名流的推重，至今也是少有的杰作。

王先谦（1842～1917），字益吾，因宅名葵园，学人称其为葵园先生，湖南长沙人。曾任城南书院、岳麓书院山长。光绪六年（1880年）任国子监祭酒，复在国史馆、实录馆兼职，充云南、江西、浙江三省乡试正副考官；光绪十一年（1885年）督江苏学政。

王先谦在任内延揽文人，开设书局，校刻《皇清经解续编》，成书一千余卷；还刻有《南菁书院丛书》等。

王先谦博览古今图籍，研究各朝典章制度。治学重考据、校勘，荟集群言。除前述校刻《皇清经解续编》外，还编有《清十朝东华录》、《续古文辞类纂》等；著有《汉书补注》、《水经注合笺》、《后汉书集解》、《荀子集解》、《庄子集解》、《诗三家义集疏》等。

刘师培（1884～1919），字申叔，号左盦，汉族，江苏仪征人，一代经学大师。治学方面，刘师培在继承《左氏》家学的同时，善于把近代西方社会科学研究方法和成果，吸收到中国传统文化研究中来，开拓了传统文化研究的新境界。

刘师培运用进化论思想研究古代社会生活的《论小学与社会学之关系》、《读书随笔》、《国学发微》、《小学发微补》等，具有开创意义；关于《左传》的研究成果，有《春秋左氏传古例诠征》、《春秋左氏传例略》、《春秋左氏传答问》《春秋左氏传时月日古例考》、《读左札记》等;他研究《周礼》所著的《周礼古注集疏》、《礼经旧说考略》、《逸礼考》以及《古书疑义举例补》、《论文札记》等，都有较高的学术地位。

严复（1854 ~ 1921），原名宗光，字又陵，后改名复，字几道，汉族，福建侯官人，是清末很有影响的资产阶级启蒙思想家，翻译家和教育家，是中国近代史上向西方国家寻找真理的“先进的中国人”之一。著作有《严几道诗文钞》等，著译编为《侯官严氏丛刊》、《严译名著丛刊》。在学术方面，严复翻译了《天演论》、《原富》、《群学肄言》、《群己权界论》、《社会通诠》、《穆勒名学》、《名学浅说》、《法意》、《美术通诠》等西洋学术名著，是近代中国开启民智的一代宗师。

沈曾植（1850 ~ 1922），字子培，别号乙庵，号巽斋，晚号寐叟，晚称巽斋老人，浙江嘉兴人。1880年考中进士，供职刑部。

在职期间，他精研古今律法，著有《汉律辑存》、《晋书刑法志补》等书，之后，他出任总理各国事务衙门章京，主管俄国事务，因而，益究四裔舆地之学，于辽、金、元三史，创获颇多，声名远播。

1893 年，俄罗斯使臣喀西尼以《唐阙特勤碑》、《突厥苾伽可汗碑》《九姓回鹘受里登汨没密施合毗伽可汗圣文神武碑》影印本，求沈曾植翻译考证，沈作三碑跋博得众人认同。此事后来广为流传，西方学者也多加以引用。

在沈曾植一生的著述中，有关舆地之学占了很重要的部分，计有《元秘史笺注》、《皇元圣武亲征录校注》、《岛夷志略广证》、《蒙古源流笺证》等十余部。

王国维（1877 ~ 1927），字伯隅、静安，号观堂、永观，汉族，浙江海宁盐官镇人，清末秀才。我国近现代在文学、美学、史学、哲学、古文字、考古学等各方面成就卓著的学术巨子，国学大师。

作为中国近代著名学者，王国维从事文史哲学数十载，是近代中国最早运用西方哲学、美学、文学观点和方法剖析评论中国古典文学的开风气者，又是中国史学史上将历史学与考古学相结合的开创者，确立了较系统的近代标准和方法。

这位集史学家、文学家、美学家、考古学家、词学家、金石学家和翻译理论家于一身的学者，生平著述62种，批校的古籍逾两百种。收入其《遗书》的有42种，以《观堂集林》最为著名。被誉为“中国近三百年来学术的结束人，最近八十年来学术的开创者”。

辜鸿铭（1857 ~ 1928），字汤生，出生于南洋马来半岛西北的槟榔屿一个英国人的橡胶园内，是中国近现代为数稀少的博学汉学，又精通西方语言与文化的学者，号称“清末怪杰”。

辜鸿铭精通英文、法文、德文、拉丁文、希腊文、马来文等 9 种语言，通晓文学、儒学、法学、工学与土木等文、理各科。他创造性地翻译了中国“四书”中的三部，即《论语》、《中庸》和《大学》,并著有《中国的牛津运动》和《中国人的精神》（原名《春秋大义》）等书，向西方人倡扬东方的文化和精神，产生了重大的影响，在西方形成了“到中国可以不看紫禁城，不可不看辜鸿铭”的说法。

廖平（1852 ~ 1932），初名登廷，字旭陵，号四益；继改字季平，改号四译；晚年更号为六译。这些名号的更改，反映了他的思想和经学的变化过程。四川井研县青阳乡盐井湾人。他一生研治经学，作出了超越前人的学术贡献，并形成了一个融合古今中西各种学说，富有时代特色的经学理论体系，他是中国近代最著名的经学大师，在中国近代学术界占有极其重要的地位。

廖平于光绪二年（1876年）由官方供奉，进入成都尊纪院深造，光绪七年（1881年）注《春秋谷梁传》，次年成《谷梁集解纠谬》两卷和《公羊何氏角诂十论》。其说多为前人未发之论。他一生著述甚丰，计一百多种，主要辑为《六译馆丛书》。

黄侃（1886～1935），初名乔鼐，后更名乔馨，最后改为侃，字季刚，又字季子，晚年自号量守居士，湖北省蕲春县人，著名语言文字学家。黄侃1905年留学日本，在东京师事章太炎，受小学、经学，为章氏门下大弟子。

黄侃在经学、文学、哲学各个方面都有很深的造诣，尤其在传统“小学”的音韵、文字、训诂方面更有卓越成就，他主张中国传统语言文字学的研究应以《说文》和《广韵》两书为基础，他重视系统和条理，强调从形、音、义三者的关系中研究中国语言文字学，以音韵贯穿文字和训诂。

黄侃的主要著作有《黄季刚先生遗嘱专号》、（中央大学《文艺丛刊》1936 年第 2 卷第 2 期），《黄侃论学杂著》、《集韵声类表》、《日知录校记》等多种。

章太炎（1869 ～ 1936），名炳麟，字枚叔，初名学乘。后改名绛，号太炎。早年又号“膏兰室主人”、“刘子骏私淑弟子”等。浙江余杭人，清末民初民主革命家、思想家、中国近代著名朴学大师。著名学者，研究范围涉及小学、历史、哲学、政治等等。在文学、历史学、语言学等方面，均有成就。

章太炎一生著作颇多，约有四百余万字。著述除刊入《章氏丛书》、《续编》外，遗稿又刊入《章氏丛书三编》，所著《新方言》、《文始》、《小学答问》，上探语源，下明流变，颇多创获。关于儒学的著作有《儒术新论》、《订孔》等，都有极高的研究价值。

鲁迅（1881～1936），原名周树人，字豫山、豫亭，后改名为豫才，浙江绍兴人，著名文学家、思想家、革命家，是中国文化革命的主将。也被人民称为“民族魂”。

鲁迅于1902年赴日本留学，1912年纂辑谢承《后汉书》，1913年校《嵇康集》，1915年1月辑成《会稽郡故书杂集》一册，同月刻《百喻经》。

1923年，鲁迅出版《中国小说史略》上卷，次年出版《中国小说史略》下卷，并校《嵇康集》及《嵇康集》序。鲁迅一生的著作和译作近一千万字，其主要成就在杂文和小说方面，但其国学方面的成绩也不容忽视。

钱玄同（1887～1939），原名钱夏，字德潜，号疑古，汉族，浙江吴兴（现浙江湖州市）人。语文改革活动家、文字音韵学家、中国“五四”新文化运动的倡导者之一、著名思想家。

他积极主张汉字改革。认为汉字难认、难记、难写，不利于普及教育、发展国语文学和传播科学技术知识，他还倡导使用新式标点符号、阿拉伯数字、公元纪念法、汉字横行书写等。

在音韵学研究方面，他的代表作是《文字学音篇》。这是一篇全面论述传统音韵学的著作。其中既继承了章太炎等的传统音韵学的成果，又受到了高本汉的现代语音学研究方法和观点的影响，在当时学术界产生了很大的反响。此外，他还著有《〈广韵〉四十六字母标音》、《古音无“邪”纽证》、《古韵二十八部音读之假定》等。其中多用现代语音学的知识分析音理，拟测古音，在方法论上有所创新。另外，他还著有《说文部首今读》、《说文音符今读》和《中国文字学说略》、《说文部首今语解》、《中国文字形体变迁新论》等论著。

吴梅（1884～1939），男，字瞿安，号霜臣，江苏苏州人，著名戏曲理论家、教育家和诗词曲作家。吴梅一生致力于戏曲及其它声律研究和教学。主要著作有《顾曲麈谈》、《曲学通论》、《中国戏曲概论》、《元剧研究》、《南北词谱》等。

吴梅对古典诗、文、词、曲研究精深，作有《霜崖诗录》、《霜崖曲录》、《霜崖词录》行世。又长于制曲、谱曲、度曲、演曲，作《风洞山》、《霜崖三剧》等传奇、杂剧十余种。老先生终生执教，自1905年至1916年，先后在苏州东吴大学堂、存古学堂、南京第四师范、上海民立中学任教。1917年至1937年间，在北京大学、东南大学、中央大学、中山大学、光华大学、金陵大学任教授。

罗振玉（1866～1940），初字坚白，后改字叔蕴、松翁、贞松老人、仇亭老民等，原籍浙江上虞县永丰乡，客籍江苏省淮安，著名农学家、教育家、考古学家、金石学家、敦煌学家、目录学家、校勘学家、古文字学家，中国现代农学的开拓者，中国近代考古学的奠基人。

罗振玉在政治上始终“恪守旧制”，以满清遗老身份曾任伪“满洲国”监察院院长。但他对中国科学、文化、学术又颇有贡献，参与开拓中国的现代农学、保存内阁大库明清档案、从事甲骨文字的研究与传播、整理敦煌文卷、开展汉晋木简的考究、倡导古明器研究。他一生著作达189种，校刊书籍642种。

蔡元培（1868～1940），字鹤卿，又字仲申、民友、孑民，乳名阿培，并曾化名蔡振、周子余，汉族，浙江绍兴山阴县人，原籍浙江诸暨。著名教育家、政治家、革命家。中华民国首任教育总长，1916年至1927年任北京大学校长，革新北大，开“学术”与“自由”之风。

蔡元培始终信守爱国和民主的政治理念，致力于废除封建主义的教育制度，奠定了我国新式教育制度的基础，为我国教育、文化、科学事业的发展作出了富有开创性的贡献。著作有《蔡元培语萃》、《文化融合与道德教化》、《蔡元培学术文化随笔》、《蔡元培教育文选》、《蔡元培教育论著选》等。

梁启超（1873～1929），字卓如，号任公，又号饮冰室主人、饮冰子、哀时客、中国之新民、自由斋主人等。汉族，广东新会人。中国近代维新派领袖，著名的政治家、启蒙思想家、资产阶级宣传家、教育家、史学家、文学家、学者。在哲学、文学、史学、经学、法学、伦理学、宗教学等领域，均有建树，以史学研究成绩最著。

1901至1902年，梁启超先后撰写了《中国史叙论》和《新史学》，批判封建史学，发动“史学革命”。1922年起在清华学校兼课，1925年任清华国学研究院导师。

这期间著有《清代学术概论》、《墨子学案》、《中国历史研究法》、《中国近三百年学术史》、《情圣杜甫》、《屈原研究》、《先秦政治思想史》、《中国文化史》、《变法通议》等。

他一生著述宏富，有多种作品集行世，以1936年9月11日出版的《饮冰室合集》较称完备。《饮冰室合集》计148卷，1000余万字。

康有为(1858～1927），又名祖诒，字广厦，号长素，又号明夷、更甡、西樵山人、游存叟、天游化人，晚年别署天游化人，广东南海人，人称“康南海”，清光绪年间进士，官授工部主事。出身于仕宦家庭，乃广东望族，世代为儒，以理学传家。近代著名政治家、思想家、社会改革家、书法家和学者，他信奉孔子的儒家学说，并致力于将儒家学说改造为可以适应现代社会的国教，曾担任孔教会会长。

主要著作有《春秋董氏学》、《孔子改制考》、《康子篇》、《新学伪经考》、《日本变政考》、《大同书》、《欧洲十一国游记》、《广艺舟双楫》等。

马衡（1881～1955），字叔平，别署无咎、凡将斋，浙江鄞县人。西泠印社第二任社长，金石考古学家、书法篆刻家。早年在南洋公学读书，曾学习经史、金石诸学。精于汉魏石经，注重文献研究与实地考察。1922年被聘为北京大学研究所国学门考古研究室主任兼导师，同时在清华大学、北京师范大学、北京女子师范大学兼课。

马衡毕生致力于金石学的研究，上承清代乾嘉学派的训诂考据传统，又注重对文物发掘考古的现场考察，主持过燕下都遗址的发掘，对中国考古学由金石考证向田野发掘过渡有促进之功，遂使其学术水平领先于时代，被誉为“中国近代考古学的前驱”。其主要著作有《中国金石学概要》、《凡将斋金石丛稿》等。

沈兼士（1887～1947），浙江吴兴人。中国语言文字学家、文献档案学家、教育学家。1905年与兄沈尹默自费东渡日本求学，入东京物理学校。时章太炎先生居东瀛，沈兼士拜其门下，并加入同盟会。回国后曾历任北京大学、清华大学等校国文系教授，故宫博物院文献馆馆长等职。

他在语言文字领域的贡献主要体现在积极参加国语运动，创建汉语字族学。在建立汉语字族学方面，著有《广韵声系》一书，在中国传统语言学研究的经验与成果的基础上，将语义与语音结合起来研究，以文字为标音符号，从叙述谐声字发展的历史轨迹中，揭示汉语语根与派生词的亲族关系，即建立汉语的字族学。他认为这是建设汉语语言学的必要条件。

此外，他还著有《声训论》、《广韵异读字研究序》等著作以及一些研究具体某个汉字的字族的论文等。

钱基博（1887～1957），字子泉，别号潜庐，中国江苏无锡人，国学大师，教育家，古文学家、文史专家。13岁读《资治通鉴》和《续资治通鉴》，先后将两部巨著圈点七遍，又精研《读史方舆纪要》。16岁撰《中国舆地大势论》，发表于《新民丛报》。1937年，在浙江大学中文系任教授。抗日战争胜利后，转任武昌私立华中大学教授。

钱基博著述丰厚，见解独特，深受学界敬重，其主要著作有《经学通志》、《现代中国文学史》、《韩愈志》、《韩愈文读》、《古籍举要》、《国学必读》、《读庄子天下篇疏记》、《名家五种校读记》、《文心雕龙校读记》、《版本通义》《骈文通义》、《明代文学》、《四书解题及其读法》、《文史通义解题及其读法》、《周易、解题及其读法》、《老子解题及其读法》、《孙子章句训义》等多种。

胡小石（1888～1962），名光炜，字小石，号倩尹，又号夏庐，斋名愿夏庐，晚年别号子夏、沙公，江苏南京人，原籍浙江嘉兴，国学大师兼为文学家、文字学家、史学家、书法家、艺术家。

胡小石一生著作等身。早年所著《中国文学史讲稿》上编，取"一代有一代之胜"观点，阐述中国文学演变，颇具卓识，后来的文学史家冯沅君、陆侃如、刘大杰的著述均受其启发。对楚辞之学，综合旧闻，择善而从，独创新说。

著有《远游疏记》、《楚辞郭注义证》、《楚辞辨名》、《离骚文例》、《屈原与古神话》、《楚辞札记》(未定稿)、《甲骨文例》、《读契札记》、《金文释例》、《齐楚古金表》、《声统表》、《广韵正续》、《说文部首疏证》、《江津县方言志》等。

梅光迪（1890～1945），字迪生，一字觐庄，安徽宣城人。梅光迪于12岁应童子试，18岁肄业安徽高等学堂，1911年考取第三届庚子赔款留美生考试。同年赴美入威斯康星大学，专攻文学。1920年自美归国，应刘伯明邀，到南京高等师范任教。翌年1月与刘伯明等创办《学衡》杂志，以"阐扬旧学、灌输新知"为职志。撰文介绍西欧古代重要学术文艺，以及近世学者论学之作，期国人于西方文化有更真切深透之了解，而融新变故，能寻得更适当的途径。

梅光迪学问渊博，为我国对中西文化思想很有研究的一位学者，但不轻易动笔，不急求出版，所以一生著作不多。其中文著述大多收入《梅光迪文录》，英文著作收入《家信集》，以为附录。

刘文典（1889～1958），原名文聪，字叔雅。安徽合肥人，国学大师。刘文典1909年赴日本留学，1916年回国，在北京大学任教，研究诸子著作。

刘文典学识渊博，学贯中西，通晓英、德、日多国文字，专长校勘学，版本目录学，唐代文化史等学科。1923年，刘文典出版专著《淮南鸿烈集解》，受到学术界极大重视。继《淮南鸿烈集解》之后，刘文典又从事《庄子》、《说苑》等书的校勘，写了《三余札记》。1939年，完成了《庄子补正》、《说苑斠补》等书的校勘编撰。

他的主要著作有：《淮南鸿烈集解》、《三余札记》、《进化论讲话》、《进化与人生》等。

傅斯年（1896～1950），字孟真，山东聊城人，祖籍江西永丰。历史学家、学术领导人、五四运动学生领袖之一、中央研究院历史语言研究所的创办者。傅曾任北京大学代理校长、国立台湾大学校长。他所提出的“上穷碧落下黄泉，动手动脚找东西”的原则影响深远。

在学术上，傅斯年信奉考证学派传统，主张纯客观科学研究，注重史料的发现与考订，发表过不少研究古代史的论文。并多次去安阳指导殷墟发掘。他主持历史语言研究所期间，延揽一流人才，著作有《傅孟真先生集》。

余嘉锡(1884～1955)，字季豫，号狷庵，湖南省常德市人。当时著名目录学家、古文献学家、生前曾任辅仁大学文学院院长，国文系教授，中国科学院语言研究所专门委员等职。14岁作《孔子弟子年表》，15岁又注《吴越春秋》。18岁乡试中举人。1927年去北平，参加审阅《清史稿》，受私立辅仁大学校长陈垣赏识，被聘为讲师，主讲目录学。随后又在北京大学、中国大学、民国大学、女子师范大学等校兼教目录学。

余嘉锡把毕生精力用在教学和著述上，治学严谨，博览群书，既是文献目录学家，又是史学家，最精于考证。已经出版的著作有《目录学发微》、《古书通则》、《四库提要辨证》、《世说新语笺疏》以及《余嘉锡论学杂著》等。特别是《四库提要辨证》一书，为毕生精力所萃，它就原著指陈得失，旁征博引，考证详实，为学术界的一部名著。《世说新语笺疏》于校诂文字外，尤重于魏晋人事的品评之中。他说："一生所著甚多,于此最为劳粹。"这部书是后人研读古典名著《世说新语》的最佳版本，1952 年秋，撰就《元和姓纂提要辨证》书稿。

柳诒征（1879～1956），字翼谋，号劬堂、知非，江苏镇江人。17岁考中秀才，1914年2月，应聘为南京高等师范学校国文、历史教授；1925年东南大学发生学潮后一度离去北上，先后执教于清华大学、北京女子大学和东北大学；1927年任江苏省立国学图书馆馆长，1929年重返南京，任教中央大学；并曾任南京图书馆馆长、考试院委员、江苏省参议员。

抗战期间，柳诒征先后任教于浙江大学、贵州大学和重庆中央大学，兼任国史馆纂修。

新中国成立后，柳诒征执教于复旦大学。曾主编《江苏省立国学图书馆图书总目》、《江苏省立国学图书馆现存书目》。著有《中国文化史》、《国史要义》、《东亚各国史》、《中国版本概论》、《劬堂题跋》等书。

朱师辙（1879～1969），字少滨，号允隐，生于黟县，祖籍苏州。文字训诂学家、历史学家。

1912 年，朱师辙与其父朱孔彰相继任清史馆编修，与名学者缪荃孙等，汇集清代史料，成《清史稿》536 卷，其中《艺文志》有一百多篇出于朱师辙之手。后任北平辅仁大学及中国大学教授，另有《商君书解诂》、《和清真词》、《黄山樵唱》、《清史述闻》等著作。

马一浮（1883～1967），幼名福田，字一佛，后字一浮，号湛翁，别署蠲翁、蠲叟、蠲戏老人，男，汉族，浙江绍兴人。中国国学大师、一代儒宗，一生著述宏富，有"儒释哲一代宗师"之称。

马一浮少年时读书，过目能诵，时称神童。早岁应浙江乡试，名列榜首，后与马君武、谢无量在上海创刊《二十世纪翻译世界》传播西方文化，时有“天下文章在马氏”之誉。

马一浮对文字学、古典文学及哲学均深有造诣，能法、英、德、日、俄、拉西六种外文。著述甚富，主要有《泰和会语》、《宜山会语》、《复性书字讲录》、《尔雅台答问》、《尔雅台答问继编》、《老子道德经注》、《马一浮篆刻》、《蠲戏斋佛学论著》、《蠲戏斋诗编年集》、《避寇集》、《朱子读书法》等，所著后人辑为《马一浮集》。

熊十力（1885～1968），原名继智、升恒、定中，号子真、逸翁，晚年号漆园老人，汉族，著名哲学家，新儒家开山祖师，国学大师。湖北省黄冈县上巴河张家湾人。

1917年赴广州参加孙中山领导的“护法运动”，失败后，决意专心从事哲学研究。先后在武昌文华大学、天津南开中学、北京大学、浙江大学任教。著有《新唯识论》、《原儒》、《体用论》、《明心篇》、《佛教名相通释》、《乾坤衍》等书。其学说影响深远，在哲学界自成一体，“熊学”研究者也遍及全国和海外。

1956年完成《原儒》，全书共三十三万余字，重点发掘了儒学中有价值的部分，并按照自己的理解，以“六经注我”的精神，重新阐释了儒学经典和儒学史。

张君劢（1887～1968），原名嘉森，字士林，号立斋，别署“世界室主人”，笔名君房，上海宝山人。近现代学者，被部分学者认为是早期新儒家的代表之一。

1918年，张君劢等六人随梁启超去欧洲考察，之后留在德国师从倭铿学习哲学。后来曾参与创办过政治大学、学海书院和民族文化书院，当过北京大学和燕京大学教授，是1923年“人生观论战”的发起人和后来《文化宣言》的发起人，并先后有《人生观》、《民族复兴之学术基捶》、《中华民国民主宪法十讲》、《社会主义思想运动概论》、《中国专制君主制之评议》、《主国之道》、《明日之中国文化》、《新儒家思想史》等论著发表和出版，被公认是现代新儒家的重镇。

张君劢的主要著作有《中西印哲学文集》、《新儒家哲学发展史》、《思想与社会序》、《民族复兴之学术基础》等。

蒙文通（1894～1968），字尔达，名文通，四川省盐亭县石牛庙乡人，我国现代杰出的历史学家，国学家。蒙文通在中国古代史及古代学术文化研究领域中，辛勤耕耘了一生，造诣很深，成就甚高。

1914年，蒙文通所著的《孔氏古文说》，笔触深入旧史与六经的根基，由此辨其差别进而解开以后学者在二者上争论的症结。蒙文通独特的见地深得业界赞同。之后，蒙文通又相继撰述《近二十年来汉学之平议》、《经学抉源》、《天问本身》、《周秦民族史》、《中国史学史》、《考古甄微》、《儒家政治思想之发展》、《墨学之流变及其原理》等专论。

陈寅恪（1890～1969），江西义宁人，中国现代最负盛名的历史学家、古典文学研究家、语言学家。

陈寅恪长期致力于教学和史学研究工作，在史学研究中写出了高水平的史学著作，为人们开拓了历史的视野，对我国史学研究作出了贡献。

其主要著作有《陈寅恪魏晋南北朝史讲演录》、《隋唐制度渊源略论稿》、《唐代政治史述论稿》、《金明馆丛稿初编》、《金明馆丛稿二编》、《陈寅恪学术文化随笔》、《陈寅恪文集》、《李唐氏族推测之后记》等。

范文澜（1893 ～ 1969），初字芸台，改字仲澐，浙江绍兴人。范文澜在私塾读书时,就已经读了《四书》《五经》和《泰西新史揽要》等书。他尤爱读《礼记》“大同之世”、陶潜《桃花源记》。

大学时代，从刘师培治经、陈汉章治史，黄侃学文。在南开大学任教时，应顾颉刚之约，组织朴社，出版书刊。1925年出版的《文心雕龙讲疏》，是范文澜的第一部学术著作。1926年，出版了《群经概论》。1931年，出版了《正史考略》。将《文心雕龙讲疏》改为《文心雕龙注》。

从范文澜早年三部学术著作看出，他文学、经学、史学都很精通。抗日战争以后，范文澜出版了《中国通史简编》和《中国近代史》上册，这是他以后半生精力撰写出来的两部重要著作。

吕思勉（1884～1957），字诚之，江苏常州人，12岁以后在父母师友的指导下读史书，了解中国历史。16岁自学古史典籍。1926年起，任上海光华大学国文系、历史系教授兼系主任。抗战期间，归乡闭户著书。抗战胜利后，重返光华大学。1949年后，任华东师范大学历史系教授。

吕思勉先生是我国现代著名的史学家，知识渊博，学术造诣高。他的史学研究通贯各时代，周瞻各领域，在中国通史、断代史和各种专史领域都作出了独到的贡献，为后人的学习研究留下了一笔宝贵的财富。

其主要著作有《白话本国史》、《吕著中国通史》、《先秦史》、《秦汉史》、《两晋南北朝史》、《隋唐五代史》、《先秦学术概论》、《理学纲要》《中国民族史》、《中国制度史》、《论学集林》等。

汪国垣（1887～1966），字辟疆，晚号方湖，江西彭泽人，近代目录学家、藏书家。1898年，汪国垣随父游宦河南，1904年考入河南客籍高等学校。毕业后经河南提学使孔祥霖主考录取，于1909年被保送北京京师大学堂，专攻中国文史。1925年应章士钊之约，任北平女子大学教授。1925年后兼任江西通志局纂修。1927年后改任南京第四中山大学文学院中国文学系副教授，授"目录学"、"读书指导"以及"各类文体习作"等课程，深为同系师生所推重。

汪国垣在大学攻读时，撰有《禁书书目提要》、《读书举要》、《丛书书目索引》、《太平天国引用书目考证》等书目。1934年著成《目录研究》，1955年由商务重印。此书为汪国垣精心之作，自汉魏六朝以及元明书籍目录，原原本本，条理井然，展读一过，对于古书版本之源流类别，可以知其大概。晚年研究《水经注》，积稿成帙。1954年病作辍笔，未竟其业，居常引为憾事。

陈中凡（1888～1982），又名钟凡，字觉元，江苏盐城人。历任北京大学附设国史编撰处撰辑员，北京女子高等师范学校中文部主任教授，南京东南大学、广东大学、上海暨南大学中文系教授兼文学院院长，金陵女子文理学院中国文学讲座教授，南京大学中文系教授。

陈中凡治学根基深厚，从研究书目学、诸子群经到文学批评史，以及先秦、两汉、隋唐五代、宋元金文学史。建国后致力于中国戏剧史的研究，在文学、历史学、哲学乃至目录学、古文字学、教育学、艺术史诸方面均有建树。早在20世纪20年代，他就出版了我国第一部《中国文学批评史》。

此后数十年内他出版的专著有《诸子书目》、《经学通论》、《诸子通谊》、《中国韵文通论》、《周秦文学》、《汉魏六朝文学》、《两宋思想述评》以及《中国民主思想发展史》、《民主与教育》等十余部。

胡适（1891 ~ 1962），原名嗣穈，学名洪骍，字希疆，后改名胡适，字适之，笔名天风、藏晖等，汉族，安徽绩溪上庄村人。现代著名学者、诗人、历史学家、文学家、哲学家。因提倡文学革命而成为新文化运动的领袖之一。

胡适是个学识渊博的学者，在文学、哲学、史学、考据学、教育学、伦理学等诸多领域均有不小的造诣。就对孔子和儒学的研究而言，在1919年出版的《中国哲学史大纲》（上卷）中，胡适首先采用了西方近代哲学的体系和方法研究中国先秦哲学，把孔子和儒学放在一定的历史条件下，用“平等的眼光”与诸子进行比较研究，破除了儒学“独尊”的地位和神秘色彩，具有开创性的影响。

胡适著作很多，又经多次编选，比较重要的有《胡适文存》、《胡适论学近著》、《胡适学术文集》、《胡适自传》等，多部作品广为流传。

汤用彤（1893 ~ 1964），字锡予，生于甘肃省渭源县。中国著名哲学史家、佛教史家、教育家、著名学者。曾任北京大学副校长，校长，中国科学院哲学社会科学部委员。

汤用彤通晓梵语、巴利语等多种外国语，所著《汉魏两晋南北朝佛教史》、《隋唐佛教史稿》，用科学方法系统地阐述了佛教从印度传入到唐朝时期的历史发展过程及其特点、佛学思想与中国传统思想的相互关系；详细地考察了中国佛教各个学派、宗派的兴起和衰落过程及其原委。他在《印度哲学史略》中采录了中国所保存的不少重要史料，并作了考证和评价。其学术成就获得中外有关学者的一致好评。已出版的著作有《汉魏两晋南北朝佛教史》、《隋唐佛教史稿》、《汤用彤学术论文集》、《印度哲学史略》等。

蒋廷黻（1895～1965），湖南省宝庆府邵阳县人，中国历史学家，民国时期外交家。1911年由教会资助赴美求学，获哲学博士学位。1923年回国，先后任南开大学、清华大学教授。

蒋廷黻主张兼重中外历史，兼采中外史学研究方法，在研究中国近代外交史过程中，形成了一套对近代中外关系变化如何影响中国历史发展的看法，十分重视中国近代对外关系史档案资料的整理工作。他以当时首次影印刊布的清宫档案《筹办夷务始末》为基础编辑了《近代中国外交史资料辑要》。另外，他还收购散藏于民间的档案，编辑道光、咸丰、同治三朝《筹办夷务始末补遗》（同治五年以下未编成）等重要著作。

蒋廷黻的著述还有《近代中国外交史资料辑要》（上、中）、《蒋廷黻选集》等。

翦伯赞（1898～1968），湖南桃源人，维吾尔族。曾任北京大学副校长、历史系主任。曾参与北伐战争。中国著名历史学家、社会活动家。

翦伯赞治学严谨，著作宏富，至今仍为史学界所推崇和颂扬。他是马列主义新史学“五名家”（即郭沫若、范文澜、翦伯赞、吕振羽、侯外庐）之一，其运用马列理论研究中国的社会和历史问题，功献卓著。特别是在中国古史分期的研究上，主张的西周封建论，独树一帜。虽然已受到黄现璠，张广志等学者的有力挑战，完全否定。但其影响力不可抹杀。

翦伯赞的主要著作有《中国历史哲学教程》、《对处理若干历史问题的初步意见》、《目前史学研究中存在的几个问题》、《中国史论集》、《中国史纲》、《历史问题论丛》、《先秦史》、《秦汉史》等。

侯外庐（1903～1987），原名兆麟，又名玉枢，自号外庐，山西省平遥县人。中国历史学家、思想家、教育家。

他一生主要从事社会史、思想史的学术研究，并亲身执教，对教学管理工作作出了突出的贡献。

侯外庐的主要著作有：《中国古代社会与老子》《中国古代社会史论》《中国古代思想学说史》（上、下）、《中国近代思想学说史》、《中国近代哲学史》、《中国思想史纲》(上、下)、《中国封建社会史论》、《宋明理学史》(上、下)等。

侯外庐在20世纪众多史学家中，独树一帜，在很多方面自成体系，例如：对中国思想的发展历程做了系统梳理，明确从社会史入手解决思想史问题，扩大了思想史的研究范围，发掘出很多曾经不被重视的思想家和“异端”；在20世纪30年代的中国古代社会性质问题的论战中，厘清了中国古代城市和国家的起源；根据马克思主义的基本原则，解决了“亚细亚生产方式”问题等。

陈垣(1880～1971)，字援庵，又字圆庵，笔名谦益、钱罂等，广东新会人。中国历史学家、宗教史学家、教育家。陈垣在元史、历史文献学、宗教史等领域皆有精深研究，留下了十几种专著、百余篇论文的丰富遗产。他采用两百种以上的资料，写成《元西域人华化考》一文，在国内外史学界获得高度评价。

在研究《元典章》的过程中，陈垣查出沈刻本中伪误、衍脱、颠倒者共一万二千多条。他在校勘学、考古学的成果还有《旧五代史辑本发覆》、《二十史朔闰表》和《中西回史日历》等书。

陈垣的主要著述有《元西域人华化考》、《校勘学释例》、《史讳举例》、《南宋河北新道教考》、《明季滇黔佛教考》、《清初僧诤记》、《中国佛教史籍概论》及《通鉴胡注表微》等，另有《陈垣学术论文集》行世。

郭沫若(1892～1978)，原名郭开贞，字鼎堂，乳名文豹，号尚武。笔名沫若、麦克昂、郭鼎堂、石沱、高汝鸿、羊易之等，四川省乐山市观娥乡沙湾镇人，汉族，我国现代著名文学家、诗人、考古学家、古文字学家、思想家、历史学家、书法家、学者和著名革命家、社会活动家。

1914年春赴日本留学，先学医，后从文。1928年，从事中国古代史和古文字学的研究工作，著有《中国古代社会研究》、《甲骨文字研究》。

郭沫若的重要著作还有《两周金文辞图录考释》、《金文丛考》、《卜辞通纂》等，曾在学术界引起轰动；生平著述收有《郭沫若文集》和《郭沫若全集》。

唐君毅(1909～1978)四川宜宾人。中国现代学者、哲学家、哲学史家、现代新儒家的代表人物之一。幼承庭训，接受过良好的旧学教育。曾就读于中俄大学、北京大学，毕业于中央大学哲学系。

1949年起，与钱穆、张丕介等创办新亚书院，并兼任教务长、哲学系主任等职。1958年与徐复观、牟宗三、张君劢联名发表现代新儒家的纲领性文章《为中国文化敬告世界人士宣言》。

唐君毅一生驰骋于东西哲学领域中，为建立一道德理想主义的人文世界而殚精竭思，埋头笔耕，留下了数量惊人的著作。他的主要著作有《人生之体验》、《道德自我之建立》、《人文精神之重建》、《中国人文精神之发展》、《中国哲学原论》、《哲学概论》及《生命存在与心灵境界》等。上述著作，在写作的时间以及所涉及的内容方面，都相当的集中，十分明显地构成了唐氏思想的不同阶段和他一生著述的几个丛集。

顾颉刚（1893～1980），原名诵坤，字铭坚，江苏吴县人。现代古史辨学派的创始人，也是中国历史地理学和民俗学的开创者。

顾颉刚受胡适在新文化运动中倡导的"整理国故"思想的影响，从20世纪20年代起即从事中国历史和古代文献典籍的研究和辨伪工作。主张用历史演进的观念和大胆疑古的精神，吸收近代西方社会学、考古学等方法，研究中国古代的历史和典籍。与钱玄同等发起并主持了古史辨伪的大讨论，又广集当时的研究成果编成《古史辨》八册，形成了"古史辨"派。

顾颉刚一生著述颇丰，除所编《古史辨》之外，重要的尚有《汉代学术史略》、《秦汉的方士与儒生》、《尚书通检》、《中国疆域沿革史》、《史林杂识》等。

梁漱溟（1893～1988），原名焕鼎，字寿铭。曾用笔名寿名、瘦民、漱溟，后以漱溟行世。原籍广西桂林，生于北京，著名的思想家、哲学家、教育家、国学大师，主要研究人生问题和社会问题，现代新儒家的早期代表人物之一，有"中国最后一位儒家"之称。

梁漱溟的学术思想自定位为："中国儒家、西洋派哲学和医学三者，是我思想所从画之根柢。"把孔子、孟子、王阳明的儒家思想，佛教哲学和西方柏格森的"生命哲学”糅合在一起。

他把整个宇宙看成是人的生活、意欲不断得到满足的过程，提出以“意欲”为根本，又赋予中国传统哲学中“生生”概念以本体论和近代生物进化论的意义，认为“宇宙实成于生活之上，托乎生活而存者也”，“生活就是没尽的意欲和那不断的满足与不满足罢了”。

其主要著作有《中国民族自救运动之最后觉悟》、《乡村建设大意》、《乡村建设理论》、《人心与人生》、《东方学术概观》、《中国人》、《印度哲学概论》、《唯识述义》等，今编有八卷本的《梁漱溟全集》。

吴宓(1894～1978)，字雨僧、雨生，笔名余生，陕西泾阳县人，著名西洋文学家、国学大师。

1917年，23岁的吴宓赴美国留学，早岁负笈清华，留学哈佛，与陈寅恪、汤用彤并称为“哈佛三杰”。1926年吴宓回国，即受聘在国立东南大学文学院任教授，讲授世界文学史等课程，并且常以希腊罗马文化，基督教文化、印度佛学整理及中国儒家学说这四大传统作比较印证。

这一时期他撰写了《中国的新与旧》、《论新文化运动》等论文，采古典主义，抨击新体自由诗，主张维持中国文化遗产的应有价值。著有《吴宓诗文集》、《空轩诗话》等专著。

赵元任（1892～1982），字宣仲，又字宜重，江苏武进人，生于天津。赵元任博学多才，既是数学家，又是物理学家，对哲学也有一定造诣。然而他主要以著名的语言学蜚声于世。

赵元任对音位学理论、中国音韵学、汉语方言以及汉语语法都有精湛的研究，撰写和发表过大量有影响的论文和专著，在国内外学者中享有很高声誉。主要著作有《国语新诗韵》、《现代吴语的研究》、《广西瑶歌记音》、《粤语入门》（英文版）、《中国社会与语言各方面》、《中国话的文法》、《中国话的读物》、《语言问题》、《通字方案》，出版有《赵元任语言学论文选》等。

徐复观（1903～1982），原名秉常，字佛观，后由熊十力更名为复观，湖北省浠水县团陂镇黄泥嘴徐塆凤凤形湾人。早年曾在湖北省立第一师范上学，后到日本留学。回国后，参加政治活动多年。40岁以后，才逐渐走上学术之路，是“现代新儒家”的代表人物之一。

徐复观就儒家思想与中国传统、文化问题，中国知识分子的性格及历史、命运问题发表大量论著，为研究、传播中国传统思想、文化作出重要贡献，成为名扬海内外的“现代大儒”。他著书十余种，三百多万字，主要有《两汉思想史》三卷，《学术与政治（甲、乙集）》、《徐复观杂文》六集，《中国艺术精神》《中国思想史论集》及续集，《石涛之一研究》等。

金岳霖（1895～1984），字龙荪，浙江诸暨人，生于湖南长沙。中国哲学家、逻辑学家。金岳霖从事哲学和逻辑学的教学、研究和组织领导工作，是最早把现代逻辑系统地介绍到中国来的逻辑学家之一。他把西方哲学与中国哲学相结合，建立了独特的哲学体系。培养了一大批有较高素养的哲学和逻辑学专门人才。

金岳霖的主要著作有《逻辑》、《论道》和《知识论》。其中《论道》，其原创性思想之丰富，在中国现代哲学中罕见其匹，被业界称为“一本最有独创性的玄学著作”，而《知识论》更在中国哲学史上首次构建了完整的知识论体系。

王力（1900～1986），字了一。广西博白县人。中国语言学家、教育家、翻译家、中国现代语言学奠基人之一。

王力自20世纪40年代开始从事汉语词汇的研究，先后发表《古语的死亡、残留和转生》、《新字义的产生》、《理想的字典》、《词义的发展和变化》等文，着重探讨汉语词义演变的特点和规律。

《新训诂学》和《训诂学上的一些问题》两篇论文对中国传统的训诂学做了认真的总结与批判。他还主张用历史发展的观点建立新的汉语语义学，他的《同源字典》是在词汇学方面贯彻自己主张的代表著作。

王力对汉语的语音、语法、词汇所作的描写的和历史的研究，集中在《汉语史稿》一书中。他的《中国语言学史》对中国2000年来的语文研究和语言学遗产做了比较全面的叙述和初步的总结。

《清代古音学》一书则着重介绍、评论了自顾炎武以来清代的和近代的学人在古音学上的成就。他主编的《古代汉语》教材体系新颖、内容丰富，在国内外都获得好评。

高亨（1900～1986），初名仙翘，又名晋生，吉林双阳县人，我国研究先秦学术和文字学家、训诂的著名学者。

高亨早年在清华国学研究院师从王国维、梁启超两位大师，一生笃志于弘扬我国传统学术，成就斐然。其治诸子，遵循乾嘉考据遗风，往往胜解精义，发前人所未发，真正做到了后出转精；

其治《周易》，一改前人"以经解传，以传解经，经传互解"的旧习，首次经传分解，开创了我国现代《周易》"义理派"的研究新方法，为学界所推崇；

其治《老子》与《诗经》，以传统文字训诂学为根基，在校勘训诂上创发新义；其砥砺基础，夯实根本，著有《甲骨金石文字通笺》、《文字形义学概论》和《古字通假会典》诸书。高先生治学严谨，为人谦恭，另有《高亨著作集林》问世。

夏承焘（1900～1986），字瞿禅，晚字瞿髯，别号梦栩生，室名月轮楼、天风阁、玉邻堂、朝阳楼，浙江温州人。毕生致力于词学研究和教学，是现代词学的开拓者和奠基人。他的一系列经典著作无疑是词学史上的里程碑，20世纪优秀的文化学术成果。

凝聚着夏承焘先生毕生心血的近千万字著作中，有已出版的词学专著近三十种，未结集论文百余篇，待整理出版的著作尚有多种。其中《唐宋词人年谱》、《唐宋词论丛》、《姜白石词编年笺校》等，都是有词学以来少有的巨著。他还创作了大量诗词，其代表作为《夏承焘词集》、《天风阁诗集》，并写了独具特色的《天风阁学词日记》等。

钱穆（1895～1990），字宾四，笔名公沙、梁隐、与忘、孤云，晚号素书老人、七房桥人，斋号素书堂、素书楼。现代历史学家、国学大师。江苏无锡人，汉族，钱穆先生著作等身，遗著有71种，1000多万字，涉及史学领域的多个方面。

早在20岁时，钱穆就撰写了《论语文解》一书。随后他又将阅读《墨子》一书的批注汇集为《墨经语暗解》陆续发表于上海《时事新报》。后来他在任无锡师范国文教师时，将他自学和教学《论语》、《孟子》过程中的心得，撰写成《论语要略》、《孟子要略》两书。《论语要略》对孔子仁的思想进行了深入的诠释，《孟子要略》对孟子的“性善”说提出了独到的见解。

1967年起，钱穆寓居台北后，又撰写了《朱子新学案》、《钱穆学术通义序》等巨著。此外，他关于学术思想方面的论著汇集还有《庄老通辨》、《两汉经学今古文平议》、《中国学术通义》等多种。

冯友兰（1895～1990），字芝生，河南南阳唐河人。中国当代著名哲学家、哲学史家、教育家。1915年入北京大学文科中国哲学门，1919年赴美留学，1924年获哥伦比亚大学博士学位。

冯友兰勤奋地钻研学问，潜心整理中国传统文化。从1939年起，他先后出版了《新理学》、《新事论》、《新事训》、《新原人》、《新原道》、《新知言》等。

冯友兰一生勤勉，著述宏富。毕生以复兴中华传统文化、宏扬儒家哲学思想为己任。以《新理学》为核心的“贞元六书”构成了一套完整的新儒家哲学思想体系。它既是冯氏哲学思想成熟的标志，也是他一生治学的最高成就，并因此而奠定了他作为“现代新儒家”的地位，成为一位继往开来，具有国际声誉的一代哲人。

任中敏（1897～1991），原名讷，字中敏，后以字行。别号二北、半塘。任中敏诞生于扬州的一个盐商之家。1918年，考入北京大学国文系。

任中敏毕生从事教育和学术研究，著述五百多万言。其学术成就主要在词曲和唐代音乐文艺的研究方面，理清了汉乐府、敦煌歌辞、声诗、词、散曲的音乐线索，并横向梳理了唐代与音乐有关的各门类艺术，创建了相关理论。

主要撰著有《敦煌曲初探》、《敦煌歌曲校录》、《唐戏弄》、《教坊记笺订》、《优语集》、《唐声诗》、《敦煌歌辞总编》、《隋唐五代燕乐杂言歌辞集》，其中，《唐戏弄》

获“第一届全国戏剧理论著作奖”,《隋唐五代燕乐杂言歌辞集》获“第五届中国图书奖”荣誉奖,《唐声诗》获“江苏省首次哲学、社会科学优秀研究成果奖”荣誉奖。

姜亮夫(1902～1995)，原名寅清，字亮夫，以字行，云南昭通人。国学大师、著名的楚辞学、敦煌学、语言音韵学、历史文献学家、教育家。

姜亮夫于1921年考入成都高等师范学校国文部。1926年，考入清华大学国学研究院，1928年后执教于济南大学、复旦大学等高校。1935年赴法国巴黎进修，1937年经莫斯科回国，继续从事教学工作。

姜亮夫在学术与教学园地里辛勤耕耘了七十多个春秋，留下了三十多部学术论著，数百篇学术论文，涉及中国文化史上多方面内容。上海古籍出版社将他的著作分为楚辞学、敦煌学、古史学、古汉语等四类，主要有《初高中国文教本》、《中国文学史论》、《文学概论讲述》(4卷)、《屈原赋校注》、《楚辞书日五种》《陆机年谱》、《中国声韵学》、《古文字学》(4卷)、《敦煌学概论》等多种。

钱仲联(1908～2003)，原名萼孙，号梦苕，浙江湖州人，生于江苏常熟。著名诗人、词人、古典文学研究专家，国学大师。苏州大学终身教授。

钱仲联于1926年毕业于无锡国学专修馆，先后任教于大夏大学、无锡国学专修馆、南京中央大学、南京师范学院、江苏师范学院、苏州大学。1981年经国务院学位委员会审批，被评聘为全国首批博士生导师。

钱仲联长期致力于中国古典文学的教学与研究，长于诗文词赋创作，对明清诗文尤有深湛的研究,著述等身。主要著作有《鲍参军集注》、《韩昌黎诗系年集释》、《剑南诗稿校注》、《后村词笺注》、《吴梅村诗补笺》、《人境庐诗草笺注》、《沈曾植集校注》等。其中在他主持下集苏州大学明清文学研究室诸学者之力的《清诗纪事》堪称巨著，获国家古籍整理评比和全国图书学会评比一等奖。

牟宗三(1909～1995)，字离中，山东栖霞人。中国现代学者、哲学家、哲学史家，现代新儒家的重要代表人物之一，被称为当代新儒学的集大成者。

牟宗三毕生致力于弘扬民族文化，为中国文化的现代化与世界化作出了巨大贡献。其许多著作被译成英、韩、德等文字。主要著作有《逻辑曲范》、《理性的理想主义》、《道德的理想主义》、《历史哲学》、《佛性与般若》、《才性与玄理》、《圆善论》等28部。

另有《康德的道德哲学》、《康德纯粹理性之批判》、《康德判断力之批判》等译作。其哲学成就代表了中国传统哲学在现代发展的新水平,其影响力具有世界水平。英国剑桥哲学词典誉之为“当代新儒家他那一代中最富原创性与影响力的哲学家”。

张岱年（1909～2004），字季同，别号宇同，原籍河北献县，出生于北京。世界著名哲学家，哲学史家，国学大师，北京大学哲学系教授。

张岱年1933年任清华大学助教，在三十年代中期，先后写了《先秦哲学中的辩证法》、《秦以后哲学中的辩证法》、《颜李之学》、《中国元学之基本倾向》《中国思想源流》、《关于新唯物论》、《辩证唯物论的知识论》、《辩证唯物论的人生哲学》、《谭理》等重要哲学论文，第一次系统梳理了中国古代哲学的唯物论思想，阐发了中国的辩证法思想，显扬了中国人本思想，而且作出了以马克思主义哲学观点解释社会人生的尝试。

1936年写成名著《中国哲学大纲》。张岱年长期从事中国哲学史研究，著作等身，有极高的造诣和广泛的建树。

钱钟书（1910～1998），原名仰先，字哲良，字默存，号槐聚，曾用笔名中书君，江苏无锡人。中国现代著名作家、文学研究家。钱钟书在文学，国学，比较文学，文化批评等领域的成就，推崇者甚至冠以“钱学”之名。

钱钟书最重要的研究成果是《管锥编》。本书用典雅的文言写成，近130万字，是他研读《周易正义》、《毛诗正义》、《左传正义》、《史记会注考证》、《老子王弼注》、《列子张湛注》、《焦氏易林》、《楚辞洪兴祖补注》、《太平广记》、《全上古三代秦汉三国六朝文》十种古籍时，所作的札记和随笔的总汇，其中引用了大量英、法、德、意、西原文，是一部不可多得、必然传世的多卷本学术著作。

此书未刊部分尚有考论《礼记》、《庄子》、《全唐文》、《杜少陵诗集》、《玉溪生诗注》、《昌黎集》、《简斋集》等十种书的札记。显而易见，这部高品位的著作是钱钟书数十年心血的结晶。

钱钟书的其他著作还有《谈艺录》、《七缀集》、《围城》、《钱钟书文集》等。

陈梦家（1911～1966），曾使用笔名陈慢哉，江苏南京人，现代著名古文字学家、考古学家、诗人。他在语言文字学领域的贡献主要集中在他对甲骨文、殷周铜器铭文、汉简和古代文献的综合研究方面。他在甲骨文研究方面的代表作为《殷墟卜辞总述》。该书对研究古代史地、语言文字和考古学都具有重要的参考价值，在国内外产生了较大影响。他对汉简研究的成果主要集中于《武威汉简》和《汉简缀述》两本书中。

此外，陈梦家还有专著《老子今释》、《海外中国铜器图录考释第一集》、《尚书通论》、《美帝国主义劫掠的我国殷周铜器集录》；论文《释“国”“文”》、《关于上古音系的讨论》、《慎重一点“改革”汉字》等，他的著作对研究上古汉语及汉语史有很大的参考价值。

张舜徽（1911～1992），湖南省沅江县人，中国历史文献研究会会长，古典文献学家。他致力自学，掌握了许多治学的方法。17岁写成《尔雅义疏跋》一文，指出《尔雅》《说文》的异同和郝氏《义疏》不足之处，这是他考证文字的开端。1941年起，先后在国立师范学院、民国大学、兰州大学任教。1950年起任教于中原大学教育学院和华中师范大学。

在治史的过程中，张舜徽先后出版书籍 24 部，著述字数总计超过了一千万字。其中最重要的有：《说文解字约注》、《郑学丛著》、《周秦道论发微》、《清人文集别录》、《清人笔记条辨》、《史评三书平议》、《广校雠略》、《中国文献学》、《汉书艺文志通释》、《清儒学记》等。他还主编了一些有影响的书籍，在发凡起例、甄审别择方面，都提出过指导性意见。

季羡林（1911～2009），字希逋，又字齐奘，山东省清平县康庄镇人。中国著名文学家、语言学家、教育家和社会活动家、翻译家、散文家，精通12国语言。

羡林将人类文化分为四个体系：中国文化体系。印度文化体系，阿拉伯伊斯兰文化体系，自古希腊、罗马至今的欧美文化体系，而前三者共同组成东方文化体系，后一者为西方文化体系。季羡林为东方民族的振兴和东方文化的复兴呐喊，提出东西方文化的变迁是“三十年河东，三十年河西”，在国内引起强烈反响。

季羡林的主要著作：《〈大事〉偈颂中限定动词的变位》、《中世印度语言中语尾 -am 向 -o 和 -u 的转化》、《原始佛教的语言问题》、《〈福力太子因缘经〉的吐火罗语本的诸异本》、《印度古代语言论集》、《吐火罗文 A 中的三十二相》、《敦煌吐鲁番吐火罗语研究导论》、《文化交流的轨迹：中华蔗糖史》、《东方文学史》、《东方文化研究》、《禅与东方文化》、《东西文化议论集》、《世界文化史知识》等。

王利器（1911～1998），字藏用，号晓传，四川省江津县人。先后毕业于四川大学中文系与北京大学文科研究所。曾任四川大学、北京大学、西北大学、四川师范大学讲师、副教授、教授，中国社会科学院特约研究员等。

治学受乾嘉学派影响以实事求是、理论兼赅为主，不求速成。长于校勘之学，著有《王利器自传》等三十余种著作，另外发表古典文学论文百余篇。其著作被港台出版机构翻版约在数十种以上，国内外报刊对其著作及人品评论推崇者甚多。主要著作有《新语校注》、《文镜秘府论校注》等。

爱新觉罗·启功（1912～2005），字元白，也作元伯，北京人，满族，爱新觉罗氏。中国当代著名教育家、古典文献学家、书画家、文物鉴定家、红学家、诗人，国学大师。

启功幼年失怙且家境中落，自北京汇文中学辍学后，发愤自学。1933 年经傅增湘先生推介，受业于陈垣，涉足学术流别与考证之学。后聘为辅仁中学国文教员；1938 年后任辅仁大学国文系讲师，兼任故宫博物院专门委员，从事故宫文献馆审稿及文物鉴定工作；1949 年任辅仁大学国文系副教授兼北京大学博物馆系副教授；1952 年后任北京师范大学副教授、教授。其主要著作有：《古代字体论稿》、《诗文声律论稿》、《启功丛稿》、《启功韵语》、《启功絮语》、《启功赘语》、《汉语现象论丛》、《论书绝句》、《论书札记》、《说八股》等。

程千帆（1913 ~ 2000），原名逢会，改名会昌，字伯昊，四十以后，别号闲堂。千帆是其曾用过的许多笔名之一，后来就通用此名。祖籍是湖南宁乡，老家在宁乡土蛟湖竹山湾，后迁居长沙。九三学社社员、著名中国古代文史学家、教育家、南京大学教授，著名文史学家。

程千帆于 1928 年入金陵中学，1936 年毕业于金陵大学。历任金陵中学、金陵大学、四川大学、武汉大学教职。1978 年任南京大学教授。在校仇学、历史学、古代文学、古代文学批评领域有着杰出的成就。代表著作有：《校雠广义》、《史通笺记》、《文论十笺》、《程氏汉语文学通史》、《两宋文学史》、《唐代进士行卷与文学》、《闲堂文薮》、《古诗考索》、《被开拓的诗世界》等。

任继愈（1916 ~ 2009），山东平原人，毕业于北京大学哲学系。曾任北京大学教授，著名哲学家、宗教学家、历史学家，国家图书馆名誉馆长。

任继愈的主要学术贡献是提出了“儒教是教说”的理论，这一判断根本改变了对中国传统文化性质的看法，是认识中国传统文化本来面貌的基础性理论建树。

任继愈的专著有《汉唐佛教思想论集》、《中国哲学史论》、《任继愈学术论著自选集》、《任继愈学术文化随笔》、《老子全译》、《老子绎读》等；主编的著作有《中国哲学史简编》、《中国哲学史》、《中国佛教史》、《宗教词典》、《中国哲学发展史》等；此外，他还主持《中华大藏经》汉文部分的编辑出版工作。

饶宗颐（1917 ~ ），字固庵、伯濂、伯子，号选堂，生于中国广东省潮安县，是蜚声国际的国学大师、汉学家，在中国研究、东方学及艺术文化多方面成就非凡。

饶宗颐于1949年移居香港，任教香港大学，并先后从事研究于印度班达伽东方研究所，又在新加坡大学、美国耶鲁大学、法国高等研究院任职教授。1973年回香港，任香港中文大学讲座教授及系主任。饶宗颐学术范围广博，凡甲骨文、敦煌学、古文字、上古史、近东古史、艺术史、音乐、词学等，均有专著，出版书籍40种，学术论文三百余篇。

主要著作有：《广东易学考》、《尚书地理辨证》、《说文古文考》、《古史新证补》、

《西汉节义传》、《金文平议》、《日本所见甲骨录》、《长沙出土战国楚简初释》、《潮瓷说略》、《楚辞书录》、《巴黎所见甲骨录》、《敦煌本老子想尔注校笺》、《九龙与宋季史料》、《殷代贞卜人物通考》、《选堂集林·史林》、《云梦秦简日书研究》、《中印文化关系史论集——悉昙学绪论》、《词学秘笈之一——李卫公望江南》、《敦煌琵琶谱》、《梵学集》、《楚地出土文献三种研究》、《法藏敦煌书苑精华》《饶宗颐史学论著选》、《新加坡古事记》、《甲骨文通检》等。

南怀瑾（1918～），浙江乐清柳市区长岐乡人，国学大师，诗人，中国传统文化的积极传播者。其著作多以演讲整理为主，内容往往将儒、释、道等思想进行比对，别具一格。

南怀瑾的著述是学习中国传统文化的捷径，对无法直接了解典籍的人作了一个重要引导，南怀瑾的言谈生动有趣、博大精深，可说是中国传统文化的忠实代言人，对中国传统文化复兴与普及的作用功不可没。代表作品有：《论语别裁》、《孟子旁通》、《原本大学微言》、《易经杂说》等。其作品刊正了许多以往对传统文化的误解。

附 录

第一部分　修身养性

第二部分　齐家有方

第三部分　治国之道

第四部分 平天下

第五部分 纲常伦理

第六部分　宗礼典章

第七部分　宗教信仰

第八部分　诸子百家

第九部分　艺术技艺

第十部分　易理术数

第十一部分 养生保健

第十二部分　近现代著名国学大师简介